국제거시편

이것이 금융논술 이다 9.0

이것이 금융논술이다 9.0 국제거시편

2017. 8. 16. 초 판 1쇄 발행
2018. 9. 3. 개정 1판 1쇄 발행
2019. 5. 24. 개정 1판 2쇄 발행
2019. 9. 17. 개정 2판 1쇄 발행
2020. 9. 18. 개정 3판 1쇄 발행
2021. 9. 10. 개정 4판 1쇄 발행
2022. 8. 24. 개정 5판 1쇄 발행
2023. 9. 20. 개정 6판 1쇄 발행
2024. 10. 16. 개정 7판 1쇄 발행

저자와의
협의하에
검인생략

지은이 | 김정환
펴낸이 | 이종춘
펴낸곳 | **BM** (주)도서출판 **성안당**

주소 | 04032 서울시 마포구 양화로 127 첨단빌딩 3층(출판기획 R&D 센터)
10881 경기도 파주시 문발로 112 파주 출판 문화도시(제작 및 물류)

전화 | 02) 3142-0036
031) 950-6300

팩스 | 031) 955-0510
등록 | 1973. 2. 1. 제406-2005-000046호
출판사 홈페이지 | www.cyber.co.kr
ISBN | 978-89-315-6757-1 (13320)
정가 | 30,000원

이 책을 만든 사람들

책임 | 최옥현
진행 | 김상민
내지 디자인 | 에프엔
표지 디자인 | 박원석
홍보 | 김계향, 임진성, 김주승, 최정민
국제부 | 이선민, 조혜란
마케팅 | 구본철, 차정욱, 오영일, 나진호, 강호묵
마케팅 지원 | 장상범
제작 | 김유석

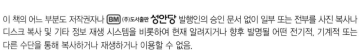

■ 도서 A/S 안내

성안당에서 발행하는 모든 도서는 저자와 출판사, 그리고 독자가 함께 만들어 나갑니다.
좋은 책을 펴내기 위해 많은 노력을 기울이고 있습니다. 혹시라도 내용상의 오류나 오탈자 등이 발견되면 **"좋은 책은 나라의 보배"**로서 우리 모두가 함께 만들어 간다는 마음으로 연락주시기 바랍니다. 수정 보완하여 더 나은 책이 되도록 최선을 다하겠습니다.
성안당은 늘 독자 여러분들의 소중한 의견을 기다리고 있습니다. 좋은 의견을 보내주시는 분께는 성안당 쇼핑몰의 포인트(3,000포인트)를 적립해 드립니다.

잘못 만들어진 책이나 부록 등이 파손된 경우에는 교환해 드립니다.

금융기관 · 금융공기업 합격을 위한 금융논술 비법서!

국제거시 편

이것이
금융논술
이다 9.0

슈페리어뱅커스 김정환 지음

BM 성안당

머리말

[이것이 금융논술이다] 가 출간된 지 벌써 햇수로 11년째입니다. 그동안, 재판(再版)이 될 때마다 최신 이슈를 담기 위하여 새로운 논제들을 실었고, 또 상대적으로 덜 중요해진 논제들은 삭제하며, 본 교재의 내용은 더 정교해지고 공부하기 수월하게 집필되었다고 자부합니다. 그동안 은행이나 금융공기업, 그리고 증권사, 보험사까지 많은 금융기관 지원자들이 본 교재로 학습 후, 원하는 금융기관에 입사했다는 후기들을 받다 보면 저자로서 형언할 수 없는 보람과 뿌듯함을 느낍니다.

부디,「이것이 금융논술이다」시리즈가 여러분들이 원하는 금융기관으로 취업하기 위한 자기소개서, 논술, 면접 전형의 모든 과정에 큰 보탬이 되기를 저자로서 희망합니다.

일반적으로 금융기관과 공기업 취업을 위해서는 [자기소개서] – [논술/필기시험] – [면접]의 3단계를 거쳐야 합니다. 이러한 3단계 과정 중, 최우선적으로 준비해야 하는 것을 꼽으라면 저는 단연 논술을 고르겠습니다.
그 이유는,

첫째, 논술준비가 잘된 학생일수록 자기소개서도 탁월하게 작성할 가능성이 높아집니다.

자기소개서의 작성은 단순히 자신의 이야기를 의식의 흐름에 따라 기억에 의존해서 작성하는 것이 아니라, '논술식 구조화 작업'과 '연역적인 방법'에 의해 작성할수록 논리적이며 가독성 높은 자기소개서가 완성되기 때문입니다. 또한 최근 금융공기업의 자기소개서 항목으로 '논술식 주제'가 제시되고 있습니다.

둘째, 논술준비가 잘된 학생일수록 면접에서도 설득력과 호소력을 갖출 수 있습니다.
전통적인 대면 인성면접에서도 "논술식 화법"과 "논술공부를 통한 지식량"을 어필하신다면 면접관들에게 안정감과 신뢰를 심어줄 수 있기 때문입니다. 또한 논술준비를 많이 한 학생들일수록 PT면접과 토론면접에서도 지식기반에 의한 설득력 높은 화법을 구사함으로써 기량을 극대화하는 것을 종종 경험하였습니다.

셋째, 논술준비에 소요되는 시간이 자기소개서나 면접준비로 소요되는 시간보다 월등히 많이 걸리기 때문입니다.
그만큼 논술준비는 장기적인 관점에서 준비하셔야 합니다. 하지만 이를 역으로 생각해 본다면 논술준비는 장시간 소요되는 만큼 상대적으로 논술준비를 제대로 하지 못한 다른 학생들에 비해 자기 자신을 차별화할 수 있는 전략으로 활용할 수 있습니다.

하지만 지난 몇 시즌 동안 금융기관과 공기업 취업준비를 하는 많은 학생들을 현장에서 실제로 지도하면서 보니, 의외로 상당수의 학생들이 논술시험의 준비를 소홀히 한다는 것을 알게 되었습니다. 전공필기시험, 자격증 취득은 열성적으로 준비하는 반면 논술준비가 미흡한 까닭을 분석해 보니 다음과 같았습니다.

첫째, 몇몇 금융기관이나 공기업들은 "논술시험 평가를 하지 않기 때문"

둘째, 금융기관, 공기업 대비 "논술학습에 대한 접근성에서의 어려움"

셋째, "논술공부 자체의 어려움"뿐만 아니라 설령 "열심히 논술공부를 하고 완성논술을 작성해도 계량화된 평가가 불가능하다는 점"

등 여러 가지 사유로 논술시험의 대비는 항상 뒤처지는 것을 보았고, 이에 저는 항상 안타까웠습니다.

이런 점들이 제가 금융기관과 공기업 취업을 준비하시는 취업준비생 여러분들에게 논술에 흥미를 드리고, 체계적이고 구조화된 논술작성을 가능하게 하며, 실전논술 준비에 도움을 드리기 위해 2013년, 『이것이 금융, 공기업 논술이다』를 출간하기로 마음먹게 된 이유입니다.

본 책을 집필하면서 무엇보다 주안점을 둔 부분은,

첫째, 모든 논제들을 [서론-본론-결론]의 형태로 구조화했으며 또한 효율적이고 시각적인 공부를 위하여 도표화했습니다.

둘째, 본론에서는 논제들에 대하여 다소 깊이 있는 내용을 담으려 하였고, 가급적 논제들로 인한 긍정적인 부분과 부정적인 부분을 함께 고찰함으로써 여러분들의 다양한 시각과 의견형성에 도움을 드리고자 하였습니다.

셋째, 결론의 내용도 상당부분 정부의 방향성과 금융기관의 방향성을 분리하여 제시함으로써 공기업을 준비하시는 분들이나 금융기관을 준비하는 취업준비생들 모두에게 실질적인 도움이 되도록 하였습니다.

넷째, 모든 논제들에 대하여 결론의 내용을 극대화했습니다. 여타 논술교재들이 본론 위주로만 구성된 것이 안타까웠고 이런 이유로 항상 결론의 도출을 어려워하는 취업준비생들을 위하여 다양한 결론을 제시함으로써 결론 도출의 가이드라인과 문제해결의 방향을 잘 잡을 수 있도록 하였습니다.

다섯째, 해당 주제에 대한 지도 학생들의 실제 논술 사례문과 이에 대한 첨삭 지도 내용들을 각 논제별로 첨부시켜 다양한 논제들이 실제로 어떻게 실전논술로 작성되었는지 보여드리고자 하였습니다.

이러한 주안점들을 잘 참조하고 공부한다면 본 책의 활용도를 극대화할 수 있을 것입니다.

본 책이 취업준비생 여러분들이 원하는 금융기관과 공기업으로 취업하는 데 비단 논술시험뿐만 아니라 취업의 전 과정에서 여러모로 도움이 되었으면 합니다.

이 책의 완성을 위하여 다방면으로 애써주신 ㈜성안당과 취업준비가 바쁨에도 불구하고 틈틈이 이 책의 작성과 교정에 많은 도움을 준 박은우, 이석영 학생에게도 감사드린다는 말을 남깁니다.

슈페리어뱅커스 김 정 환

이 책의 구성

01 논술작성법

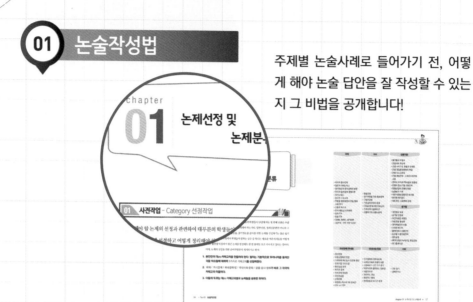

주제별 논술사례로 들어가기 전, 어떻게 해야 논술 답안을 잘 작성할 수 있는지 그 비법을 공개합니다!

02 논제 개요잡기

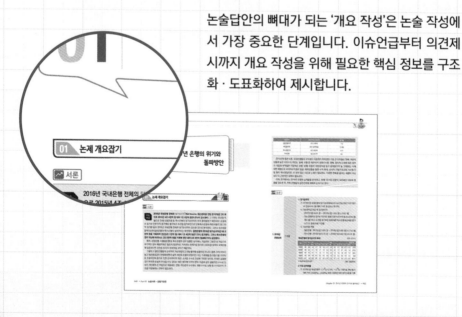

논술답안의 뼈대가 되는 '개요 작성'은 논술 작성에서 가장 중요한 단계입니다. 이슈언급부터 의견제시까지 개요 작성을 위해 필요한 핵심 정보를 구조화 · 도표화하여 제시합니다.

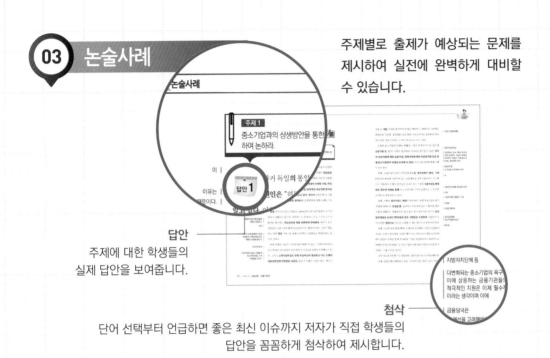

03 논술사례

주제별로 출제가 예상되는 문제를 제시하여 실전에 완벽하게 대비할 수 있습니다.

답안
주제에 대한 학생들의 실제 답안을 보여줍니다.

첨삭

단어 선택부터 언급하면 좋은 최신 이슈까지 저자가 직접 학생들의 답안을 꼼꼼하게 첨삭하여 제시합니다.

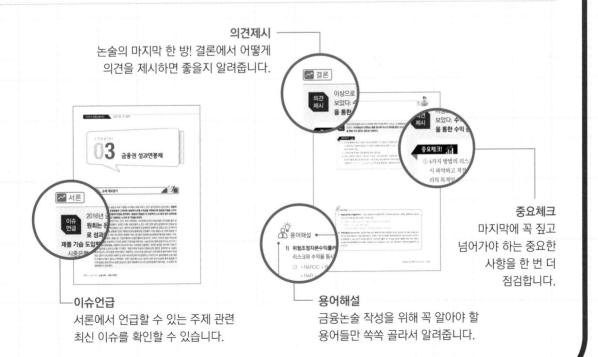

의견제시

논술의 마지막 한 방! 결론에서 어떻게 의견을 제시하면 좋을지 알려줍니다.

중요체크
마지막에 꼭 짚고 넘어가야 하는 중요한 사항을 한 번 더 점검합니다.

이슈언급
서론에서 언급할 수 있는 주제 관련 최신 이슈를 확인할 수 있습니다.

용어해설
금융논술 작성을 위해 꼭 알아야 할 용어들만 쏙쏙 골라서 알려줍니다.

CONTENTS

- 금융권 취업 가이드
- 금융기관 · 공기업 합격 후기

논술사례 - 거시편

금융권
취업
가이드

" '신의 직장' 금융권 기업 "

2018년~ 2021년까지 취업준비생들의 경쟁은 뜨거웠다. 우리은행과 수출입은행, 기업은행은 100 대 1의 채용경쟁률을 기록했으며, 그 외에도 NH농협은행 33 대 1, 수협은행 일반직 150 대 1 등 높은 경쟁률을 기록했다. 상대적으로 높은 연봉, 안정적인 환경과 최고 수준의 복지혜택 등 여러 가지 이유로 금융권 취업을 목표로 하는 취업준비생들이 점점 늘고 있다.

" 금융권 채용 프로세스 "

금융권이라고 해도 기업별로 채용절차가 다양하므로 자신이 목표로 하는 기업을 정하고, 해당 기업의 채용 프로세스를 확인하여야 한다.

일반적으로 금융권 채용의 프로세스는 다음과 같다.

금융권 채용 프로세스

서류전형 ➡ 필기시험 ➡ 1차면접 ➡ 2차면접

- 서류전형 : 각 기업별 양식에 맞춰 입사지원서와 자기소개서를 작성하여 제출한다.
- 필기시험 : 논술, 전공시험, 상식, NCS직업기초능력평가 등 기업별로 상이하게 이뤄진다.
- 면접전형 : 합숙면접, 세일즈면접, 토론면접, PT면접, 인성면접 등 다양한 방식으로 진행된다.

1. 논술전형 준비는 다른 과정보다 많은 시간이 필요하다. 그러므로 장기적인 관점으로 준비해야 할 필요가 있다. 그만큼 준비가 잘 되어 있다면 다른 지원자들과의 '차별점'으로 작용할 수 있다.

2. 논술전형은 서류전형 바로 다음에 실시하는 만큼 이를 제대로 준비하지 않으면 최종 관문에 도달하기도 전에 탈락이라는 고배를 마실 수 있다.

3. 논술전형 준비가 잘 이루어지면 자기소개서 작성에 도움이 된다. 자기소개서 역시 논리성과 가독성이 중요하게 작용하며, 최근에는 논술식 자기소개서를 제시하는 기업도 많아지고 있다.

4. 논술전형 준비를 통해 면접을 대비할 수 있다. 논술을 통해 습득한 설득력 높은 화법은 면접관들에게 안정감과 신뢰감을 심어줄 수 있고, 다양한 논술주제를 통해 인성역량면접, NCS면접, PT면접, 토론면접 등 면접에 직접적으로 대비할 수 있다.

금융권 취업을 위해
무엇보다 논술전형 준비가
중요한 이유

논술전형을 실시하는
금융권 기업

1. **시중은행** : KB국민은행, IBK기업은행, NH농협은행, KEB하나은행(1차 면접 때 실시), 대구은행, 부산은행 등

2. **금융공기업** : 한국은행, 금융감독원, 산업은행, 수출입은행, 한국거래소, 한국예탁결제원, SGI서울보증, 한국주택금융공사, 한국무역보험공사, 예금보험공사 등

3. **기타** : 신협중앙회, 한국증권금융, 신용회복위원회, 무역협회 등

'이것이 금융논술이다' 시리즈와 함께한

▶ 2024년 '한국예탁결제원' 합격 후기

안녕하세요. 2024년도 한국예탁결제원에 합격한 OOO입니다. 저는 김정환 선생님의 논술부터 시작해서 1, 2차 면접까지 쭉 수강한 케이스로 너무 큰 도움이 되었기에 해당 부분에 대해서 어떤 점이 중요하고, 도움을 받았는지에 대해서 후기를 남겨보고자 합니다.

논술수업

한국예탁결제원의 경우 전공(50%), 논술(50%)가 반영되기 때문에 논술의 중요성이 굉장히 큽니다. 저는 금융 전반에 대해서 아는 것이 없었기에 처음에는 굉장히 막막했습니다. 그러다가 우연히 김정환 선생님의 '금융논술 각론반' 수업을 들었습니다. 단순히 책을 읽어나가기보다 최근 경제 전반에 대한 흐름을 이해할 수 있어서 정말 재밌게 수업을 들었습니다. 논술수업을 들을 때는 절대로 여기서 나온 주제가 나온다는 마인드로 접근하시면 안 됩니다. 실제 시험장에 가게 되면 처음 보는 주제가 나올 수도 있고, 알더라도 잘 모르는 주제가 나올 수도 있습니다. 하지만 중요한 것은 '뭐라도 쓸 수 있는가'가 가장 중요합니다. 논술수업을 들을 때는 몰랐는데, 다 듣고 스스로 공부하다 보면 이 주제와 관련된 내용을 다른 주제에도 실제로 사용할 수 있기에 분량을 채울 수 있습니다. 즉, 전체 숲을 볼 수 있다는 점이 가장 좋았습니다. 또한, 논술에서 배운 것이 실제로 토론면접에 나올 수 있기 때문에 단순히 논술에서 그친다 생각하지 말고 차라리 본인의 지식을 확장시키는 과정이라고 생각하시면 좋을 것 같습니다.

▶ 2023년 '금융감독원' 합격 후기

저는 재학 중인 상태로 입사를 준비했기 때문에 평소에 매일 경제경영 뉴스를 가볍게 읽고 있는 상태였습니다. 바이트 뉴스를 구독하고 있었고, 입사 준비를 시작하면서 사회면 뉴스도 팔로우하면 좋을 것 같아 아침 먹으면서 유튜브로 뉴스룸을 시청했어요. 뉴스룸은 딱히 도움되었던 것 같진 않습니다. 스터디도 하지 않았고 글쓰기에 자신 있는 편도 아니어서 10월 초에 슈페리어뱅커스 논술 특강을 보고 신청했습니다. 기억엔 2주 전에, 주에 2번씩 2시간 수업, 총 4번이었는데 제가 알고 있는 경제시사 개념이더라도 그걸 글로 쓰기에 필요한 소스들은 전혀 없는 상태라서 논술 특강이 그 점에서 도움이 많이 됐습니다. 예를 들어 부동산 PF 부실화에 대해 대충 알더라도 논술로 글을 작성하기 위해선 그 배경을 설명할 때 필요한 용어들을 명확히 알아야 하고, 그 상황에서 정부와 금융당국이 취해야 할 입장이라던가 어떤 연쇄 작용이 있을 수 있는지 등 언어화할 수 있는 소스들이 필요하고 그걸 정리하는 시간으로 슈페리어뱅커스 특강이 정말 유용했다고 생각합니다. 너무 촉박하게 특강을 신청해서 제 글을 첨삭 받을 기회는 없어서 부끄럽지만 온전한 한 편의 글을 써보지는 못하고 시험장에 들어갔습니다. 제가 강조 드려도 써 보실 분은 써 보시고, 아닐 분들은 저처럼 그냥 들어가시겠지만 그래도 한 번 정도는 글을 써 보시는 게 좋을 것 같아요. 저는 이번 주제 중에 탄소세를 골라서 논술을 썼는데 국민연금에 대해

제 견해랄 게 전혀 없기도 했고, 탄소세에 대해서 논술특강에서 정리한 적이 있어서 나름 할 말이 많다고 생각했기 때문입니다. 근데 쓰고 나니까 원고지 7장 주셨는데 2장 채워서 진짜 당황했어요. 배운 대로 서론, 본론, 결론 썼고 문제에서 요구한 것들을 다 썼기 때문에 분량 늘릴 방법도 없어서 그대로 냈는데, 결과적으로 합격이라 다행이지, 탈락이었다면 글 한 번을 안 써보고 간 걸 오래 아쉬워했을 것 같긴 합니다. 올해 논술문제는 아마도 이전과 다르게 둘 다 일반 논술이었던 것 같아요. 듣기로는 금융 논술 한 개와 일반 논술 한 개 중 택 1 이었다는데 올해는 전공 필기도 그렇고 예년과는 달랐던 것 같네요.

▶ 2023년 '금융감독원' 합격 후기

선생님께서 보내주신 여러 합격 후기에 도움을 많이 받아서 저도 부족하지만 합격 후기 남겨봅니다.

논술 준비

대학도 수능으로 갔었고 논술을 한 번도 해본 적이 없어서 논술이 제일 막막했는데, 선생님의 강의가 아주 큰 도움이 되었습니다. 00전공이라서 금융은 완전히 까막눈이었는데 선생님께서 비전공자도 이해할 수 있도록 쉽게 설명해주시기 때문에, 강의만 들었어도 금융이슈 전반에 대해서 웬만큼 정리가 되었습니다. <이것이금융논술이다> 책에 나온 주제로 다 커버될 수 있다고 생각하지만, 단순히 책을 읽기만 하는 것보다는 주제별로 2~3가지 논점을 정리해보는 게 좋은 것 같습니다. 저는 논술첨삭을 신청해놓고도 시간이 없어서 글들을 다 완성하지는 못했었지만, 개조식으로 논점을 2~3가지씩 스스로 정리해봤던 게 도움이 되었습니다.

▶ 2023년 '산업은행' 합격 후기

안녕하세요. 저는 선생님의 금융공기업 4주반, 논술총론 4주반, 논술각론 4주반, 산업은행 면접 1,2차 수업까지 모두 수강했습니다. 처음 선생님을 찾게 된 계기는 산업은행 서류전형에서 계속 탈락해 문을 두드리게 되었습니다. 이후 첨삭을 받아 서류 합격을 한 이후로는 선생님을 믿고 계속 수업을 들었습니다. 논술 수업을 들을 초기에는 무지한 상태여서 내용이 벅찼는데, 지금 합격하고 생각해보니 합격까지 모두 필요한 과정이었다는 생각이 듭니다. 특히 1차면접 수업은 선생님의 수업이 아니었다면 불합격했을 것이라 생각이 듭니다.

▶ 2023년 '신용보증기금' 합격 후기

스터디는 하지 않고 선생님 강의를 듣고 모의면접 1회 봤습니다. 이전에도 스터디 한 적은 손에 꼽습니다. 논술도 선생님 강의를 들어서 논리구조 만드는 데에 도움이 된 것 같습니다.

'이것이 금융논술이다' 시리즈와 함께한

1. 과제수행은 평타.
2. 심층면접은 잘 본 것 같음.
3. 실무진 면접은 완전히 꼬여서 OOO의 OOO도 제대로 설명 못했음.

그럼에도 붙은 걸 보면, 솔직하게 말하는 태도나 선생님께서 말씀하셨던 답변 양식을 잘 따랐던 게 주요했던 것으로 보입니다. 선생님과 모의면접 꼭 보세요. 하는 것과 안 하는 것의 차이가 정말 큽니다.

➤ 2023년 하반기 'SGI서울보증' 합격 후기

2023년 상반기 지원 시, 전공시험은 양호하다고 느꼈으나 논술에 부족함이 많다고 생각하여 김정환 선생님의 금융논술 강의를 수강하였습니다. 논술강의 수강을 고민하는 분들에게 결정을 내리는데 도움을 조금 드리고자 간략하게 강의 수강하며 느꼈던 점을 적어보겠습니다. 첫째, 논술 공부의 틀을 빠르게 잡을 수 있습니다. 반드시 짚어야 하는 주제, 기업에서 자주 출제되는 주제들을 정리해주셨기에 논술 대비를 위한 공부의 범위를 최소화 할 수 있었습니다. 둘째, 금융공기업과 은행에서 원하는 글쓰기의 방향을 체크할 수 있었습니다. 대학교 재학 시절 글쓰기 비중이 높은 과에서 공부했기에 논술에 자신이 있었습니다. 하지만 몇 차례의 논술 탈락과 선생님의 강의 수강 후 기업에서 원하는 방향의 글 전개와 마무리가 있으며 그간 제가 써온 글들과 차이가 있었다는 것을 알게 되었습니다. 해당 부분에 대해 숙지가 되어있는지 여부가 합불에 꽤 많은 영향을 줄 수도 있겠다고 생각합니다. 셋째, 트렌드에 맞는 논술대비를 할 수 있습니다. 많은 수강생들을 통해 축적된 여러 후기들을 통해 전통적으로 기업에서 많이 출제되었던 이슈와 최근 출제 빈도가 높은 이슈를 확인하여 논술공부의 양은 줄이고 질은 높일 수 있었습니다. 마지막으로 논술에 대한 두려움을 없앨 수 있었다는 것이 저 개인적으로는 가장 좋았던 부분이었습니다. 저처럼 막연한 논술공포증이 있는 분들에게는 꼭 수강을 추천 드리고 싶습니다.

➤ 2023년 '산업은행' 합격 후기

금융논술 수업

금융공기업 면접에서 대략 10번 연속 탈락하면서 자신감을 잃었는데, '논술 실력'이라는 강점이 저를 지탱해주었고, 결국에는 좋은 결실로 이어질 수 있었던 것 같습니다. 김정환 선생님의 금융 논술 강의를 2번 들으면서 주제에 대한 지식을 확장하고 어떠한 주제에도 저만의 글을 작성할 수 있었다는 점이 좋았습니다. 만약 여유가 되신다면 논술 강의는 꼭 수강할 것을 추천하고, 이미 들으신 분도 수강 기간이 오래되었다면 다시 한번 수강하는 것을 추천합니다. 예탁결제원, 산업은행, 금융연수원, 신용보증기금 등 논술 관련 기업에서는 모두 높은 성적을 받을 수 있었고, 예탁결제원 논술 점수가 당시 50점 만점에 40점이 넘는 것을 보며, 선생님의 방향성이 맞다고 확신했습니다. 특히 논술 수업은 PT 면접에서도 구조화할 때 매우 유용하기에 A매치 준비생뿐만 아니라, B매치 준비생, 은행 준비생도 수강하는 걸 강력 추천합니다. 그리고 준비생들 사이에서 간혹 수강료가 비싸다는 의견이 종종 있는데, 만약 충실히 수업을 들으셨다면 절대 그런 소리를 하지 못할 것입니다. 저는 논술 수업을 들은 학생들과 스터디를 만들어서 함께 PT면접과 논술 작성 스터디를 진행했는데, 그 부분에서도 감각을 기를 수 있어 좋았습니다.

여신 프로세스 및 신용보증기금 업무 수업
논술, 면접 수업만큼이나 정말 좋았던 수업이었습니다. 특히 여신 프로세스 수업은 여신에 대한 프로세스와 직원으로서의 역량에 대해 자세히 설명해주는 수업으로, 우리나라에서 유일한 강의라고 생각합니다. 따라서 수업 대비 강의료가 정말 저렴하다고 생각합니다. 선생님께 들은 여신 프로세스를 통해 산업은행 지원동기의 방향성을 잡을 수 있었고, 면접에서 면접관들이 굉장히 관심이 있어하고 저만의 차별화된 강점이 되었습니다. 산업은행 수업뿐만 아니라, 신용보증기금 업무 수업에서도 기금의 업무 프로세스와 사업 방향성에 대해 구체적으로 설명해주셔서 많은 도움이 되었습니다. 논술 수업을 듣고 해당 수업을 들으시는 걸 강력 추천 드리지만, 만약 시간이 없다면 해당 수업은 꼭 듣기를 추천 드리겠습니다.

➤ 2022년 '금융감독원' 합격 후기

들어가며
먼저 금융감독원 준비에 방향성을 제시해주시고 합격까지 도움을 주신 선생님께 감사의 인사를 전합니다. 저의 후기는 CPA 유탈생들에게 특히 도움이 될 것이라고 생각합니다. 당연히 합격할 것이라 믿었던 시험에서 한 과목을 놓치고 멘탈을 수습하기도 전에 다음 계획을 세워야 했습니다. 슈페리어뱅커스 블로그에서 지난 합격자들의 후기를 찾아보며 이게 나한테 적합할까? 고민하던 중 한 CPA 유탈생의 후기를 읽게 되었고 바로 금융논술 총론부터 수강하기 시작했습니다. 같은 공부만 오랫동안 해온 CPA 준비생들이 금융공기업으로 전환할 때 가장 어려운 것은 '무엇을 어디까지 해야 하는가?'에 대한 감을 잡는 부분이라고 생각합니다. 물론 미리 준비해서 가능한 많은 부분을 챙기는 것이 좋겠지만, 저와 같이 9월 초부터 준비하시는 분들을 위해 제가 준비하며 체득한 노하우를 최대한 공유해보겠습니다.

금융논술 준비
금융논술 총론반은 금융논술 공부의 기틀을 잡아주는 강의라고 생각합니다. 저는 긴 기간 CPA 수험 생활을 했기 때문에 시사에 관한 부분에 베이스가 없는 수준이었습니다. 금융공기업을 준비하겠다고 마음을 먹었다면 고민하지 말고, 일단 무엇이라도 시작하는 것이 중요합니다. 고민하기보다 무작정 서점이라도 가보는 것도 좋습니다. 저는 그렇게 나갔던 서점의 수험서 코너에서 『이것이 금융논술이다』를 발견하였고 슈페리어뱅커스 블로그를 방문하게 되었습니다. 어떻게 시작해야 할지 감도 오지 않는

'이것이 금융논술이다' 시리즈와 함께한

상황에서 전문가의 도움을 받는 것이 가장 효율적일 것이라고 생각했고, 바로 9월 초 시작하는 총론 강의를 신청하였습니다. 강의를 수강하면 시사 전반에 대한 이해도와 기본 상식을 쌓을 수 있습니다. 주제에 대한 중요도와 추세도 알려주시기 때문에 회차가 늘어날수록 어떻게 해야 할지 감을 잡을 수 있었습니다. 저는 금융감독원 금융논술을 준비할 때 총론반에서 얻은 지식을 바탕으로 그 해에 중요하게 나올 법한 주제를 6개 정도 추려서 논문을 찾아보고 경제신문을 매일 읽었습니다. 논문은 0000000에서 찾았고 수업을 듣다가 추천해 주셔서 알게 된 사이트 입니다. 금융감독원은 굵직굵직한 주제에서 출제하는 경향이 있기 때문에 한 선택이었고 결과적으로 가장 중요하게 여겼던 3고 현상이 논술 주제로 나오면서 어렵지 않게 금융논술을 작성했습니다. 이때 금융에 관한 배경지식과 기관에 대한 지식 역시 큰 폭으로 상승하기 때문에 면접 준비에도 큰 도움이 됩니다. 금공준비를 전혀 해보지 않은 사람이 스스로 공부할 수 있는 능력을 키워주는 것이 총론반의 가장 큰 이점이라고 생각합니다.

▶ 2022년 '한국증권금융' 합격 후기

저는 작년 자기소개서 첨삭을 시작으로 슈페리어뱅커스를 알게 되었고, 선생님의 첨삭 뒤 급격하게 서류 합격률이 오르는 경험을 할 수 있었습니다. 받아보신 분은 알겠지만, 알맹이는 놓아두고 글 맵시만 다듬어주는 방식이 아닌, 근본적으로 어떻게 창의적으로 접근해야 하는지 그 방식을 알려주셔서, 저만의 창의적이고 '읽는 재미가 있는' 자기소개서를 만드는 데 큰 도움을 받았습니다. 실제로 스터디를 할 때도 매번 스터디원들에게 자기소개서 관련해 칭찬을 듣기도 했습니다. 그 뒤로 믿음이 생겨 논술 총론 및 각론 수업을 들었고, 필기 합격 후엔 실무면접, 임원면접 수업도 한 번씩 들었습니다. 먼저, 논술 수업을 통해서는 논술을 구성하는 방식을 배웠을 뿐 아니라, 최근 이슈 논제들을 체계적으로 배울 수 있어 경제논술뿐만 아니라 PT 준비 때에도 내용 면에서 큰 도움이 되었습니다. 또한, 선생님께서 자기소개서와 마찬가지로 논술에서도 (좋은 쪽으로) 눈에 띄는 방식에 대한 팁들도 많이 전수해주셔서 이것들도 많은 도움이 되었습니다. 다음으로, 면접수업 역시 선생님이 늘 자기소개서와 논술에서 강조하신 내용과 큰 뼈대와 맥락은 비슷했습니다. 다만, 면접 때가 되면 그 강조하신 내용들을 까먹게 되어 실전 연습을 하면서 이를 다시금 떠올리고 체득하는 데 도움이 된 것 같습니다. 자기소개서 첨삭이든, 논술 수업이든, 면접수업이든 선생님이 항상 강조하고 "꼭 이렇게 해라"라고 말씀하시는 부분들이 있는데, 정말 이 부분만 열심히 지킨다면 모든 전형을 무사히 통과할 수 있을 것으로 생각합니다. 저 또한 면접은 올해가 처음이었고, 선생님께서 강조하신 부분들을 한 귀로 흘려 넘기지 않고 최대한 체득하면서 임했던 것이 큰 도움이 되었다고 느꼈습니다.

▶ 2022년 '한국부동산원' 합격 후기

2020년 선생님을 처음 뵙고 직접 논술 수업을 들었을 당시는, 제가 취업에 대해 감이 없는 상태라 선생님께서 가르쳐주신 방향을 잘 이해하지 못했고 최대한 따라가려고만 노력했었던 것 같습니다. 하지만 시간이 지나, 추후 실력이 쌓인 후부터는 선생님 말씀의 의도를 점점 깨닫게 되었습니다. 그 이후부터는 A매치 금공 2곳 및 B매치 1곳에 필기 합격하며 논술 시험이 존재하는 회사의 입사시험에 대한 자신감과 방향성을 찾을 수 있었습니다. 이렇게 다져진 논술 실력은 추후 면접을 준비하는 데도 많은 도움이 되었습니다.

▶ 2022년 'IBK기업은행' 합격 후기

선생님께 2021년도 하반기 논술 수업을 수강하고, 이번 면접 강의도 수강하며 많은 도움을 받을 수 있어서 후기 작성과 함께 다시 한번 감사의 인사를 드립니다. 저는 처음 공기업을 목표로 취업준비를 시작했으며 점차 준비를 하며 금융 공기업 취업을 목표로 했었습니다. 하지만 00 전공이기에 경제 관련 지식이 많이 부족했습니다. 이러한 계기로, 선생님께서 진행하신 금융 논술 수업을 수강하며 금융산업에 대해 볼 수 있는 눈을 뜰 수 있었고 이러한 기반을 활용해 경제 뉴스들을 스크랩하며 스스로 더욱 고도화된 생각을 해볼 수 있었습니다. 이러한 지식들을 겸비해 2021년도 하반기 기업은행 최종면접까지 갈 수 있었습니다. 당시 선생님 수업을 통해 지식은 쌓았지만, 제 스스로 면접에 대한 경험과 스킬이 부족하여 최종면접에서 탈락을 했습니다. 그래서 이러한 부분들을 보완하기 위해 선생님께 2022년 기업은행 최종면접 관련 컨설팅을 지도 받았고, 지도해주신 부분들을 통해 최종면접에서 합격을 하게 되었습니다.

▶ 2022년 '우리은행' 합격 후기

저는 2022년 상반기 우리은행 1차 면접 준비를 시작으로 선생님과 처음 만났습니다. 당시 국민은행에서 디지털 서포터즈를 하고 있었는데 멘토였던 대리님께서 정환쌤을 추천해주셨고, 우리은행 서류 붙자마자 바로 강의 수강했습니다. 선생님 강의로 면접준비를 시작한 덕분에 뭘 준비해야 좋을지에 대한 감을 잡을 수 있었습니다. 비록 상반기엔 부족해서 잘 안 됐지만, 그 이후에 자격증 취득, 인턴 면접, 공채 면접 등 취업의 모든 과정에서 많은 도움이 됐다고 생각합니다. 선생님 강의에서 추천하고 싶은 부분은 면접 직전에 듣는 00은행 대비 강의와 금융논술 총론반/각론반 강의, 1:1코칭 입니다. 특히 각론반 강의는 긴 시간 진행되는 만큼 다양한 주제에 대해 깊이 있게 알아갈 수 있고, 그에 파생되어 스스로 공부할 점이 많이 생겨서 좋았습니다. 공부하다 보면, '아 여기까지 알아야 되나?' 싶을 때가 많은데, 그런 부분도 파고들어서 해두면 나만의 깊이와 논리가 생기고, PT에 흔하게 나오는 '~~현상에 대한 금융권/은행의 해결 방안'을 만들어내는 데 많은 도움이 되는 것 같습니다. 저는 7개 은행에 제출했던 모든 서류는 다 합격했고, 그 중 4개는 최종까지 다녀왔습니다. 많은 시행착오가 있었지만, 결국 다 과정이라는 데 너무 동의합니다. 정말 힘들어도 울고 다시 일어나면 다 할 수 있습니다. 이런 글을 쓸 수 있게 만들어 주신 김정환 선생님, 다시 한번 감사 드립니다.

'이것이 금융논술이다' 시리즈와 함께한

▶ 2021년 '산업은행/SGI서울보증' 합격 후기

논술은 매우 중요합니다. 2020년 하반기 예탁결제원을 급하게 준비하면서 선생님 수업 수강 전에 책만 몇 번 읽어보고 필기시험을 쳤고, 단 3점 차이로 불합격하면서 논술 수업을 조금만 빨리 들었더라면, 글을 조금만 짜임새 있게 썼더라면 하는 후회가 지금도 큽니다. 전공시험 비중이 크지만, 전공시험은 경영 직렬의 경우 회계사가 아닌 지원자들도 충분히 대비할 수 있는 난이도로 출제되었습니다. 또한 NCS 경우도 사전에 준비가 어려운 분야이기 때문에 결국 논술에서 필기시험 합격이 좌우될 수 있다고 강조하고 싶습니다.

또한 논술은 글을 쓰고 퇴고하고 첨삭하는 과정들 때문에 생각보다 준비하는 데 시간이 많이 소요됩니다. 아는 만큼 보인다고 논술을 위해 시사 공부를 하고 글을 쓰다 보면 보이지 않던 것들이 보이게 되면서 실력이 늘지만, 그 과정까지 많은 시간이 소요됩니다. 채용공고가 뜨고 나서는 마음이 조급해지면서 더욱 전공 공부에 시간을 투입하게 됩니다. 자연스럽게 논술 준비에 소홀하게 되고 이는 필기 결과에도 분명 영향을 줄 것입니다. 사전에 <이것이 금융논술이다>와 선생님 강의를 활용하여 논술 준비를 철저히 하셔서 좋은 결과를 얻으시길 바랍니다.

▶ 2020년 하반기 '금융감독원' 합격 후기

금융논술을 준비하면서 금융과 경제에 대한 기본적인 지식이 많이 쌓아두는 것이 필요한데, 그렇지 않으면 3종류의 면접(집단면접 1회, 실무진 면접1회, 임원면접 1회)을 대비하기가 매우 어려워집니다. 그래서 미리미리 금융논술을 제대로 공부하는 것이 필요합니다. 금감원은 IT 직렬이라고 해도 IT 외 여러 다른 부서에서 일하게 되는 일이 많기 때문에 더욱 그렇습니다.

저는 금융이라고는 공부를 해본 적이 없었습니다. 그래서 혼자 공부하기에는 무리라고 생각해서 강의를 수강했습니다. 슈페리어뱅커스 강의의 장점은 금융을 볼 수 있는 전체적인 틀을 제공하고, 그것을 금융논술과 연결시킬 수 있도록 주제별로 정리해준다는 것이 가장 큰 장점입니다.

▶ 2020년 하반기 '캠코' 합격 후기

논술 준비에 대한 막막함으로 걱정하던 찰나에, 감사하게도 슈페리어뱅커스를 알게 되었습니다. 덕분에 짧은 시간 동안 논술 준비의 방향성과 핵심 시사 이슈를 숙지하고, 결코 적지 않은 분량의 논술 교재 3권을 효율적으로 공부할 수 있었습니다. 아쉽게도 캠코의 경우에는 금융논술 시험이 없었으나, 1차 PT 면접을 준비하는 과정에서 특히 큰 도움이 되었습니다. 논술시험이 없는 기업을 준비하시는 분들도 논술 수업은 꼭 수강하시기를 추천합니다.

▶ 2020년 하반기 '신용보증기금' 합격 후기

공인회계사 시험 2차 유예 탈락 후 금융공기업 취업으로 전환하였습니다. 신용보증기금
필기 시험은 NCS와 전공시험, 논술시험으로 구성되는데, NCS는 상대적으로 비중이 적기 때
문에 전략적으로 힘을 뺐고, 전공시험은 다 년 간 수험 생활로 자신 있었습니다. 하지만, 논술 시험
은 경험이 없었고, 그 동안 수험 공부만 해왔기 때문에 금융상식과 시사 쪽이 약해 어떻게 준비해야 할
지 가장 막막하였습니다.

주변 지인을 통해 슈페리어뱅커스의 '이것이 금융논술이다' 책 시리즈를 추천 받았고, 혼자서 공부하기
보다 선생님의 논술 수업을 함께 듣는다면 짧은 시간에 훨씬 큰 효과를 볼 수 있을 것으로 판단하여 주
저하지 않고 수강 신청하였습니다. 그리고 그 효과는 생각했던 것 이상으로 좋았습니다.

▶ 2020년 하반기 'IBK기업은행' 합격 후기

저는 금융논술이 없는 시중은행을 목표로 하고 있었고, 유일하게 논술시험이 있는 농협은행도 지원하
지 않았습니다. 그럼에도 금융논술 수업을 수강한 이유는, 차별성을 극대화할 수 있다고 생각했기 때
문입니다. 그래서 본격적으로 공채 일정이 시작되기 전, 3월에 해당 수업을 수강했습니다.

금융논술 수업을 통해 금융 및 경제 이슈에 대해 다양한 관점에서 생각해 볼 수 있었습니다. 또한, 한
가지 주제에 대해서 좀 더 짜임새 있게 의견을 전달하는 방법을 배웠습니다. 비록 저는 금융논술 시험
을 치르지 않지만, 모든 은행의 자기소개서 항목에 논술형 질문이 있었습니다. 만약 금융논술 수업
을 듣지 않았더라면, 해당 항목의 내용을 적을 때 많은 어려움을 겪었을 것입니다. 하지만 선생님의 수
업 덕분에 비교적 쉽게, 그리고 더욱 논리적인 흐름으로 내용을 채울 수 있었습니다.

▶ 2020년 상반기 '한국금융연수원' 합격 후기

슈페리어뱅커스가 가장 좋았던 점은 단기간에 최소한의 필요한 학습량을 충족할 수 있었다는 점이었
어요. 저는 금융공기업 준비를 급하게 하게 돼서 거의 전공필기만 공부하다가, 시험 두 달을 남기고서
야 논술을 시작했거든요. 정말 한 번도 논술을 제대로 써본 적이 없었고, 뉴스만 간간히 보면서 대략적
인 경제 흐름만 파악하고 있던 정도였어요. 급한 마음에 이것저것 찾아보다가 슈페리어뱅커스의 막판
단기 강의를 수강했는데, 그게 정말 큰 도움이 됐습니다.

슈페리어뱅커스의 논술 교재는 대부분이 알듯이 바이블이라고 할 만큼 좋은 책이고요. 강의는 경제논
술, 토론 입문자인 분, 그리고 단기에 실력을 확 끌어올리고 싶은 분께 강력 추천합니다.

금융기관 · 금융공기업 합격 후기

'이것이 금융논술이다' 시리즈와 함께한

▶ 2019년 '무역보험공사' 합격 후기

안녕하세요. 저는 이번 2월 논술반을 들었고, 올해 한국무역보험공사에 최종 합격했습니다. 한국무역보험공사는 논술전형을 보지 않는 기관입니다. 그럼에도 저는 이번 상반기 최종 합격할 수 있었던 가장 큰 이유를 꼽으라면 슈페리어 뱅커스의 논술수업을 수강한 일을 꼽고 싶습니다. 그 이유는, 저는 이 클래스가 단지 논술을 위한 클래스가 아니라, 최고의 면접 대비반이라고 생각했기 때문입니다.

면접을 잘 보기 위해서는 무엇이 필요할까요? 세 가지를 꼽고 싶습니다.

첫째, 내용적 측면에 있어서는, PT 면접 및 토론면접에서 나올만한 주제를 정확히 알고 있어야 하겠습니다. 둘째, 형식적 측면에 있어서는 구조화된 내용을 00식으로 말할 수 있어야 합니다. 셋째, 필기시험에 합격하고 벼락치기로 준비하는 것이 아니라, 평소 꾸준히 생각하고 연습해야 합니다.

▶ 2019년 'SGI서울보증' 합격 후기

저는 금융 논술을 써본 적이 없었기 때문에 8월부터 논술 수업을 수강했습니다.

수업을 들으면서 논술을 작성하는 방법뿐만 아니라 한국 금융 산업에 관한 전반적인 지식을 배웠고, 논술과 면접에서 요긴하게 활용할 수 있었습니다. 특히 수업에서 어떤 주제에나 적용할 수 있는 만능 결론을 배우는데, 말 그대로 만능이기 때문에 꼭 숙지하시길 추천 드립니다. 수업 마지막 시간에 선생님께서 중요한 주제를 몇 가지 뽑아주셨고 관련해서 글도 보내주셨는데, 실제 시험에서 그 중 한 주제가 출제되어 무난하게 작성할 수 있었습니다.

금융 관련 경험이 없는 제가 합격할 수 있었던 것은 슈페리어뱅커스의 수업 덕분이라고 생각합니다. 막연히 금융권 취업을 원하지만 무엇부터 공부해야 하는지 모르거나 저처럼 관련 경험이 없으신 분들께서는 꼭 수업을 듣고 학습 방향을 설정하는 기회로 삼으셨으면 좋겠습니다.

▶ 2019년 '금융감독원' 합격 후기

직장생활과 병행하여 금융감독원 입사지원을 하였기 때문에 시간이 절대적으로 부족하였으므로, 조금 더 효율적인 준비방법을 고민하다가 슈페리어뱅커스 선생님의 금융논술 강의(주말 저녁반)를 수강하게 되었습니다. 평일 쌓인 근무 피로 때문에 주말에는 지칠 수 있었음에도, 선생님의 강의 덕분에 긴장을 유지할 수 있었습니다.

특히, 선생님의 강의를 통하여 금융관련 지식의 큰 흐름을 익힐 수 있었다는 점이 유익하였습니다. 2차 필기시험을 위해 선생님의 강의를 수강하면서 금융지식을 잘 쌓아왔기에, 면접 준비과정에서는 인성, 역량 답변에 집중할 수 있었습니다. 실제로 1차 토의 면접에서는 2차 필기시험 때 공부했던 금융지식을 그대로 활용할 수 있었습니다.

▶ 2019년 'SGI서울보증' 합격 후기

평소 시사상식이 부족했기에 '한 달 안에 논술을 준비할 수 있을까'라는 불안감을 가지고
10월 논술특강을 수강하였습니다. 하지만, 선생님의 수업을 통해 막연한 걱정은 사라졌고 '복
습만 열심히 해도 좋은 점수를 받을 수 있겠다'라는 확신이 들었습니다. 선생님께서 어떠한 주제가
나와도 결론을 쓸 수 있도록 키워드를 정리해주셨고 시험장에서 정말 큰 도움을 받았습니다. 저처럼,
신문을 잘 읽지 않고 논술이 처음인 분들은 꼭 선생님의 논술 수업을 듣는 것을 추천합니다.

▶ 2019년 '기술보증기금' 합격 후기

지난 8월 말 ~ 9월 말 경에 선생님께서 강의하신 금융논술 강좌를 수강했던 OOO이라고 합니다. 기억이
잘 안 나실 수도 있지만, 앞쪽에 앉아서 잘 웃던 단발머리 여학생입니다. 선생님 강의를 재미있게 들어
서 주제를 잘 예측해서 준비할 수 있었고, 논술 준비도 수월하게 할 수 있었답니다. 선생님 덕분에 이번
에 목표로 했던 농협중앙회와 기술보증기금 두 곳에 합격하게 됐습니다.
농협중앙회 같은 경우 R의 공포, 농가소득 방안, 블록체인 중 하나를 택해서 서술하는 것이었는데, 보
내주신 자료에서 ○○○와 관련된 내용을 참고해서 ○○○○에 흥미와 관심을 가지고 있던 부분을 서
술할 수 있었어요. 감사 드립니다. 특히 전반적으로 OO 과정을 하다 보니 논술형식의 글쓰기에 어려
움을 느꼈었는데 간결하게, 핵심만 쓰려고 자료를 토대로 연습을 많이 하면서 좋은 결과를 거둘 수 있
었습니다.

▶ 2019년 '신용보증기금' 합격 후기

과제수행의 경우 경제 전반에 걸쳐서 주제가 나올 뿐 아니라 시사 주제도 나왔습니다. 제가 속한 조의
경우에는 미중 무역전쟁이 주제였는데, 전 선생님께서 말해주셨던 방안이나 미국의 카드와 우리나라
의 대중 대미 무역비중 등의 퍼센트를 외워가서 직접 발표한 부분이 유효했던 것 같습니다. 사실 면접
과 논술을 준비하면서 느낀 건데, 토론이나 과제수행 류의 면접은 기존에 상식과 기존에 미리미리 대비
해야 하는 것 같습니다. 전 선생님께서 보내주신 자료만 보고 갔는데 그게 정말 유효했던 것 같습니다.

▶ 2018년 '금융감독원' 합격 후기

금융감독원 시험에서 논술이 차지하는 비중이 매우 큽니다. 학술 200점 중 60점을 차지하고 있고(이번
시험의 경우 그림자 금융을 포함하면 90점) 일반논술 또한 별도로 존재합니다. 사실 주제 자체들은 관
심을 가진다면 전부 접할 수 있는 주제들이 대부분이기 때문에 금감원 시험에서 중요한 것은 모두가 아
는 주제를 어떻게 하면 차별화하여 심도 깊고, 논리성 있게 작성하는 가라고 생각합니다.

금융기관 · 금융공기업 합격 후기

'이것이 금융논술이다' 시리즈와 함께한

이러한 관점에서 김정환 선생님의 논술 수업과 피드백은 매우 큰 도움이 되었습니다.
특히 1년 간의 피드백 과정을 통해서 글의 논리성과 완결성을 크게 향상시킬 수 있었고 이는 단순히 일
반논술뿐만 아니라 금융감독원 시험 서술자체에도 큰 도움이 되었습니다. 또한 이러한 지식들은 토대
로 1차 실무면접에서도 큰 도움이 되었습니다.

▶ 2018년 '금융감독원' 합격 후기

금공을 체계적으로 준비할 수 있도록 자소서 첨삭, 논술특강, 면접 컨설팅 등의 프로그램들이 슈페리
어뱅커스에 있는 것을 확인하였고, 다른 분들의 후기들을 보며 2018년 8월 말 경에 퇴사 결심 후, 바로
선생님께 금융감독원 자소서 첨삭을 받고서 부족한 부분을 보완하였습니다. 9월에는 회사를 다니면서
필기준비를 하고, 주말에는 선생님의 논술 특강을 듣고서 혼자서 논술 써보는 연습을 했습니다. 특히,
논술 특강 시에 선생님께서 주요 이슈에 대하여 설명해주실 때 쉽게 이해하기 쉽게 설명해주셨고, 조
금 더 넓은 시야로 볼 수 있도록 포인트를 잡아주셔서 너무 좋았습니다.

▶ 2018년 '기업은행' 합격 후기

일단 저는 논술 강의와 면접 강의 두 가지를 들었습니다. 논술 강의는 논술 쓰는 방법도 도움이 됐지
만, 무엇보다 배경지식이 부족한 저에게 도움이 많이 됐습니다. 혼자 공부하다 보면 금융권의 경우 조
금 이해하기 어려운 부분들이 많았는데, 선생님께서 그런 부분들을 쉽고 재미있게 알려주셨습니다.

▶ 2018년 'SGI서울보증' 합격 후기

저는 지식이 너무 부족하다고 생각해서 금융 상식 수업을 들었지만, 은행은 시험을 한 곳 밖에 치지 않
았기 때문에 논술에 집중해서 말하겠습니다. 일단 결과적으로 하반기 논술이 포함되었던 필기는 전부
통과했습니다. 선생님 논술 수업에서 제가 가장 큰 도움을 받았던 것은

1) 가장 첫 수업 때 우리나라 경제 상황의 근본적인 문제들, 혹은 강점들을 잡아주셨던 것
2) 결론 부분 키워드
이 두 가지였습니다. 선생님께서 어떠한 주제가 출제되어도 적어도 결론은 쓸 수 있게 해주신다고 하
셨는데 정말로 시험장에서 만능으로 쓰입니다.

개인적으로는
1)번 항목만 제대로 수업을 들어도 결론을 쓰는 게 어렵지 않을 것이라고 생각합니다. 결국 경제나 금융
문제는 모두 연결되어 있기 때문에 어떤 주제가 나와도 선생님께서 잡아주셨던 우리나라 경제의 큰 틀

에 맞추어 글을 풀어나갈 수 있었습니다. 또한, 제가 굳이 외우려고 하지 않아도 지금 가장 중요한 이슈들을 수업 중에 계속 반복해주셔서 논술 시험장에 들어가서 자연스럽게 기억이 모두 떠올랐습니다. 그리고 사실 워낙 많은 주제들을 다 커버해주셔서 수업 때 배운 내용과 전혀 관련 없는 문제가 나올 일은 아예 없다고 보셔도 될 것 같습니다. 단순히 시험을 위한 공부를 떠나서 저는 선생님 수업이 경제에 대한 공부 자체로 참 좋았습니다. 선생님 수업을 들으면서 제가 평소에 가지고 있던 편견들, 잘못 알고 있던 부분들을 많이 인지하게 되었는데, 특히 금리에 관한 부분에서 제가 당연하게 생각하던 것들을 수업을 들으면서 잘못 알고 있었다는 걸 알고 개인적으로 그게 굉장히 흥미로워서 따로 공부를 많이 했었습니다. 그런데 논술에서 금리와 관련하여 풀 수 있는 문제들이 나왔고 덕분에 막힘 없이 쓸 수 있었습니다. 금융권을 준비하시는 분들이라면 시험뿐만 아니라 기본적인 지식을 갖추기 위해서라도 선생님의 논술 수업을 들어보라고 추천하고 싶습니다.

➤ 2018년 '한국자산관리공사(캠코)' 합격 후기

선생님, 안녕하세요. 드디어 제가 후기라는 것도 써보는 그런 날이 오네요. 물론, 제가 가장 원하던 1순위 기업에 취업을 한 건 아니지만, 그래도 캠코를 준비하시는 분, 금공을 준비하는 분들에게 조금이나마 도움이 되길 바라며 적습니다. 2017년도 여름, 처음 논술수업을 수강하고자 선생님을 뵀을 때, 사실 강의만 듣는다고 다이내믹한 효과가 있을까? 싶었습니다. 논술수업 자체가 워낙 방대한 주제를 압축적으로 다루기에 사실 저는 수업을 들으면서 수업 따라가기도 힘들었으니까요. 하지만 결과적으로는 저는 덕분에 제 취준 기간이 1년 반 만에 끝나지 않았나 싶습니다. 비단 필기뿐만 아니라 면접에서도 엄청 도움이 돼요.

수업시간에 설명해주신 것들 최대한 소화하려고 노력했고, 집에 와서는 수업을 바탕으로 보고서 같은 걸 찾아보면서 저만의 논술답안을 작성해 보았는데, 이 점이 정말 필기와 면접(특히 PT)에 있어서 많은 도움을 받았습니다. 이렇게 수업을 바탕으로 주제별로 나름의 생각을 정리해놓으니, PT면접 준비할 때도 그냥 기업과 연결만 하면 되니까 엄청 수월하게 준비했었거든요. 사실 캠코의 경우, 미금리인상, 보호무역, 블록체인, 가계부채 등 현재 경제·사회 이슈들과 공사를 연결하는 것들이 PT로 나왔기에, 배경지식을 알고 있냐 없느냐가 사실상 PT의 퀄리티를 좌우하는 중요한 요소라고 생각합니다. 저 또한 1차 면접에서 면접관님들께 PT칭찬을 받은 것도 사실 논술준비로 저만의 생각을 미리 정리해 두었던 게 큰 도움이 되었습니다. 그리고 너무 재미 있었던 게, 2017년도에 수업을 수강하고, 2018년도에 준비할 때는 수업을 바탕으로 논술스터디를 꾸려서 준비했는데, 논술스터디원 4명이 모두 선생님 논술수업을 수강해서 웃겼습니다. 그분들 중에 저랑 동기가 된 분도 있습니다. 아무튼 다들 올해 잘 되어서 정말 다행이에요.

Aus...

...age control | A look at carbon dioxide release

...k in February; another failure...

Australia's greenhouse-gas emissions,
in gigagrams* CO_2 equivalent

800,000

600,000

400,000

200,000

0

1990   '95   2000   '05

*1 gigagram = 10,000 tons
total CO_2 emissions includes emissions from land use, land-use ch...

PART

01

논술학습법

기본 편

chapter 01

논제선정 및 논제분류

01 사전작업 - Category 선정작업

공부해야 할 논제의 선정과 관련하여 많은 학생들이 난감해 하는 첫 번째 난관이 수많은 논제들을 어떻게 선정하고 어떻게 정리해야 할 지 엄두가 나지 않는 다는 것이다. 일반신문, 경제신문과 수많은 연구보고서들 등 정보들의 홍수 속에서 금융논술, 공기업논술 준비를 위한 논제를 선정하기는 물론 쉽지 않아 보인다. 또한 이 과정에서 학생들이 범하는 실수 중 하나는 새로운 이슈거리들을 어떻게 저장하고 활용할지 몰라서 좋은 논제를 발견해도 한 번 읽어만 보고 지나치고 있다는 점이다.

이에, 논제의 선정을 위한 준비작업부터 제시하기로 한다.

1. 본인만의 대(大) 카테고리를 만들어야 한다. 필자는 기본적으로 우리나라를 둘러싼 각종 이슈들에 대하여 5가지로 카테고리를 선정하였다.

2. 국제 / 거시경제 / 금융 / 국내 제도·경제 / 국내 사회·문화가 바로 그 각각의 카테고리 이름이다.

3. 다음의 도표는 대(大) 카테고리 별로 논제들을 분류한 표이다.(2021년 기준)

국제

- 미국의 출구전략
- 일본의 아베노믹스
- 엔저현상과 한국경제의 방향
- 한국과 일본경제 평형이론
- 리커노믹스
- 중국의 구조조정
- 한중일 영토분쟁과 한일 통화 스왑 파기
- 신흥국 리스크
- 한국–베트남 신뢰회복
- 한미 FTA
- 한중 FTA
- CMIM, AMRO, APTERR
- 3대 FTA : TPP, TTIP, RCEP

거시

- 환율전쟁
- 경기부양을 위한 통화정책
- 그림자금융
- 기준금리인하와 동결
- CD금리문제/대안지표금리
- 가계부채 디플레이션
- 외환위기와 외환보유액

금융기관 · 금융공기업

- 논제선정 및 논제분류
- 금융논술, 공사논술 작성을 위한 기본 자세
- 금융/공기업 논술 작성법
- 논술공부는 언제 시작해야 하는가?
- 자료 수집 방법(심화)
- 금융논술, 어떻게 공부해야 하는가?
- 금융논술 사례 학습
- 넓혀 나가기
- 구슬이 서 말이라도 꿰어야 보배
- 인플레이션과 은행의 방향성
- 서비스형 뱅킹(Banking as a Service)과 기업금융
- 메타버스(Meta Verse)
- NFT(Non-Fungible Token)
- AI와 금융
- 테라 – 루나 사태와 폰지 사기
- 조각투자
- 프롭테크(Prop-Tech)
- Post Corona, 2022년 은행의 정책적 방향
- 은행의 주요지표 분석 및 방향성
- ESG경영과 금융의 역할
- 경기불안과 금융안정
- 가계부채 규제 완화와 금리인상, 그리고 금융권의 방향
- 경기불안과 금융안정
- 빅테크의 금융업 진출
- 임베디드 금융(embedded finance)
- 구독경제(Subscription Economy)와 금융권 방향성
- 디지털화와 은행의 혁신
- 디지털 화폐와 CBDC
- 가상자산(Virtual Asset)
- 볼커룰과 바젤, 그리고 SIFIs – 금융기관의 안정
- 은행세와 토빈세 – 금융기관의 안정
- 은행의 중소기업 지원 및 정책적 방안
- 은행 리스크 관리(Risk management)
- 금융의 공공성
- 정책금융의 방향(산은, 수은, 신보, 기보 등)
- 지식재산(IP) 금융
- 기후변화와 대출규제
- 금융감독 규제의 방향(금융감독원 감독체계의 방향)
- 글로벌 디파이(De-fi) 규제

국내경제/법

- 코로나19와 향후 과제
- 2021 한국경제
- 금융–실물경제의 불균형
- 금리인상
- 코로나19와 서비스산업 혁신
- 사회적 경제
- 긱(Gig) 경제
- 공유경제
- 언택트경제(Untact Economy)
- 코로나19와 서비스산업 혁신
- 공정경제 3법
- 부동산 정책과 역사
- 임대차 3법
- 2.4 부동산 대책과 부동산 딜레마
- 토지공개념
- 최저임금 인상
- 주 52시간 근무제
- 기본소득제
- 4차 산업혁명
- 가업상속세 개편안

국내사회/문화

- 불평등 확대와 금융위기
- 출산율 감소
- 고령화와 1인가구 증가
- 사회양극화와 은행의 방향
- 비정규직의 정규직 전환 문제

기타

- 신문 읽기
- 경제연구소

4. 새롭게 찾아냈거나 그 내용이 바뀐 이슈들을 이처럼 항상 카테고리 표 안으로 정리하여 등재를 시켜 놓으면 주요 이슈들의 흐름을 놓치지 않게 된다.

5. 각각의 논제들을 신문기사와 연구소 자료들을 바탕으로 공부를 한 후, 카테고리에 채워나가는 방법이다.

02 본 작업 - 논제 선정을 위한 자료수집

이제는 선정된 카테고리를 채우기 위해 논제들을 선정하여야 한다. 많은 학생들은 경제신문을 활용하여 현안들과 이슈들을 파악하고 공부를 하는 편이다. 물론 경제신문은 그 자체로 훌륭한 논제들이 매일 넘쳐나고 있으며 또한 현재의 주요 이슈들이 반영된 훌륭한 자료의 보고다. 하지만 최근 주요 금융기관들과 공기업들의 논술 이슈들이 '경제' 부문에서 '사회/문화' 부문으로 다소 이동하고 있다는 점에서 경제신문만으로 시사를 익히는 것은 부족하다.

이에, 적절한 논제를 선정하기 위해 선행되어야 할 자료수집 방법에 대하여 제시하기로 한다.

1. 경제신문도 좋지만 일반신문을 구독하는 것을 추천한다. 일반신문을 권하는 이유는 두 가지이다.

첫째, 상술했던 것처럼 이제 논술의 주제가 비단 경제 부문에만 국한되지 않는다는 현재의 논술 기출 트렌드 때문이다. 사회현상과 문화에 대해서도 광범위한 고찰이 필요한데 이를 위해서는 일반신문이 보다 효과적이다.

둘째, 일반신문의 경제 섹션은 경제신문의 다이제스트이다. 매일 경제신문으로 싶게 공부하는 것도 방법이지만 시간의 효율성 면에서는 일반신문이 유리할 수 있다.

2. 그러나 일반신문만을 구독할 경우 상대적으로 경제지식이 부족할 수 있다는 우려
가 생긴다.

   일반신문은 그냥 정보 수집용 정도로 읽어 볼 것을 권한다. 오히려 이제는 경제연구소 자료들을 함께 숙지할 필요가 있다. 각 대기업들의 경제연구소뿐 아니라 금융기관들의 연구소 자료들까지, 공부해야 할 내용들은 연구보고서 자료들만으로도 차고 넘친다. 따라서 금융권을 지원하는 학생들의 경우 은행들의 경제연구소 자료들에 대한 공부도 필수적이다. 일반적으로 경제연구소 자료들은 논제에 대한 보고서 작성이 더디지만, 신문들의 기사들에 비하면 그 깊이나 신뢰도는 우수하다. 꼭 기억하자. 신문은 정보수집용, 연구소 자료는 학습용이다.

chapter 02

금융논술, 공사논술 작성을 위한 기본 자세

01 논술시험은 반드시 정해진 시간 안에 완성되어야 한다

금융기관과 공기업 논술은 기관마다 다르지만, 60분 내외의 시간이 주어진다. 즉, 정해진 60분 내에 [서론 – 본론 – 결론]의 완성된 논술을 작성해야 합격의 확률이 높아지는 것이다. 학생들이 가장 많이 범하는 오류는 정해진 시간 안에 논술을 완성하지 못하는 경우이다. 이는 논술 채점에서 상당히 감점되며 따라서 합격 역시 어려워진다. 학생들이 시간 내 완성을 못하는 이유는 다음 두 가지가 대부분이다.

1. 장황한 서론

정해진 시간 안에 서론과 본론 그리고 결론을 전부를 작성하기 위해 시간과 분량을 각각에 적절히 배분하여야 하지만, 상당수의 학생들이 서론에 너무나 많은 시간을 할애하고 있다. 장황한 서론을 작성하여 결론까지 제대로 끝 맺지 못하는 경우가 발생하는 것이다. 또한 첫 문장을 어떻게 시작하여야 할지 정하지 못해서 꽤 많은 시간을 손해보기도 한다.

서론의 목적은 두 가지이다.

첫째, 흥미유발이며

둘째, 글 작성의 방향성 제시이다.

서론은 위 두 가지의 역할에 충실하면 된다. 서론에서 해당 이슈에 대한 '의미와 배경'을 쓰는 것에 대하여 나는 반대한다. 의미와 배경이 서론에 들어가면 전형적으로 용두사미 논술이 되며 방향성을 잃을 확률이 높아지기 때문이다.

2. 복잡한 인과관계

해당 이슈에 대하여 복잡한 인과관계를 장황하게 모두 다 설명하려 한다면 이른바 '인과관계의 늪'에서 헤어나오지 못하게 된다. 숲을 보고 나무를 확인해 나가야 하는 데 정작 나무들만 확인하다가 숲에서 못 빠져 나온 형국이다. 이론적인 설명을 또는 현상적인 설명을 너무 깊게 할 필요는 없다. 이를 위해서는 항상 구조적인 목차작업을 통하여 배분된 양만큼으로 논지의 흐름을 압축시킬 필요가 있다.

02 논술은 형식보다는 내용이 우선이다

학생들은 논술 작성에서 글의 형식에 얽매이는 경우가 많다. 기억해두자. 논술은 형식보다 내용이 우선이다. 형식은 그 이후의 부차적인 문제이다. 만약 형식을 지키지 않았지만 내용이 우수한 논술이 있다면 그 논술을 불합격시키지는 않을 것이다. 논술 작성시 형식을 따지기 보다는 좋은 구조와 글의 내용에 더 많은 공을 들일 것을 권장한다. 실제 학생들을 지도하면서 형식과 관련해 많이 받는 질문들은 다음과 같다.

Q1　논술을 꼭 형식적으로 index 없이 풀어서 줄 글로만 작성해야 하나요?

Answer 예를 들면, 'Ⅰ. 서론 / Ⅱ. 본론 / Ⅲ. 결론'의 형태로, 목차와 소제목들을 생략하고 계속 이어지는 산술문으로 글을 작성해야 하냐는 질문을 많이 받았다. 나의 대답은 "꼭 물 흐르듯한 줄글로 작성 안 해도 된다"는 것이다. 물론 최근의 금융권, 공기업의 논술의 대세는 산술문으로 글을 작성하는 것이다. 하지만 작성자가 목차를 활용하고 싶다면 활용해도 좋다. 또한 소제목을 써주고 싶다면 써주도록 하라. 논술의 핵심은 내용임을 다시 한 번 더 상기하자.

Q2　논술을 꼭 두괄식으로 작성해야 하나요?

Answer 채점자를 위해서 문단이나 단락에서 두괄식으로 작성하면 글의 가독성이 높아진다. 하지만 글을 작성하다보면 미괄식으로 작성해야 자연스러운 형태의 내용들도 상당히 많이 존재한다. 그러므로 나는 "군이 두괄식으로의 작성을 권하지는 않는다." 은행이나 공기업의 논술 채점관은 두괄식의 문장들만 보고 채점할 정도로 설렁설렁하게 일하지 않는다. 반드시 두괄식을 고집해야 한다고 생각하지는 않는다. 두괄식은 자소서나 면접에서 필요한 방식이다.

Q3　여백을 많이 두는 것이 좋은가요?

Answer 단락이 바뀔 때에 여백을 두는 것에 대한 질문도 많다. 이에 대하여 나는 "가급적 여백을 두라"고 권한다. 물론 답안지 수량을 제한하는 논술도 있지만 그렇지 않은 경우에는 적절하게 여백을 활용하자. 그 이유는 다음의 두 가지 이다.
첫째, 빽빽이 작성된 논술보다는 적절한 여백을 두면 채점관의 가독성이 높아진다.
둘째, 적절한 여백은 마지막 퇴고단계에서 정정하고 수정할 수 있는 공간이 될 수 있다.

Q4 숫자, 영어, 한자는 활용하는 것이 좋은가요?

Answer 가급적 활용해주도록 한다. 특히 한자의 경우는 동음이의어 부분에서 사용해주면 글의 의미가 명확해진다. 예를 들면 '대중국수출'의 경우 '對중국수출'로 작성하면 채점관이 글을 내용을 파악하기에 훨씬 수월하다. 또한 숫자도 활용하면 논술의 신뢰도가 높아질 수 있다. 다만, 너무 많이 활용하거나 부정확한 수치를 쓰게되면 오히려 역효과를 줄 수도 있으니 강조할 부분 위주로 정확한 숫자를 활용해주자.

Q5 [서론-본론-결론]을 댓구 형식, 즉 서론 20%내외, 본론 60%내외, 결론 20% 내외로 작성하는 것이 좋을까요?

Answer 꼭 비율을 맞추어 글을 작성할 필요는 없다. 다시 말해 형식적으로 형식에 맞추기 위해 내용을 포기하거나 억지로 늘릴 필요는 없다는 것이다. 각 항목 당 비율이 맞으면 보기는 좋을지 모르나, 그 비율을 강제로 맞추기 위하여 내용을 희생시키는 우를 범해서는 안 된다. 여러 학생들의 논술을 검토하다 보면 결론이 훌륭한 학생의 논술이 확실히 돋보인다. 여기서 결론이 훌륭하다는 말은, 바꿔서 이야기하면 본론에서 해당 현상과 관련 이론들에 대한 수준 높은 파악과 이해를 보여주고 있으며 이를 바탕으로 결론에서 창의적인 아이디어와 방향성을 제시한다는 것이다. 반드시 기억해두자. 논술에서 가장 중요한 부분은 결론이다. 결론의 양이 서론보다 많다고 문제가 되지 않는다.

Q6 논술은 정답이 있나요?

Answer 논술에는 정답은 없다. 본인의 주장에 따른 논거가 명확하고, 인과관계가 설득력이 있으면 우수논술이 될 수 있다. 예를 들면, <경제민주화>가 논제로 주어졌을 때 많은 학생들이 중소기업지원, 서민금융지원으로 포커스를 맞추어 글을 작성한다. 하지만 이와는 완전히 다르게 대기업에 대한 일방적 규제강화가 아닌 시장참여자에 대한 균등한 기회제공을 위한 정책 마련으로 초점을 맞추어 논술을 작성한다 하더라도 논거에 타당성이 명확하다면 경쟁력 있는 논술이 될 수 있다.

chapter 03 금융/공기업 논술 작성법

01 Frame 작업 (구조화 작업)

1. 구조화 작업의 의의

만약 논술 시험 시간이 60분으로 주어진다면 시간배분은 구조화 작업에 5분, 논술작성시간에 50분, 퇴고시간에 5분으로 배분하는 것이 이상적이다. 그런 의미에서 본다면 논술의 시작, 즉 구조화 작업은 글 작성을 시작하는 최초의 활동으로서 이에 따라 그 이후의 논술작성의 여부가 달린 만큼 가장 중요한 작업이라 할 수 있다. 구조화 작업이 필수적인 이유는 다음과 같다.

첫째, 일관적이고 방향성 있는 논술의 작성이 가능해진다. 구조화 작업을 생략하고 바로 글 작성에 들어가면 용두사미 논술이 되거나, 서론에서의 방향과는 전혀 엉뚱한 결론으로 도달하는 과녁 잃은 횡설수설 논술이 되기 쉽다.

둘째, 결론의 도출이 쉽다. 결론과 본론이라는 이정표를 세우는 구조화 작업 없이 논술을 생각과 의식의 흐름대로 작성하다 보면 마지막 결론 부분에서 어떤 말을 쓸지 몰라 머뭇거리는 경우가 많다. 이정표 없이 되는대로 글을 작성하면 일분 일초가 중요한 시험 시간에 결론의 도출을 위해 다시 서론과 본론을 읽는 답답한 짓을 해야 한다.

셋째, 목차작업부터 선행하여야만 연역적이고 논리적인 논술의 완성이 가능해진다. 일반적으로 의식 또는 생각의 흐름에만 의존해서 논술을 작성하게 되면 중언부언을 하거나 인과관계를 제대로 설명하지 못하는 경우가 많게 된다.

그러므로 논술에서 구조화 작업은 필수적이다. 구조화 작업 자체를 어렵게 생각하는 학생들이 많다. 하지만 구조화 작업은 결코 어려운 것이 아니다. 이는 글의 목차를 정하고 목차에 맞는 키워드들을 도출해 내는 작업이다.

2. 구조화 작업 순서 : 결론 → 본론의 순서로 진행한다. 이때 서론은 구조화 작업 할 필요가 없다.

📈 결론

시험장에서 논제를 받아보고 나서 시작할 구조화 작업의 첫 단계는 "결론의 Keywords들부터 도출하는 것"이다. 키워드가 바로 생각나지 않는다면 구조화 작업시간을 연장해서라도 결론의 key word들을 반드시 생각해 내야 한다.

논제에 적합한 결론을 1번 key Word, 2번 Key Word, 3번 key word 순으로 미리 정리해야 한다. 구조화 작업에서 결론부터 먼저 구조를 잡고 키워드를 도출해내야 하는 이유는 다음과 같다.

첫째, 결론은 논술에서 가장 중요한 부분이기 때문이다. 결론은 논고의 생각과 주장이 펼쳐지는 부분으로 논술의 백미이다. 그러므로 가장 중요한 부분을 가장 먼저 도출하여 논술을 채점할 때 가장 비중 있게 다루어지는 결론에서 점수를 챙겨야 한다. 일반적으로 논술 채점 시 결론의 배점이 가장 높다. 당연히 높은 평가를 받기 위해서 가장 비중이 높은 결론의 구조와 키워드 도출을 제일 먼저 하여야 할 필요가 있다,

둘째, 논술시험 마지막 10분이 남으면 학생들은 당황하기 시작한다. 아마 대부분의 학생들은 결론까지 도달하지 못하고 본론의 작성에 열중하고 있었을 것이다. 이런 상황에서 남겨

진 10분이라는 시간 내에 급하게 결론을 떠올려 도출하는 것 자체가 쉽지 않을 뿐만 아니라, 설령 결론을 도출한다고 하더라도 급하게 작성한 만큼 불분명하고 추상적인 결론으로 용두사미 형태의 논술로 흘러갈 확률이 높아진다. 논술에서 가장 중요한 결론을 가장 시간이 많은 논술시험의 시작 시간에 떠올리고 정리를 해 놓아야 한다. 이렇게 진행되어야 마지막 10분이 남아도 당황하지 않고 차분히 본론을 마무리 짓고, 미리 구상한 구조화 작업에서 도출해 낸 체계적인 결론의 작성까지 가능하게 된다. 다시 한 번 강조하지만, 결론을 작성하지 못한 논술은 합격과는 거리가 멀어지게 된다는 점을 명심하자.

📈 본론

결론의 구조화 작업이 끝나면 그 다음으로 해야 할 부분이 본론의 구조화 작업이다. 즉, 구조화 작업은 논술의 작성과는 거꾸로 진행되는 셈이다. 결론의 구조화 작업이 끝나고 다음으로 본론의 구조화 작업을 하는 이유는 다음과 같다.

첫째, 서론은 구조화 작업을 할 필요가 없기 때문이다. 서론은 구조화 작업 없이 바로 실전 작성으로 들어가면 된다. 서론에 대해서는 추후 설명하겠다.

둘째, 본론은 키워드보다는 "글의 골격을 세우는 것"에 초점을 맞춰 구조화 작업이 진행되어야 하며, 이는 결론 다음으로 중요한 작업이므로 구조화 작업의 두 번째로 배치되는 것이다.

일반적으로 본론의 골격은 세 부분으로 나눌 수 있다.

본론의 골격	1. 배경과 의미	2. 본론의 본론	3. 본론의 소결론

본론의 골격 중 논제에 대한 배경과 의미를 먼저 언급할 것을 권한다. 그러나 이에 대하여 '의미와 배경은 서론에 배치하여야 하는 것이 좋다'는 이견도 있다. 하지만 의미와 배경은 본론의 시작에서 다루어주는 것이 효과적이다. 그 이유는 다음과 같다.

첫째, 서론에서 의미와 배경을 서술하면 서론 자체가 복잡해질 수 있다. 서론은 가급적 깔끔하며 명료하여야 한다. 서론을 쉽게 끝맺지 못한다면 본론과 결론에서 상당한 시간압박을 받게 될 것이다.

둘째, 서론은 현상, 인용, 근거 등 흥미를 끌 수 있는 내용으로 구성되는 것이 좋다. 본격적으로 이론이 시작되는 본론에서 논제에 대한 의미와 배경을 기술하는 것이 훨씬 안정적이다.

본론의 본론은 말 그대로 논술에서의 몸통부분이다. 이론과 지식, 그리고 이를 뒷받침하는 인과관계가 명확하게 드러나야 하는 부분이다. 본론의 본론, 즉 본론의 몸통 부분에서의 목차 작업은 크게 세가지 정도로 구성 가능하다.

1) 비교 또는 대조의 논제인 경우 : 단순 전개

이런 유형의 논제들의 경우 목차의 작업이 어려워 보인다. 예를 들면 과거 기업은행 논술문제였던 '싸이와 원더걸스를 비교하여 싸이의 성공요인에 대하여 논하라" 같은 경우 목차 작업에서 혼선이 올 수 있다. 이러한 경우 구조화 작업은 단순히 전개하면 된다.

　① 싸이의 특성과 원더걸스의 특성

　② 싸이와 원더걸스의 공통점

　③ 싸이와 원더걸스의 차이점

즉, 비교와 대조 논제는 항상 비교대상 각각의 특성과 공통점 및 차이점을 착안함으로 논술을 작성하면 좋다.

2) 일반적인 논제의 경우: 나열식 서술

본론에서 사용되는 대부분의 전개형식이며 구조다. 예를 들면, 미국의 양적긴축이 한국경제에 미치는 영향에 대해서 서술하고자 할 때에

　　　　1. 환율　　　　2. 금리　　　　3. 주가　　　　4. 실물경제

상기 방식으로 나열시키는 방법이다. 이는 가장 보편적인 전개이다.

3) 슈페리어뱅커스에서 권하는 방식: 긍정적인 면 vs. 부정적인 면

어떤 현상이든 사건이든, 무조건 좋기만 하거나 무조건 나쁘기만 한 것은 없다. 모든 현상과 사건에는 긍정적인 면과 부정적인 면이 상존한다. 논술 작성에서는 이러한 긍정적인 면과 부정적인 면을 고루 서술하는 것이 좋다.

첫째, 긍정과 부정을 잘 고찰한 논술의 경우 논고의 사고가 어떠한 현상을 바라볼 때 여러 측면으로 분석할 수 있는 시야를 가진 객관적이고 합리적인 사고의 소유자라는 인상을 준다. 자신의 주장을 펼칠 때에 좀 더 신중하다는 이미지를 심어줄 수 있다는 것이다.

둘째, 이는 채점관에게 익숙한 글의 구조다. 여러분들이 원하는 금융기관이나 공기업의 경우, 대부분의 여신품의서나 보고서에는 긍정적인 면과 부정적인 면을 함께 고찰하는 형태의 내용들이 포함되어 있기 마련이다. 따라서 이렇게 작성된 글을 읽는 채점관의 입장에서는 익숙함으로 인해 가독성이 높을 뿐 아니라 해당 논술에 대해 호감을 갖게 될 수 있다.

> **TIP**
>
> 다만, 긍정적인 면과 부정적인 면을 고찰해서 본론에 서술할 때에는 이를 정확히 5:5의 비중으로 작성하기 보다는 본인의 주장과 일치하는 쪽에 높은 비중을 두어 7:3 이나 8:2 정도로 서술하면 좀 더 나의 주장이 돋보일 수 있다.

본론의 소결론 작성은 지금까지 작성되었던 본론의 내용들을 요약하는 것이다. 경우에 따라서는 본론의 소결론 작성을 생략해도 무방하다. 다만, 본론의 소결론을 작성할 때 결론의 내용과 동일하게 구성해서는 안된다. 본론의 소결론 내용이 다시 결론에 나오게 되면 중언부언의 느낌을 주며 채점관으로 하여금 논술의 양을 늘리기 위하여 억지로 결론을 작성한 듯한 인상과 작성자의 생각의 한계가 여기까지라는 부정적인 이미지를 심어줄 수 있다. 그러므로 본론의 소결론에서는 결론의 내용과는 다른 방향의 글을 작성해주어야 할 것이다. 예를 들면 본론의 소결론에서는 '한국 경제에 미치는 영향'을 언급하였다면, 결론에서는 '은행 또는 정부의 역할'을 언급하는 형태로 방향성을 바꾸는 방법이 적절하다.

⟩⟨ 서론

　서론은 상술한대로 별도의 구조화 작업이 필요 없다. 바로 논술 작성을 시작하면 된다. 문제는 대다수의 학생들이 서론의 첫 문장을 작성하는 데 많은 고민을 하며 아까운 작성 시간을 낭비한다는 점이다. 그러나 서론의 첫 문장을 고민하고 있기에는 논술시험 시간이 절대적으로 부족하다. 따라서 만일 서론의 첫 문장이 떠오르지 않는다면 아래의 형태를 고려해 주도록 한다.

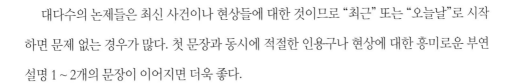

최근(오늘날) ○○에 대한 문제가 ○○으로 인하여
상당한 논란이 되고 있다(문제가 되고 있다).

　대다수의 논제들은 최신 사건이나 현상들에 대한 것이므로 "최근" 또는 "오늘날"로 시작하면 문제 없는 경우가 많다. 첫 문장과 동시에 적절한 인용구나 현상에 대한 흥미로운 부연 설명 1 ~ 2개의 문장이 이어지면 더욱 좋다.

Aus... mage control | A look at carbon dioxide release

...k in February; another failure

...ustralia's greenhouse-gas emissions,
in gigagrams* CO2 equivalent

800,000
600,000
400,000
200,000
0

1990   '95   2000   '05

*1 gigagram = 10,000 tons
Note: total CO2 emissions includes emissions from land use, land-use ch...

논술학습법

심화 편

chapter 01 | 논술공부는 언제 시작해야 하는가?

근 10년간 금융논술을 지도하면서 금융기관 취업준비생에게 가장 많이 듣는 질문 중에 하나는 "금융논술은 언제부터 준비해야 하냐는?" 것이다.

물론 금융논술 준비는 오늘 이 순간부터 바로 준비하시는 것이 가장 좋다. 왜냐하면, 금융논술 책을 열기 시작하는 순간, 예상보다 훨씬 공부해야 할 내용들이 많다 보니, 지원자들이 준비가 늦으면 늦을수록 당황하게 되며, 주제별 심도 있는 공부가 불가능해지기 때문이다.

그런 이유로 차일피일 금융논술 공부를 미루기 시작하고, 막판에 가서야 찍기 공부를 시작한다. 10여개 주제를 찍어서 공부해보고, 실전에서 알면 쓰고 모르는 것이 나오면 내년을 기약하는 것이다.

상술했듯 원론적인 내 생각은 금융논술 준비의 최적기는 현재 이 시점부터 바로 금융논술 준비를 하라고 권하지만, 금융논술 전형의 시기를 고려해 답변을 하자면 하반기 전형의 경우, 늦어도 금융논술 공부를 시작하셔야 하는 시점은 6월 아니면 늦어도 7월이며, 상반기 전형의 경우, 늦어도 금융논술 공부를 시작하셔야 하는 시점은 1월 아니면 늦어도 2월이다. 그 이유는

1. 하반기 금융공기업 A매치 같은 경우, 매년 10월 중순 필기전형이 있었지만, 2020년 코로나 사태를 계기로 9월 중순으로 필기전형일이 1개월 정도 앞당겨 졌기 때문이다. 한국은행, 산업은행, 수출입은행, 한국거래소 등 주요 금융공기업은 2년째 9월 전형을 운영하고 있다. 따라서 최소한 전형 3개월전부터는 금융논술 준비를 시작해야 한다.

2. 즉, 6월부터 금융논술 준비를 시작하고, 7월 말 정도까지는 최소한 기본 논제들에 대한 학습은 마무리 지어야 한다. 소위 말하는 기출 빈도가 높고, 한국 경제와 금융상황을 고려했을 때, 상당히 중요한(물론 좀 오래된 논제들이 될 것이다) 논제들은 미리 공부해 놓을 필요가 있기 때문이다. 왜냐하면, 기본논제들에 대한 출제빈도는 시대를 막론하고 꾸준히 출제되고 있다.

3. 그리고 최소한 7월 말부터는 최신 논제들을 공부해야 한다. 최신 논제들은 확실히 금융논술전형에서 잘 출제된다.

4. 상반기 전형의 경우, 정해진 A매치 데이 같은 개념이 없다. 금공기관별로 전형일정을 자유롭게 선정하는 편이다. 따라서, 언제인지 알 수 없기 때문에 미리 금융논술을 준비해야 한다. 예상보다 일찍 필기전형을 볼 수도 있다. 1월 또는 늦어도 2월에는 금융논술 공부를 시작해야 하는 이유이다.

5. 리스크 관리는 엄밀히 말하면 "시간 관리"를 의미한다. 금융기관의 리스크 관리에서의 핵심이 "조기경보시스템 구축"임을 감안한다면, 금융기관 또한 리스크를 사전에 감지하고 미리 대비함을 중요시 여김을 알 수 있다.

6. 이렇듯 금융논술 준비 또한 미리 준비하는 것이 왕도이다. 그리고 이러한 금융논술 준비는 최소 6월과 1월에는 시작해야 소기의 성과를 낼 가능성이 높아진다.

chapter
02

자료 수집 방법(심화)

슈페리어뱅커스의 금유논술 교재 [이것이 금융논술이다] 시리즈의 각 논제들은 매년 금융공기업이나 은행의 금융논술 전형에서 단골로 금융논술 주제들로 출제되었다. 최근 금융논술전형에서도 이러한 높은 적중율은 이어지고 있다.

2024년 상반기 금융논술 기출 분석

■ **2024년 상반기 주요 금융공기업 금융논술 기출은 다음과 같다.**

▶ **2024 상반기 '수출입은행' 금융논술 주제**

8. 일반논술(20점)

(A) 공급망 3법, 한국이 핵심광물자원 보호를 위한 법 제정 관련 지문

(B) 자유무역주의, 무역 시장 개방을 주장하는 자유무역주의 입장 관련 지문

(C) 보호무역주의, 보호무역주의 입장과 미국의 IRA법 관련 지문

8-1. A의 법 제정이 기업, 국가, 소비자가 받을 이익 2개 서술

8-2. 위 (A) (공급망 보호 예시)는 B와 C중 어느 의견을 택하고 있는지 다음의 단어 3

가지 이상을 써서 서술하고

[민영화, 고용안정, 신자유주의, 탈규제, 자국산업보호, 다국적기업 성장, 보호무역, 리쇼어링 등]

8-3. (B) (자유무역주의), (C) (보호무역주의) 중 현 정세에 더 적합한 의견은 무엇인지 자신의 생각을 적고, 이 과정에서 수은의 역할을 사례를 들어 설명하시오.

→『이것이 금융논술이다 8.0 – 국제거시 편』 관련 주제

- Chapter 14. 보호무역주의

- Chapter 7. 미 IRA과 이차전지 산업

- Chapter 8. 미-중 반도체 전쟁

기술_토목직렬 논술

- 주제 : 미-중 무역 갈등 관련하여 반도체에 필요한 산업금속 관련 법안 개정

- 형식 : 위 주제 관련 지문 1개와 관련하여 2가지 상반된 이론 지문 2개 제시

- 문제 : 총 3가지 문제로 1) 개정 법안 관련 자신의 의견, 2) 어느 이론에 더 부합하는지(제시된 단어 3가지 사용), 3) 수출입은행이 취해야 할 자세(예시포함)

→『이것이 금융논술이다 8.0 – 국제거시 편』 관련 주제

- Chapter 8. 미-중 반도체 전쟁

▶ **2024년 상반기 '산업은행' 금융논술 주제**

가. 이오니아섬 환경이 달라서 소통의 다양함 → 우주 등 원리와 발전

나. 디지털 환경. 모두 AI에 맡겨야

1. 가와 나를 비교

2. 자신의 입장을 밝혀라

다양성 및 획일성 관련 논술지문으로 연관 주제는,

→『이것이 금융논술이다 8.0 – 국제거시 편』관련 주제

  - Chapter 03. 현금 없는 사회

→『이것이 금융논술이다 8.0 금융기관 · 금융공기업 편』관련 주제

  - Chapter 12. AI와 금융

  - Chapter 18. 디지털화와 은행의 혁신

→『이것이 금융논술이다 8.0 국내이슈 편』관련 주제

  - Chapter 10. AI와 일자리

■ **2024년 상반기 금융논술 기출의 경향 및 함의점은 다음과 같다.**

1. 복합논제의 출제이다. 금융기관별로 차이는 있지만 단일 논제는 점점 줄어들고 있다.

→ 10~15개 논제를 찍어서 암기하며 공부하는 방법은 실패의 가능성이 높아짐을 의미한다. 몇몇 분들은 족집게 방식으로 이것들만 공부하면 된다는 식으로 접근하지만 이는 상당히 위험한 방식이다.

→ 이미 슈페리어뱅커스에서는 [이것이 금융논술이다] 시리즈 개정을 통해 매년 70여 개 이상의 논제를 수업과 책에서 다루고 있다. 최소한 이 정도는 공부를 해야 금융논술뿐만이 아니라, 면접에서 효과를 발휘할 수 있다. 예를 들면 2024년 상반기 '수출입은행' 면접에서 <주 4일 근무제>가 주제로 주어졌다. 이 주제는 이미 [이것이 금융논술이다] 시리즈에서 다룬 논제이다. 그리고 2024년 '신한은행' 면접에서는 [이것이 금융논술이다 - 국내이슈 편]에서 다룬 <자사주 소각> 문제가 주어졌다. 2024년 '새마을금고중앙회' PT주제는 <저출산 대책>이고, 이는 [이것이 금융논술이다 - 국내이슈 편]에서 다룬 논제이다. 한편 '새마을금고중앙회' 1차 면접 중 토론면접 주제는 <촉법소년 찬반>이었다. 이 또한 [이것이 금융논술이다 – 국내이슈 편]에서 다룬 논제이다.

→ 기초지식부터 채운 후, 최대한 다양하게 쌓아가는 방식의 금융논술을 해야 한다.

→ 특히, 기초지식의 경우 금융지식이 중요하다.

금융규제, 금융시스템, 금융실무에 대한 공부는 확실히 다져놓아야 한다. 이러한 토대가 금융논술이나 면접에서 큰 차이를 만든다. 금융지식은 금융권 출신 선생님들의 강의나 교재를 선택하는 것이 중요하다. 금융권에서 실제 여신이나 수출입 업무를 해보지 않은 경우, 여러분 수준에서 피상적으로 금융적 해결책을 도출하게 되고 이는 논술뿐만 아니라 면접에서 큰 손해를 보게 될 가능성이 높기 때문이다.

2. 통찰력이 중요하다. 다양한 논제들을 깊이 있게 공부했을 때 논제간 연결고리와 통찰력이 생긴다.

   → 통찰력으로 문제를 해결해야 한다.

   → 답정너 방식의 암기는 더 이상 금융논술에서 고득점을 받기 어렵게 바뀌었다.

3. 족집게 방식은 더 이상 경쟁력이 없어지고 있음을 강조하고 싶다.

   한편, 2024년 상반기 '신용보증기금', '금융투자협회', 'IBK캐피탈', '예탁결제원'의 금융논술 기출 질문들은 다음과 같다.

▶ 2024년 '신용보증기금' 기출문제

1. 워크아웃 제도의 의미와 특징, P-CBO 의미와 특징, 신보가 P-CBO 손실을 최소화할 수 있는 방안 및 예방 방안

   → 워크아웃 제도는 슈페리어뱅커스의 금융논술 각론반에서 PF금융 파트에서 태영건설 사례를 수업하면서 강조한 바 있다. P-CBO는 이미 신용보증기금 자소서 약식논술에서 자주 출제된 내용이다.

2. DSR 제도의 의미, DSR이 금융소비자에게 미치는 영향

   → 『이것이 금융논술이다 8.0 – 국내이슈 편』 <Chapter 8. 가계부채 종합대책>에 DSR의 의미가 실려있다.

▶ **2024년 '금융투자협회' 기출문제**

주제 : 코리아디스카운트

→ 『이것이 금융논술이다 8.0 – 국내이슈 편』<Chapter 1. 코리아디스카운트>에 실려 있다.

▶ **2024년 'IBK캐피탈' 기출문제**

주제 : 20년 후 주력산업 3가지

→ 『이것이 금융논술이다 8.0 – 국제거시 편』<Chapter 7. 이차전지>, < Chapter 8. 반도체산업>등에서 다루고 있다. 이미 금융논술 강의를 통해 최근 논술이나 면접에서의 흐름이 특정산업에 대한 지식들을 요한다고 강조한 바 있다.

▶ **2024년 '예탁결제원' 기출문제**

주제 : 기술특례상장

→ 기술특례상장 제도는 슈페리어뱅커스의 금융논술 총론반에서 2019년 이후 꾸준히 장점과 단점을 명쾌하게 해설하는 부분이다.

2023년 하반기 금융논술 기출 분석

■ **2023년 하반기 주요 금융공기업과 은행의 금융논술 출제 문항은 다음과 같다.**

1. 금융논술 기출은 최신 이슈들이 곧 잘 출제되지만, 늘 최신이슈만 출제되는 것은 아니다. 2023년 금융기관 금융논술 논제들만 보더라도, ESG나 초고령 사회, 가계부채, 기준금리 같은 논제가 또 나왔고 상당히 오래된 논제들이다.

2. 많은 지원자들이 최신 이슈들만 챙기지만, 중요한 것은 기초 지식과 과거의 흐름들이다. 그래서 찍기식 금융논술준비는 좋은 방법이 아니다는 점을 강조하고 싶다. 전체를 알고 기초를 닦는 것이 중요하다. 그리고 그러한 학습을 위한 첫 걸음은 연역법적 논제

접근법이라고 말하고 싶다.

3. 실제 슈페리어뱅커스의 금융논술 총론반 수업을 수강한 지원자들의 경우, 여러 논제들의 연계성과 결론 도출방법 수업 덕분에 다양한 금융논술 논제에 대한 대응력이 높아졌다고 평가한다. 실제 총론반에서 다루는 많은 내용들이 논제로 출제되는 경우가 많다. 또한 [이것이 금융논술이다] 시리즈는 전 권을 꼼꼼히 공부하면 복합논제나 응용논제가 나와도 어렵지 않게 접근할 수 있게 된다.

4. 금융논술 공부는 넓게 하고 원리와 연계점을 잘 도출해야 하는 이유를 다음 2023년 금융기관별 금융논술 기출문제들을 보면서 확인하면 좋겠다. 특히, 산업은행 논제들 같은 경우, 단일논제가 아니라 복합논제이다. 찍어서 공부하는 것이 큰 의미가 없음을 알 수 있게 된다.

▶ **2023년 '금감원' 논술 택 1 기출문제**

1. 탄소세 도입이 기업에너지 사용에 미칠 영향과(대기업에 면죄부가 된다는)제시문을 바탕으로 기업의 비용편익 판단에 의해 효과적일 것. 탄소배출권이 거래의 대상으로 전락한다는 제시문을 기반으로 비판하라.

   → 『이것이 금융논술이다 8.0』 관련 논제 수록

   국제거시 편 Chapter 11. 글로벌 탄소중립과 전환금융

   국제거시 편 Chapter 17. 탄소중립세

   금융기관·금융공기업 편 Chapter 29. 기후변화와 환경규제

   국내이슈 편 Chapter 14. 신재생에너지

2. 우리나라가 초고령 사회에 진입한 상황에서, 보험료율은 낮고, 소득대체율은 그에 비해 높다. 그러나 실질적인 체감이 높지 않으니, 소득대체율을 더 높이는 개혁을 하자. 이에 관해 복수의 근거를 바탕으로 자신의 주장을 개진할 것.

   → 이것이 금융논술이다 8.0 관련 논제 수록

   국내이슈 편 Chapter 19. 고령화와 1인 가구 증가

→『이것이 금융논술이다 5.0』관련 논제 수록

　금융기관 · 금융공기업 편 Chapter 13. 국민연금개혁

▶ **2023년 '신보' 논술 택 1 기출문제**

1. 부실채권과 연체율이 급증하고 있다는 기사를 주고, 부실기업을 다양하게 정의하고 부실기업을 예측할 수 있는 여러 방안을 제시해보라.

2. ESG 중 G는 잘 실현되지 못하고 있는데, 중소기업의 G에 대해 논하고 기업의 대리인 문제와 엮어서 논하라.

　→ 이것이 금융논술이다 8.0 관련 논제 수록

　　금융기관 · 금융공기업 편 Chapter 19. ESG경영과 금융의 역할

　→ 이것이 금융논술이다 7.0 관련 논제 수록

　　국제이슈 편 Chapter 13. 글로벌 금융기관의 ESG경영과 그린워싱

▶ **2023년 '한국증권금융' 기출문제**

1. SVB 사태 과정을 미국채권시장을 이용해서 설명. 예금보호 한도상향을 은행에서 위험을 감수하며 하려는지?

　→ 이것이 금융논술이다 8.0 관련 논제 수록

　　금융기관 · 금융공기업 편 Chapter 2. SVB사태와 우리의 대응방안

　　금융기관 · 금융공기업 편 Chapter 9. 디지털 런

2. 가계부채 증가 환경 그것이 거시경제에 미치는 영향 금융기업의 대응책. 한국과 일본의 잃어버린 30년 유사점과 차이점은?

　→ 이것이 금융논술이다 8.0 관련 논제 수록

　　국내이슈 편 Chapter 8. 가계부채 종합대책

▶ **2023년 '농협손보' 논술 기출문제**

- 한 · 미 경제당국은 2022~2023년 기준금리를 조정하였다.

 뉴스 도표(한 · 미 최근 2년 기준금리 변화)를 보고,

 1) 기준금리가 의미하는 바는 무엇인지 기술하시오.

 2) 한 · 미가 2022~2023년 기준금리를 올린 이유는 무엇인지, 영향은 무엇인지 기술하
  시오.

 3) 향후 한국의 금리 변화가 어떻게 변화할 것 같은지 작성자의 의견을 기술하시오.

  → 이것이 금융논술이다 8.0 관련 논제 수록

   국제이슈 편 Chapter 1. 2023 미국경제

   국제거시 편 Chapter 12. 한 · 미 금리역전

   국제거시 편 Chapter 2. 부채위기

   국내이슈 편 Chapter 2. 한국경제의 하방리스크

  → 이것이 금융논술이다 7.0 관련 논제 수록

   국제이슈 편 Chapter 1. 인플레이션

▶ **2023년 '농협은행' 5급 논술주제 기출문제**

- 미국과 한국의 금리인상 원인 및 배경과 한국의 금리전망.

  → 이것이 금융논술이다 8.0 관련 논제 수록

   국제거시 편 Chapter 1. 2023 미국경제

   국제거시 편 Chapter 12. 한 · 미 금리역전

   국제거시 편 Chapter 2. 부채위기

   국내이슈 편 Chapter 2. 한국경제의 하방리스크

  → 이것이 금융논술이다 7.0 관련 논제 수록

   국제거시 편 Chapter 1. 인플레이션

▶ **2023년 하반기 '산업은행' 논술 기출문제**

가)와 나)의 시사점과 다)의 관점에서 해결책을 제시하시오.

가) 지문의 내용 : 일과 가정의 양립을 위해 노동자들은 유연한 근로형태를 요구한다.

나) 지문의 내용 : 생산성의 저하로 기업은 재택근무를 축소하고 있다.

다) 지문의 내용 : (이스라엘과 이집트의 사나이 반도 협정 내용) 갈등의 해결을 위해서
  는 표면적인 갈등 내용보다는 본래의 목적과 이해관계에 집중해야 한다.

  → 이것이 금융논술이다 8.0 관련 논제 수록

    국내이슈 편 Chapter 15. 주4일 근무제와 재택근무

    사실, 지문 다) 시나이 반도 사태는 금융논술 총론반에서 그 의미를 명쾌히 설
    명한 바가 있다. 이스라엘 시나이 반도의 이집트 반환의 의미는 "실리"의 중요
    성을 강조한 것이라 설명했는데, 이 부분이 그대로 나와서 수강생들의 감사하
    다는 문자를 많이 받았다.

▶ **2023년 'SGI서울보증' 기출문제**

1. 한국의 가계부채 현황을 설명하는 지문.

  1-1) 가계 부채 증가의 원인을 설명하고 이것이 거시경제에 미치는 영향을 서술하
    라. 그리고 이에 대한 금융기관의 대처방안은?

    → 이것이 금융논술이다 8.0 관련 논제 수록

      국내이슈 편 Chapter 8. 가계부채 종합대책

  1-2) 일본의 잃어버린 30년 진입 시 경제 상황과 우리나라의 현재 경제 상황을 비교
    해 공통점과 차이점을 서술하라.

    → 한·일 경제비교는 2014년 <이것이 금융논술이다>에 수록되었다. 10년이
      지난 논제였다. 총론반에서는 일본경제와 한국경제를 꼭 비교한다. 공통점
      도 많지만 차이점도 극적이기 때문이다.

2. 서울보증이 할 수 있는 비금융생활플랫폼을 제시하라.

→ 이것이 금융논술이다 8.0 관련 논제 수록

금융기관·금융공기업 편 Chapter 11. 생활금융 플랫폼

1. 그러면 슈페리어뱅커스의 <이것이 금융논술이다> 교재에서 출제빈도가 높은 이유는 무엇일까?

그 이유는

첫째, 금융기관 12년 경력자(특히 여신업무와 특수금융)의 시각에서 논제 선정부터 남다른 고민을 하기 때문이다. 최근 여타 금융논술을 공부하시는 분들을 보면, 필자가 볼 때 출제 가능성이 현저히 떨어지는, 지엽적인 주제들을 가지고 공부하고 있는 모습을 많이 보았다. 과거 10년간 기관별 논술기출들의 흐름과 당시 시대상을 고찰해보면, 나올 가능성이 높은 주제들은 의외로 잘 예측되며, 집약 되어진다.

둘째, 구체적으로는

1) 이슈가 미칠 여파의 영속성

2) 이슈가 미칠 여파의 기관별 차별성

3) 이슈가 미칠 여파의 대응가능성

4) 이슈 자체의 명료함

5) 이슈 자체의 중요성

순으로 논제를 분류한 후, <이것이 금융논술이다>에 수록할 주제인지 선정하기 때문이다.

쓸데없는 주제, 죽었다 깨어나도 금융논술로 출제되어지지 않을 주제들로 씨름하는 일을 줄였으면 하는 바램이다. 그리고 이러한 주제들은 논술뿐만이 아니라, 면접에서도 거의 다뤄지지 않는 경우가 많다. 좋은 논제를 제대로 공부하는 것이 중요하다. 사람들은 자기가 자신 있는 분야, 그리고 흥미로운 분야부터 공부하고 싶어하고, 출제되어지기를 바라지만, 현실은 그렇지 않다. 냉철한 주제선정이 중요하다.

셋째, 중요한 주제가 꼭 금융논술에 잘 출제 되는 것만은 아니다. 2014년과 2022년은 유사한 해이다. 바로 미국 금리정책의 전환기라는 점이다. 상당히 중요한 주제임에도 불구하고, 2014년과 올해 상반기에 거의 논술로 출제되지 않은 이유에 대하여 고찰하실 필요가 있다. 금융논술은 중요성과 출제시기 사이에 일종의 기간 사이클이 존재하기 때문이다. 금융논술은 시계가 존재하며, 면접은 적시성이 지배하는 경우가 많다.

2. 그러면 어떤 자료들로 금융 논술 공부를 하시는 것이 좋을까? 물론 개인적으로는 <이것이 금융논술이다>시리즈를 추천한다.

그리고 그 외

1) 경제신문이나 신문으로만 공부하는 것은 결코 좋은 방법이 아니다. 물론, 신문을 보는 것은 권한다. 하지만 신문으로만 공부하면 안 된다는 의미이다.

그 이유는

- 쓸데없는 것까지 공부하게 만드는 주범이 신문이기 때문이다. 수많은 기사들을 공부하는 것은 스트레스만 가중되면 헛고생의 결과를 낳기 때문이다.
- 신문은 기자들이 독자를 위해서 쓴 글이다. 따라서 금융논술을 준비하는 취준생에게는 맞지 않는 글이다.
- 기사라는 특성상 문제제기 단계 또는 현상 설명 단계에서 끝나는 경우가 대부분이다.
- 사건이나 정책에 대한 편향성을 키울 우려가 높다

2) 신문 구독은 금융논술 공부를 하시는 분에게는 안테나 같은 역할로써 충분하다. 이를 바탕으로 심화 학습을 하는 것은 효과적이지 못하다. 다만, 어떤 정보들이 어떻게 진행되고, 탄생되는지 정도만 인식하면 된다. 기사 스크랩. 노력 대비 크게 의미 없는 준비로 보인다.

3) 그러면 어떤 자료가 좋은가?

정답을 말하자면 연구소 자료들을 위주로 공부할 것을 권한다.

신문 기사가 가지고 있는 한계점들을 연구소 자료들은 대부분 극복하기 때문이다.

chapter 03 | 금융논술, 어떻게 공부해야 하는가?

1. 체계화 하라

사실 <체계화>는 비단 금융논술 준비에만 적용되는 것은 아니다. 자소서, 필기, 면접 전형 등 모든 전형에서의 가장 큰 핵심은 체계화에 있다고 할 수 있다. 여기저기 뿌려대면서 공부하는 지원자가 있고, 한 곳으로 모으면서 공부하는 지원자가 있다. 그리고 그 차이는 나중에 당락을 결정지을 정도로 격차가 커지게 된다. 체계화는 그만큼 중요하다.

그렇다면 금융논술에서의 체계화는 어떤 방식으로 하는 걸까?

1) 논제의 분류 및 체계화

• 논제의 분류

1단계 : 국제 / 거시경제 / 금융 / 국내제도 / 국내경제 / 국내사회

2단계 : 국제 – 핵심이슈 / 배경이슈

거시경제 – 긍정적 현상 / 부정적 현상

금융 – 편의성 / 안정성 /정책성

국내제도 – 법적 파급력 / 경제적 파급력 / 금융적 파급력

국내경제 – 거시경제 측면 / 신규제도 측면

국내사회 – 주요이슈 / 최신이슈

이런 방식으로 카테고리를 설정한 후, 논제들을 학습할 때마다 해당 카테고리에 포지셔닝 한다.

- 성격적 분류 : 논술출제용 / 면접대비용 분류
- 목적의 분류 : 논리 / 논거 분류

예를 들면, 한국의 재정건정성과 관련된 논제라고 한다면

거시경제이슈 – (긍정에서 부정으로 이동 중) – 면접대비용 – 논거

이런 식으로 분류하는 것이다. 물론 재정건전성은 지금 변화중인 이슈이다. 주로 면접용으로 또는 논거로 많이 활용되지만, 중요도가 증가함에 따라 논술전형에 나올 가능성이 높아지고 있는 이슈이기도 하다. 이렇게 논제별로 분류를 하시며 중요도를 rating하시는 습관을 들일 것을 권한다.

2) 체계화의 편익

- 카테고리별 분류를 통한 카테고리 이슈들의 상관관계와 중요도 여부가 판단 가능하다.
- 카테고리별 학습은 공부의 효율을 높인다. 예를 들면 금융이슈 중 편의성과 관련된 카테고리 내의 논제들은 유사점이 높기 때문에, 한번에 다양한 논제를 독파할 수 있다.
- 논리와 논거를 구분함으로써 논술작성에서 명쾌한 문장을 가능케 한다.
- 논술용과 면접용 주제들이 분리되어 있어 마지막 학습에서 최대한의 효과를 내게 된다.

2. 다르게 생각하기(Think different)

많은 금융논술 준비생들은 금융논술이 정답이 있다고 생각한다. 그러다 보니 획일적이고 정형적인 글들이 많이 나온다. 정답만 추구하다 보니 생기는 문제이다. 하지만 금융논술은 <상당 부분 정답을 지향하는 전공논술>과는 그 성격이 확연히 구분된다. 과거 수립된 이론이나 정설을 주로 다루는 전공논술들과는 달리, 금융논술은 현재의 이슈들이 출제된다. 즉, 현재의 문제점들을 어떻게 인식하고 있으며, 어떤 통찰력을 가지고, 어떤 대안을 제시할 수 있느냐의 싸움인 셈이다.

따라서, 현재 부각된 이슈들에 대해서 천편일률적인 방식으로 접근하는 것은, 스스로 경쟁력이 떨어지며 구성의 오류에 빠지는 맥 빠진 논술이 되는 경우가 많다.

예를 들면, 탄소중립이라는 논제가 제시되었다고 한다면,

많은 지원자들이 탄소중립은 항상 좋은 것, 그리고 이를 위해서라면 무엇이든 포기해야 할 것만 같은 절대 맹신의 대상으로 탄소중립을 인식하고 천편일률적인 논리를 많이 전개한다. 전형적인 획일적인 사고 방식이다.

탄소를 나쁘게만 보고, 악마화 하는 분위기에 경도된 것이기 때문이다.

탄소가 나쁘기만 한 것일까? 지구온난화는 탄소가 주범일까?

공부를 해보면 반대 논리들도 상당히 많음을 알 수 있다.

– 과거 80만 년간 지구 기온과 대기 분석 결과를 보면, 지금이 오히려 저탄소시대라는 점

– 지구의 기온과 탄소량의 상관관계를 명쾌히 과학적으로 증명한 논문이 없다는 점

– 오히려 태양의 흑점활동이 지구의 해빙기와 간빙기를 설명함에 더 일치한다는 점

– 탄소는 오히려 식물의 생장과 밀접한 연관이 있어, 저탄소가 되면 식량난이 생긴다는 점

– 코로나로 과거 2년 간 전 세계 공장이 상당 부분 멈추며 탄소배출을 줄였음에도 지구기온 상승이 멈추지 않는다는 점

등 반대논리들도 만만치 않다.

뿐만 아니라, 탄소중립은

- 기업들의 통제수단으로 악용될 수 있다는 점
- 무역장벽으로 선진국들이 후진국들을 통제하기 위한 수단이 될 수 있다는 점
- 그린플레이션을 야기시킬 수 있다는 점

등의 문제점들도 내재되어 있다.

한 쪽의 시각으로만 사건을 바라보는 편협함은 논술작성자, 더 나아가 여신과 투자업무를 주로 하는 금융인들은 지양해야 할 중요한 덕목이다.

어떤 주제들을 접하더라도 여러분 스스로 반론과 다른 시각을 고민해 보아야 한다. 어떤 사건이나 현상도 긍정적인 면과 부정적인 면이 상존한다. 이를 꿰뚫는 시각이 금융논술을 공부하는 취준생들에게는 꼭 필요한 요소이다. 모두의 생각이 같다면 이는 한 명도 생각하지 않은 것이라는 말을 되새기기 바란다.

체계화 작업, 그리고 항상 이견들 또는 소수의견들에 대한 내용까지 숙지한 후, 각각의 논제들을 공부해 나가면 된다. 각각의 논제들을 공부하는 왕도는 결국 꼼꼼히 실제 논술들을 작성해 보는 것이다. 그러면 어떤 방법으로 작성해보시는 것이 좋을까?

3. 본격적으로 작성하기

1) 연습은 오픈북으로

많은 금융공기업이나 은행 취준생들의 학습방법은

첫째, 한 가지 논제를 선정한 후 공부를 한다.

둘째, 연습논술 작성을 마치 모의논술 보듯이 작성하는 경우를 많이 보았다. 즉, 시험 보듯이 공부했던 각종 자료들을 덮어놓고 작성해 나간다.

하지만 이런 모의 논술식 작성 방법은 좋지 않다,

그 이유는

- 논술실력 중 표현력과 어휘력은 상당히 중요하기 때문이다. 공부했던 자료들을 덮어 놓고 작성을 하면, 본인들이 잘 쓰는 표현력과 어휘력만이 논술에서 공전하게 된다. 즉, 문장력의 개선은 거의 기대하기 어렵다.(당연히 어휘력과 표현력도 정체된다)
- 지식 축적의 효과가 반감되기 때문이다. 필사도 내용에 대한 공부의 한 방법이다. 한 번 공부하고 이를 완벽히 쓰는 것은 쉽지 않다. 내용을 다시 확인한다는 마음가짐으로 오픈북으로 필사하는 연습도 필요하다.

따라서 "모의논술식 연습"은 시험 1~2주일 전 정도에 1~2회 정도 연습하면 충분하다.

2) 논술작성 시간 측정은 어느 정도 실력이 올라왔을 때 시작하자

금융논술 실전에서 가장 중요한 것 중 한 가지는 시간관리다 즉, 제한된 시간 내에 완성논술을 써야 한다. 많은 지원자들의 논술의 한계점은 용두사미 논술이라는 점이다. 서론은 장황하고, 결론은 빈약하다. 금융논술의 핵심은 결론이다. 왜냐하면, 금융논술은 현재의 이슈에 대한 방향성이라는 통찰력을 요구하는 경우가 많기 때문이다. 통찰력은 본론이 아닌, 결론에서 꽃을 핀다.

따라서, 완성논술을 쓰느냐 아니냐는 채점에서 중요하게 보는 요소가 된다.

완성논술의 방해요인은 장황한 서론과 복잡한 본론에서 기인한다. 장황함과 복잡함은 금융논술에서 절대 피해야 할 것이다.

- 논리의 반듯함
- 논거의 명쾌함

이 2가지가 금융논술에서의 핵심요소다

금융논술 첨삭을 진행하다 보면, 대개는 8회~10회 정도 글을 쓰면 상당히 글이 좋아진다. 따라서, 8 ~ 10회 연습 때까지는 시간제한 없는 글 써보기, 8 ~ 10회 이상부터는 제한시간을 정하고 글을 써보는 것이 중요하다.

3) 금융논술 약속시간을 정하라

금융논술 작성은 최소 매주 1~2회 정도 연습하시는 것이 좋다. 매주 요일과 시간대를 정한 후, 그 시간이 되면 논술을 작성하는 방법을 권한다. 예를 들면, 매주 목요일 저녁 7시부터는 금융논술작성 시간으로 정하고, 그 시간만큼은 무조건 금융논술 연습에 집중하길 바란다.

chapter 04

금융논술 사례 학습

이제는 실제 완성된 금융논술 사례를 통해, 금융논술을 준비하는 취준생들이 꼭 알고 유의해야 하는 사항들에 대해 공부해 보자.

01 주제1

논제는 <조선 · 해운업 구조조정과 관련한 산업은행의 정책적 방향에 대하여 논하라.>이다.

당시 이 논술은 언론계 기자 출신의 금융공기업 지원자가 작성한 논술이다(2016년 완성본).

이 논술의 경우, 구조조정 전문기관으로 자리매김하고 있는 산업은행을 대비한 논술로써, 소재가 다소 산업은행에 국한된 주제이긴 하지만, 작성 기법과 관련 긍정적인 부분과 부정적인 부분이 극단적으로 나뉘는 논술이라, 금융논술 작성 요령을 숙지하시기 좋은 사례이다.

조선·해운업 구조조정과 관련한 산업은행의 정책적 방향에 대하여 논하라.

서론

이익의 사유화, 손실의 사회화는 없었다. 이번 한진해운 법정관리의 한줄평이다. 채권단을 만족시킬 자구안이 마련되지 않았기 때문에, 수천억 원이 넘는 국민 혈세를 투입하지 않기로 결정됐다. 재량대로 한진해운 손을 들어줄 수도 있었지만, 정부와 산업은행은 원칙과 준칙에 충실했다. 결국 국내 1위의 해운사는 법정관리 수순을 밟게 된 것이다. 그에 따라 40년 넘게 쌓아온 해운사 전통도 역사의 뒤안길로 사라졌다. 구조조정 원칙에 따라 대마불사도 통하지 않게 된 것이다.

물론 아쉬움도 있었지만 정부와 산업은행은 형평성에 따라 국민 혈세를 낭비하지 않겠다는 의지를 끝까지 관철시켰다. 이번 선례는 기업인들의 역선택과 도덕적 해이에 따끔한 회초리가 될 것으로 보인다. 이에 본고는 앞으로의 문단을 통해 구조조정 원칙의 중요성과 산업은행의 역할론을 논의해 보고자 한다.

본론

1. 구조조정 원칙의 중요성

정부 재량이 아닌 준칙과 원칙에 따라 구조조정을 해야 하는 이유가 있다.

첫째, 최적정책의 동태적 비일관성이다. 노벨 경제학상을 받은 프레스캇은 정부정책이 시시각각 바뀔 유인이 있다고 주장했다. 테러범과의 협상 사례는 이를 뒷받침 한다. 문제는 재량에 따른 비일관적인 정책이 경제주체들의 신뢰를 잃게 만든다는 것이다. 구조조정에도 일정한 원칙이 없다면 도덕적 해이만 키울 우려가 있다.

둘째, 경제주체들의 합리적 기대가설 때문이다. 민간이 합리적 기대를 한다고 가정하면 정책당국이 긴축적 통화정책을 실시할 때, 고통 없이 디스인플레이션을 할 수 있다. 구조조정도 같은 맥락이다. 이번 한진해운 사태에서도 구조조정 원칙을 신뢰했었다면 채권단이 내놓은 자구책을 마련해왔을 가능성이 있다. 해운계 안팎에서 이번에도 대마불사를 운운했다는 사실은 널리 알려진 내용이었다.

마지막으로 자기실현적 요인에 따른 불확실성 증가다. 정부가 준칙이 아닌 재량에 의존할수록 정책 결과를 예측하기 어려워진다. 이는 민간의 기대부가 변동성을 확장시키는데, 정책 결과의 불확실성을 높일 수 있다. '루카스 비판'의 내용과 같이 전통적인 정책모형은 무력화될 수 있다. 변동성과 불확실성의 증가는 정부정책의 실효성을 낮출 우려가 있다. 위와 같은 이유들 때문에 구조조정 매스에는 일정한 원칙이 필요하다.

2. 산업은행의 역할론

첫째, 산업은행은 기업 구조조정의 산증인이자 산파이다. 국가 산업 육성을 위해 출범한 산업은행은 지난 1960년부터 국내 주요 기업들에 자금을 대출해주면서 우리 경제의 고도성장을 이끌었다. STX부터 한진해운까지 수십 여건에 달한다. 외환위기 이후에는 채권단을 이끌며 기업 구조조정을 진두지휘하고 있다. 재무구조가 부실한 기업은 재무구조 개선을 유도하고, 회생 불가능한 부실기업은 퇴출시키고 있는 것이다. 그 중에서도 대우중공업은 성공사례로 꼽히고 있다.

둘째, 산업은행은 국가 성장 동력을 예측하고 산업 재편에 앞장서야 한다. 앞서 정부와 산업은행은 3단계 구조조정 트랙을 내놓았다. 조선과 해운 등 1단계의 경기 민간업종은 채권단 위주로 개별처리하고, 신용등급이 C, D 등급인 부실징후 기업은 상시 구조조정을, 철강과 석유화학 등 공급과잉업종인 3단계는 선제적으로 구조조정에 나서겠다는 취지다. 미래가 불투명한 전통 주력 산업들을 정리하는 한편 미래 먹거리 산업 분야에 대한 지원을 늘리겠다는 것이 주요 내용이다. 앞서 산업은행은 기업은행과 7,200억 원 규모의 '글로벌파트너십 펀드'를 조성해 벤처생태계를 지원하고 있는데, 앞으로의 귀추가 주목된다.

셋째, 산업은행은 기업과 정부와 소통하며 경제발전의 마중물이 돼야 한다. 산업은행은 한국산업은행법에 따라 1954년 설립된 특수법인이다. 기업대출과 정책금융 등이 주요업무로 건전한 신용할당을 바탕으로 경제 곳곳에 유동성을 공급하고 있다. 정책금융의 맏형으로 경제 흐름을 읽고 성장 동력에 아낌없이 투자해야 한다.

📈 결론

바둑 위기관리 10계명에는 '동수상응'이란 단어가 있다. 국지적으로 악수인 것이 판 전체적으로 호수가 될 수도 있고, 그 반대로 국지적으로 호수인 것이 결국 악수가 될 수 있다. 중요한 것은 작은 일에 일희일비하지 않고 판 전체를 조망하며 원칙에 충실해야 한다는 점이다. 해운업계 구조조정 역시 동수상응의 지혜로 풀어야 한다. 국민 혈세를 낭비하지 않겠다는 원칙하에 자체적으로 생존할 수 있도록 조력자의 역할에 앞장서야 한다.

전반적으로 보았을 때, 높은 점수를 받을 수 있는 논술이다.

그러면 긍정적인 부분부터 살펴보자.

1. 간결체 문장

서론을 위주로 전체적으로 간결체의 비중이 높다. 간결체는 만연체에 비해 상당히 많은 장점이 있다.

- 내용 전달이 용이하다.
- 문법적 오류를 줄인다.
- 역동적인 글이 되게 한다.

2. 병렬식 구조

증점식 구조인 [우선, 그리고, 또한]으로 글을 산개하지 않고, 병렬식 구조인 [첫째, 둘째, 셋째]로 체계적으로 본론과 결론을 구성했다.

- 가독성을 높인다.
- 형식이 내용을 보완한다.
- 논리와 논거의 구조가 깔끔하다.

3. 논거에 대한 군더더기가 없다.

본론을 보면, 주 논리는 [구조조정에도 원칙이 필요하다] 이며 3가지 논거를 제시했다. 논거에서 프레스캇이 누구인지. 합리적 기대가설이 무엇인지. 디스인플레이션이 무엇인지. 루카스 비판이 무엇인지. 굳이 불필요한 설명을 하지 않았다.

- 논리는 논거를 보완하는 내용으로, 논거에 집중하다 보면 자칫 논리에서 멀어지는 글이 될 수 있다.
- 본론에서 복잡한 논거들까지 해설하고, 그 과정에서 인과관계까지 모두 설명하려 하면 결론 쓸 시간을 뺏기게 된다.

반면 부정적인 부분은

- 서론이 양이 많다.
- 서론은 실제 이것보다 더 줄이시는 것이 좋다. 항상 안 좋은 글은 서론이 길다.
- 서론에서 미리 의견을 한 마디 정도로 제시하는 것은 나쁘지는 않지만, 굳이 감정적 표현이 들어갈 필요는 없다.

4. 구조의 모호성

- 이 논술의 전체구조를 보면 글쓴이가 <본론 2>로 주장한 것은 실질적인 결론이다. 산업은행의 정책정 방향성이므로 이를 본론으로 보기는 쉽지 않다.
- 그런 경우, 본론은 <본론 1>만 구성되는데, 이런 경우 본론이 빈약하다는 문제가 생긴다. 실제 본론이 논리와 논거 3개로만 구성되어 있다 보니, 좀 더 많은 쟁점들을 다루지 못했다.
- 일반적인 구조가 아니라 이형적인 구조이다.

5. 요약형 결론

- 시간을 다투는 금융논술 전형에서는 굳이 요약형 결론을 제시할 필요가 없다.
- 중언부언의 느낌만 강하다.
- 주의환기 쿠션 문장들이 필요해지므로 번거로워진다.

02 주제 2와 3

두 편의 논술 사례를 공부할 것이다. 이번 논술은 금융감독원 대비 논술 주제이며, 한 명이 작성한 글이다.

먼저 말할 것은

1. 이 글을 작성한 학생은 근 1년 간 필자와 함께 논술첨삭을 진행했던 지원자이다. 매주 1편씩 논술을 작성한 후, 검토를 받는 형식으로 진행되었다. 강조하고 싶은 바는, 금융논술 준비는 꾸준함이 중요하다는 점이다. 최근 시중에서는 마치 금융논술을 단시간에 준비 가능하다는 식의 주장들과 글들을 보았는데, 이는 큰 오산이라 말하고 싶다. 철학자 헤겔은 질적 개선은 양적 투입이 선행되어야 한다고 했다. 금융논술 또한 마찬가지이다. 꾸준함이 <뛰어남>을 견인한다. 합격의 확률을 최대한 끌어 올리기 위해서는 경쟁자들보다 뛰어난, 그리고 차별화를 극대화시키려는 노력과 의지가 강해야 한다. 그냥 남들 수준으로 쫓아가겠다는 전략은 상당히 위험한 전략이라고 말하고 싶다.

   참고로 이 학생은 1년 이상 시간 동안 금융감독원 관련 논문들과 학술지까지 여기저기를 모두 뒤지며 공부를 했다. 스스로 합격의 의지를 불태웠다고 생각한다.

2. "남들도 나 정도로 준비하고 있을 것이다. 경쟁자도 나처럼 대응할 것이다." 상당히 안일한 생각이다. 실제 전쟁사를 공부하면, 패전하는 모든 장군들이 보이는 공통적인 생각이, 상대방도 나처럼 생각하고 준비할 것이라는 안일함에 빠져있다는 점이다. 패전하는 장군들이 하나같이 바보들이라서 졌을까? 그렇지가 않다. 그저 평범하게 대응했기 때문이다. 반면에, 승리자는 패전하는 사람들의 평이한 대응, 이 정도면 된다는 안일함을 항상 뛰어 넘는다. 금융논술 준비도 마찬가지이다. 대부분 금융공기업을 준비하는 지원자들은 전공필기를 공세적으로 준비하며, 여기서 격차를 벌리겠다고 생각하고 금융논술 준비는 수세적으로 준비한다. 안일한 대응 방안이라 생각한다. 합격에 대한 열망이 강한 지원자들일수록 반대로 생각한다. 금융논술 준비를 공세적으로 준비해 최대한 격차를

벌린다. 그리고 전공필기 공부를 남들 수준으로 준비한다. 누구의 생각이 옳을 것 같은가? 우리는 쉽게 점수화되고 명확한 결과가 나오는 전공필기가 당락을 결정지을 것 같지만, 금융공기업을 준비하는 친구들의 전공필기 성적은 표준 돗수분포표에서 벗어나지 않는다. 편차가 크지 않다는 말이다. 반면, 수치화가 어려울 것 같은 금융논술이다 보니, 점수가 명확하지 않을 것이라는 애매모호함으로 인해 논술에서의 편차는 작을 것이라 착각하지만, 실상은 직접적 효과(점수의 편차)와 간접적 효과(자소서 + 면접 대응)까지 감안한다면 금융논술에서의 편차는 절대 무시할 수 없다는 것을 알아야 할 것이다.

> 미국과의 금리역전현상이 한국경제에 미칠 수 있는 영향과 정책당국(금융감독원)의 대응방향을 논하시오.

📈 서론

2018년 03월 미국 연방준비제도(FED)가 출구전략의 일환으로, 기준금리를 1.50 ~ 1.75%로 인상하면서 한국은행 기준금리 1.50%를 초과하는 한미 금리역전 현상이 발행했다. 한국은행은 올해 두 차례 정도의 금리인상만을 예고하고 있어 금리역전 현상의 장기화에 대한 우려의 목소리가 높은 상황이다. 따라서 본고는 1. 금리역전 현상의 배경, 2. 한국경제에 대한 영향, 3. 금융감독원의 대응방향에 대해 분석하겠다.

📈 본론

1. 금리역전현상의 배경과 한국경제에 미치는 영향

가. 한미 금리역전현상의 배경 – 출구 전략(Exit Strategy)

2008년 글로벌 금융위기에 대한 대응방안으로 미국 연준은 ① 양적완화 ② 오퍼레이션 트위스트 ③ 공개구두정책으로 대표되는 비전통전(new normal) 통화정책을 시행하였다. 특히 주택담보부증권(MBS) 매입을 포함하는 양적완화 정책의 시행은 중앙은행의 최종대부자 기능에 대한 신뢰 촉진으로 조속한 자산시장 안정화를 가져왔다는 평가와 함께, 향후 인플레이션에 대한 우려와 중앙은행 대차대조표 상 위험노출 증대를 가져와 출구전략의 조속한 시행 필요성을 높이는 유인으로 작용했다. 출구전략은 양적완화의 축소(테이퍼링 : tapering) → 금리인상 → MBS 매각 의 3단계로 이루어지며, 현재의 금리 인상은 2단계에 해당한다.

2. 한미 금리역전현상이 한국경제에 미치는 영향

미국의 금리인상은 크게 ① 단기외화 유출리스크 증대 ② 총 수요 위축 측면에서 한국경제에 위협요인으로 작용할 수 있다.

첫째, 미국 금리 인상은 한국 외환시장에서 단기외화 유출리스크를 증대시킨다. 비록 높은 수준의 재무건전성, 지속적 경상수지 흑자에 따른 상당한 규모의 외환보유고 축적, 민간과 국가의 대외순자산 증가로 인한 순채권국가로의 지위확보 등을 이유로 자본유출 가능성이 크지 않다고 판단하더라도, 세계 경기흐름의 변경과 달러-캐리 트레이드의 지속적 청산에 따른 해외 국가들의 금리 인상 등과 같은 세계적 추세에 한국경제가 영향을 받지 않을 수는 없다. 단기외화 유출리스크 증대는 만기불일치(maturity mismatch)와 유동성불일치(Liquidity mismatch) 문제를 심화시켜 유동성 위기와 나아가 지급불능위기 가능성을 증대시킨다. 이는 거시경제 기초변수에 이상이 없음에도 경제주체들의 기대변화만으로도 금융위기가 발생 가능한 자기실현적(Self-fulfilling) 금융위기 가능성이 증대했음을 의미한다. 따라서 미국 금리 인상은 금융의 효율적 자원배분기능을 약화시키고, 실물경제에 악영향을 초래할 수 있는 시스템리스크로의 전이 가능성이 존재한다.

둘째, 미국 금리 인상은 한국경제에 총수요 위축을 가져올 수 있다. 유위험이자율평가설(UIRP)이 성립한다는 가정 하에 미국 금리 인상은 한국의 금리 인상과 환율 상승으로 이어진다. 금리 인상은 비거치식 변동금리부 가계대출의 이자부담을 증대시켜 가계의 소비감소와, 한계기업의 자금조달 및 원리금 상환에 애로사항으로 이어져 투자의 감소를 가져올 수 있다. 이는 부채축소(디레버리징)을 위한 자산매각을 부추겨, 자산가격 하락에 따른 부동산 시장의 붕괴와 실질적 채무부담이 증가하는 부채-디플레이션(debt deflation)을 유발할 수 있다. 환율 인상은 로빈슨-메츨러 안정조건이 충족되는 상황에서 경상수지의 증가를 가져오지만, 수입 원자재 및 생필품 가격 상승으로 인한 기업 생산성 저하 및 취약계층의 소비부담으로 이어 질 수 있다. 또한 금융기관과 기업의 외화채무 원리금 부담을 증대시키는 외채잔고 효과를 유발하게 된다.

결론적으로, 미국 금리인상은 거시경제기초변수의 조그만 변화에도 경기변동을 크게 유 발하는 와블링 이코노미 현상과 금융시스템의 경기순응성 문제를 심화시킬 것으로 판단된다.

3. 금융감독원의 대응방안

금융감독당국은 미국금리 인상이 시스템리스크로 전이되지 않도록 다음 4가지 측면에서 선제적 대응방안을 마련할 필요가 있다.

첫째, 거시위기상황분석(Macro stress test)의 실시가 필요하다. 현재 은행을 비롯한 금융기 관에서 시행하는 위기상황분석은 단순 충격이 미치는 효과를 거시계량지표를 통해 분석하 는 단순민감도 분석이다. 따라서 금융감독원은 시나리오 상황을 설정하여 금리인상 충격이 금융기관과 금융시장에 총체적으로 미칠 수 있는 영향을 분석하는 시나리오 분석을 통해, 금 융기관의 비상대응체계(Contingency Plan) 재정비를 보조할 필요가 있다. 이러한 위기상황분석 을 하향식(Top-down) 스트레스 테스트라고도 하는데, 이는 위기 발생시 군집행동(herding)으로 인한 구성의 오류(fallacy of the composition) 완화에 기여할 수 있다.

둘째, 파생상품에 대한 관리 및 감독을 강화해야 한다. 지난 KIKO 사태는 잘못된 환헷징 기법을 사용할 경우, 오히려 기업의 도산확률을 증대시킬 수 있음을 보여주었다. 따라서 파 생상품의 복잡성, 거래 규모 등에 따라 차등화된 관리 및 감독 방안을 마련하여 이와 같은 위 험을 사전에 방지하여야 한다.

셋째, 중소기업의 자금조달 애로사항을 적극적으로 해결할 필요가 있다. 금리 인상에 따른 자금 조달에 문제가 생길 것으로 예측되기 때문에, 은행과의 관계형 금융(Relationship finance)이 지속될 수 있도록 상시적인 점검이 필요하다. 또한 중소기업 애로상담센터를 활용하여 자금조달과 관련된 문제를 해결할 수 있도록 보조하며 금융기관이 합리적인 금리산정 체계를 갖추고 있는지 점검하도록 한다.

마지막으로, 외화LCR 규제(규제비율 : 80% 이상)의 준수가 필수적이다. 외화 LCR은 바젤은 행감독위원회(BCBS)의 바젤 Ⅲ에서 권고하는 외화유동성 관리지표로써, 스트레스 상황(신용 등급 3단계 이상 하락, 담보할인율 증가, 무담보 도매자금 조달능력 감소 등)에서 외화유동성 상황을 점검 하기 위한 것이다. 즉, 30일간 발생할 수 있는 외화유출액 대비 고유동성 자산을 80% 이상, 금 융기관이 확보하도록 함으로서 단기외화유출 리스크를 관리해야 한다.

📈 **결론**

2008년 글로벌 금융위기를 최전방에서 진화하는 역할을 수행한 티모시 가이트너는 그 의 저서 '스트레스 테스트'에서 금융위기를 화재에 비유하며, 금융감독당국을 언제든 그러 한 화재를 진압할 수 있는 도구를 갖춰야 하는 소방관에 비유하였다. 사실 화재는 발생하지 않는 것이 최선이다. 더욱이 그 것이 예측 가능하고 선제적 대응이 가능한 경우는 특히 그 러하다. 그린스펀 풋으로 대표되는 사후청소전략이 2008년 글로벌 금융위기라는 세계적인 대화재를 일으킨 주요 원인 중 하나라는 사실을 잊지 말아야 한다. 따라서 금융감독당국은 여러 관계기관들과 선제적으로 대응체계를 조율해가는 Policy mix를 시행함과 동시에 필 요한 경우 적절하게 대응하되, 그것이 과잉 또는 과소대응이 되지 않도록 주의를 기울일 필 요가 있다.

첫 번째 논술주제는 [한-미 금리 역전 현상]과 관련된 주제이다.

[금리역전] 현상은 보통 2가지 측면에서 주제를 잡고 공부를 한다. 첫 번째는 [한-미 금리 역전]이고 두 번째는 [장-단기 금리역전]이다. 둘 다 중요한 주제이긴 하다. 하지만 [장-단기 금리역전]은 일시적 현상일 가능성이 높고(논제의 영속성이 떨어진다는 의미이다) 미래경제에 대 한 예측의 가늠자 정도의 역할이기 때문에 실전 논술에서 나올 가능성은 낮다. 다만, 면접이

나 논술에서의 논거로 활용 가능성이 있기 때문에 공부하면 좋은 논제이다. 반면, [한-미 금리 역전]은 파급의 영속성이 길며(금리정책은 원래 단기정책이지만 변곡의 주기는 상당히 길다는 특징 때문에 장기정책으로 착각을 하기도 한다) 파급의 정도도 큰 편이기 때문에 공부를 해야 하는 주제이다. 다만, 이 또한 현재 벌어진 상황이 아니라, 2022년 말이나 2023년 예상되는 사안이기 때문에 여유를 가지고 공부를 해도 되는 논제이다.

한-미 금리역전 현상은 역사적으로 이미 3번이나 있었던 일이다. 새로운 사건은 아니라는 점이다. 가장 최근의 한-미 금리 역전은 2018년에 시작되었다. 그리고 이 논술은 그 당시의 논술이다. 상술했지만 2022년 말이나 2023년 현실화 될 가능성이 높은 주제이기 때문에 주목할 만하다.

이번 논술에서 보이는 두드러짐은

첫째, 지식량이 깊을 뿐만 아니라 넓다는 점이다. 이 한 편의 논술에 들어간 배경 지식들만 하더라도

– 2008 글로벌 금융위기 전체 공부

– 통화정책

– 경제이론

– 와블링 이코노미와 구성의 오류(경기순응성 문제)

– 스트레스 테스트

– 관계형 금융

– LCR

등이 자연스럽게 녹아 있으며, 그 중심에는 각각의 리스크들이 모여 시스템 리스크로의 전이를 억제해야 한다는 주장이다.

단기간에, 몇 가지 논제를 별도로 공부를 한 학생들은 이런 글을 쓸 수가 없다는 것을 말하고 싶다.

둘째, 금융감독원이 가장 주목할 만한 논리들을 펼쳤고, 그에 대한 논거로 경제이론부터 현행 제도들까지 다 끌고 들어 왔다는 점이다. 상당히 목표지향적인 공부를 했으며, 이를 다

양한 방향으로 글을 펼쳤다.

셋째, 주제 1에서 검토했던 형식적 작성방법들을 모두 지켰다. 깔끔한 서론, 연역적인 글 전개 등이 그것이다.

다만, 아쉬운 점은 굳이 요약형 결론은 필요는 없다고 생각한다.

공부를 잘 하는 사람의 특징은 무엇일까? 고민을 많이 하는 사람일까?

그렇지 않다. 행동력이 좋은 사람이 정답이다. 행동력은 공부뿐만 아니라 여러 업무에서도 중요하다. 매번 고민만 하면 무엇을 이룰 수 있겠는가?

이 지원자의 가장 큰 장점은 행동력이었다. 나랑 처음 만났을 때부터 무조건 금감원 입사라는 목표를 향해, 당시 가르치고 내주었던 숙제들을 모두 소화했다.

그리고 요약형 결론의 불필요성을 깨닫고, 바로 글들을 수정했다.

두 번째 논술도 읽어 볼 것을 권한다.

> 가상통화에 대해 논하시오.

📈 서론

가상통화 투기 근절을 위한 특별대책

지난 17년 12월 28일 정부는 가상통화 관련 특별대책을 발표하였다. 이는 가상통화가 법정화폐가 아니며, 금융투자상품으로 인정받지 못 하여 투자자 손실이 크게 발생할 수 있음에도, '묻지마식 투기'가 증가함에 따른 대응이었다. 따라서 본고는 가상통화 생태계 흐름 – 가상통화의 긍정적 영향 및 부정적 측면 – 정책당국의 대응방안에 대해 논하겠다.

1. 가상통화 생태계 – 하이먼 민스키의 신용사이클 모델

가상통화 생태계 흐름은 하이먼 민스키의 '신용사이클 모델'로 분석 및 예측 가능하다. 이 이론에 따르면 가상통화 가격은 ① 대체 ② 호황 ③ 도취 ④ 금융경색 ⑤ 대폭락의 단계를 밟게 된다. 대체 단계는 가상통화와 블록체인 기술과 같은 혁신적 기술 개발이 발생시 형성된다. 이후 다수의 투자자들이 투자에 참여함에 따라 가격흐름은 호황-도취 단계의 순서를 밟게 된다. 도취 단계에서는 일반 투자자들이 막연히 투자수익을 낼 수 있다는 비합리적 기대에 편승하여 투자에 참여한다. 이러한 추세는 '더 큰 바보 이론(the great fool theory)'에서와 같은 자기강화적(self-reinforcing) 속성을 지닌다. 이후 규제가 강화되고 투자에 의구심을 갖기 시작한 투자자들이 가상통화를 매각하기 시작하면서 금융경색 단계가 시작된다. 동 단계에서는 투자자들이 투자수익을 내기가 매우 어려우며, 공급이 수요를 초과하기 시작하면 대폭락의 단계에 들어선다. 대폭락 단계에서는 가격하락이 가격상승시보다 더 큰 속도로 하락하는 민스키 모멘트가 발생한다. 현재 가상통화는 작년 2017년 11월 기준으로 도취 단계에 놓여 있었으며, 2018년 6월 기준으로 4단계인 금융경색 단계에 근접해 있다는 평가를 받고 있다.

2. 가상통화의 긍정적 영향

가. 가상통화를 이용한 금융혁신

가상통화는 금융서비스를 혁신적으로 발전시킬 것으로 평가된다. 예를 들어 가상통화를 이용한 해외송금서비스는 기존에 비해 저렴한 수수료로 1시간 이내 거래를 완결할 수 있다. 또한 코인지갑을 이용하는 지급결제서비스는 은행 계정 없이도, ATM 서비스를 이용할 수 있게 해준다.

나. 가상통화와 부패방지

관치금융이 심한 나라일수록 금융을 매개로 한 정경유착과 부패의 문제가 심각한 것으로 알려져 있다. 하버드대 로고프 교수는 그의 저서 '현금의 저주'에서 가상통화는 신뢰를 기반으로 하는 거래시스템, 즉 블록체인을 활용한 쌍방거래의 방식이므로, 금융의 중개가 필요 없어 이러한 부패의 고리를 끊을 수 있을 것이라 주장한다.

다. 가상통화와 포용적 금융

가상통화는 금융계정 이용이 불가능한 계층에게도 금융거래 기능을 제공하여, 포용적 금융을 뒷받침할 수 있을 것으로 기대된다. 포용적 금융이란 평소 금융서비스 제공이 어려운 금융소외계층에게도 금융서비스를 제공함으로써, 경제적 자립을 돕도록 하는 취지의 금융개념이다. 실제로 미국의 한 기업은 금융계정이 없는 아프카니스탄 여성들에게 모바일폰으로 비트코인을 송금해 그들의 교육을 돕는 프로그램을 운영한 예가 있다.

3. 가상통화의 부정적 측면

가. 투자자 손실 발생 및 범죄에의 이용

IMF에 따르면 가상통화는 높은 가치 변동성과 불안정성으로, 통화의 3대 기능인 교환의 매개수단, 가치저장기능, 가치의 척도를 수행하는 것이 불가능하다. 이에 많은 국가에서 가상통화를 법정통화로 인정하지 않고 있으며 우리나라 역시 예외는 아니다. 때문에 가상통화 투자는 예금자 거래 보호법의 적용을 받지 못 한다. 또한 금융투자 상품으로도 인정받지 못 하므로 투자손실에 대한 책임은 전적으로 투자자에게 있는 상황이다. 가상통화는 시세조정이나 가상통화분리 (하드포크), 규제변경 등에 의해 투자자 손실이 언제든 발생 가능하다. 게다가 가상통화 관리업자의 시스템 해킹 (최근 사례 : 빗썸) 이나 마약거래,자금세탁 등의 범죄 역시 꾸준히 발생 중인 상황이다. 이에 정책당국의 관련된 대응 (가상통화 거래소 관리 강화, 자금세탁 방지의무 강화 등)이 필요한 상황이다.

나. 민스키 모멘트의 발생 가능성 증대

하이먼 민스키의 신용 싸이클 모델에 의하면 가상통화 가격이 대폭락 단계에 진입할 경우 민스키 모멘트가 발생한다. 민스키 모멘트는 금융의 구조적 취약성이 발생한 상황에서는, 평소라면 문제가 되지 않을 자산가격 하락이나 경기침체에도 커다란 금융위기가 오는 것을 말한다. 즉 가상통화 생태계의 불안은 곧 금융위기 발생 가능성을 증가시키는 시스템리스크로 작동한다.

📈 결론

정책당국 대응방안

가. 규제 패러다임의 전환

현재의 규정중심 규제방식(rule-based regulatory)에서 원칙중심 규제방식(principle-based regulatory)로 전환이 필요하다. 새로운 현상으로 정의되는 가상통화 생태계는 사전에 합리적인 규정리스트를 작성하는 것이 거의 불가능하다. 따라서 금융소비자 피해가 발생하지 않았음에도 규제를 하는 규제과잉과 그 반대의 경우인 규제누락 모두가 발생 가능하다. 이에 금융소비자 보호와 금융산업 발전 촉진에 적합하지 않다. 반면 원칙중심 규제는 금융소비자 보호를 목적으로 인과성 원칙(금융피해 발생의 인과관계에 따른 규제)과 비례성 원칙(금융피해 발생 규모에 비례하는 규제수준)에 의거해 규제하므로, 규제과잉 및 누락 모두 방지 가능하다. 최근에 발생한 가상통화 시세조정에 따른 투자자 피해발생에도 정책당국이 제대로 대응하지 못 한 것은 규제 패러다임의 전환이 시급함을 보여주는 예이다.

나. 거래소 등록제도 확립

현재 가상통화 거래소는 등록이 필요하지 않은 상황이다. 대규모 해킹 피해가 발생한 일본의 경우 해당 거래소는 등록되지 않은 거래소였으며, 비대칭 암호키를 다수가 아닝 하나만 사용하고, 전체 암호화폐의 97%를 콜드월렛이 아닌 외부인터넷과 연결되는 핫월렛에 저장하여 해킹에 취약한 상태였다. 즉 관련된 사고가 예견된 사고라고 해도 과언이 아니었다. 이러한 사례를 교훈 삼아 국내 역시 건전한 거래소 운영기준을 확립하여 해당 기준을 활용한 등록제도를 운영할 필요가 있다.

다. 거래소 전용 FDS 구축 및 고도화 지원

이상전자금융거래탐지시스템 (FDS)는 빅데이터를 이용해 평소 고객의 거래패턴을 분석하고, 이와 다른 유형의 거래가 발생시 해킹으로 간주하여 거래를 차단하는 시스템이다. FDS 도입은 전자금융범죄 감소에 혁신적 기여를 할 수 있을 것으로 기대되고 있다. 이에 정책당국은 거래소 전용 FDS를 구축 및 고도화를 지원하여, 거래소를 대상으로 하는 전자금융범죄 발생을 미연에 방지할 필요가 있다.

물론, 금융공기업을 준비하는 지원자들에게 한 곳만을 목표로 설정하는 이른바 '배수진' 지원은 지양하라고 권한다. 개인적인 의견으로, 배수진은 가장 바보 같은 생각이라고 믿기 때문이다. 우리는 항상 PLAN -A 이후의 PLAN-B, C 를 대비해야 한다. 이 지원자가 마치 금감원만 준비한 것처럼 보이지만 실상은 그렇지 않았다. 이 지원자는 이 문제를 비중으로 해결했다. 금감원 비중을 50%, 나머지 몇 곳 기관을 나누어 배분하고 준비했다. 지원 전략에 있어서의 '파이컷', 세밀함이 성공의 열쇠이기도 하다.

금공논술, 이른바 A매치 논술은 수많은 괴물들이 참여한다. 여기서 괴물들이란, 금융논술 마스터 들을 의미한다. 스스로 괴물이 될지, 수세적으로, 방어적으로 준비하는 사슴이 될지는 본인의 선택에 달려있다. 괴물들은 닥치는 대로 공부하고 섭취한다. 사슴들은 주어진 공간에서 주어진 풀만 먹는다.

항상 좋은 글들을 많이 접해야 한다. 배울 것이 많고, 자극이 되기 때문이다.

평범한 수준의 글들, 신문에서 나올만한 내용들을 마치 금융논술 준비의 열쇠라고 생각하면 곤란하다.

03 주제 4와 5

이번 논제는 CBDC(중앙은행 디지털 화폐)의 긍정적인 면과 부정적인 면, 그리고 한국은행 및 정책당국의 대응방안에 대해 논하는 주제다.

CBDC는, 사실 한국은행에서 태스크포스를 구성할 정도로 상당히 관심을 받고 있는 주제다. 그리고 단순히 생각한다면 한국은행 또는 금융감독원에서 나올 가능성이 높은 주제이다. 하지만, 한국은행의 논술은 특성상 "학술적"이고 "인문학"적인 주제들이 자주 출제되고 있고, 금융감독원의 경우, 현실적으로 아직 출범이 되지 않는 CBDC에 대해 감독의 대상으로 보기에는 이른 감이 있어서 인지, 아직 출제된 적이 없다. 오히려 2021년 상반기 새마을금고중앙회 논술주제로 CBDC가 출제되었고, 2022년 상반기 신용보증기금 논술주제로 출제되었다.

확증편향이라는 단어가 있다.

많은 지원자들이 논제를 선정할 때 잘 빠지는 것이 이 확증편향이다. '금융공기업별로, 은행별로 이 주제가 이 기관에서 중요하게 생각할 것이다.'라고 생각하기 시작하면, 실제 출제될 것만 같고, 이 주제가 나와야만 하는 믿음으로까지 스스로 몰고 간다. 그리고 다른 논제는 잘 들어오지 않는다. 자기가 보고 싶은 것만 보고 싶어하고, 기대하는 대로 이루어질 것이라 확신하기 시작하면, 실패의 문이 활짝 열린 것이나 마찬가지라 생각한다.

금융논술을 공부하는 지원자는 항상 겸손해야 한다고 생각한다. 자신감을 없애라는 말이 아니라, 다양한 현상들을 바라보며 중요한 것들 위주로 최대한 많은 것들을 공부하겠다는 마음가짐이 중요하다는 것을 강조하고 싶다.

나는 지금까지 A매치 며칠 전이면 논제들을 찍어달라는 요청을 많이 받는다. 찍기 좋아하시는 분들은 점집을 가라고 권하고 싶다. 예측의 영역은 현재의 영역과는 완전 다른 개념이다. 치밀한 분석으로 예측이 가능하다면 모든 증권사의 트레이더들은 부자들이 되어 있어야 한다. 모든 경제학자들은 자국을 선진국으로 이끌었어야 한다. 2차세계대전 후 후진국에서 선진국으로 올라온 국가는, 200여 개 국가 중 10여 개 국가도 되지 않는다. 그 많은 경제학자들과 금융학자들, 자본시장 참여자들의 분석력은 다 어디로 갔는가?

금융논술의 영역도 마찬가지이다. 과거 4년동안 예탁결제원에서 토지공개념이 2회나 출제된 것은 어떤 분석력에 의해 어떻게 예측이 가능이나 했을까?

최근 올해는 이것만 공부하면 금융논술 준비는 끝이라는 광고나 홍보성 글들도 많이 보았다. 확증편향의 사회적 동조화 현상이 어디까지 파급되는지 모르겠다.

왜 금융논술 책을 매년 3권이나 쓰냐는 질문을 받은 적이 있다. 하지만 나는 반대로 생각한다. 3권이 오히려 부족하다고 느낄 때가 많기 때문이다. 힘이 닿는 다면 매년 5권 정도로 늘리기 싶은 것이 솔직한 심정이다. A매치 전형 전에 꼭 알았으면 좋겠다고 생각하는 핵심논제들에 더해, 면접에서 이러한 지식들을 강조하면 최종합격의 가능성이 높을 것이라고 생각하는 논제들, 자소서에서도 이런 부분들을 언급하면 차별화되는 글이 될 수 있게 만드는 논제들 그리고 더 나아가 나중에 현업에서도 이 주제들을 미리 알고 있었다면 실수를 줄일만한 주제들까지 다 싣고 싶지만, 현실적인 이유로 그러지 못함을 안타깝게 생각한다.

미래를 예측하는 가장 좋은 방법은 무엇인가?

과거를 분석하는 것인가? 현재를 파고 드는 것인가?

세계적 석학 피터 드러커는 "내가 미래를 창조하는 것이 미래를 예측하는 가장 좋은 방법이다"라고 했다.

그리고 미래를 창조하는(즉 미래를 예측하는) 방법은 현재의 변수들을 상수화시키는 것이라 생각한다.

변수의 상수화. 상당히 중요하다. 그런 이유로 내가 매년 3권의 책을 내고 있는 것이다. 출제 가능성이 높을 논제라는 예측의 영역에서 변수를 최소화하기 위한 나만의 전략인 것이다.

많은 것을 공부하는 것이 효율성이 떨어진다고 불평할 수도 있다.

금융으로 비유하면 효율은 이자의 개념이고 효과는 보험의 개념이라 생각한다. 고객에게 은행은 효율을 주는 곳이고, 보험사는 효과를 주는 곳이다. 그리고 금융공기업이나 은행의 채용전형에서 합격하는 학생의 전략은 이자율 같은 효율을 추구하는 것이 아니라, 보험액이라는 효과를 지향하는 전략이어야 한다.

알량한 시각으로 감히 노력 없이 예측하는 것은 삼가라고 권하고 싶다. 변수를 변수로 남겨 두는 것이다. 오히려 예측의 시간에 상수를 늘려나가라. 상수를 늘리는 것이 변수를 줄이는 최선의 방향성이다. 그리고 변수를 줄이는 것 자체가 예측도를 높이게 되는 첫 걸음이 된다.

아래의 두 가진 논술 A와 B는 동일 주제에 대하여 2명의 한국은행 지원자가 쓴 금융논술 사례들이다. 읽어보며 스스로 이 글의 장점들과 단점들을 체크해 보며 어떤 논술을 더 높게 평가할지 스스로 고민해 볼 것을 권한다.

> 중앙은행 디지털 화폐(Central Bank Digital Currency) 발행에 따른 긍 · 부정적 영향을 구체적인 논거를 들어 기술하고, 이에 대한 중앙은행 및 정책당국의 대응방안에 대해 논하시오.

 서론

CBDC의 논의 배경

최근 디지털 경제로의 이행과 코로나 19 확산으로 인한 비대면 – 비접촉결제 등의 전자지급수단에 대한 관심이 증대하고 있다. 또한, 리브라 등과 같은 민간 스테이블 코인(Stablecoin)이 중앙은행 고유의 지급결제 영역에 영향을 미칠 가능성이 제기되고 있고, 중국은 위안화의 국제적 지위를 향상하기 위한 세계 최초의 CBDC를 발행할 계획이다.

이처럼 다양한 배경을 원인으로 CBDC에 대한 관심이 증대하고 있다. 그러나 현재 CBDC의 발행이 국내외 금융시장에 미칠 영향에 대해서는 충분한 논의가 이루어지지 못한 상황이며, 관련 법률 및 규제도 정비되지 않은 상태이다. 이에 본고는 CBDC의 발행으로 인해 예상되는 긍정적-부정적 효과와 이에 대한 중앙은행 및 정책당국의 대응방안에 대해 논하고자 한다.

📈 본론

CBDC 발행에 따른 긍 · 부정적 영향

첫째, CBDC 사용이 확대될 경우 비공식 경제(Informal economy)의 규모를 축소할 수 있다. 특히 정보 추적이 가능한 계좌 기반의 CBDC(↔ 익명성 보장 : 토큰 기반 CBDC)의 경우 완전한 익명성을 보장하는 현금에 비해 거래 추적이 용이하다. 이는 개인이나 법인이 금융서비스에 활용할 수 있는 거래정보 이력 형성을 가능하게 하고, 불법자금 및 지하경제 문제를 완화하는데 기여할 수 있다. 또한, CBDC의 거래데이터가 금융서비스에 대한 감독, 세금징수, 법 집행, 사회 보호 등의 정책 집행을 효율적으로 수행하는 데 활용될 수 있다.

둘째, CBDC의 발행에 따른 금융 불안의 우려가 있다. 신용 창출이 일어날 수 있는 M1, M2에 CBDC를 도입할 경우, CBDC와 상업은행의 요구불예금이 경쟁 관계에 놓이게 된다. 즉, CBDC가 상업은행의 요구불예금을 대체하면서 신용공급이 축소되고, 이에 따라 대출금리가 상승하며, 상업은행의 유동성 부족 현상의 발생 가능성 또한 높아질 수 있다. 또한, CBDC가 은행 예금에 비해 가용성 – 안정성 – 유동성이 높기 때문에, 은행시스템 위기 발생 시 은행 예금에서 CBDC로의 뱅크런을 가속화할 우려가 있다.

셋째, 지급결제의 디지털 전환(Digital transformation)에 따라 디지털 소외계층의 발생 가능성이 우려된다. 주로 고령층과 장애인, 저소득층을 중심으로 디지털 소외가 발생할 가능성이 있다. 이들은 디지털 기기 – 서비스에 대한 접근성과 활용도가 낮아 현금을 주로 이용하는 편이다. 이에 CBDC의 도입에 따른 현금 사용과 ATM이 감소하면서 지급수단 선택권에 제약을 받을 수 있다.

📈 결론

중앙은행 및 정책당국의 대응방안

첫째, 중앙은행의 책무인 금융안정에 유의하여 CBDC를 설계해야 한다. CBDC를 M0(유통 중인 현금)에만 도입함으로써, 금융시스템에 대한 부정적 영향을 최소화하는 방안이 있다.

또한, CBDC를 M1, M2에 도입할 경우 CBDC로 대체되는 요구불예금 만큼 상업은행에 대출하여 신용공급 축소를 방지할 수 있다. 이에 더해, CBDC 보유액에 대해 상업은행의 중앙은행 예치금보다 낮은 금리를 지급하는 방안이나, 중앙은행이 가계-기업의 CBDC 보유 상한을 설정하는 방안 등이 있다.

둘째, 디지털 소외계층에 대한 선제적 지원책을 마련해야 한다. 전자지급서비스 관련 교육과 실습 프로그램을 제공함으로써, 디지털 소외계층의 전자지급수단에 대한 접근성과 활용도를 제고할 수 있다. 또한, 소비자의 지급수단 선택권이 보호될 수 있도록 ATM 관련 통계를 추가 편제하고, 관련 기관과의 협의를 통해 소비자의 현금 접근성 제고 방안을 마련할 필요가 있다.

셋째, 정책 당국 간 – 국가 간의 협력을 강화해야 한다. 중앙은행은 정책 목적을 달성하기 위해 금융감독원, 금융보안원 등의 관련 기관과 협력할 필요가 있다. 이는 다양한 정책목표 간의 균형과 법적-전문적-윤리적 표준의 정립을 목표로 삼아야 한다. 또한, BIS CPMI 활동 등을 통해 지급결제와 관련한 국제적 논의에 적극적으로 참여하고, 관련 정보를 정책 수립, 지급결제제도 감시, 조사연구 등의 업무 수행과정에 활용해야 한다.

끝으로 위와 같은 중앙은행의 대응방안은 궁극적으로 안전성(safety)과 무결성(integrity)을 고려할 필요가 있다. 특히 소액결제용 CBDC의 경우 모든 경제주체가 이용대상인 만큼 중앙은행의 통화정책과 금융안정 등에 미치는 영향에 대한 면밀한 검토가 필요하다.

 중앙은행 디지털화폐에 대하여 논하라.

 서론

디지털화폐에 대한 관심

최근 페이스북이 빠르면 2020년 상반기에 디지털화폐 리브라를 출시할 계획을 발표하면서, 디지털화폐에 대한 관심이 높아지고 있다. 이처럼 분산원장기술의 발전과 민간 발행 암호자산의 확산으로 인해, 각국 중앙은행은 변화된 환경에 대응하여 중앙은행 디지털화폐에 대한 논의를 활발히 진행 중이다. 이에 본고는 중앙은행 디지털화폐의 정의와 도입 경과, 한국은행의 통화정책 운용체계에 미치는 영향, 정책적 대응방안에 대하여 논하고자 한다.

📈 본론

1. 중앙은행 디지털화폐의 정의

　중앙은행 디지털화폐(Central Bank Digital Currency, 이하 CBDC)는 중앙은행 내 지준예치금이나 결제성 예금과는 별도로 중앙은행이 전자적 형태로 발행하는 새로운 화폐이다. CBDC는 현금 등의 법화(法貨)와 일대일 교환이 보장되는, 중앙은행의 직접적인 채무이다. CBDC는 현금과 다르게 익명성이 제한되고 이자가 지급될 수 있으며, 보유한도나 이용시간의 설정이 가능하다. CBDC는 이용목적에 따라, 모든 경제주체들의 일반적 거래에 사용되는 소액결제용 CBDC와 은행 등 금융기관 간 거래에 사용되는 거액결제용 CBDC가 있다. CBDC는 구현 방식에 따라, 중앙관리자가 하나의 거래원장을 전담하여 관리하는 단일원장방식과 블록체인기술 등을 활용해 다수의 거래참가자가 공유된 원장을 관리하는 분산원장방식으로 나누어지기도 한다. 현재 지준예치금이나 은행 예금에는 단일원장방식이 사용되며, 비트코인이 대표적인 분산원장 플랫폼을 이용하는 디지털화폐이다. 이후의 모든 논의는 단일원장 또는 분산원장 방식의 소액결제용 CBDC를 중심으로 한다.

2. CBDC 도입 경과

　현재 CBDC 도입에 가장 적극적인 나라들은 스웨덴, 우루과이, 튀니지 등이다. 이 국가들의 CBDC 도입 동기는 조금씩 다르다. 스웨덴은 최근 현금 이용이 크게 감소하면서 민간 전자지급수단에 대한 의존도가 심화되었고, 이에 중앙은행이 지급서비스시장의 독점 문제를 해결하고자 CBDC 도입을 고려 중이다. 스웨덴은 현재 CBDC 발행에 관한 연구 프로젝트를 진행 중이며, 2020년까지 기술적 검토와 테스트를 완료하고 2021년 여론 수렴 후 발행 여부를 결정할 예정이다. 우루과이와 튀니지 등의 개발도상국들은 지급결제인프라가 구축되지 않아 금융서비스 접근성이 낮으며, 금융포용의 관점에서 CBDC 발행을 고려 중이다. 동카리브국가기구는 현금유통비용을 감축하기 위해 CBDC 발행 및 지급결제 플랫폼 개발을 위한 프로젝트에 착수했으며, 중국 또한 CBDC 개발을 진행 중이다.

3. CBDC 도입이 한국은행 통화정책 운용체계에 미치는 영향

가. 통화정책의 신용경로 약화

이하의 모든 논의에서는 CBDC가 현금, 은행 예금 등과 함께 통용된다고 가정한다. 확장적 통화정책의 신용경로는 화폐공급이 증가하면서 화폐공급의 일부가 예금의 증가로 이어지고, 이에 따라 기업 대출이 늘어나 투자가 증가하는 경로이다. CBDC에 이자를 지급할 경우, 은행 예금의 일부가 CBDC로 대체될 가능성이 있다. 이는 은행 예금의 감소로 이어져 은행의 대차대조표가 축소되고, 은행의 대출이 감소하게 된다. 결국 통화정책의 신용경로가 약화될 가능성이 있다.

나. 은행 자금중개기능 약화와 시스템리스크 증대

CBDC에 이자를 지급할 경우, 은행 예금의 일부가 CBDC로 대체되어 은행 예금이 감소할 수 있다. 이에 대응하여 은행은 시장성 수신을 통한 자금 조달을 늘리기에 자금조달 비용이 상승한다. 한편으로 예금을 통해 수집 가능한 고객 정보가 감소해, 은행은 고객의 신용도를 보수적으로 평가하게 된다. 이는 은행의 대출 감소로 이어져 은행의 자금중개기능이 약화된다. 또한 은행의 대출 감소는 투자 위축으로 이어지며, 자본시장 접근이 어려워 은행 대출 의존도가 높은 개인 및 자영업자에 가장 큰 영향을 미친다.

다. 시스템리스크 증대 및 자본시장 변동성 확대

은행 예금의 감소로 시장성 수신을 통한 자금조달이 증가하는 과정에서, 금융기관 간 상호연계성이 확대되어 시스템리스크가 증대된다. 또한 분산원장방식에서 비거주자의 CBDC 보유를 허용할 경우, 기존의 감시, 감독 체계로는 CBDC의 관리와 통제가 어려워진다. 특히 CBDC는 국제통화 전환이 용이해 금융불안 시 국내 금융시장과 외환시장의 변동성이 크게 확대될 수 있다.

📈 결론

정책적 대응방안

가. 새로운 파급경로 이용

CBDC에 이자가 지급된다면, CBDC의 금리수준은 은행 여수신금리의 하한과 시장금리의 기준으로 작동할 가능성이 높다. 따라서 한국은행은 CBDC 금리수준을 조정하여 은행의 여수신금리와 시장금리를 CBDC 금리와 동일한 방향으로 움직일 수 있다. 경기침체 시에는 내수를 촉진하기 위해 CBDC에 마이너스 금리까지 부과할 수 있으며, CBDC를 모든 계좌(전자지갑)에 일괄공급(helicopter money) 하여 민간 구매력에 직접적인 영향을 줄 수도 있다.

나. 은행의 정보 수집 비용 축소

은행의 예금이 감소할 때 자금 조달 비용의 증가와 정보 수집 비용의 증가로 인해 대출이 감소한다. 따라서 시중 은행과 한국은행이 협력하여, 은행에서 대출심사 시 차입자로부터 한국은행 CBDC 계좌(전자지갑) 거래 내역 활용에 대한 정보공개동의서를 받을 수 있다. 그리고 은행은 이를 차입자에 대한 정보로써 활용한다면, 은행이 정보 수집에 들이는 비용이 제로가 되어 대출이 늘어날 수 있다. 또한 정부와 협조하여 소상공인에 대한 지원대출을 강화한다면, 예금이 CBDC로의 전환될 때 대출 축소의 정도가 완화될 것이다.

다. 자본시장 모니터링 확대 및 환리스크 해지

스트레스 테스트를 통해 자본시장의 변동성을 면밀히 모니터링해야 한다. 특히 조기경보 시스템의 구축과 실행 능력에 대한 점검이 필요하다. 환리스크에 노출되어 있는 중소기업을 위해서는 금융기관의 전문적인 금융지도와 외화유동성에 대한 관리 서비스를 제공해야 한다. 예를 들어 무역보험공사의 환변동 보험에 대한 안내를 할 수 있다. 그리고 지속적인 통화스와프 확대를 통해 외환 안정성을 확보해야 한다.

04 주제 6

이번에 논술 사례는 문제점이 많은 논술이다.

물론 금융논술을 공부하는 학생들은 최대한 우수한 논술들을 자주 읽고 접하는 것이 좋다. 그럼에도 불구하고, 좋지 않은 논술사례를 가지고 온 이유는, 잘못을 알아야 스스로의 글에 발전을 기할 수 있기 때문이다.

이 논술은 2020년 작성된 논술이고, 이 논술을 작성한 지원자는 기본적인 지식의 양이 많고, 학부시절에도 많은 글을 쓴 지원자이다. 하지만 논술을 쓰는 데 있어서 형식적인 흠결이 많다. 그리고 이러한 형식적인 흠결은 목차작업을 제대로 수행하지 않은 것에서 기인한 것으로 보인다.

포용적 금융의 활성화 방안

📈 서론

2017년 문재인 정부는 "기회는 평등하고, 과정은 공정하며 결과는 정의로운 나라"라는 슬로건을 내세우며 여러 국가발전전략을 제시하였다. 그 일환으로 '포용적 금융'을 활성화 하여 금융 소외계층을 보호하고, 혁신 산업을 육성하겠다는 청사진을 제시하였다. 포용적 금융은 세계적 추세이며 5G가 도래한 디지털 시대와도 부합하는 정책으로, 성장과 분배라는 두 마리 토끼를 잡을 수 있는 우리 사회가 당면한 중요한 과제라 할 수 있다. 이에 본고에서는 포용적 금융의 개념 및 현황을 알아본 후, 활성화 방안을 중국과의 비교를 통해 살펴보겠다. 동시에 포용적 금융이 오용될 경우 발생 가능한 문제점들에 대해서도 고찰하겠다.

📈 **본론**

1. 포용적 금융의 개념 및 현황

포용적 금융은 2000년대 초 일부 선진국에서 '금융포용(Financial Inclusion)'의 용어로 처음 등장하게 되었다. 당시에는 빈곤층의 금융소외 현상을 해소하자는 취지에서 출발하였지만, 점차 세계적인 이슈로 확산되며 적용범위가 넓어지고, 그 의미도 기존의 '분배'의 관점에서 '성장'의 키워드로 이어지는 모습을 보이고 있다. 세계은행은 포용적 금융을 '빈곤을 줄이고 경제적 번영을 촉진하는 열쇠'라고 표현하고 있다.

쉽게 말해, 분배적 관점에서의 포용적 금융은 사용자에게 접근성과 편의성을 높임으로써 금융서비스의 양적 측면을 제고한다고 볼 수 있으며, 성장의 관점에서의 포용적 금융은 혁신기술을 도입함으로써 금융서비스의 질적 측면을 높여 경쟁력을 강화함으로써 산업의 발전을 견인할 수 있다고 볼 수 있다..

전 세계 148개국의 성인을 대상으로 조사한 글로벌 핀덱스(Global Findex) 자료를 보면, 2017년 기준 한국의 금융계좌보유 현황은 94.9%로, 세계 평균 68.5%를 현저히 웃도는 수준이다. 즉, 접근성과 편의성의 관점에서 본다면, 즉 양적 측면에서 한국의 포용적 금융은 상당 부분 긍정적인 모습을 보이고 있다. 그러나 질적 측면까지 살펴 본다면 국내 상황이 그렇게 달갑지만은 않다. 소득 하위 40% 성인을 대상으로 하는 금융기관 대출 서비스 이용 현황을 살펴보면 선진국의 평균은 16%인 반면, 우리나라는 12%로 선진국 가운데 하위권을 차지하고 있다. 또한, 서민금융진흥원의 분석 결과 연리 20% 이상의 고금리 대출 이용자가 2018년 말 기준 236만 8000명에 이르며, 총액은 15조 3000억 원에 달하고 있다. 이에 더해 불법 사금융 이용자는 52만 명, 규모는 약 6조 8000억 원으로 추정된다.

2. 우리나라가 나아가야 할 방향

이러한 현황은 우리나라의 포용적 금융의 관점을 접근성과 편의성의 '양적 측면'이 아니라, 실질적으로 도움을 줄 수 있는 '질적 측면'의 발전으로 나아가야 함을 시사한다.

일례로 중국의 경우, 한 국가 내에서 제도권 금융에 대한 접근성이 지역간, 계층간, 세대간에 상당한 격차를 보인다. 이에 따라 물리적 거리를 줄이고, 편의성을 높일 수 있도록 과감한 규제 완화와 적극적인 지원 정책으로 인터넷 전문은행을 육성함으로써 소외계층에게 금융 서비스를 제공하며 글로벌 금융 포용의 핵심 사례로 꼽힐 수 있게 되었다. 그러나 이는 우리나라의 실정과는 맞지 않다. 중국이 처한 환경과 우리나라가 처한 환경이 다르기 때문이다. 인터넷 전문은행이 지닌 강점은 접근성과 편의성이다. 이미 접근성과 편의성에 있어서 상당 부분 진척되어 있다면, 오히려 인터넷 전문은행을 도입하였을 때 나타날 수 있는 약점에 대한 논의가 충분히 이루어져야 한다.

인터넷 전문은행의 약점은 안정성과 리스크 관리가 어렵다는 것이다. 현재 인터넷 전문은행 같은 경우 대출 형태가 대부분 개인 신용위주이다. 이를 긍정적으로 보면, 제도권 금융에서 소외 되었던 계층에 대해 하나의 터전을 마련해 주었다고 볼 수 있지만, 달리 보면 기존의 제도권 금융에서 부실화될 수 있는 여신을 대신 껴안게 되었다는 측면도 있다. 즉 현재 인터넷 전문은행이 기존 제도권 금융의 축적된 신용평가모델을 능가하는 시스템을 구축하였는지에 대한 세밀한 검토가 필요하다.

우리나라가 나아가야 할 방향은 여수신 구조의 질적 개선에 있다. 기존 제도권 금융의 체제에서 대출서비스를 받지 못하는 계층에 대한 포용이 필요하다는 것이다. 이는 단지 정부 주도의 정책만으로 달성할 수 있는 문제가 아니다. 또한 기존 제도권 금융은 제로금리 시대에 더해 다양한 규제와 리스크 관리 및 이해관계로 인해 포용적 금융이라는 미명 아래 쉽게 대출 구조를 변경할 수 없는 상황이다.

결국, 혁신적인 아이디어를 도입해 디지털 시대에 부합하는 신용평가모델과 플랫폼을 구축해야 한다. 기존의 대출 형태는 정량적인 신용평가와 부동산 담보 위주의 안정성 중심의 여신구조였다. 그러나 이는 산업구조가 바뀌면서 정량 데이터로는 나타나지 않는 무형 자산에 대한 가치 평가를 담아내지 못하고 있다. 가령, 유튜버의 경우 가장 큰 자산 가치는 구독자와 댓글의 수이다. 지금 당장 매출로는 나타나지 않지만, 구독자의 수와 댓글의 품질이 하나의 신용평가 척도가 될 수 있다. 경쟁력이 있는 개인에게 차별화된 혁신적인 대출 서비스를 제공할 수 있는 게 곧 우리나라가 나아가야 할 포용적 금융의 방향이다. 빅데이터와 AI 기반의 신용평가모델을 구축하여 금융 서비스의 품질을 높이는 것이 궁극적인 지향점이라 할 수 있다.

📈 결론

포용적 금융을 실현하기 위해 다양한 방안들이 모색되고 있다. 정부의 적극적인 재정지원, P2P 금융, 인터넷 전문은행, 고령층을 위한 디지털 이해 교육, 생체 인식, 대출 구조 규제와 은행 줄 세우기 등 정책의 목소리는 각양각색이다. 키워드들은 다 훌륭한 방향이지만, 우리나라에 필요한 방향은 접근성과 편의성이나 정부의 압력 보다는 기존의 제도권 금융이 포용하지 못한 금융서비스의 질적 제고에 있다. 정부가 포용적 금융을 강조하며 중금리대출 확대를 강조하고 있지만 국내 주요 시중은행의 중금리대출 시장은 갈수록 줄어들고 있는 것으로 나타났다. 최근 은행연합회에 따르면 5대 시중은행의 중금리대출(연 6~10%)이 차지하는 평균 비중은 5.42%에 그쳤다. 이는 2019년 5월(11.52%)과 비교해 절반 넘게 줄어든 수준이다.

시장이 합리적이라고 판단할 수 있는 근거를 마련해 주어야 한다. 빅데이터를 활용할 수 있는 규제를 완화하면 기업이 새로운 신용평가모델을 구축하고, 그것을 바탕으로 플랫폼 시장을 장악해 나갈 것이고, 금융권의 중금리대출은 자연스럽게 늘어날 것이라 전망한다.

읽어 보았을 때 어떤 생각이 드는가?

첫째, 글의 목차와 구성에 있어서 일관성이 결여되었다. 그 이유는 여러 기사들을 조합을 하다 보니 생긴 결과로 보인다. 금융논술에서는 일관적인 논리와 이를 방증하는 논거의 전개가 중요하다. 하지만, 이 글은 이것저것 많이 다루고 있지만, 무슨 말을 하려는지 명쾌하게 이해하기 어렵다. 결론이 왜 결론이지 모를 글이 도출된 셈이다. 기사로만 공부하는 방식의 한계점이 보인다.

둘째, 병렬식 글이 아니라 산술식 글이다 보니 현저히 가독성이 떨어진다는 점이다. 형식의 중요성도 한 번쯤은 되새겨 봐야 할 것이다. 산술식 글은 정말 글을 잘 쓰는 사람들만이 사용해야 하는 나열방식이다. 예를 들면 신문에서의 사설 같은 경우가 대표적인 것이다. 산술글을 고집하려는 분들은 접속어, 조사 인과관계를 정확히 구사해야 한다

셋째, 포용적 금융에 대한 정확한 이해가 부족하다. 금융소외 계층을 금융포용 계층을 끌어들이는 접근성의 확대를 의미하는지 단순한 사회적 금융으로 인식하는지 불분명하다.

넷째, 중국과의 비교가 주요 전개의 핵심이라면 좀더 정교한 목차작업을 했어야 한다. 여기저기서 중국사례가 나오는 느낌이다.

다섯째, 중국과의 비교를 하려면 명쾌하게 중국의 양적 포용적 금융과 우리의 질적 포용적 금융에 대한 환경적 차이, 방법론적 차이, 우리의 방향성이 명쾌해야 하지만, 단순히 숫자들만 열거된 느낌이다. 문장 하나하나의 인과관계가 느껴지지 않는다.

이러한 문제점 외에도 표현이 정교하지 못하다. 이는 글을 많이 안 써본 학생들에게서 보이는 전형적인 문제점이다.

chapter

05

넓혀 나가기

스피노자는 말했다.

"나는 깊게 파기 위해 넓게 파기 시작했다."

금융논술 준비도 마찬가지라고 생각한다. 넓게 파기 시작하다 보면, 스스로 깊게 파게 된다.

많은 취준생들이 여기저기 급하게 파는 모습들을 많이 보았다. 그 이유는 결국 미리 준비하지 못했기 때문이다. 다양한 논제들을 미리 준비하다 보면, 지식의 승수효과가 나타나기 시작한다. 1+1＝3 이상의 효과가 현실화 된다. 따라서, 우리는 시간에 쫓기는 일이 없어야 할 것이다. 중요한 일을 항상 급한 상황을 만들고, 허둥지둥 대는 모습. 실패하는 사람들의 전형적인 모습이다. 중요한 일들일수록 미리 하는 것은 모든 성공한 사람들의 공통적인 행동 방식이다. 이제 나는 여러분들에게 단순히 깊게 파는 것을 뛰어넘어, 넓게 접목시키라고 말하고 싶다. 금융논술에 쏟아 부은 노력과 지식을 단순히 금융논술전형에서만 적용하는 것은 상당히 아깝다고 생각한다.

독일인 역사가 몸젠이 언급한 "로마가 나은 유일한 천재" 율리우스 카이사르의 경우, 항상 1가지 사안을 결정할 때 1가지의 효과만 보고 결정하지 않았다고 한다. 최소한 2개 이상의 효과를 염두에 두고 1가지 사안을 결정한 것이다. 우리도 율리우스 카이사르의 사고방식을 접목해야 할 것이다.

1. 금융논술 한 편을 작성할 때에는, 기관별 결론을 각각 구상해 보는 습관을 들이는 것이 좋다. 예를 들면 내가 목표로 하고 있는 금융공기업이 산업은행, 신용보증기금, 기업은행이라고 가정하면,

산업은행의 결론 / 신용보증기금의 결론 / 기업은행의 결론

을 각각 제시하는 습관을 들이는 것이 좋다.

2. 금융논술 한 편을 공부하고 작성해 보았다면, 그것으로만 끝내지 말자. 작성된 논제를 끝냈다고 덮지 말고, 발표 연습을 해 볼 것을 권한다. 꽤 많은 금융공기업들이 면접 때 발표면접, 소위 말하는 PT면접을 진행한다. 이에 대한 준비를 미리 조금씩 준비하자는 의미이다. PT면접은 확실히 미리 준비하고, 많이 발표해본 사람이 잘하게 되어있다. 이왕에 논술을 한편 작성해본 김에, 이 주제를 가지고 3~5분짜리 PT커리큘럼으로 전환하여 말하기 연습을 꾸준히 하면, 나중에 분명 면접에서 큰 도움이 될 것이다

3. 금융논술 한 편을 작성하고 나면, 금융논술을 작성하면서 활용했던 이론이나 원칙, 학설 등은 별도로 정리해두는 습관을 들이면 좋다. 이러한 이론이나 원칙, 학설은 나중에 자소서 작성에도 활용가능하며, 면접에서도 접목 가능하다. 논리적 근거로써, 이론, 학설, 원칙만큼 좋은 것이 없다는 것을 명심하고, 좀 귀찮더라도 하나씩 하나씩 정리해 나가면, 넓게 활용할 수 있다.

chapter 06 구슬이 서 말이라도 꿰어야 보배

1. 모른다고 시작을 미루지 마라. 누구나 처음에는 모른다.

금융공기업이나 은행지원자들이 금융논술과 관련해서 가지는 가장 큰 고민은 "나는 기초지식이 부족하다"이다. 그래서 기초가 없는데 금융논술 준비를 잘 할 수 있을까라는 두려움이 크다. 그 결과, 금융논술 준비에 대한 압박만 큰 상태에서 머뭇거리거나, 미루고 있는 것이다. 사람들은 크게 2가지 이유로 스트레스를 받는다.

첫째는 무엇을 해야 할지 모를 때 받는 스트레스이다.

둘째는 해야 할 것이 너무 많아서 받는 스트레스이다.

같은 스트레스 같지만 첫 번째 스트레스는 상당히 좋지 않은 스트레스이다. 왜냐하면 내가 무엇을 모르는지도 모르고 있는 상황이기 때문이다. 그냥 대책 없는 불안감이다. 반면, 해야 할 것이 너무 많아서 받는 스트레스는 긍정적인 스트레스이다. 그 이유는

① 시작을 했기 때문이다. ② 무엇을 해야 할지 알게 되었기 때문이다.

"시작이 반이다."

경제학과나 경영학과 학생들이 배경지식이 많고, 왠지 논술도 잘 쓸 것이라 생각하기 쉽지만 이는 오산이다. 다른 전공자들보다 조금 더 배경적 지식이 있을 뿐, 금융논술은 누구에게나 새롭다. 왜냐하면, 결국 금융논술은 현재 이슈를 다루지만, 우리는 지금까지 학교에서 과거를 많이 배워왔기 때문이다. 오히려 공대생들이 배경지식만 갖추면, 상경대 학생들보다 더 구조적이고 논리적은 글을 쓰는 경우도 많다.

두려워하지 말고 바로 금융논술 준비를 시작하라고 말하고 싶다.

2. 구슬이 서 말이라도 꿰어야 보배

금융공기업이나 은행지원자들을 많이 가르쳐 오면서 가장 안타까운 점은, 논제들을 논제 별로만 공부를 하고 있을 때이다.

하나의 논제는 하나의 nod 점으로 비유하고 싶다. 여러 개의 논제들이 각각의 nod 점에 위치하고 있다. 논제를 하나의 분리된 논제로만 인식하고 공부한다면, 논제끼리의 Link가 없게된다. 그러면 그냥 흩뿌려진 점들에 불과하다. 논제들은 모두 유기적인 연결선들이 있다. 금융논술의 통찰력은 이러한 논제들 사이의 Link들을 고민하고, 방안들을 복합적으로 제시하는 데 있다. 그리고 이러한 Link에 대한 고민이 결국 사고력으로 연결된다.

주 52시간과 가계부채와의 Link가 무엇일까?
금리인상과 산업은행의 혁신금융 사이에서의 Link는 무엇일까?
인플레이션과 관세는 어떤 관계일까?

이런 식의 구슬들을 꿰어보려고 고민하는 것이 금융논술 마스터가 될 수 있는 중요한 과정이 될 것이다.

Aust

age control | A look at carbon dioxide rele

k in February; another failure

coup

Australia's greenhouse-gas emissions, in gigagrams* CO2 equivalent

800,000

600,000

400,000

200,000

0

1990

'95

2000

'05

*1 gigagram = 10,000 tons
Australia's total CO2 emissions; includes emissions from land use, land-use ...

They may have been distracted from
the carbon debate by this week's in-
fernal leadership battle.
The acting prime minister will pro-
... the government had a long ...

vince
gain

논술사례

국제편

chapter 01

미국의 금리인하

01 논제 개요 잡기[핵심 요약]

서론	이슈언급	2024년 9월 미국 금리인하는 기정 사실로 되고 있다. 이에, 본지에서는 이러한 미국의 금리인하의 배경과 추후 예상되는 금리정책에 대해 분석한 후, 우리의 대응방안에 대하여 논하기로 한다.	
본론	1. 금리인하	1) 미국경제 현황 및 인하 배경	① 경제성장 ② 고용사정 ③ 주택시장 ④ 물가 ⑤ 금리 ⑥ 주가 ⑦ 달러화
		2) 잭슨홀 회의	- 파월 의장은 지난 8월 23일(현지시간) 미국 잭슨홀 미팅에서 "통화정책을 조정할 때가 도래했다"며 9월 금리인하를 기정사실화 했다. - 시장의 관심을 모았던 금리 인하 속도에 대해선 향후 경제 여건 변화에 따라 결정하겠다며 '빅컷'(0.50%포인트 금리 인하) 가능성을 열어뒀다.

1. 금리인하	**3) 역사적 경험**	완만한 금리 인하 시기에는 경기가 연착륙하며 시장에 큰 영향을 주지 않았는데 금리 인하가 급격하게 이뤄진 때에는 닷컴버블 붕괴, 글로벌 금융위기와 같은 경기 침체를 동반했다.
	1) 캐리 트레이드 무브	- 2024년 9월 연준의 FOMC 금리인하 시사로 주요국들의 통화정책 기조에 분기점(피봇)이 될 가능성이 커짐에 따라 글로벌 캐리트레이드에 미칠 영향에 대한 우려가 커졌다. - 글로벌 캐리트레이드는 주요국 피봇에 따른 유/불리 효과 혼재로 급격한 판도 변화 가능성은 크지 않을 것으로 예상되지만, 조달/운용 통화, 투자 수단, 지역 등의 변화가 일정수준 발생할 수 있다는 점에서 관련 동향을 예의 주시할 필요. - 캐리트레이드의 신규/청산은 국제금융시장에서 가장 보편화된 거래 전략 중 하나이므로, 부정확한 거래 규모에 집착하기보다는 전반적인 국제금융시장의 투자 분위기나 시장참가자들의 심리를 파악하는 수단으로 인식하는 것이 바람직하다.
2. 쟁점	**2) 원화환율**	향후 원화환율은 그간의 상승흐름에서 점차 하향 안정화될 것으로 예상된다. 다만, 환율하락의 속도는 점진적인 형태를 보일 것으로 전망되는데 이는 아직까지 글로벌 전쟁 등 지정학적 위험의 상존, 글로벌 물가불안의 지속, 미국 대선 관련 불확실성, 주변국 환율변동의 영향 등 다양한 요인들이 원화환율에 영향을 줄 것으로 보이는 데 기인한다. 또한 이러한 요인들은 글로벌 환율이 추세적인 변곡점을 맞이하고 있는 상황에서 환율의 단기변동성을 크게 하는 요인으로 작용할 것으로 보인다.
3. 미국의 금리인하가 한국 경제에 미치는 영향	**1) 긍정적 영향**	① 한국의 기준금리 인하 가능성: 한국은행의 금리정책 운용의 여지가 늘어났다. ② 가계 입장에서는 부채에 대한 이자부담이 감소함에 따라, 가계의 수지 개선을 기대할 수 있다. ③ 기업 입장에서는 금리가 낮아짐에 따라 수지가 개선되면서 투자여력이 늘어나는 효과를 기대할 수 있다. ④ 금리가 낮아짐에 따라 자금이 채권시장에서 주식시장으로 이동하고, 주식거래량이 증가하면서 수수료 수익 이자율이 높은 금융회사들의 수익성이 개선될 수 있다. ⑤ 가계 대출 및 기업 채무 부담을 경감시켜주고 금융회사의 부실 채권 부담을 완화시키는 등 긍정 효과를 가져온다.

(왼쪽 세로 레이블: **본론**)

본론	3. 미국의 금리인하가 한국 경제에 미치는 영향	2) 부정적 영향	① 가계부채 문제가 심화될 수 있다. ② 가계의 소비 증대를 제약하는 방향으로 작용할 가능성도 있다. ③ 기업은 금리가 낮아지더라도 설비투자를 기대만큼 늘리지 않을 것이다. ④ 금리 인하로 환율이 상승한다 해도, 보호무역주의 강화, 수출의 환율 민감도 하락 등을 수출증대 효과도 크게 기대하기 어려울 것이다. ⑤ 금리 인하로 은행, 보험, 연기금 등 이자수익이 높은 금융회사는 이자수익이 낮아질 것이다.
결론	의견제시		정책당국은 첫째, 금리인하 후의 경제주체들의 반응, 금융 및 실물시장의 움직임 등을 세밀히 살펴보면서 금리인하의 효과를 최대화하는 한편, 금리인하의 효과를 제약하는 요인은 최소화해야 한다. 둘째, 금리정책은 본질적으로 단기대응책이기 때문에, 장기적으로 경제를 성장시키기 위한 방안도 고민해야 할 것이다. 셋째, 금리인하로 인해 가계부채가 빠르게 확대되지 않도록 해야 할 것이다. 금융당국은 첫째, 가계부채 총량 관리를 세심히 해야 한다. 둘째, 부동산 가격 상승에 대한 관리가 필요하다. 셋째, 금융기관의 리스크 추구와 환율 변동에 대해 대응해야 한다.

02 논제 풀이

 서론

 이슈 언급
2024년 8월 미국 상무부가 2분기 미국의 국내총생산, GDP 증가율을 3.0%로 조정했다. 2024년 7월 발표한 속보치보다 0.2%p를 높인 것이다. 1분기 성장률 1.4%보다 높은 데다 다우존스가 집계한 전문가 전망치도 웃도는 수치다. 미 상무부는 개인 소비가 더 강해진 것을 반영했다며 조정 배경을 설명했다. 한편, 2024년 7월 미국상무부는 개인소비지출 PCE 가격지수가 2023년 7월보다 2.5% 상승했다고 밝혔다.

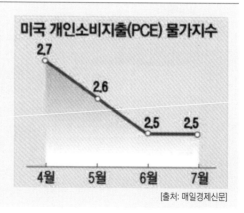

[출처: 매일경제신문]

전월 대비 상승률은 0.2%이다. 둘 다 다우존스 전문가 전망치에 부합하는 수준이다. 에너지와 식료품을 제외한 근원 PCE 가격지수는 2023년 7월 대비 2.6%, 전월 대비 0.2% 올랐다. 최근 석 달 동안 전월 대비 상승률이 0.1에서 0.2% 범위에 머물렀다. 연준이 목표로 하는 연간 물가 상승률 2% 수준에 상당히 가까워졌음을 보여주는 대목이다. PCE 가격지수는 미국 거주자들이 상품과 서비스를 구매할 때 지불하는 가격을 측정하는 물가 지표로, 연준이 가장 중요하게 보는 수치다. 연준이 금리 인하 횟수와 폭을 결정할 때 결정적인 영향을 줄 수 있다.

2024년 9월 미국 금리인하는 기정 사실로 되고 있다. FED Watch[1]는 연준이 2024년 9월에 금리를 0.25% 내릴 확률을 68.5%, 0.5% 내릴 확률을 31.5%로 반영하고 있다. WSJ에 따르면 제롬 파월 연준 의장이 최근 잭슨홀 연설에서 인플레이션보다 고용을 더 걱정한다는 메시지를 보낸 후 금리 경로 전망이 엇갈리고 있다. 경제가 착륙하며 연준이 0.25%포인트씩 내린다는 전망이 다수이지만, 일부선 고용시장이 빠르게 냉각하면서 '빅컷'(0.5%포인트 인하)을 할 것이라는 견해도 갖고 있다.

[한국과 미국 기준금리 추이]

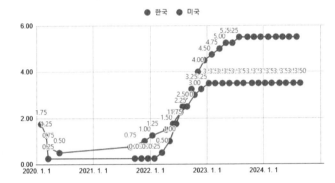

2024년 9월 미국 금리인하는 기정 사실로 되고 있다.
이에, 본지에서는 이러한 미국의 금리인하의 배경과 추후 예상되는 금리정책에 대해 분석한 후, 우리의 대응방안에 대하여 논하기로 한다.

 본론

1. 금리인하

1) 미국경제현황 및 인하 배경
<출처: 한국은행 뉴욕사무소>

① 경제성장
  가. 미국경제는 2024년 2/4분기 GDP 성장률이 확대되었으나, 그간 누적된 통화긴축의 파급효과 등으로 성장세의 완만한 둔화 흐름이 지속될 전망.
  나. 2024년 2/4분기 GDP성장률(전기비 연율)은 전분기 (1.4%)보다 높은 3.0%로 견조한 민간지출(2.6%)에 힘입어 컨센서스(2.0%)를 상회함에 따라 여전히 성장세가 강한 것으로 평가.

1. 금리인하	**1) 미국경제현황 및 인하 배경** <출처: 한국은행 뉴욕사무소>

② 고용사정

가. 2024년 7월 중 고용사정은 취업자수가 6월 대비 큰 폭 감소하면서 전반적으로 고용 증가세가 부진한 가운데 실업률이 전월보다 더 가파르게 상승하고 시간당 평균임금 상승률이 하락하는 등 예상보다 빠르게 둔화.

나. 고용사정은 취업자수가 전월대비 큰 폭 감소하면서 전반적으로 고용증가세가 부진한 가운데 실업률이 6월보다 더 가파르게 상승하고 시간당 평균임금 상승률이 하락하는 등 예상보다 빠르게 둔화

	21.12월	22.12월	23.12월	24.2월	3월	4월	5월	6월	7월
► 비농가취업자수 증가[1](만명)	56.6	13.6	29.0	23.6	31.0	10.8	21.6	17.9	11.4
► 실업률(%)	3.9	3.5	3.7	3.9	3.8	3.9	4.0	4.1	4.3
► 경제활동참가율(%)	62.0	62.3	62.5	62.5	62.7	62.7	62.5	62.6	62.7
► 신규 실업수당 청구자수[2](만명)	21.5	20.8	20.6	20.9	21.5	21.0	22.2	23.9	23.8
► 시간당 평균임금 상승률(m/m)	0.5	0.3	0.3	0.1	0.4	0.2	0.4	0.3	0.2
► 주당 평균 노동시간(시간)	34.8	34.4	34.4	34.3	34.4	34.3	34.3	34.3	34.2

주: 1) '24.5~6월중 취업자수는 2.9만명 하향조정 되었음   2) 4주 이동평균

다. 7월 고용지표가 예상보다 둔화되었으나, 실제 악천후가 고용에 상당한 영향을 줬을 가능성, 경기 선행지표인 주택건설 부문 일자리의 견조한 증가, 노동참여율 상승, 복귀 가능성이 높은 일시적 해고 증가 등을 감안 시 고용시장의 빠른 둔화 가능성을 경계할 필요도 있음.

③ 주택시장

가. 주택시장은 높은 수준의 모기지 금리와 주택가격으로 수요가 축소되어 거래량이 감소한 가운데 기존주택 공급 부족 현상이 지속됨에 따라 가격 상승세가 지속.

나. 주택수요가 높은 수준의 금리와 주택가격으로 위축되었으나, 기존 주택을 중심으로 공급 부족이 이어지면서 주택가격 상승세가 지속될 전망.

④ 물가

가. 물가는 주거서비스 오름세 둔화 등에 힘입어 서비스 가격 상승폭이 낮아진 가운데 재화 가격의 하락세가 이어지면서 6월보다 오름세가 둔화.

나. 2024년 6월 중 PCE물가상승률(2.5%, 전년동월대비)은 주거서비스 오름세 둔화 등에 힘입어 서비스 가격 상승폭이 낮아진(4.0% → 3.9%) 가운데 재화 가격의 하락세(-0.1% → -0.2%)가 이어지면서 전월(2.6%) 보다 하락.

(전년동월대비, %)

	21.12월	22.12월	23.12월	24.1월	2월	3월	4월	5월	6월
► PCE물가	6.2	5.4	2.6	2.5	2.5	2.7	2.7	2.6	2.5
(재 화)	8.5	4.8	0.2	-0.5	-0.2	0.1	0.1	-0.1	-0.2
- 내구재	9.2	1.6	-2.3	-2.4	-2.0	-1.9	-2.2	-3.2	-2.9
- 비내구재	8.1	6.6	1.6	0.5	0.8	1.3	1.4	1.6	1.2
(서비스)	5.0	5.8	3.9	4.0	3.9	4.0	4.0	4.0	3.9
- 주거서비스	3.7	7.7	6.3	6.1	5.8	5.8	5.6	5.5	5.3
- 운송서비스	8.8	12.4	3.6	2.6	2.3	3.1	3.4	2.8	2.8
► 소비자물가	7.0	6.5	3.4	3.1	3.2	3.5	3.4	3.3	3.0

다. 내구재 가격 하락이 지속되는 가운데 하방경직적인 모습을 보였던
주거비도 둔화됨에 따라 디스인플레이션이 완만하게 진행될 전망.

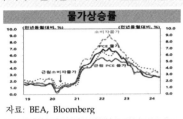

물가상승률

자료: BEA, Bloomberg

기대인플레이션

자료: Univ. of Michigan, Bloomberg

⑤ 금리

1. 금리인하	1) 미국경제현 황 및 인하 배경 <출처: 한국은행 뉴욕사무소>		

가. 2024년 7월 중 시장금리(국채 10년 기준)는 dovish한 FOMC 회의
결과(파월 의장은 기자회견에서 인플레이션 상황에 대해 긍정적인
견해를 나타내며 9월 금리 인하 가능성을 인정함(on the table)에
따라 dovish했던 것으로 평가(Bloomberg))로 금리인하 기대가 확
대된 가운데 중동지역 내 분쟁 확산 가능성에 따른 위험회피 심리
가 가세하면서 하락.

나. 단기금리(2024년 6월 4.75% → 7월 4.26%)가 장기금리(4.40% →
4.03%)보다 빠르게 하락하면서 장단기 금리차(10년물-2년물) 역전
폭이 축소.

(월말, %, %p)

	22.12월	23.12월	24.2월	3월	4월	5월	6월	7월	8.5일
►국 채 10년물	3.87	3.88	4.25	4.22	4.68	4.50	4.40	4.03	3.79
► 2년물	4.43	4.25	4.62	4.62	5.04	4.87	4.75	4.26	3.92
금리차(10년물-2년물)	-0.55	-0.37	-0.37	-0.42	-0.36	-0.37	-0.36	-0.23	-0.13

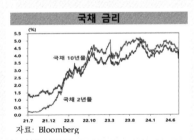

국채 금리

자료: Bloomberg

1. 금리인하

1) 미국경제현황 및 인하 배경

\<출처: 한국은행 뉴욕사무소\>

⑥ 주가

　가. 주가는 반도체 등에 대한 보호무역주의 강화 우려, 일부 빅테크 기업실적 부진에 따른 차익실현, 일본은행(BOJ) 금리인상에 따른 엔 캐리 트레이드 청산 물량 확대 등으로 하락.

자료 : Bloomberg

⑦ 달러화

　가. 달러화는 엔화 숏포지션 청산에 따른 엔화 강세, 美 국채금리 하락 등으로 약세. 금융시장은 FOMC의 정책결정문이 정책 완화 여지를 두는 방향으로.

	22.12월	23.12월	24.2월	3월	4월	5월	6월	7월	8.5일
► 달러/유로	1.071	1.104	1.081	1.079	1.067	1.085	1.071	1.083	1.095
► 엔/달러	131.1	141.0	150.0	151.4	157.8	157.3	160.9	150.0	144.2

⑧ 금융시장

　가. 금융시장은 FOMC의 정책결정문이 정책 완화 여지를 두는 방향으로 수정되고, Powell 의장이 금리인하 시점이 가까워졌다고 언급함에 따라 9월 금리인하 가능성이 큰 것으로 평가.

　나. 모든 조사대상 기관이 9월에 금리인하를 개시할 것으로 전망한 가운데 2024년 중 인하 예상폭은 50~125bp로 6월달보다 확대되었으며, 금융시장 지표에 반영된 2024년 말 기준금리는 하락(7월 5일 4.83% → 8월 2일 4.14%)

2) 잭슨홀 회의

① 파월 의장은 지난 8월 23일(현지시간) 미국 잭슨홀 미팅에서 "통화정책을 조정할 때가 도래했다"며 9월 금리인하를 기정사실화 했다.

② 잭슨홀 미팅은 매년 8월 미국 와이오밍주 잭슨홀에 주요국 중앙은행 총재와 경제학자 등이 모여 정책을 논의하는 행사로, 통화정책 방향 변화를 알리는 자리로도 활용된다. 파월 의장은 "인플레이션이 연준 목표에 매우 가까워졌다"며 "인플레이션이 2%로 안정적으로 복귀할 것이란 확신이 커졌다"고 평가했다.

1. 금리인하	2) 잭슨홀 회의	③ 시장의 관심을 모았던 금리 인하 속도에 대해선 향후 경제 여건 변화에 따라 결정하겠다며 '빅컷'(0.50%포인트 금리 인하) 가능성을 열어뒀다. 그는 "노동시장의 추가 냉각을 추구하거나 반기지 않는다"며 "물가 안정을 향한 추가 진전을 만들어 가는 동안 강한 노동시장을 지지하기 위해 '모든 조치'를 다 할 것"이라고 강조했다. ④ 금리 인하 사이클에 진입한다는 신호를 주고, 속도에 대해선 경제지표에 따라 결정하겠다는 입장을 시장에 확인시켜준 것이다.

③ 시장의 관심을 모았던 금리 인하 속도에 대해선 향후 경제 여건 변화에 따라 결정하겠다며 '빅컷'(0.50%포인트 금리 인하) 가능성을 열어 뒀다. 그는 "노동시장의 추가 냉각을 추구하거나 반기지 않는다"며 "물가 안정을 향한 추가 진전을 만들어 가는 동안 강한 노동시장을 지 지하기 위해 '모든 조치'를 다 할 것"이라고 강조했다.

④ 금리 인하 사이클에 진입한다는 신호를 주고, 속도에 대해선 경제지표 에 따라 결정하겠다는 입장을 시장에 확인시켜준 것이다.

2) 잭슨홀 회의

1. 금리인하

3) 역사적 경험

① 1990년 이후 연준은 다섯 번의 금리 인하를 단행했다. 경기 침체 대응 을 위한 급격한 금리 인하가 세 번(1990년, 2001년, 2007년)이었고, 나머지 두 번(1995년, 2019년)은 완만했다.

② 완만한 금리 인하 시기에는 경기가 연착륙하며 시장에 큰 영향을 주지 않았는데 금리 인하가 급격하게 이뤄진 때에는 닷컴버블 붕괴, 글로벌 금융위기와 같은 경기 침체를 동반했다.

역대 미국 금리 인하기 — 기준금리 ▨ 경기침체기간

① 1990 ② 1995 ③ 2001 ④ 2007 ⑤ 2019년

<출처: 삼성자산운용>

③ 연준의 금리 인하 속도는 다른 국가에도 영향을 미친다. 연준이 매번 0.25%포인트씩 완만하게 금리를 인하한다면 미국 금리는 다른 나라 에 비해 높은 수준을 더 오래 유지할 수 있게 된다. 이 경우 투자자들이 달러 자산으로 몰리면서 미국 통화가 강세를 보일 수 있다. 반면 연준 이 공격적으로 금리를 내리면 다른 국가 중앙은행들도 자국 통화가 약 화하지 않도록 금리를 따라 내릴 여지가 커진다.

2. 쟁점

1) 캐리 트레이 드 무브

<출처: 국제금융 센터>

① 2024년 9월 연준의 FOMC 금리인하 시사로 주요국들의 통화정책 기 조에 분기점(피봇)이 될 가능성이 커짐에 따라 글로벌 캐리 트레이드 에 미칠 영향에 대한 우려.

② 2024년 8월 초 대규모 엔캐리트레이드 청산이 발생하며 글로벌 금융 시장 불안을 초래했다는 주장들이 제기되면서 캐리트레이드 거래에 대한 시장의 관심도가 증가.

2. 쟁점

1) 캐리 트레이드 무브
<출처: 국제금융센터>

③ 캐리 트레이드의 주요 변수 영향

　가. 금리차: 미국과 여타 주요국들과의 명목금리 금리차이가 좁혀짐에 따라 전반적인 캐리트레이드 기대수익률은 종전에 비해 줄어들 가능성. 다만 채권가격 상승 (금리하락)에 따른 자본이득이 금리차 축소에 따른 수익률 저하를 일정 수준 상쇄 가능 → 캐리트레이드에 중립적.

　나. 변동성: 주요국 중앙은행의 피봇 기대가 증가한 상황에서 8월 초 단시일 내 변동성이 급격히 커질 수 있다는 점이 확인된 터라, 피봇이 본격화될 경우 시장지표들의 변동성이 종전에 비해 확대될 여지가 상당 → 캐리트레이드에 불리.

　다. 위험선호도: 연준을 비롯한 주요국들의 피봇이 시작되면서 한동안 금융시장에 긍정적인 기대가 형성되고, 고수익 투자처를 찾으려는 수요가 커질 것으로 예상 → 캐리트레이드에 유리.

　라. 환율 : 기본적으로 조달통화 약세, 운용통화 강세 가능성이 높은 조합을 찾아야 하는데, 주요국 피봇에 따른 여건 변화 등으로 기존과 다른 조달과 운영처를 찾으려는 노력들이 전개될 것으로 예상 → 캐리트레이드에 중립적.

　➡ '위험선호도' 측면에서는 유리할 것으로 보이나, '변동성' 측면에서는 예전에 비해 다소 불리하고, '금리차' 및 '환율' 측면에서는 중립적일 것으로 추정.

④ 시사점

　가. 글로벌 캐리트레이드는 주요국 피봇에 따른 유/불리 효과 혼재로 급격한 판도 변화 가능성은 크지 않을 것으로 예상되지만, 조달/운용 통화, 투자 수단, 지역 등의 변화가 일정수준 발생할 수 있다는 점에서 관련 동향을 예의 주시할 필요.

　나. 캐리트레이드의 신규/청산은 국제금융시장에서 가장 보편화된 거래 전략 중 하나 이므로, 부정확한 거래 규모에 집착하기보다는 전반적인 국제금융시장의 투자 분위기나 시장참가자들의 심리를 파악하는 수단으로 인식하는 것이 바람직.

2) 원화환율
<출처 : 자본시장연구원>

① 지난 2년여간 원화환율 상승의 주요인으로 작용한 미 달러화의 강세가 미국 통화정책의 전환 가능성으로 변곡점을 맞이하고 있다.

② 미국의 금리인하가 임박한 가운데 그간 초강세를 보여 왔던 미 달러화가 점차 약세로 반전되고 국제투자자본이 미국에서 우리나라 등 여타지역으로 유입되면서 원화 등 글로벌 통화의 강세가 전망되고 있다.

③ 특히 그간 가파른 약세를 보여 왔던 일본 엔화의 강세 전환 시 경쟁국환율과의 동조화 등으로 원화환율 하락이 더욱 가속화될 가능성이 있다.

2. 쟁점	**2) 원화환율** <출처 : 자본시장 연구원>	④ 이러한 점들을 고려할 때 향후 원화환율은 그간의 상승흐름에서 점차 하향 안정화될 것으로 예상된다. 다만, 환율하락의 속도는 점진적인 형태를 보일 것으로 전망되는데 이는 아직까지 글로벌 전쟁 등 지정학적 위험의 상존, 글로벌 물가불안의 지속, 미국 대선 관련 불확실성, 주변국 환율변동의 영향 등 다양한 요인들이 원화환율에 영향을 줄 것으로 보이는 데 기인한다. 또한 이러한 요인들은 글로벌 환율이 추세적인 변곡점을 맞이하고 있는 상황에서 환율의 단기변동성을 크게 하는 요인으로 작용할 것으로 보인다. ⑤ 우리 경제주체들은 미국 통화정책의 변화로 그간의 환율 흐름이 변곡점을 맞이하고 있다는 점에 유념하여 향후 추세적 환율하락 가능성에 대응해 나갈 시점으로 보인다. 　가. 외환당국은 환율의 추세 반전 시 단기적인 변동성 확대가 나타날 수 있다는 점에서 시장안정 노력을 지속해 나가되 특히 환율이 가파르게 하락하거나 변동성 확대 시 최근 호조세를 보이고 있는 수출에 부정적인 영향이 나타나지 않도록 유의할 필요가 있다. 　나. 가파른 증가세를 보이고 있는 우리나라의 해외증권 투자와 관련하여 투자주체들은 원화환율의 하락 시 해외투자에 따른 환차손으로 투자수익률 저하가 나타날 수 있다는 점에 유념하여 위험관리에 노력할 필요가 있다.
3. 미국의 금리인하가 한국 경제에 미치는 영향	**1) 긍정적 영향**	① 한국의 기준금리 인하 가능성: 한국은행의 금리정책 운용의 여지가 늘어남. ② 가계 입장에서는 부채에 대한 이자부담이 감소함에 따라, 가계의 수지 개선을 기대할 수 있다. 또한 금리인하는 지출에 대한 기회비용을 떨어뜨려, 가계로 하여금 소비를 늘리려는 유인을 지니게 한다. 향후 경기부양에 대한 기대로 미래 기대소득이 증가하면서 가계의 경제심리가 개선되고, 소비가 증대되는 효과를 유발할 수 있다. ③ 기업 입장에서는 금리가 낮아짐에 따라 수지가 개선되면서 투자여력이 늘어나는 효과를 기대할 수 있다. 특히 기업은 가계와 달리 순자금 조달주체이기 때문에 금리인하로 인한 수지 개선효과가 더 뚜렷하다. 따라서 금리가 내려가면 기업 전체로 볼 때, 이자수지가 개선되면서 투자 여력이 커질 것으로 기대할 수 있다. ④ 금리가 낮아짐에 따라 자금이 채권시장에서 주식시장으로 이동하고, 주식거래량이 증가하면서 수수료 수익 이자율이 높은 금융회사들의 수익성이 개선될 수 있다. 　가. 증권사는 금리인하로 주가가 상승하고 주식매매가 활발해지면 수수료 수익이 증가하는 한편, 채권매매 및 평가이익도 늘어나게 된다. 　나. 자산운용사 역시 주식거래량 증가에 따른 수수료 수입이 증가하게 될 것이다.

<table>
<tr><td rowspan="2">1) 긍정적 영향</td><td></td></tr>
</table>

1) 긍정적 영향

다. 은행이나 보험, 연기금 등 이자수익 의존도가 높은 금융회사는 이자수익이 낮아지겠으나, 채권평가이익이 이를 일부 상쇄하는 요인으로 작용할 것으로 보인다.

⑤ 가계 대출 및 기업 채무 부담을 경감시켜주고 금융회사의 부실채권 부담을 완화시키는 등 긍정 효과를 가져온다.

3. 미국의 금리인하가 한국 경제에 미치는 영향

2) 부정적 영향

① 가계부채 문제가 심화될 수 있다. 안정적으로 관리되던 가계부채의 증가속도가 커질 수 있다 불황국면을 맞이한 가계의 입장에서 돈이 필요한 곳은 많은데 소득이 예전만 못하다면, 대출을 고려하게 된다. 이 때 가계의 차입비용을 의미하는 이자가 최근에 보지 못한 낮은 수준이라면, 당연히 차입을 늘리게 된다. 그래서 저금리 기조의 장기화가 가계부채를 늘리게 되는 것이다. 최근 정부는 스트레스 DSR 도입 등을 가계부채 증가속도를 관리하고 있다. 그럼에도 금리 인화와 더불어 경기회복 기대가 형성되면 주택가격의 상승 기대로 주택 수요 증가가 주택가격 상승, 가계부채 증가로 이어질 것이다.

② 가계의 소비 증대를 제약하는 방향으로 작용할 가능성도 있다. 한국은행의 자금순환통계에 따르면, 가계는 자금의 운용 및 조달 측면에서 연간 50조 원에 가까운 자금을 금융시장에 공급하는 순자금운용주체였다. 따라서 금리 인하는 가계부문의 전체 금융소득을 감소시키게 된다. 이로 인해 연금 등 이자소득 의존도가 높은 고령층과 노후대비 자금마련을 해야 하는 중장년층에서는 소비여력이 위축될 수 있다.

③ 기업은 금리가 낮아지더라도 설비투자를 기대만큼 늘리지 않을 것이다. 대기업들은 설비투자 부진의 이유로 33%가 수요부진, 25%가 경기 불확실성을 들었으나, 자금조달난을 지적한 비율은 17%에 불과했다. 투자 부진의 원인이 투자 여력 부족이 아니라, 경제 불확실성이라는 이야기다.

④ 금리 인하로 환율이 상승한다 해도, 보호무역주의 강화, 수출의 환율 민감도 하락 등을 수출증대 효과도 크게 기대하기 어려울 것이다.

⑤ 금리 인하로 은행, 보험, 연기금 등 이자수익이 높은 금융회사는 이자수익이 낮아질 것이다. 금융회사들이 향후 수익성 하락에 대응하여 고수익 · 위험자산 투자를 확대할 경우에는 금융 안전성이 저해될 가능성도 있다.

결론

의견 제시

일일본을 제외한 유럽과 중국 등 세계 주요국 중앙은행들도 금리 인하에 나서며 긴축 시대가 저물고 있다는 분석이 나온다. 코로나19 유행으로 인한 고물가 충격이 잦아들면서 중앙은행의 관심은 인플레이션에서 고용으로 옮겨가고 있다.

하지만 한국은 진퇴양난이다. 고금리로 내수 침체가 심화하고 있지만, 금리를 내리면 수도권 집값 상승에 기름을 부을 수 있다. 파월 의장의 '피벗'(통화정책 전환) 선언 후 유동성 증가 등으로 상승세를 보인 주요국과 달리 한국 증시는 홀로 하락을 면치 못했다. 전 세계가 피벗을 선언하는 사이 한국은 정부와 가계 빚의 합이 2024년 2분기 기준 처음으로 3,000조 원을 넘어섰다. 이는 2023년 명목 국내총생산(GDP)인 2,401조 원의 127%에 달한다. 감세 기조로 세수가 줄면서 국채 발행이 늘며, 부동산 '영끌'(영혼까지 끌어모은 대출)로 가계대출이 급증한 결과다. 국내 5대 시중은행의 가계대출 증가폭은 코로나19 유행 초기였던 2021년 '0%대 기준금리' 시대의 기록도 넘어섰다. 한국은행 금융통화위원회가 지난 8월 22일 통화정책 방향 회의에서 만장일치로 기준금리(3.50%)를 동결한 이유다. 지난해 2월 이후 13차례 연속으로 금리를 묶으면서 한은은 설립 이래 가장 긴 연속 동결 기록을 썼다. 금리 하락은 저축 대신 소비와 투자 유인을 키워 경기에 긍정적인 영향을 미친다. 그러나 소비나 투자보다 부동산 시장에 돈이 더 쏠리면 가뜩이나 위험수위에 올라 있는 가계부채가 더 늘어날 수 있다.

하지만, 문제는 금리 인하가 너무 늦어지면 내수 회복이 지연돼 성장 동력이 약화할 가능성이 있다는 점이다. 최근 6개월째 자영업자 수가 감소하는 등 내수 부진이 깊어지면서 취약계층을 중심으로 서민들의 어려움이 커지고 있다. 수도권 집값 폭등은 금리 하나로만 잡을 수 있는 문제가 아니다. 정부가 다양한 정책 수단을 동원해 함께 풀어야 할 숙제이다. 통상 금리를 내리면 내수에 효과가 생기기까지 1년가량이 걸린다. 이를 고려해 내수 부양을 위해서라도 미국 금리 인하에 맞춰 시기를 놓치는 우를 범해서도 안 된다.

이에 정책당국은

첫째, 금리인하 후의 경제주체들의 반응, 금융 및 실물시장의 움직임 등을 세밀히 살펴보면서 금리인하의 효과를 최대화하는 한편, 금리인하의 효과를 제약하는 요인은 최소화해야 한다. 구체적으로는 재정·통화·금융당국 간의 긴밀한 협조를 통한 재정정책과 통화정책, 거시건전성 정책의 조화로운 정책운용이 필수적이라고 생각된다. 적극적인 재정정책을 통해 경기부양 대응 효과를 증폭시키는 가운데, 필요 시 거시건전성정책을 통해 금리인하 효과를 제약하는 요인의 발생 가능성을 차단해야 할 것이다.

둘째, 금리정책은 본질적으로 단기대응책이기 때문에, 장기적으로 경제를 성장시키기 위한 방안도 고민해야 할 것이다. 예를 들면, 구체적인 산업별 구조조정 플랜의 수립과 실행, 지속적인 규제개혁을 통한 고부가가치 산업 육성, 노동시장의 유연성 확보 등의 정책들이 필요하다. 이러한 정책들은 우리 경제의 고질적인 문제점들을 극복해 나갈 과제인 만큼 시기를 놓치지 말고 병행해 나가야 할 것이다.

셋째, 금리인하로 인해 가계부채가 빠르게 확대되지 않도록 해야 할 것이다. 최우선적으로 가계부채와 부동산 시장의 성장 사이의 균형점을 모색해야 한다. 가계부채의 핵심인 주택담보대출은 부동산 경기와 매우 밀접한 관련성을 가진다. 경제성장을 위해서는 규제완화를 통한 부동산 시장의 활성화가 요구되나, 그에 따른 가계부채 증가로 가계와 금융기관의 재정건전성이 악화될 수 있다.

따라서 정부는 둘 사이의 균형점을 찾아 가계부채를 적극적으로 관리하고, 부동산 시장을 정상화시켜야 한다. 가령 후분양제를 활성화하거나, 새로운 부동산 소비방식을 고안하여 과열된 부동산 시장을 가라앉힐 필요가 있다.

한편 금융당국은

첫째, 가계부채 총량 관리를 세심히 해야 한다. 금리 인하에 따른 가계부채 동향의 상시 모니터링을 강화해야 한다. 가계부채의 증가 속도가 빨라진 경우, 더 강력한 정책 대응을 고려해야 한다.

둘째, 부동산 가격 상승에 대한 관리가 필요하다. 금리 인하로 경기 회복이 예상되면서 일부 서울 지역에서 매매가격이 반등하고 있다. 자산버블을 억제하기 위해 부동산 동향을 지속적으로 모니터링해야 하며 급격한 가격 상승 시 제재할 수 있는 정책 수단을 고려해야 한다.

셋째, 금융기관의 리스크 추구와 환율 변동에 대해 대응해야 한다. 금리 인하로 금융기관의 수익성이 낮아져 위험추구 행위가 커졌을 때 대출건전성 등을 고려해 거시건전성 감독 분석 체계를 이용해, 시스템리스크에 선제적으로 대응하고 비상대응체계를 재점검해야 한다.

 용어해설

1) FED Watch : 통화 정책 결정을 예측하고 분석하는 도구. 미국 중앙은행이 기준금리를 어떻게 조정할지에 대한 시장의 예상을 수치화하여 보여주는 지표. FED Watch가 중요한 이유는, 1)금융 시장에 미치는 영향: 미국의 기준금리 변동은 전 세계 금융 시장에 큰 영향을 미친다. FED Watch를 통해 미래 금리 변동을 예측하면 투자자들은 포트폴리오를 조정하고, 기업들은 투자 계획을 세우는 데 도움을 받을 수 있다.

2) 경제 전망 : 기준금리 인상은 일반적으로 경기 과열을 막기 위한 조치이고, 인하는 경기를 부양하기 위한 조치다. 따라서 FED Watch는 미국의 경제 상황과 미래 전망을 파악하는 데 중요한 단서를 제공한다.

3) 환율 변동 : 미국의 기준금리 변동은 달러화 가치에 영향을 미치고, 이는 다른 나라의 통화 가치와 교환 비율에도 영향을 준다.

chapter
02
글로벌 공급망 재편

| 서론 | 이슈언급 | 세계경제를 휩쓴 코로나 팬데믹이 지나가고 나서, 글로벌 공급망(Global Supply Chain)이 미국과 중국을 중심으로 재편되는 조짐은 곳곳에서 보이고 있다. 주요국은 이와 같은 변화의 시기에서, 자국의 경제적 영향력을 극대화하기 위해 경제적 이해득실에 따라 양측의 정책에 적극 협력하면서 합종연횡 중이다.
대외의존도가 높고 주요 교역 상대국이 미국과 중국인 우리 나라는 이러한 첨예한 공급망의 재편이 반가운 상황이 아니다. |

서론 / 이슈언급

세계경제를 휩쓴 코로나 팬데믹이 지나가고 나서, 글로벌 공급망(Global Supply Chain)이 미국과 중국을 중심으로 재편되는 조짐은 곳곳에서 보이고 있다. 주요국은 이와 같은 변화의 시기에서, 자국의 경제적 영향력을 극대화하기 위해 경제적 이해득실에 따라 양측의 정책에 적극 협력하면서 합종연횡 중이다.

대외의존도가 높고 주요 교역 상대국이 미국과 중국인 우리 나라는 이러한 첨예한 공급망의 재편이 반가운 상황이 아니다.

본론 / 1. 글로벌 공급망 재편

1) 재편 이유

① 선진국 성장세 둔화와 일자리 축소로 자유무역에 대한 반감 확산
② 팬데믹 이후 안정적 공급망 확보의 중요성 부각
③ 중국이 2050년에는 미국을 추월하겠다는 '중국제조 2025' 로드맵을 발표하고, 미국이 중국을 '미국의 전략적 이익에 위협적인 존재'로 인식하면서 글로벌 패권을 둘러싼 미국과 중국의 갈등이 고조
④ 디지털 기술의 발달로 전통적인 공급망이 디지털 공급망으로 변화

2) 미국 전략

환경·인권 이슈로 중국을 견제하면서, 미국과 우방국 중심의 신뢰할 수 있는 첨단기술 공급망 구축
① 저(低)부가가치 생산은 중국 활용, 고(高)부가가치 생산은 중국 배제
② 미국 내 생산기반 재건, 우방국 위주 공급망 공고화를 통해 중국을 견제

본론	1. 글로벌 공급망 재편	2) 미국 전략	③ 美 정부 보조금을 받는 기업의 중국과의 협력을 엄격히 차단 ④ 환경 및 노동 이슈로 중국을 견제하고 자국 산업을 보호
		3) 중국 전략	자원의 안정적 수급과 신흥국 포섭으로 新공급망 모색 ① 자원의 무기화에 대비하고 식량과 원자재의 안정적 공급망 확보 ② 아시아, 아프리카, 남미의 신흥국을 중심으로 영향력 확대 ③ 신재생 에너지, 드론, 전기차 등 신성장 산업 육성 ④ 위안화 국제화로 달러화 수급 악화 대비
		4) 시사점	① 인구, 식량, 원자재 등 자원부국의 위상 강화 ② 모두가 꿈꾸지만 쉽지 않은 길. '제2의 중국' 되기 ③ 공급망 재편은 필연적으로 중복투자와 공급과잉을 야기, 과잉투자가 신흥국 위기를 야기할 수도 가. 미국과 중국 중심으로 글로벌 공급망이 재편될 경우 '저비용·고효율'의 경제구조가 '안보위주·비효율'로 변화하면서 중복투자와 공급과잉이 나타날 전망 ④ 중국의 굴기를 봉쇄하겠다는 미국의 전략은 정권에 관계없이 계속될 전망이며, 중국도 脫서방 정책을 강력하게 추진하고 있어 '경제안보' 리스크 관리가 매우 중요
결론	의견제시		기업은 첫째, 장기화·상시화 되는 공급망 위기 상황 속에서 기업은 공급선 다변화, 재고비축 등의 노력을 통해 공급망 회복탄력성을 강화해야 한다. 둘째, 압도적 초격차를 통해 돌파구를 찾아야 한다. 여전히 기술력은 최고 무기임이 분명하다. 정부는 첫째, 물류난 해소 등 시급한 문제 해결에 힘쓰고 촘촘한 조기경보시스템 구축, 선제적인 정보 제공 등 공급망 위기 대응을 위한 지원에 보다 적극적으로 나서야 한다. 둘째, 주요국에 상호 이익이 되는 윈윈 모델을 제시하는 등 선제적 대응책을 마련하는 한편 맞춤형 전략으로 위험을 회피하고 기회를 만들어야 한다. 셋째, 우리나라의 '글로벌 경제 운동장'을 넓히려면 다자간 FTA 체결이 가장 효율적이다.

02 논제 풀이

📈 서론

 2024년 미 대선 주요 후보인 카멀라 해리스 부통령과 도널드 트럼프 전 대통령 모두 대중국 강경책을 주요 공약으로 내세우고 있다. 해리스는 바이든 행정부의 기조를 유지하며 전략적 산업에서 보호주의적 정책을 지속할 것으로 보인다. 트럼프 역시 더 강경한 접근을 예고하며, 중국에 투자 제한 확대와 기술 분야에서 탈동조화 가속을 주장하고 있다. 이에 중국 정부는 미국의 각종 기술 제재에 대응해 자국 기업의 기술 자립을 독려하고 있다. '중국제조 2025', '쌍순환 전략' 등을 통해 핵심 기술 국산화를 추진 중이며, 특히 반도체와 AI 분야에서 자체 기술 개발에 박차를 가하고 있다.

세계경제를 휩쓴 코로나 팬데믹이 지나가고 나서, 글로벌 공급망(Global Supply Chain)이 미국과 중국을 중심으로 재편되는 조짐은 곳곳에서 보이고 있다. 주요국은 이와 같은 변화의 시기에서, 자국의 경제적 영향력을 극대화하기 위해 경제적 이해득실에 따라 양측의 정책에 적극 협력하면서 합종연횡 중이다.

선진국은 반도체, 인공지능(AI), 생명공학 등 첨단기술의 자국 내 역량을 높이기 위해 노력 중이며, 신흥국은 중국의 제조업 빈자리를 차지하기 위해 분투하고 있다.

대외의존도가 놓고 주요 교역 상대국이 미국과 중국인 우리 나라는 이러한 첨예한 공급망의 재편이 반가운 상황이 아니다.

이에 본지에서는 최근의 글로벌 공급망 재편이 나타나는 이유와 미국과 중국의 글로벌 공급망 재편 내용에 대해 알아본 후, 우리의 정책적 대응방안에 대하여 논하기로 한다.

📈 본론

**1. 글로벌 공급망
재편**

<출처: 하나금융
경영연구소>

**1) 재편
이유**

① 선진국 성장세 둔화와 일자리 축소로 자유무역에 대한 반감 확산.

　가. 글로벌 공급망은 1990년대 이후 세계화로 대표되는 공산주의 몰락과 新자유주의 확산, 중국의 WTO 가입 등을 거치면서 확장을 거듭해 왔음.

　나. 글로벌 분업화를 통한 인건비 및 원재료 최소화 전략을 통해 전 세계는 골디락스 경제(고성장·저물가·저금리)의 혜택을 골고루 누려 왔음.

　다. 그러나 2008년 글로벌 금융위기 이후 선진국의 성장세 위축과 일자리 감소로 자유무역과 세계화에 대한 반감이 높아지면서 글로벌 공급망의 확장이 제한. 영국의 BREXIT, 美 트럼프 대통령 당선 등 세계화로 혜택을 누려온 선진국의 불만 표출.

1. 글로벌 공급망 재편 \<출처: 하나금융 경영연구소\>	1) 재편 이유	② 팬데믹 이후 안정적 공급망 확보의 중요성 부각. 　가. 특히 2020년 이후 팬데믹, 전쟁·테러, 이상기온 등 지정·지경학적 리스크가 빈번 해지며 안정적 공급 확보에 대한 중요성이 부각되면서 교역환경의 변화 가속화. 　　- Trade Policy Uncertainty Index(대외무역정책 불확실성지수): 52.8(2000년대) → 185.9(2010년대) → 97.0(2020년대) 　나. 글로벌 공급망 충격은 주요 지역의 경제활동과 물가에 부정적 영향을 미치는 주요 동인으로 작용. 공급망 재편의 근본적이고 구조적인 원인은 美·中의 패권 경쟁. ③ 중국이 2050년에는 미국을 추월하겠다는 '중국제조 2025' 로드맵을 발표하고, 미국이 중국을 '미국의 전략적 이익에 위협적인 존재'로 인식하면서 글로벌 패권을 둘러싼 미국과 중국의 갈등이 고조. 　가. 미국은 중국의 하이테크 분야 침투를 원천 봉쇄하겠다는 의지를 천명 중이며, 중국은 자체 역량 강화와 전략자산화 추진 등 공급망 내 재화 전략으로 대응. 　나. 다만 미국은 중국을 글로벌 교역망에서 완전히 배제하는 것은 불가능하다는 판단 하에 중국 관련 리스크를 관리(de-risking)하는 전략 수립. ④ 디지털 기술의 발달로 전통적인 공급망이 디지털 공급망으로 변화. 　가. 클라우드 서비스, 사물인터넷(IoT), 인공지능(AI), 5G 컴퓨팅 등 디지털 기술의 발달도 글로벌 공급망을 변화시키는 요인으로 작용. 기존 선형적 공급망이 디지털 기술 발달로 일련의 동적·통합된 공급망으로 발전하면서 지연, 위험, 낭비를 최소화. 　나. 인공지능과 머신러닝을 활용한 수요·소비자 선호·시장 트렌드 예측이 가능해지면서 물류 최적화와 운송망 간소화, 비용 절감 등이 가능. 맥킨지는 AI로 인한 재고관리 효율화로 재고 보관 비용을 최대 20% 절약하고 재고 부족 상황을 최대 50%까지 감소 가능하다고 분석.

[디지털 기술에 따른 공급망 변화]

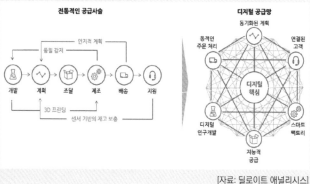

[자료: 딜로이트 애널리시스]

환경 · 인권 이슈로 중국을 견제하면서, 미국과 우방국 중심의 신뢰할 수 있는 첨단기술 공급망 구축.

① 저(低)부가가치 생산은 중국 활용, 고(高)부가가치 생산은 중국 배제.

　가. 미국은 반도체, 인공지능(AI), 생명공학 등 국가의 산업경쟁력 뿐만 아니라 군사적역량과 직결되는 첨단기술 공급망에서 중국을 배제하여 중국의 굴기(崛起)를 무력화하는 전략을 수립.

　나. 바이든 행정부는 미국내 제조역량을 높이는 '리쇼어링(reshoring)' 정책을 구체화하는 한편, '프렌드쇼어링(friendshoring)'을 내세우며 우방국 중심으로 공급망을 재구성 고려.

　다. 반면 중국의 거대한 생산공장과 소비시장은 활용하고 기후변화, 국제보건 등 이견이 크지 않은 분야에서는 전략적 협력을 강조하는 de-risking 전략을 구사.

② 미국 내 생산기반 재건, 우방국 위주 공급망 공고화를 통해 중국을 견제.

　가. 반도체의 경우,

　　A. 반도체지원법 제정(CHIPS 법, 2022년 7월)과 보조금 지급 등으로 미국 내 반도체 생산 기반을 재건하고 첨단 반도체 생산 역량을 강화하는 한편,

　　B. 한국, 대만, 일본과 협력(CHIP4 결성 제안, 2022년 3월)하여 반도체 공급망을 견고히 하면서,

　　C. 수출/투자/금융 제재로 중국의 첨단 반도체 생산에 제동.

　나. 반도체 분야별 부가가치 비중을 보면 미국이 39%의 부가가치를 차지하고 있는 반면, 중국은 6%에 불과해 중국의 반도체 자립화는 거의 불가능.

　다. 미국이 부가가치가 높은 종합 반도체 기업(IDM)과 팹리스(fabless) 방식의 사업 모델인 반면, 중국은 저부가가치인 반도체 조립 및 테스트 아웃소싱 기업(OSAT)의 사업 방식.

③ 美 정부 보조금을 받는 기업의 중국과의 협력을 엄격히 차단.

　가. 인플레이션감축법(IRA)과 반도체과학법(CHIPS) 등으로 대규모 보조금 및 세액공제 혜택을 제공하여 제조업 역량을 강화하는 '자국 우선주의'를 채택.

　나. IRA 제정 이후 1,100억 달러 이상의 투자를 유치하고 10만 명에 육박하는 고용을 창출.

　다. 중국을 '우려대상국(Foreign Country of Concern)'으로 지정하고 미국 정부의 지원을 받는 기업에 대해 중국과의 협력을 차단.

④ 환경 및 노동 이슈로 중국을 견제하고 자국 산업을 보호.

　가. 미국과 EU는 탄소중립(Net-Zero)을 위해 탄소국경세(Ex: CBAM) 등 탄소가격제 (Carbon Pricing)를 도입하여 탄소배출이 많은 기업 및 국가에 페널티 부과.

1. 글로벌 공급망 재편

<출처: 하나금융 경영연구소>

2) 미국 전략

나. 환경이슈를 내세워 중국에서 생산되는 탄소집약 제품(철강, 알루미늄, 비료, 시멘트 등)을 규제하고 자국 산업을 보호하려는 의도 내포.

[글로벌 온실가스 배출량 상위 국가]

국가	배출량(%)
중국	29.4
미국	12.9
인도	6.9
러시아	4.4
일본	2.4
브라질	2.3
이란	2.1
인니	2.00
독일	1.6
캐나다	1.4

주: 2021년 기준
자료: 한국경제인연합회

2) 미국 전략

다. 미국과 EU는 신장. 위구르 자치구의 인권을 문제 삼아 이들 노동력이 사용된 기업의 제품을 공급망에서 배제.
라. 美 세관은 '위구르 강제노동 방지법(UFLPA)'에 따라 중국 신장·위구르 지역에서 강제노동으로 만든 부품을 사용했다는 이유로 폭스바겐 자동차의 통관을 중지하고 압류(2024년 2월 18일).

1. 글로벌 공급망 재편
<출처: 하나금융 경영연구소>

3) 중국 전략

자원의 안정적 수급과 신흥국 포섭으로 新공급망 모색.
① 자원의 무기화에 대비하고 식량과 원자재의 안정적 공급망 확보.
　가. 중국이 공급 주도권을 쥔 희토류 등 핵심광물의 수출 통제를 강화하고, 일대일로 회원국들과 투자협정을 체결하여 필수 원자재에 대한 안정적인 공급망 확보.
　나. 기니(철광석), 인도네시아(니켈), 카자흐스탄(텅스텐), 에리트리아(칼륨), 아르헨티나(리튬), 민주콩고 (구리·코발트)와 투자 협정 체결.
　다. '중국농업 전망보고서(2022년~2031년)'에 따르면 중국은 향후 10년간 곡물 생산을 최대한 늘려 2031년 식량 자급률을 88.1%까지 끌어올리겠다고 목표.
　라. 단백질류(달걀, 견과, 육류 등)에 대한 해외의존도가 계속 높아지면서 식량 안보의 핵심 지표인 식량 자급률이 지난 20년 사이 100%에서 76%로 하락.

② 아시아, 아프리카, 남미의 신흥국을 중심으로 영향력 확대.

　가. 미국이 오커스(AUKUS, 미국·영국·호주), 쿼드(Quad, 미국·일본·호주·인도) 등으로 중국을 압박함에 따라 중국은 어느 진영에도 가담하지 않으려는 이른바, 글로벌 사우스(남반구에 위치한 신흥국과 개발도상국)에 접근하며 대응.

　나. 2023년 8월, BRICS 남아프리카 공화국 정상회의에서 사우디아라비아와 이란, 아랍에미리트(UAE), 아르헨티나, 이집트, 에티오피아의 가입을 승인.

　다. BRICS는 GDP 합계 30조 달러, 총인구 36억 명의 거대 집합체로 성장.

[중국 총 수입 중 원자재 비중]

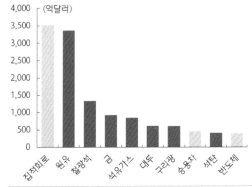

자료: KOTRA

[BRICS 경제 비중]

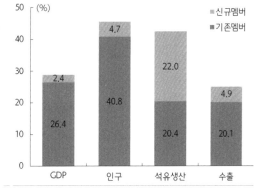

자료: IMF WEO

③ 신재생 에너지, 드론, 전기차 등 신성장 산업 육성.

　가. 국가 차원으로 신재생 에너지, 드론, 전기차, 등 신성장 산업을 집중 육성하여 중국 중심의 공급망 생태계를 구축하려 함.

---

1. 글로벌 공급망 재편

<출처: 하나금융 경영연구소>

3) 중국 전략

1. 글로벌 공급망 재편 <출처: 하나금융 경영연구소>	3) 중국 전략	나. 정부 지원과 거대한 내수시장을 바탕으로 전기차와 신재생 에너지 공급망의 숲 단계에서 막대한 점유율 확보. 다. 미국의 제재를 받고 있는 반도체의 경우 7나노 이상 위주의 중저가형 제조 공장의 확충을 추진하고 화합물 및 전력용 반도체의 생산능력 기반을 확보 중. 2023년 9월 중국 최대 파운드리 업체 SMIC는 7나노급 반도체를 상용화하는데 성공. ④ 위안화 국제화로 달러화 수급 악화 대비. 가. 기축통화인 美 달러화의 무기 가능성에 대응하기 위해 무역결제 위안화 도입하여 국영은행간 위안화 대출 등 중국 위안화의 국제화에 속도. 나. 러시아의 우크라이나 침공 이후 미국이 달러화 국제결제 시스템인 SWIFT에서 러시아를 차단함에 따라 권위주의적 국가들의 '脫달러화(de-dollarization)' 동기를 자극. 다. 중국 금융당국의 자본통제로 글로벌 통화 관점에서의 중국 위안화는 한계가 명확하지만 무역 거래에서 위안화 결제 비중을 높이는 것은 가능. 라. 실제로 러시아, 인도, 브라질, 아르헨티나 등이 중국과의 무역결제시 위안화 비중을 높였으며, 중국의 대외 거래에서 위안화가 차지하는 비중이 달러화 비중을 상회하기 시작.

[신성장산업 중국시장 점유율(2021)]

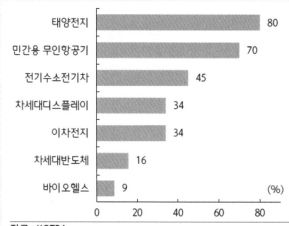

자료: KOTRA

[중국 상품 무역 중 위안화 결제액 추이]

자료: CEIC

3) 중국 전략

1. 글로벌 공급망 재편

<출처: 하나금융 경영연구소>

4) 시사점

① 인구, 식량, 원자재 등 자원부국의 위상 강화.

　가. 지속가능한 공급망 관리를 위해 노동, 식량, 원자재 등 핵심자원의 안정적인 수급이 중요해 짐에 따라 자원부국(resource-rich country)의 위상이 높아질 전망.

　나. 천연자원이 풍부한 자원부국으로 러시아, 미국, 사우디아라비아, 캐나다, 이란, 중국, 브라질, 호주, 이라크, 베네수엘라 등이 거론.

　다. 자원부국은 '자원의 저주(Resource Curse)'를 피하기 위해 제조업, 관광업 등으로 산업구조를 다각화하고 국부펀드(SWF)를 조성하여 다양한 투자전략을 추구. 무함마드 빈 살만 사우디아라비아 왕세자는 석유의존적 경제에서 탈피하고 첨단기술과 민간 투자의 중심지로 거듭나기 위한 국가개발 프로젝트 '비전 2030'을 추진.

② 모두가 꿈꾸지만 쉽지 않은 길. '제2의 중국' 되기.

　가. 인도, 멕시코, 인도네시아 등이 고령화 등으로 경제성장이 제한될 수 있는 2050년이 되기 전에 '제2의 중국'이 되겠다는 원대한 야망을 갖고 레이스에 돌입.

　나. 이를 위해서는 2050년까지 연평균 8% 이상의 고성장이 필요.

　다. 그러나 '제2의 중국'이 되기가 과거에 비해 더욱 어려워진 상황. 제조업은 개도국이 빠른 속도로 생산성을 향상시켜서 선진국을 따라잡을 수 있는 유일한 분야이나 IT 발달로 기술과 자본의 중요성이 커지면서 개도국의 이점이 옅어짐.

1. 글로벌 공급망 재편 <출처: 하나금융 경영연구소>	**4) 시사점**	③ 공급망 재편은 필연적으로 중복투자와 공급과잉을 야기, 과잉투자가 신흥국 위기를 야기할 수도. 가. 미국과 중국 중심으로 글로벌 공급망이 재편될 경우 '저비용·고효율'의 경제구조가 '안보위주·비효율'로 변화하면서 중복투자와 공급과잉이 나타날 전망. 나. 단기적으로 자원의 불안정한 수급과 비용 상승 등으로 생산의 불확실성이 높아질 수 있지만, 장기적으로는 공급과잉의 역사가 반복될 소지. 다. 특히 '제2의 중국'이 되기 위해 과잉투자를 집행한 개도국 중 재정적 여유가 부족할 경우, 채무불이행이나 금융위기가 발생할 가능성. 역사적으로 자본주의에서는 산업혁명이나 세계 대공황 등으로 공급과잉·수요부족이 나타났으며, 이를 식민지 개척이나 뉴딜 정책 등의 인위적 수요창출로 극복한 사례. ④ 중국의 굴기를 봉쇄하겠다는 미국의 전략은 정권에 관계없이 계속될 전망이며, 중국도 脫서방 정책을 강력하게 추진하고 있어 '경제안보' 리스크 관리가 매우 중요해졌다. 가. 20년 전부터 중국 관련 리스크를 관리해 온 일본은 2003년 'SARS 사태'와 2010년 '희토류 수출 중단 사태' 등을 겪으면서 중국 편중으로 인한 '경제안보' 리스크를 관리하기 시작했다. 나. 구체적으로 중국 시장 의존도를 상쇄하기 위해 동남아시아 투자를 확대하고, '경제안전보장추진법(2022년)'을 통해 반도체 소자 등 11개 품목을 특정중요물자로 지정해 관리 중이다.

 결론

> **의견 제시**   코로나19 이전 글로벌 공급망관리 전략은 집중생산, 최종생산 지연화, 재고의 집중화였다. 즉, 세계화 이전 글로벌 다국적 기업들은 단순히 생산비용이 저렴한 곳에 거점을 선정하여 대량, 집중생산해 규모의 경제를 추구했고 점차 생산비용과 더불어 물류비용을 동시에 고려하여 거점을 선정했다.
>
>   그러나 지난 2~3년 간 전 세계를 혼란에 빠뜨린 코로나 팬데믹 발생과 지정학적 문제들이 글로벌 공급망 위기를 부채질하고 있다. 러시아의 우크라이나 침공, 미국과 중국의 갈등, 중동의 불안정한 정세 등이 원자재, 식량, 부품 및 완제품 등의 원활한 수급을 더더욱 어렵게 만들며 글로벌 공급망 위기를 가중시키고 있다. 또한 기후변화로 발생하는 자연재해 문제 그 자체를 비롯하여 이에 대한 대응 노력을 포함한 지속가능성, 공정성 등 여러 ESG관련 이슈의 영향도 글로벌 공급망에 새로운 비용 인상 요인으로 작용하고 있다. 결국 비교우위에 입각한 효율성 중심의 글로벌 공급망이 코로나19와 국제정세 변화로 크게 흔들리고 있는 것이다.

이런 관점에서 '포스트 코로나'는 글로벌 공급망의 대규모 변화를 예고하고 있다. 기업들이 비용 절감 위주의 공급망 관리에만 의존하는 것은, 국제 분업 네트워크가 붕괴될 경우 그 리스크가 얼마나 치명적일 수 있는지 분명히 일깨워 주고 있다.

이에 기업은

첫째, 장기화·상시화 되는 공급망 위기 상황 속에서 기업은 공급선 다변화, 재고비축 등의 노력을 통해 공급망 회복탄력성을 강화해야 한다.

둘째, 압도적 초격차를 통해 돌파구를 찾아야 한다. 여전히 기술력은 최고 무기임이 분명하다.

또한 정부는

첫째, 물류난 해소 등 시급한 문제 해결에 힘쓰고 촘촘한 조기경보시스템 구축, 선제적인 정보 제공 등 공급망 위기 대응을 위한 지원에 보다 적극적으로 나서야 한다.

둘째, 주요국에 상호 이익이 되는 윈윈 모델을 제시하는 등 선제적 대응책을 마련하는 한편 맞춤형 전략으로 위험을 회피하고 기회를 만들어야 한다. 구체적으로는 적극적인 EPA[1]를 추진해야 한다. FTA보다 시장 개방은 덜 하고, 산업 협력에 무게를 두고 체결된다. 우리나라와 경제 체력 차이가 커서 FTA 효과가 크지 않지만, 자원이 풍부하거나 지정학적으로 중요한 경우에 활용될 수 있다. 세계 10대 자원부국인 몽골을 비롯해 파키스탄, 방글라데시 등과 협정을 맺어서 '서남아 통상벨트'를 만들고 추가로 탄자니아, 모로코 등과도 협상을 추진해서 아프리카 대륙에 협력 기반을 마련해야 한다. 이미 협상이 타결된 걸프협력회의나 중동·중남미 지역 FTA는 발효를 서두르고, 한중일 FTA 협상은 다시 논의를 시작해야 한다.

셋째, 우리나라의 '글로벌 경제 운동장'을 넓히려면 다자간 FTA 체결이 가장 효율적이다. 그 중에서도 CPTPP는 중국에 대한 경제 의존도를 낮추고, 공급망을 안정화할 수 있는 최적의 대안으로 평가된다. 정부는 CPTPP 가입을 적극 추진하고 적절한 피해 보상 방안 제시 등을 통해 농수산 업계의 반발도 최소화해야 할 것이다.

한편, 미·중 기술 패권 경쟁 속에 한국 기업들은 양국 사이에서 균형을 잡는 전략 또한 더욱 중요해지고 있다. 특히 반도체·배터리 등 첨단 산업 분야에서 대응이 시급하다. 삼성전자·SK하이닉스 등 주요 반도체 기업들은 미국 시장 진출을 더 확대하는 동시에 중국 시장에서 위험 관리에 주력해야 한다. 예를 들면, 미국 내 투자를 확대하고 칩스법 지원을 적극적으로 활용하는 한편, 중국 내에 있는 반도체 생산 시설의 다변화와 현지화 전략을 병행해야 한다. 다분히 이는 미국의 새로운 정부의 입장에 따라 달라질 수 있는 사안이다.

배터리 업계의 경우도 LG에너지솔루션·삼성SDI·SK온 등은 미국의 인플레이션감축법(IRA) 혜택을 최대한 활용하기 위한 현지 생산 확대와 함께 중국 원자재 공급망 의존도를 낮추는 노력도 병행해야 한다.

네이버·카카오 등 IT 기업들은 인공지능·클라우드 등 차세대 기술 분야에 독자적인 경쟁력을 확보하는 동시에, 미국과 중국 기술 규제를 모두 고려한 글로벌 확장 전략도 수립해야 할 것이다.

결국 한국 기업들은 미·중 갈등의 장기화에 대비해 기술 혁신과 시장 다변화를 통해 새로운 성장동력을 확보해야 한다. 동시에 글로벌 가치사슬의 재편에 대응해 유연한 생산 및 공급망 전략을 구축하고, 양국 정책 변화에 민첩하게 대응할 수 있는 위험 관리 체계를 갖추어야 할 것이다.

리가 중요한데 이들은 해외에 위치하고 있고 관리하는 현지 사업장도 증가하고 있어 이들간 자금 이동이나 지급결제의 규모와 빈도가 급증하고 있다. 이를 해결하기 위한 현지에서의 파이낸싱이 어려운 점도 국내 본사에서의 핀테크 기반 공급망금융 관리 기능의 고도화가 시급할 수밖에 없는 이유이다.

<출처: 글로벌 이코노믹>

 용어해설

1) EPA(Economic Partnership Agreement · 경제동반자협정) : 관세철폐 · 인하 외에 투자와 서비스, 지식재산, 인적 자원 이동의 자유까지 포괄하는 협정.
   Cf. CEPA(포괄적 경제동반자협정, Comprehensive Economic Partnership Agreement) 상품의 관세인하, 비관세장벽 제거 등의 요소를 포함하면서 무역원활화 및 여타 협력분야 등에 중점을 두고 있는 협정 무역과 투자 자유화를 비롯해 금융/정보/커뮤니케이션기술/과학기술/인력개발/관광/에너지/식량문제 등에 관한 협의 포함.

chapter 03

신 냉전체제

서론	이슈언급		최근 국제체제는 2가지 흐름을 이어가고 있다. 첫째, 코로나19 팬데믹 이후 심해진 국제체제의 분절화와 파편화된 국제질서 도래로, 모든 국가들이 자국 이익 위주로 격돌하는 각자도생(各自圖生)의 시대가 도래했다. 그 결과, 국제공급망 교란, 지정학의 귀환, 강대국 경쟁의 재현, 국제제도와 레짐의 기능부전 등이 대표적인 흐름들이다. 둘째, 신냉전 진영화 추세의 심화. 민주주의 대 권위주의 체제의 대립구도로 재편되고 있다. 세계는 미국과 서구를 중심으로 한 글로벌 웨스트(Global West), 중·러를 중심으로 한 글로벌 이스트(Global East), 그리고 인도, 브라질 및 중간지대의 나머지 다양한 비서구 발전도상 국가들을 포함하는 글로벌 사우스(Global South)로 삼분되는 양상이다. 특히, 세계경제의 양강, 美中 갈등이 좀처럼 진정되지 못하고 있다.
본론	1. 신냉전체제	1) 의미	신냉전은 중국과 러시아가 미국의 패권 즉 '미국 주도의 세계 질서'를 인정하지 않는 데서 출발한다.
		2) 배경 및 향배	신냉전은 미국의 패권 약화와 중국의 부상이 맞물린 결과다. ① 블록 재편 : 오히려 미국, 또 점차 중국과 같은 초대형 허브에 집중된 네트워크가 분산화, 다변화되고 있는 면도 있다. 하지만 그 배후에 적대적인 진영간 대립, 특히 무역 및 투자 흐름의 '분절화'(fragmentation) 징후가 확산되고 있는데 주의해야 한다.

1. 신냉전체제	2) 배경 및 향배	IMF 등의 분석에 따르면, 최근 국제 무역 및 투자 관계는 ▲미국을 지지하는 진영, ▲중국을 지지하는 진영 등 양대 적대 진영 위주로 재편되고 있는 모습이다. ② 경쟁 형태
본론	2. 쟁점 및 함의점	
	1) 군사적 충돌 문제	① 우크라이나 전쟁의 향배이다. ② 중동정세의 향배이다. ③ 대만 및 남중국해 문제이다. ④ 한반도 상황
	2) 금융시장 분절화	국제 통화·금융 질서에서도 분절화의 징후가 커지고 있음은 분명하다. 무역금융의 통화별 비중을 보면, 미국 진영에서는 별 변화가 없지만, 중국 진영에서는 달러 비중이 점차 줄어드는 한편, 위안 비중이 증가하고 있는 추세다. 무엇보다 중국 스스로 위안화 국제화에 박차를 가하면서 위안 사용을 늘리고 있기 때문이다. 실제로 중국의 대외거래에서 위안이 차지하는 비중은 15년 전의 제로 수준에서 2023년 말 50%에 육박할 정도로 급등했다. 아울러 최근 외환보유액에서 금 보유비중이 급증하고 있는데, 역시 서구의 제재 위험을 의식한 중국 진영의 자구 노력에 따른 영향이 크다.
	3) NATO체제 강화	① 최근 리투아니아에서 열린 나토 정상회의는 스웨덴과 핀란드를 받아들여 32개 회원국을 확인했다. ② 이로써 나토는 글로벌 웨스트의 대부분을 차지하게 되었고, 세계화 30년 동안 나토와 슬라브 세력 사이에 유지되던 균형을 더 이상 찾아볼 수 없게 되었다. 유럽 인구의 약 30%를 차지하는 슬라브인이 상당부분 나토에 편입되어 이제는 러시아와 몇 개의 위성국가들을 에워싸는 형국이 되었다. ③ 결과적으로 러시아를 중국쪽으로 더 밀어내는 상황이 되어, 미국에 동조하지 않는 국가들의 단합을 더 공고하게 만들었다.
	4) 글로벌 사우스의 부상	2023년 중동 및 아프리카 등 상당수 글로벌 사우스 국가들은 2030년 엑스포 개최지로 한국 부산 대신 사우디아라비아 리야드를 밀었다. 최근 알제리 등 권위주의 진영의 일부 국가들은 가자지구에서 벌어지는 인도주의적 문제를 제기하며 유엔 안보리가 이스라엘의 라파 공격 중단을 촉구하는 결의안을 채택하도록 영향력을 행사했다. 이처럼 글로벌 사우스는 국제정치의 강력한 다크호스로 부상하고 있으며, 중국과 러시아는 글로벌 사우스를 활용해 국제질서 다극화를 적극 모색하고 있다.

본론	**2. 쟁점 및 함의점**	**5) 밀착하는 북중러와 한미일**

① 북한은 최근 중국과의 관계를 과시하고 있다.

② 북한과 러시아와의 협력은 이미 가속화하고 있다.

③ 반면 한국과 러시아의 관계는 악화일로를 걷고 있다.

④ 이에 맞선 한·미·일은 지난해 캠프 데이비드 합의 이후 삼각 공조 체제를 강화 중이다.

⑤ 의견 : 미국과 일본은 '중국 견제'를 최우선 원칙으로 삼고 있는 반면, 한국은 북핵 위협에 대응하는 게 1순위인만큼 전략적 접근이 필요하다. 중국 압박을 우선 과제로 삼은 미·일과 한국은 다른 의도를 갖고 있다는 점을 어떻게 차별화해서 부각시키느냐가 관건이다. 또 북한이 태도를 바꿔서 협상 테이블로 나오지 않는 한, 우리는 북핵 이슈를 최대 의제로 삼고 삼각 공조를 강화하는 스탠스를 유지할 수밖에 없다.

결론	**의견제시**

첫째, 섣불리 글로벌 웨스트를 경시해서는 안 된다. 계속 위축되고 있는 G7 입장에서 볼 때 G7의 확대는 필수 불가결하다. 이 상황에서 우리는 가치를 공유하는 국가들과 연대를 더 강화해야 한다.

둘째, 글로벌 웨스트에 정체성을 두고 글로벌 이스트와 사우스를 구분해 보는 안목을 키워야 한다.

셋째, 인도·태평양 지역에서 한국의 존재감을 더 확대해야 한다.

넷째, 대전환이 가져오는 부작용과 충격을 줄이기 위해기술 개발, 인적 자본, 국제 협력, 통상 정책을 모두 고려하는 대책을 세워야 한다.

02 논제 풀이

📈 서론

이슈 언급 최근 국제정세는 파편화된 세계질서 하에서, 새로운 진영화가 동시에 진행되는 가운데 글로벌 곳곳에서 다양한 갈등과 충돌로 인한 불확실성과 리스크가 증대하고 있다. 이미 우크라이나 전쟁이 진행 중이고, 여기에 더해 이스라엘-하마스 전쟁, 대만해협-남중국해의 긴장 가능성, 한반도의 위기감 고조 등도 거론된다.

최근 국제체제는 2가지 흐름을 이어가고 있다.

첫째, 코로나19 팬데믹 이후 심해진 국제체제의 분절화와 파편화된 국제질서 도래로, 모든 국가들이 자국 이익 위주로 격돌하는 각자도생(各自圖生)의 시대가 도래했다. 그 결과, 국제공급망 교란, 지정학의 귀환, 강대국 경쟁의 재현, 국제제도와 레짐의 기능부전 등이 대표적인 흐름들이다.

둘째, 신냉전 진영화 추세의 심화다. 민주주의 대 권위주의 체제의 대립구도로 재편되고 있다. 세계는 미국과 서구를 중심으로 한 글로벌 웨스트(Global West), 중·러를 중심으로 한 글로벌 이스트(Global East), 그리고 인도, 브라질 및 중간지대의 나머지 다양한 비서구 발전도상 국가들을 포함하는 글로벌 사우스(Global South)[1]로 삼분되는 양상이다.

현재 국제질서의 핵심은 글로벌 웨스트와 글로벌 이스트 사이의 경쟁, 특히 미중관계에 있다. 미중관계는 정치와 경제, 이념과 체제 등 거의 모든 면에서 당분간 적대적 경쟁관계가 지속될 전망이며, 글로벌 사우스를 상대로 경쟁적 '세 결집'을 적극 추진하고 있다.

특히, 세계경제의 양강, 美中 갈등이 좀처럼 진정되지 못하고 있다. 각 진영의 지정학적 노선에 기반한 국제 무역·투자 흐름의 재조정, 즉 '지경학적(Geo-Economic) 분절화'가 본격화되고 있는 것이다. 물론 세계 성장이나 무역 자체에 아직 직접적인 악영향은 뚜렷하지 않다. 특히 글로벌 금융위기 이후 급격히 수축되던 세계 무역은 여전히 GDP 대비 40%대에서 등락하고 있다. 요컨대, 세계화가 끝나고 脫세계화의 시대가 도래했다고 보기는 힘들다. 사실 2차 세계대전 이후 구소련의 붕괴에 이르던 냉전기에도 국제 무역은 꾸준한 회복세를 보였다. 다만 무역 회복은 주로 진영내에 국한된 현상일 뿐, 진영간 무역은 매우 부진했다. 지금도 냉전 초창기와 흡사하다. 진영내 무역은 양호하나, 진영간 무역이 급격히 위축되고 있는 것이다.

이에 본지에서는 신냉전체제 시대 도래의 배경과 이에 따른 쟁점 및 함의점들을 도출해 보고자 한다.

📈 본론

1. 신냉전체제	1) 의미	① 신냉전은 중국과 러시아가 미국의 패권 즉 '미국 주도의 세계 질서'를 인정하지 않는 데서 출발한다. ② 과거 냉전이 미국과 소련 두 나라 간 대결 구도였다면, 신냉전은 복합적 다극 구도다. 미국 동맹세력 대 북한 중국 러시아 이란 등 전체주의 세력과의 대결이다. ③ 신냉전은 구냉전과 마찬가지로 이데올로기의 충돌이다. 구냉전이 자유주의와 공산주의의 대결이었다면 신냉전은 민주주의 체제와 권위주의 체제의 대결이다. 미국과 대서양 및 태평양 지역 미국의 동맹국들은 개인의 권리가 국가의 권리가 중요하다고 보는 체제다. 반면 민주주의가 국가를 허약하게 만든다고 믿는 중국과 러시아는 사실상 일인 통치 시스템을 구축했다.
	2) 배경 및 향배	신냉전은 미국의 패권 약화와 중국의 부상이 맞물린 결과다. ① 미국 가. 미국은 제1차 세계대전까지만 하더라도 고립주의를 유지했으나 1941년 일본의 진주만 공격으로 고립주의의 위험을 절감한 뒤 국제주의로 선회했다. 1945년 이후 미국은 유럽과 아시아 동맹국들에 대해 막대한 비용을 쏟아부으며 안보와 시장을 제공해 성장을 이끌었다. 1971년 닉슨 행정부의 일방적인 금본위제 파기, 일본 엔화 가치를 인위적으로 급등시킨 1985년 플라자합의 등 미국의 이기적 행태를 동맹국들이 감내한 것은 그와 같은 미국의 글로벌 리더십을 인정했기 때문이다.

나. 문제는 2010년대 경제가 비틀대면서 미국이 고립주의로 후퇴할 조짐을 보이고 있다는 점이다. 미국의 고부가가치 산업은 세계를 제패했지만 서비스와 제조업 분야에선 일자리가 사라졌다.

다. 2016년 대선에서 도널드 트럼프가 승리한 이유 중 하나는 글로벌 경제에서 미국의 입지가 흔들리고 있다는 국민적 불안감이었다. 미국의 불안은 중국에 대한 견제로 귀결됐다. 트럼프 행정부와 조 바이든 행정부는 중국의 성장을 억제하는 정책을 펼친다는 점에서 다르지 않다.

② 중국

가. 1980년 1인당 국내총생산(GDP)이 195달러에 불과했던 중국은 미국이 주도한 세계화 질서에 참여하면서 초강대국으로 거듭났다.

나. 시진핑 중국 국가주석은 중화인민공화국 건국 100주년이 되는 2049년까지 전 세계에서 가장 부강한 나라라는 과거의 영광을 되찾는 것을 목표로 삼고 있다.

다. 중국은 미국이 내부로 시선을 돌린 틈을 타 아프리카, 중남미·카리브해, 아시아에서 일대일로 등 인프라 건설 사업과 관세 인하 협정 체결 등으로 대외적 영향력을 강화하고 있다.

라. 또한 중국은 미국이 자국의 안보와 번영에 필수적이라고 여겨온 태평양에서 지정학적 힘의 균형을 바꾸려는 시도를 하고 있다.

③ 블록 재편 : 오히려 미국, 또 점차 중국과 같은 초대형 허브에 집중된 네트워크가 분산화, 다변화되고 있는 면도 있다. 하지만 그 배후에 적대적인 진영간 대립, 특히 무역 및 투자 흐름의 '분절화'(fragmentation) 징후가 확산되고 있는데 주의해야 한다. IMF 등의 분석에 따르면, 최근 국제무역 및 투자 관계는 ▲미국을 지지하는 진영, ▲중국을 지지하는 진영 등 양대 적대 진영 위주로 재편되고 있는 모습이다.

④ 경쟁 형태

가. 트럼프 행정부 시기부터 본격적으로 시작된 미중 전략경쟁은 무역 및 관세전쟁으로 시작했지만, 지금은 가치와 체제, 첨단기술 분야까지 전방위적으로 진행되는 총체적 대결 국면으로 치닫고 있다.

나. 미국 바이든 행정부는 대중 정책의 재조정 (recalibration)을 논의하면서 디커플링에서 디리스킹(derisking)으로 방향을 전환한다는 입장을 표명했지만, 본질적으로 미중 경쟁이 달라진 건 아니다.

다. 디리스킹은 미중 경제관계를 전면적으로 분리하자는 것이 아니라, 반도체나 인공지능(AI) 등 민감한 첨단 군사안보 관련 핵심분야로 좁게 한정하여, 그 분야에서 미국의 핵심 기술이나 제품이 중국으로 유출되는 것을 제한하겠다는 것이다.

라. 요컨대 제한은 좁게 하되 장벽은 높이겠다는 것(smallyard, high fence)이 핵심이다.

1. 신냉전체제 2) 배경 및 향배

1. 신냉전체제	2) 배경 및 향배	마. 중국은 디리스킹이 미국의 대중정책 기조 변화나 완화를 의미하지 않는다는 점은 분명하며, 디커플링이나 디리스킹의 본질은 탈중국화, 모두 중국의 경제발전과 첨단기술 억제라는 목적이 있다고 비판한다.
2. 쟁점 및 함의점	1) 군사적 충돌 문제 <출처: 세종 연구소>	① 우크라이나 전쟁의 향배이다. 가. 우크라이나 전쟁이 어떻게 끝나는 지가 향후 국제질서의 성격을 규정할 것이다. 나. 러시아의 우크라이나 침공은 2차대전 이후 확립된 국제법, 영토주권 원칙을 위배한 것은 물론 OSCE 등 다자체제를 통해 정립된 유럽의 갈등해소 체제를 전면적으로 부정하는 행위이다. 다. 만일 우크라이나 전쟁이 러시아의 승리로 끝나든지 혹은 러시아에게 아무런 책임도 묻지 않는다면, 향후 유럽은 그 어느 나라도 러시아의 군사적 위협으로부터 자유로울 수 없다는 인식이 확산되었다. 라. 우크라이나 전쟁이 푸틴의 승리로 끝난다면 이는 강대국이 약소국의 영토를 힘으로 뺏았아도 국제사회가 아무 것도 할 수 없다는 무기력한 사례로서, 자유세계의 리더로 군림해온 미국의 리더십에 치명적 손실을 초래할 것이다. ② 중동정세의 향배이다. 가. 이스라엘-하마스전쟁이 레바논 헤즈볼라까지 확전되고 이스라엘의 숙적인 이란과 무력 충돌도 이어지는 가운데, 중동정세는 걷잡을 수 없는 혼란으로 이어지고 있다. 이란은 하마스를 최전선으로 내세운 중동 내 반(反)이스라엘, 반미 세력의 후원자이자 배후로 알려져 있다. 중동정세가 어지러워지면 국제유가가 상승 압박을 받게 되고, 이는 곧 글로벌 경제회복에도 부정적 영향을 미치게 될 것이다. ③ 대만 및 남중국해 문제이다. 가. 우크라이나 전쟁 이후 국제사회의 관심이 유럽에 쏠린 틈을 타 시진핑 주석이 대만 무력통일을 시도할지도 모른다는 우려가 제기되고 있다. 나. 중국은 여러 가지 국내외 문제로 인해 대만에 대해 단기간 내 무력 사용은 안 하겠지만 장기적으로는 그럴 가능성을 배제하기 어렵다. ④ 한반도 상황 가. 북한은 2022년초부터 핵과 미사일 역량 강화에 치중하면서 중러와의 밀착을 강화하고 있다. 나. 남북대화는 물론 북한과 국제사회 간에 일체의 소통채널이 단절되면서 북한의 행보와 한반도 상황은 시계 제로 상태이다. 다. 2022년 12월말 개최된 당중앙위 제8기 6차 전원회의는 핵무력정책의 법제화를 중요한 성과로 평가한 후, 핵무력 건설 기본방향을 제시했다. 전술핵무기 다량생산, 핵탄보유량의 기하급수적 증대, 신형 ICBM 개발계획 채택, 핵무력 선제사용 가능성 시사 등은 북한의 핵독트린이 갈수록 공세적이고 위험스런 방향으로 진화하고 있음을 말해준다.

이처럼 국제적으로 지정학적 긴장이 고조되는 가운데, 투자나 금융 흐름에서도 분절화의 위험이 부각되고 있다.

2. 쟁점 및 함의점

2) 금융시장 분절화
<출처: 하나금융 경영연구소>

① 특히 러시아의 우크라이나 침공을 계기로 미국 등 서방의 적성국에 대한 금융 제재가 강화되면서, 이에 따른 몰수나 자금압박 위험을 회피하기 위해 중국과 러시아 등을 중심으로 전통적인 달러 지배를 벗어나 대안적인 국제 지급결제망 구축 및 비달러 외환보유액 확충 움직임이 가시화되는 모습이다. 금과 연동된 달러를 축으로 삼았던 브레튼우즈 체제의 붕괴에도 불구하고 여전히 미국의 강력한 금융 파워를 기반으로 사실상 국제 결제망과 외환보유액을 지배해 온 달러 헤게모니 혹은 미국 주도의 통화·금융질서에 균열이 생기고 있다.

② 하지만 국제 지급결제망의 핵심 축인 SWIFT 기준으로, 달러는 여전히 무역금융의 80% 이상을 차지하고 있다. 아무래도 원자재를 필두로 다양한 거래가 달러 중심으로 송장 및 결제 처리되고 있는 영향이다. 또한 그동안 달러에 편중된 외환보유액의 다변화 노력이 주목을 끌었지만, 지금도 국제외환보유액에서 달러 비중은 60%에 이르고 있다. 달러의 파워는 아직 견조한 셈이다.

③ 사실 외환보유액을 다변화하는 과정에서 애초 이목이 집중되던 유로나 엔, 파운드 등 전통적인 준비통화의 비중은 오히려 감소했고, 대신에 '비전통적 준비통화'인 위안이나 캐나다달러, 호주달러, 나아가 우리 원화 등의 외환보유액 비중이 조금씩 늘어나고 있다.

④ 달러 헤게모니의 종료 라기보다는 달러를 제외한 2등급 통화들의 파워 게임에 불과한 양상이다.

⑤ 그러나 국제 통화·금융 질서에서도 분절화의 징후가 커지고 있음은 분명하다. 무역금융의 통화별 비중을 보면, 미국 진영에서는 별 변화가 없지만, 중국 진영에서는 달러 비중이 점차 줄어드는 한편, 위안 비중이 증가하고 있는 추세다. 무엇보다 중국 스스로 위안화 국제화에 박차를 가하면서 위안 사용을 늘리고 있기 때문이다. 실제로 중국의 대외거래에서 위안이 차지하는 비중은 15년 전의 제로 수준에서 2023년말 50%에 육박할 정도로 급등했다. 아울러 최근 외환보유액에서 금 보유비중이 급증하고 있는데, 역시 서구의 제재 위험을 의식한 중국 진영의 자구 노력에 따른 영향이 크다.

3) NATO체제 강화
<출처: 내일 신문>

① 최근 리투아니아에서 열린 나토 정상회의는 스웨덴과 핀란드를 받아들여 32개 회원국을 확인했다.

② 이로써 나토는 글로벌 웨스트의 대부분을 차지하게 되었고, 세계화 30년 동안 나토와 슬라브 세력 사이에 유지되던 균형을 더 이상 찾아볼 수 없게 되었다. 유럽 인구의 약 30%를 차지하는 슬라브인이 상당부분 나토에 편입되어 이제는 러시아와 몇 개의 위성국가들을 에워싸는 형국이 되었다.

	3) NATO체제 강화 <출처: 내일 신문>	③ 결과적으로 러시아를 중국 쪽으로 더 밀어내는 상황이 되어, 미국에 동조하지 않는 국가들의 단합을 더 공고하게 만들었다. 그렇다고 미국이 더 불리한 상황에 놓이지도 않을 것이다. 상대적 힘은 빠졌지만, 대외 환경이 그다지 불리하지 않은 아이러니한 상황이 미국을 기다리고 있다. ④ 나토의 확장이라는 압박을 견디지 못해서 러시아가 보편적인 기준의 친서방적인 민주주의 국가가 되는 일은 이론에서만 가능할 것이다. 세계화 30년 동안 독일과 프랑스가 주도한 러시아를 향한 평화공세가 푸틴의 우크라이나 침공 결정에 아무런 영향을 미치지 못했다는 점을 전 세계는 알게 되었다. 나토의 확장과 나토와 아시아의 연결이라는 '정치'적 의지가 현 '질서'가 안고 있는 모순을 해결해 줄 것인지는 더 지켜볼 일이다.
2. 쟁점 및 함의점	4) 글로벌 사우스의 부상	① 2023년 중동 및 아프리카 등 상당수 글로벌 사우스 국가들은 2030년 엑스포 개최지로 한국 부산 대신 사우디아라비아 리야드를 밀었다. 최근 알제리 등 권위주의 진영의 일부 국가들은 가자지구에서 벌어지는 인도주의적 문제를 제기하며 유엔 안보리가 이스라엘의 라파 공격 중단을 촉구하는 결의안을 채택하도록 영향력을 행사했다. 이처럼 글로벌 사우스는 국제정치의 강력한 다크호스로 부상하고 있으며, 중국과 러시아는 글로벌 사우스를 활용해 국제질서 다극화를 적극 모색하고 있다. ② 글로벌 사우스는 북반구 저위도나 남반구에 있는 개발도상국과 저개발 국가들을 의미한다. 글로벌 사우스는 135개국, 60억 인구를 대표하지만, 그간 국제무대에서 소외되었다. 하지만, 미·중 전략경쟁과 '두 개의 전쟁' 등 글로벌 복합 위기 속에서 글로벌 사우스의 가치가 새롭게 발견되고 있다. ③ 글로벌 사우스의 몸값이 높아진 배경에는 가. 지난 30여 년간 지속적인 성장을 통해 경제 펀더멘탈을 키워온 데 있다. 중국을 포함한 글로벌 사우스의 GDP 비중은 전 세계의 40%에 이른다. 여기에 인구구조의 역동성, 풍부한 광물자원, 그리고 공급망으로서의 가치 등을 무기로 주요 7개국(G7)에 대항해 새로운 경제 지형 구축을 시도하고 있다. 또한 자유주의 국제질서 내부적으로 갈등과 균열이 심화하고 중국과 러시아 등 이른바 수정주의 세력의 도전이 거세지면서 '균형자'로서 글로벌 사우스가 반사이익을 누리고 있다. 우크라이나 전쟁은 민주주의와 권위주의 진영 간 세력권 분리 현상을 가속화하는 결정적 사건으로 평가된다. 글로벌 사우스 국가들은 급변하는 국제 안보 구조에서 미국과 중국·러시아 사이에서 줄타기하며 '스윙 국가'이자 '펜스 시터(fence-sitter)'로서 입지를 다지고 행동반경을 확대하는 호기를 맞고 있다.

나. 유엔 등 국제기구의 권위가 흔들리고 글로벌 복합 위기가 심화하는 가운데, 글로벌 사우스는 글로벌 거버넌스 개혁에도 목소리를 높이고 있다. 글로벌 사우스에 속한 다수의 국가들은 그간 기후변화 등 주요 국제 현안 의사결정 과정에서 '주변부'로서의 피해의식을 공유하고 있다.

다. 여기에 미국의 패권 약화와 강대국 간 갈등 심화로 국제사회의 문제 해결 역량이 크게 약화한 점도 글로벌 사우스의 부상을 촉진한다.

④ 글로벌 사우스가 국제무대 전면에 등장함에 따라 국제정치에도 상당한 변화를 예고하고 있다.

가. 글로벌 거버넌스 개혁, 기후변화, 그리고 우크라이나 전쟁 등 주요 국제 현안에서 글로벌 사우스의 영향력이 확장할 것으로 보인다. 2022년 인도네시아를 시작으로 2023년 인도, 2024년 브라질, 2025년 남아공에 이르기까지 글로벌 사우스의 대표 국가들이 G20 의장국을 맡게 된 점도 예사롭지 않다.

나. 글로벌 사우스를 향한 세계 주요국의 러브콜도 쏟아질 전망이다.

　A. 중국과 러시아 등 '권위주의 투톱'은 브릭스-플러스의 지정학적 잠재력을 활용해 글로벌 사우스를 적극 규합하고 있다. 14억 인구 대국 인도는 글로벌 사우스의 핵심 행위자임을 자처한다.

　B. 미국을 비롯한 G7 등 서방도 글로벌 거버넌스 개혁에 유연한 자세를 보이는 등 글로벌 사우스와 접점을 모색하고 있다. 바이든 대통령의 후보 사퇴 이후 미국 대선 불확실성이 심화하는 상황에서 '이민 문제' 등 민감한 이슈에 대한 서방의 태도가 글로벌 사우스와의 관계를 결정할 분수령이 될 것으로 보인다.

⑤ 서방으로 대표되는 '글로벌 웨스트', 그리고 중국·러시아 중심의 '글로벌 이스트'가 글로벌 현안의 의사결정을 독점했다면, 이제 '글로벌 사우스'가 부상하면서 국제체제의 분화 및 다극화는 더욱 가속화할 것으로 보인다.

⑥ 글로벌 사우스의 역습은 한국에도 중요한 의미가 있다. 2023년 부산 엑스포 유치 실패는 국내적으로도 글로벌 사우스에 대한 담론이 확대되는 계기가 되었다. 글로벌 사우스는 우리 외교의 외연을 확장할 수 있는 기회의 창이면서 동시에 국제사회에 대한 한국의 기여 확대 등은 도전 과제이기도 하다. 2024년 6월 우리 정부가 성공적으로 개최한 한-아프리카 정상회의를 교훈 삼아 내년도 한-중앙아시아 정상회의 등을 내실 있게 준비해 우리의 글로벌 사우스 외교 역량을? 강화해야 한다. 글로벌 불확실성이 확산하는 상황에서 대북 억제력 확립은 물론, 지속 가능한 성장 동력 확보 등 우리의 국익 극대화를 위한 글로벌 사우스 외교가 어느 때보다 중요한 시기다.

2. 쟁점 및 함의점

4) 글로벌 사우스의 부상

2. 쟁점 및 함의점	5) 밀착하는 북중러와 한미일	① 북한은 최근 중국과의 관계를 과시하고 있다. 　가. 김정은 국무위원장은 중국 서열 3위인 자오러지 전국인민대표회의 상무위원장을 만나 북·중 관계 발전을 논의했다. 이 자리에서 시진핑 중국 주석의 방북이나 김정은의 방중이 논의됐을 가능성이 높다. 북·러에 비해 소원한 것으로 여겨졌던 북·중 관계가 2024년 수교 75주년을 맞아 다시 가까워질 것이란 전망이 나온다. 　나. 실제로 최근 두 나라는 고위급 인사 교류를 이어가고 있다. 2023년말 말 박명호 북한 외무성 부상이 중국을 방문해 왕이 외교부 장관과 쑨웨이 등 차관을 만났으며, 2024년 1월에는 쑨 차관이 다시 방북했다. 　다. 또 북한 노동당 대표단은 지난달 중국을 방문해 공식 서열 4위의 왕후닝 전국인민정치협상회의 주석과 서열 5위인 차이치 공산당 중앙서기처 서기 등을 만나기도 했다. ② 북한과 러시아와의 협력은 이미 가속화하고 있다. 　가. 두 나라는 전쟁을 매개로 무기거래에 나서는 등 최근 급속히 가까워졌다. 인사 교류도 잇따랐다. 최근 정무림 북한 보건상을 단장으로 하는 보건대표단이 러시아를 방문했다. 최선희 외무상은 2024년 1월 러시아를 찾아 블라디미르 푸틴 대통령을 만났다. 러시아 측에선 연해주 주지사와 문화부 차관이 지난달 방북했다. 그리고 2024년 상반기 푸틴 대통령이 방북을 단행하며 군사적 교류 확대와 러시아-북한 동맹을 체결했다. ③ 반면 한국과 러시아의 관계는 악화일로를 걷고 있다. 　가. 외교부가 2024년 초 군수물자 운송과 북한 해외노동자 송출을 통해 북핵 개발 자금 조달을 도운 러시아 선박, 기과, 개인 등에 독자 제재를 부과하자 러시아는 즉각 반발했다. 러시아 외무부는 "대응이 뒤따를 것"이라며 보복을 예고했다. 　나. 앞서 대북 제재 이행을 감시하던 유엔 안전보장이사회 대북제재위 전문가 패널의 임기 연장을 반대한 것도 러시아다. 지난 11일 미국 뉴욕에서 열린 유엔 회의에서 한국은 러시아의 거부권 행사가 부당하다는 점을 성토했지만, 북한 측은 러시아의 거부권 행사와 관련 "매우 감사하다"는 입장을 밝혔다. ④ 이에 맞선 한·미·일은 지난해 캠프 데이비드 합의 이후 삼각 공조 체제를 강화 중이다. 　가. 미국·영국·호주의 군사 동맹인 '오커스'에 한국과 일본의 합류 가능성도 점쳐진다. 　나. 최근엔 한·미·일 연합 해상 훈련을 진행했고, 2024년 8월 을지프리덤실드에선 북한의 핵 사용을 가정한 시나리오를 갖고 훈련도 시행했다. 기시다 일본 총리와 조 바이든 미국 대통령이 정상회담도 가졌다. ⑤ 의견 : 이 같은 대립 관계를 두고 각국이 저마다 다른 의도를 품고 있다는 분석이 나온다.

2. 쟁점 및 함의점	5) 밀착하는 북중러와 한미일	가. 신냉전 구도는 북한이 원하는 흐름이고, 여기에 끌려가지 말아야 한다는 게 전문가들의 지적이다. 북한 입장에서는 중국과 러시아를 자신의 편으로 끌어들이고, 한·미·일과 대립하는 구도를 만들어야 국제사회에서의 영향력을 끌어올리고 핵 보유에 대한 당위성도 인정받을 수 있다고 판단하기 때문이다. 실제로 김정은은 2021년부터 "국제관계 구도가 '신냉전' 체제로 명백히 전환되고 다극화의 흐름이 더욱 가속화되고 있다"며 신냉전을 언급하기 시작했다.

나. 반면 중국 입장에서는 이미 양자 관계로도 관리가 가능한 나라들을 굳이 '북·중·러'라는 3자 구도를 묶어 국제사회와 대립각을 세울 필요가 없다는 게 전문가들의 견해다. 중국은 국제사회에서 '왕따' 격인 북한과 러시아를 끌어안고 3자 구도를 만들어 부담을 짊어질 이유가 전혀 없다. 당장 3자 구도를 와해시키지는 않을 테지만, 양자 관계를 중심으로 조절에 나서며 3국 간의 구도를 조절할 것으로 보인다.

다. 미국과 일본은 '중국 견제'를 최우선 원칙으로 삼고 있는 반면, 한국은 북핵 위협에 대응하는 게 1순위인만큼 전략적 접근이 필요하다. 중국 압박을 우선 과제로 삼은 미·일과 한국은 다른 의도를 갖고 있다는 점을 어떻게 차별화해서 부각시키느냐가 관건이다. 또 북한이 태도를 바꿔서 협상 테이블로 나오지 않는 한, 우리는 북핵 이슈를 최대 의제로 삼고 삼각 공조를 강화하는 스탠스를 유지할 수밖에 없다.

결론

> **의견 제시** 영국 국제정치 전문가인 로빈 니블렛의 <신냉전>에서는 신냉전이 파국으로 귀결되지 않도록 하려면 양쪽 진영이 '자기충족적 예언'을 하지 말아야 한다고 강조한다. 미국은 중국의 궁극적 목표가 전 세계를 지배하는 것이라고 판단하는 경향이 있는데, 이는 능력을 의도와 동일시하는 성급한 판단이라는 얘기다. 니블렛은 중국이 거대한 내수 시장을 갖고 있으나, 대외 무역 의존도가 높고 인구 고령화와 이민에 대한 저항도 향후 중국의 성장에 걸림돌이 될 수 있다고 지적한다. 또 미국과 달리 중국에 진정한 의미의 동맹국이 없다는 사실도 직시해야 한다고 말한다. 중국공산당에 대한 중국 국민들의 불만을 키워 중국을 약화시키겠다는 것도 근거 없는 기대에 불과하다. "중국은 과거 소련보다 통치를 더 잘하는 국가"이기 때문이다.

니블렛은 민주주의 진영이 현재의 주요 7개국(G7)에 한국과 호주를 포함시켜 G9으로 개편해야 한다고 제안한다. 현재의 G7은 미국의 대서양 동맹국 중심인데 이를 태평양 동맹국으로 확대해야 한다는 것이다. 한국은 첨단 반도체와 배터리 생산국이라는 점에서. 호주는 세계 1위 리튬 생산국이자 세계 4위의 우라늄 생산국이라는 점에서 민주주의 진영의 경제 안보에 도움이 된다는 논리다. 현재 중국과 러시아가 공을 들이는 글로벌 사우스의 협력을 얻는 것도 빼놓을 수 없는 과제라고 강조했다.

또한 저자는 지금 전 세계가 신냉전 양상으로 흘러가고 있다 하더라도 G9이 중국과의 무역을 중단해서는 안 된다고 강조한다. 중국 시장에 대한 의존도가 G9 국가마다 달라서 중국과의 무역을 과도하게 규제할 경우 G9 내부에서 불만이 터져나올 수 있다는 것이다. 저자는 반도체, 희토류 등 민감 품목 수입 의존도는 낮추고 자동차, 의류, 식품, 금융, 엔터테인먼트 등 비핵심 부문 투자와 무역을 확대하면 G9과 중국이 모두 이익을 얻을 수 있다고 전망한다.

지경학적 분절화의 심화는 미국과 중국 등 주요 지정학적 세력과의 경제적 연계가 높고 글로벌 공급망에 깊숙이 편입된 우리나라에게 상당한 부담이 아닐 수 없다. 사실 우리야말로 미국 주도의 다자 준칙기반 무역시스템과 국제통화체제의 수혜를 크게 누린 국가인 셈이다. 지정학적 긴장 고조로 더 이상 과거처럼 안정적인 글로벌 무대를 기약할 수 없지만, 그렇다고 수수방관할 수도 없다. 동북아시아 지정학적 요충지에 놓인 현실을 직시하면서, 우리 정부의 국정목표인 '글로벌 중추국가'에 기반하여 국제적, 다자적 차원의 소통과 중재, 협력을 확대해 나가는 것이 중요한 시점이다.

따라서, 우리의 대응은 긴 안목을 갖고 차근차근히 해 나가되 서둘러서는 안 된다.

첫째, 섣불리 글로벌 웨스트를 경시해서는 안 된다. 계속 위축되고 있는 G7 입장에서 볼 때 G7의 확대는 필수 불가결하다. 이 상황에서 우리는 가치를 공유하는 국가들과 연대를 더 강화해야 한다.

둘째, 글로벌 웨스트에 정체성을 두고 글로벌 이스트와 사우스를 구분해 보는 안목을 키워야 한다. 이것은 거대 개도국에 대한 우리 정책이 보다 정밀 해져야 함을 말한다. 거대 개도국과 보다 촘촘하고 다면적인 협력 관계를 확대 · 발전시키고 단기 충격에 따라 성급하게 정책 기조를 변경하는 우를 범해서는 안 된다.

셋째, 인도 · 태평양 지역에서 한국의 존재감을 더 확대해야 한다. 인도 · 태평양 지역 선진국과 협력은 안정적인 다자 틀 위에서 구축되어야 하며, 개도국과 협력은 개발 협력을 넘어서야 한다.

넷째, 대전환이 가져오는 부작용과 충격을 줄이기 위해기술 개발, 인적 자본, 국제 협력, 통상 정책을 모두 고려하는 대책을 세워야 한다. 대외 정책은 정밀하고 다양하며 선별적이어야 하며, 국내 정책과 긴밀히 조율하고, 무엇보다도 현실에 대한 정확한 인식 아래 전략적이어야 한다.

다섯째, 파편화된 질서 속에서 진영화가 동시에 나타나는 혼란스러운 국제질서 속에서 외교가 할 일은 리스크 분산이 핵심 과제이다. 가치와 국익 사이에서 이를 어떻게 믹스한 국가전략을 펼칠 것인지에 대한 판단 기준을 마련해야 한다. 중국과의 디커플링 대신 디리스킹을 선언한 유럽의 고민도 같은 맥락에서 나온 것이라 할 수 있다. 외적인 경제적 충격이나 경쟁국의 정치 · 경제적 압박으로부터 견딜 수 있는 국가와 사회의 탄력성(resilience)을 어떻게 키울지도 중요한 과제이다. 한국과 비슷한 처지인 유사 입장 국가들과의 협력도 더욱 중요해졌다.

한편, 여기서 우리가 주목해야 할 잠재적 기회도 존재한다.

첫째, 지정학적 진영간의 직접적인 경제 연계는 약화되고 있지만, 비동맹 '연결국가'들을 매개로 한 간접적인 연계가 이어지고 있다. '넥스트 차이나'의 선두주자 인도는 물론이고, 인도네시아, 베트남, 멕시코, 브라질, 터키, 남아공 등은 양호한 인구구성비와 풍부한 자연 자원, 그리고 양강의 틈새에서 새롭게 다지고 있는 경제적, 외교적 기회를 기반으로 향후 세계경제의 강력한 견인차 역할이 기대된다. 물론 지정학적 양대 진영에서도 이들을 대상으로 구애와 협박을 통한 편가르기가 예상되지만, 21세기 세계경제의 새로운 활로를 개척할 연결국가와의 공조와 협력은 그만큼 절실해 보인다.

둘째, 국제 지급결제망이나 외환보유액의 脫달러 움직임에도 주의가 필요하다. 그 과정에서 우리나라 원화, 나아가 국내 금융시장이 국제적으로 일종의 '準안전자산'으로 입지가 점차 강화되고 있는 것이다. 오랜 기간 우리는 외화나 자금흐름과 관련해 이른바 '신흥시장의 원죄'에 시달려 왔다.

    하지만 21세기 들어 한국은 선진경제로 올라섰고, 대외 투자에서도 순투자국, 순채권국의 지위를 누리고 있다. 국제 통화·금융질서의 혼란은 분명

    우리에게 커다란 위협이지만, 동시에 다자적이고 수평적인 네트워크에 기반한 한국 금융의 새로운 도약을 꿈꿀 기회가 될 수도 있다.

<출처: 하나금융경영연구소>

chapter 04 수출호조의 요인과 리스크

01 논제 개요 잡기[핵심 요약]

서론	이슈언급		2024년 8월 한국의 수출액이 579억 달러로 8월 기준 역대 최대 실적을 기록했다. 한편 수출에서 수입을 뺀 무역수지는 38억 달러 흑자를 나타냈다. 이로써 한국의 수출 증가는 2023년 10월부터 11개월 연속 계속됐었다. 주력 산업인 반도체 수출이 월별 기준 사상 최대 실적을 내며 전체 수출 실적을 끌어올렸다. 수출 호조 속에 무역수지도 15개월 연속 흑자를 이어갔다. 다만, 특정 수출 품목 및 특정 국가에 대한 높은 집중도, 보호무역주의의 확대 등은 여전히 우려스러운 대목이다.
본론	1. 수출호조	1) 수출확대 동향	최근 한국 수출은 반도체 등 IT 품목과 자동차, 미국을 중심으로 호조세 지속 ① 2024년 수출은 2023년 말부터 이어진 반도체 부문의 회복세에 더하여, 자동차 역시 견조한 성장세를 유지하면서 15개월 (2024년 8월 기준) 연속 무역수지 흑자를 견인 ② 수출 증가율은 국가 간 분쟁으로 인한 불확실성이 여전함에도 불구하고, 반도체 경기의 강한 회복세로 2023년 10월 증가 전환한 후 양호한 증가세를 유지 중 ③ 최근 몇 년간 미국으로의 수출이 견조한 증가세를 유지

본론	**1. 수출호조**	2) 최근 수출의 특징	① 글로벌 무역 구조의 재편에 따른 주요 무역 파트너 관계 변화 ② 글로벌 수요 증가에 힘입어 반도체와 수송기계 부문이 전체 수출 성장을 주도 ③ 소비재 수출의 뚜렷한 증가
		3) 수출호조의 배경	① 미국 경기 호황과 중국의 경기 회복 ② 반도체 경기의 빠른 회복과 AI 수요 확대 ③ 세계적인 친환경 기술 수요 확대 ④ 한류(Korean Wave)의 확산 ⑤ 강(强)달러 현상의 지속
	2. 리스크 요인 <출처: 대외 경제연구소>	1) 리스크 요인	① 특정 수출 품목 및 국가에 대한 높은 집중도 ② 대중국 수출의 지속적인 둔화 가능성 ③ 제조업 해외 현지생산의 확대 ④ 교역 환경의 급격한 변화와 미국의 무역 제재 강화 가능성
결론	**의견제시** <출처: 대외 경제연구소>		① 수출 리스크 요인 중 일부는 구조적 요인의 성격이 강한 편이다. 중국 경제성장 둔화 및 수입구조 변화, 제조업 해외 현지생산의 확대 등은 구조적 요인으로 단기간에 이를 개선하고 대응하기 어려운 과제다. 따라서, 한국은 수출주도형 성장 국가로서 향후 수출에 부담으로 작용할 가능성이 있는 구조적 요인들의 영향을 최소화하는 노력이 필요하다. ② 대내적으로는 장기적인 관점에서 세계 교역구조 변화에 유연하게 대응하기 위한 수출 구조 변화가 필요하다. ③ 대외적으로는 보호주의 무역 강화 등 불확실한 세계 교역 환경에서 수출 확대를 위한 정책적 노력이 필요하다.

02 논제 풀이

서론

이슈 언급 2024년 8월 한국의 수출액이 579억 달러로 8월 기준 역대 최대 실적을 기록했다. 한편 수출에서 수입을 뺀 무역수지는 38억 달러 흑자를 나타냈다. 이로써 한국의 수출 증가는 2023년 10월부터 11개월 연속 계속됐었다. 주력 산업인 반도체 수출이 월별 기준 사상 최대 실적을 내며 전체 수출 실적을 끌어올렸다. 수출 호조 속에 무역수지도 15개월 연속 흑자를 이어갔다.

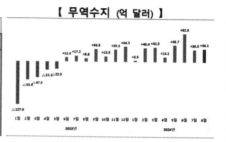

【 수출입 실적 (억 달러, %) 】				
구 분	'23년	'24년		
	8월	6월	7월	8월
수 출	520 (△8.1)	573 (+5.6)	575 (+13.9)	579 (+11.4)
수 입	510 (△22.7)	491 (△7.5)	539 (+10.5)	541 (+6.0)
무역수지	+10	+83	+36	+38

<출처: 산업통상부>

　한편, 한국의 연간 총수출액이 1956년 통계 작성 이래 처음으로 일본을 제칠 수 있을 것으로 전망된다. 한국의 2024년 2분기 수출액은 1,713억 달러로 일본(1,707억 달러)보다 6억 달러 많았다. 2023년 1인당 국민총소득(GNI)이 사상 처음으로 일본을 추월한 데 이어, 수출마저 일본을 넘어서게 될 것으로 기대된다. 2024년 하반기 전망도 밝다. 7월(14%)과 8월(11.4%) 두 자릿수 수출 증가세를 이어가면서 일본과 수출액 격차를 줄이고 있다. 이 같은 추세대로라면 한국은 2024년 사상 최대치인 6,960억~6,970억 달러의 연간 수출액을 기록할 것으로 전망된다. 일본의 연간 수출액은 6,915억 달러로 예상되는데 이는 2023년(7,173억 달러)에 크게 못 미치는 수치다. 하반기에 여러 변수가 작용할 수 있지만 현재 예상대로라면 한국의 수출액이 일본을 50억 달러가량 앞설 것이라는 전망에 힘이 실린다. 또한, 산업통상자원부와 세계무역기구(WTO)에 따르면 한국의 2024년 상반기 수출 증가율은 9.1%로 주요 10대 수출국 중 1위로 나타났다. 중국(5.2%), 멕시코(2.6%), 미국(2.3%), 캐나다(0.2%) 등이 뒤를 이었다. 일본(-3.6%)과 이탈리아(-1.1%), 독일(-1.5%), 프랑스(-2.5%) 등은 수출이 뒷걸음질 쳤다.

　다만, 특정 수출 품목 및 특정 국가에 대한 높은 집중도, 보호무역주의의 확대 등은 여전히 우려스러운 대목이다.

　이에 본지에서는 수출호조의 요인들과 리스크 요인들을 살펴본 후, 정책적 방안을 제시하기로 한다.

📈 본론

1. 수출호조 <출처: 대외경제연구소>	1) 수출확대 동향	최근 한국 수출은 반도체 등 IT 품목과 자동차, 미국을 중심으로 호조세 지속. ① 2024년 수출은 2023년 말부터 이어진 반도체 부문의 회복세에 더하여, 자동차 역시 견조한 성장세를 유지하면서 15개월 (2024년 8월 기준) 연속 무역수지 흑자를 견인. ② 수출 증가율은 국가 간 분쟁으로 인한 불확실성이 여전함에도 불구하고, 반도체 경기의 강한 회복세로 2023년 10월 증가 전환한 후 양호한 증가세를 유지 중. * 수출 증가율(전년동기비, %): (2023년 상반기) △12.4 → (2023년 하반기) △2.4 → (2024년 상반기) 9.0

③ 최근 몇 년간 미국으로의 수출이 견조한 증가세를 유지.

　가. 중국은 우리의 수출 상대국 1위였으나, 2022년부터 3년 연속 점유율은 하락하고 있는 반면, 미국으로의 수출 점유율은 2020년 이후 지속적으로 확대.

　나. 2024년 상반기 수출에서 미국 비중(19.2%)이 중국(18.9%)을 20년 만에 근소한 차이로 추월.

　　* 수출의 미국 비중(%): (2022년) 16.1 → (2023년) 18.3
　　　→ (2024년 상반기) 19.2
　　* 수출의 중국 비중(%): (2022년) 22.8 → (2023년) 19.7
　　　→ (2024년 상반기) 18.9

　다. 2024년 상반기 대미국 무역수지는 287억 달러의 흑자를 기록해 중국의 54억 달러의 적자와는 상반된 흐름을 보이면서 미국이 한국의 최대 교역국으로 급부상.

[최근 수출 추이]

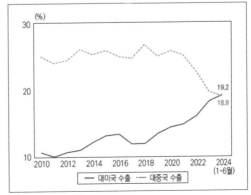

자료: 한국무역협회.

[한국 수출에서 미국과 중국이 차지하는 비중]

자료: 한국무역협회.

1. 수출호조
<출처: 대외
경제연구소>

1) 수출확대
동향

1. 수출호조 <출처: 대외 경제연구소>	2) 최근 수출의 특징	① 글로벌 무역 구조의 재편에 따른 주요 무역 파트너 관계 변화.

① 글로벌 무역 구조의 재편에 따른 주요 무역 파트너 관계 변화.

   가. 우리나라의 대미 수출은 경쟁국 대비 강하게 증가하고 있는 반면, 대중 수출은 감소 추세.

   나. 2019년 이후 미국 수입에서 한국과 아세안의 상승세가 두드러지며, NAFTA 동맹국인 멕시코와 캐나다의 증가세도 높은 편.

      * 2019년 대비 2023년 미국 총수입에서 가장 큰 비중으로 증가한 국가는 아세안과 한국이며, 멕시코와 캐나다도 큰 폭의 성장.

   다. 한편, 중국의 국가별 수입을 보면 한국은 2021년을 기점으로 가파르게 하락하고 있으며, 일본도 유사한 흐름을 보이는 반면, 브라질, 아세안, 미국은 양호한 상승세.

② 글로벌 수요 증가에 힘입어 반도체와 수송기계 부문이 전체 수출 성장을 주도.

   가. 2024년 상반기 13대 주력산업 수출은 지정학적 불확실성과 인플레 압력이 존재하는 상황 속에서도 반도체 등 IT 제품의 수출단가가 개선되고 대미 수출 호조세의 지속 영향으로 2023년 대비 9.0% 증가하며 전년의 실적 부진을 만회하는 중.

   나. 반도체 : AI 반도체 수요 증가 및 메모리 반도체 단가 회복으로 2024년 6월까지 2023년 동기 대비 52.2% 성장하면서 작년의 수출 부진을 만회.

      * 2023년 기준 수출 순위 및 비중(한국무역협회) : 1위 반도체 15.6%, 2위 자동차 14.8%, 3위 일반기계 8.5%, 4위 석유제품 8.2%, 5위 석유화학 7.2%, 6위 철강 5.6%

   다. 자동차 : 2023년에는 938억 달러로 역대 최고치를 기록하였고, 2024년에도 미국시장 판매 호조가 계속 이어지면서 상반기 기준 역대 최고 실적을 기록.

   라. 선박 : 2021년 높은 선가로 수주한 고부가선박이 본격적으로 인도되면서 6월까지 2023년 동기 대비 28.7% 증가하고, 3개 반기 연속 10% 넘는 성장세를 유지 중.

③ 소비재 수출의 뚜렷한 증가 : 한국은 자본재와 중간재의 수출 비중이 높은 편이었으나, 최근 다양한 소비재 품목들의 수출증가세가 뚜렷.

   가. 자동차를 제외한 소비재 수출은 2010년 168억 달러에서 2014년 200억 달러를 달성한 뒤, 2023년에는 250억 달러를 상회하며 빠르게 성장하고 큰 규모의 수출을 기록.

   나. 화장품 수출은 2005년 2억 달러에서 2021년 77억 달러로 최고치를 기록하였고, 2024년 상반기 41억 달러를 기록하며 선전. 구체적으로 중국으로의 화장품 수출은 축소(2023년 전년 대비 22.6% 감소)되었음에도, 수출시장의 다변화에 성공하면서 미국(+46.4%), 홍콩(+29.3%), 베트남(+36.0%) 등으로의 수출이 확대.

   다. 라면 수출금액은 2015년 2억 달러에서 2023년에는 10억 달러로 8년 만에 5배나 증가했으며, 2024년에는 12억 달러를 상회할 것으로 예상.

2) 최근 수출의 특징

라. 화장품과 라면의 수출 증가세는 올해에도 총수출 증가율을 월등하게 상회하고 있으며, 당분간 이러한 추세는 이어질 가능성.

　　* 2024년 상반기 수출 증가율(전년동기비, %): 소비재(자동차 제외) 10.0%, 화장품 16.4%, 라면32.3%, 총수출 9.0%

1. 수출호조
<출처: 대외 경제연구소>

3) 수출 호조의 배경

① 미국 경기 호황과 중국의 경기 회복.

가. 최근 미국과 중국의 경제성장률은 OECD와 IMF 등에서 예상한 전망치를 상회. 2024년 5월 OECD는 2024년 미국 경제성장률을 2.6%, 중국 경제성장률을 4.9%로 상향 조정하였는데, 이는 기존(2024년 2월 발표)보다 각각 0.5%포인트, 0.2%포인트 높은 수치.

나. IMF 역시 5월 발표한 수정 전망에서 미국 경제성장률을 2.6%, 중국 경제성장률을 5.0%로 상향 조정.

다. 우리나라의 수출에서 중국과 더불어 미국의 비중이 확대되면서 미국·중국 양국의 경기가 중요한 요인으로 작용.

라. 미국은 소비와 투자 증가의 영향으로 경기 확장 추세 지속.

② 반도체 경기의 빠른 회복과 AI 수요 확대.

가. 2024년 세계 IT시장은 2023년에 부진했던 IT 기기 수요가 회복되고 소프트웨어와 IT 서비스시장이 지속적으로 성장하면서 전년 대비 약 8% 성장할 전망.

나. 세계 IT 기기 시장은 2022년 -10.7%, 2023년 -9.1%로 역성장하며 부진하였으나, 2024년에는 수요가 회복되면서 3.6% 증가 예상.

다. 세계 IT 서비스 시장도 2023년 6.1% 성장에 이어 2024년도 9.7% 성장할 것으로 예상.

라. IT산업의 수요 회복에 힘입어 세계 반도체 수요 확대. 2024년 세계 반도체 시장은 세계 IT시장 회복과 2023년 공급과잉이 해소되면서 전년 대비 17.4% 성장할 것으로 예상.

마. 특히, 생성형 AI 확산에 따른 서버의 AI 기능 채택과 SSD 수요 증가, 생성형 AI 기능을 탑재한 PC·스마트폰 시장 확대, 전기차·자율차 수요 증가 등이 긍정적 요인.

바. 메모리 반도체 시장이 70.5%, 비메모리 반도체 시장이 6.2% 성장할 것으로 전망되어, 메모리 반도체 수출 비중이 높은 한국 수출에 긍정적 영향을 줄 것으로 기대.

③ 세계적인 친환경 기술 수요 확대.

가. 세계적인 친환경 선호는 한국 수출에도 긍정적 영향.

나. 친환경 차 : 2024년 상반기 친환경 차 수출금액은 122억 달러로 자동차 수출(370억 달러)의 32.9%를 차지. 특히 하이브리드(HEV, PHEV)의 수출금액이 62억 달러로 전년동기 대비 19.5% 증가하여 하이브리드의 수출이 최근 친환경 차 수출 호조를 주도).

　　* 전기차 수출 중 미국 비중 추이(%): (2022년) 33.6 → (2023년) 35.2 → (2024년 상반기) 45.0

다. 친환경 선박 : 친환경 연료를 사용할 수 있는 이중연료(Dual Fuel) 선박,
액화천연가스(LNG) 운반선 등 고부가가치 선종 중심으로 수출이 증가.

[친환경차 수출 추이]

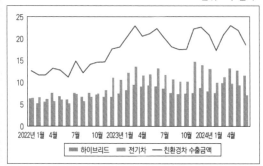

자료: 한국무역협회, 한국자동차모빌리티산업협회.
　주: 친환경 차는 HEV(하이브리드), PHEV(플러그인하이브리
　　　드), BEV(전기차)를 의미.

[이중 연료 선박 건조 추이]

1. 수출호조
<출처: 대외
경제연구소>

3) 수출
호조의
배경

자료: Clarksons WFR(2024. 6. 10 기준).

④ 한류(Korean Wave)의 확산.

　가. 한류의 확산은 문화를 넘어 산업으로 자리매김하는 분위기로 수출에
　　　긍정적 영향.

　나. 세계적인 관심 속에 영화와 드라마, 소셜미디어 등을 통해 한류가 아
　　　시아를 넘어 세계로 확산하면서 대상 수출국이 다변화되고 있다는 것
　　　이 특징.

　다. 이러한 분위기 속에 2023년 한국 총수출이 7.5% 감소하였지만, 한류
　　　관련 수출액은 142억달러로 2022년 대비 5.1% 증가한 것으로 분석.

　라. K-푸드 수출금액에서 2024년 2월부터 일본, 중국을 제치고 미국이
　　　1위로 급부상.

마. 2024년 상반기 K-뷰티(화장품)의 수출금액은 중국이 약 11억 달러로 가장 많으나, 감소세인 반면에 수출 증가율이 미국 58.6%, 아세안 26.0%, 일본 17.6%에서 큰 폭의 증가.

⑤ 강(强)달러 현상의 지속 : 통상적으로 원/달러 환율 상승은 세계시장에서 한국 수출 품목의 수출단가를 낮추어 가격경쟁력에 긍정적 영향.

가. 원/달러 환율 상승에서 미국 경제 활황으로 인한 강 달러 흐름이 가장 중요한 원인으로 손꼽히지만, 중동지역의 리스크 확대도 영향을 미쳤으며, 원화가 일본, 중국 등 주변국 통화에 동조화 하면서 통화가치가 떨어졌다는 분석.

* 원/달러 환율은 2024년 7월 15일 기준 1,382.8원으로 지난 4월 1,400.8원 이후 최고치 기록. 미국이 금리를 낮추기 전까지는 강 달러 현상이 지속될 것으로 전망되는 가운데, 금리를 낮추더라도 미국 대선에서 트럼프가 당선되면 강 달러 흐름이 지속될 가능성도 제기.

1. 수출호조
<출처: 대외 경제연구소>

3) 수출 호조의 배경

[상반기 주요국 한류품목 수출 추이]

단위: %

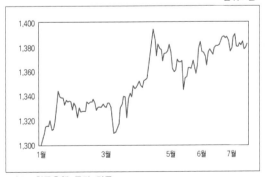

자료: 한국무역협회, 농림축산식품부.

[원/달러 환율 추이]

단위: 원

자료: 한국은행 종가 기준.

**2. 리스크
요인**
<출처: 대외
경제연구소>
	1) 리스크
	요인
		① 특정 수출 품목 및 국가에 대한 높은 집중도.
		  가. 2024년 상반기 한국 수출에서 반도체 비중은 19.6%이며, 반도체, 자동차, 선박을 합산하면 34.2%로 총수출에서 차지하는 비중이 상당히 높은 것으로 나타남.
		  나. 미국과 중국으로의 수출 비중은 40%에 달해, 한국은 두 국가에 대한 수출 의존도가 매우 높은 상황.
		    * 대미ㆍ중 수출 비중 추이(한국무역협회, %): (2022년) 38.8 → (2023년) 38.0 → (2024년 1~6월) 38.1
		  다. 만일 반도체 사이클이 후퇴하거나 미국과 중국의 경기가 위축된다면, 한국 수출에 영향을 줄 수밖에 없는 구조.
		② 대중국 수출의 지속적인 둔화 가능성.
		  가. 중국 경제성장률은 금융위기 이전 10.7%에서 최근 10년 7.5%로 둔화되었으며, 수입 증가율 역시 2000~2008년 22.4%에서 2013~2023년 3.4%로 크게 하락.
		  나. 중국은 2024년 양회에서 제조업을 중심으로 첨단제조 클러스터, 국가급 신형공업화(新型工業化) 시범구 등을 구축하고, 글로벌 영향력을 보유한 '중국제조' 브랜드를 육성하겠다고 강조.
		  다. 그동안 중국의 산업 고도화로 제조업 경쟁력이 향상되어 자국산 중간재 자급률이 상승하였고, 이러한 흐름은 중간재 수출 비중이 높은 한국 수출에 부정적 영향.
		③ 제조업 해외 현지생산의 확대.
		  가. 해외투자를 목적별로 보면, 현지 시장 진출을 위한 투자 비중이 2000년 11.0%에서 2023년 62.3%로 현저하게 증가.
		  나. 미ㆍ중 패권경쟁 심화, 보호무역 강화, 주요국의 산업육성 정책 변화 등에 대응하기 위해 원자재 구매에서 제품 생산 및 판매까지 현지에서 해결하는 법인이 증가하는 분위기.
		  다. 제조업 해외 현지생산 확대로 인한 해외 생산거점의 이동은 국내 중간재 수출을 일부 대체하여 한국 수출에 제약 요인으로 작용할 가능성.
		④ 교역 환경의 급격한 변화와 미국의 무역 제재 강화 가능성.
		  가. 탈세계화(deglobalization)와 재세계화(reglobalization)가 팽팽하게 맞선 가운데 11월 예정된 미국 대선 결과에 따라 통상전략에 변화가 있을 것으로 예상.
		  나. 특히 트럼프 전 대통령의 재 당선 시 강도 높은 자국 보호무역 정책이 예상되는데, 트럼프가 제시한 통상 부문 주요 공약 중 10% 보편 관세의 도입, 상호무역법 제정 등은 한국의 대미국 수출 호조세 지속에 영향을 줄 수 있음.

📈 결론

의견 제시　① 수출 리스크 요인 중 일부는 구조적 요인의 성격이 강한 편이다. 중국 경제성장 둔화 및 수입구조 변화, 제조업 해외 현지생산의 확대 등은 구조적 요인으로 단기간에 이를 개선하고 대응하기 어려운 과제다. 따라서, 한국은 수출주도형 성장 국가로서 향후 수출에 부담으로 작용할 가능성이 있는 구조적 요인들의 영향을 최소화하는 노력이 필요하다.

② 대내적으로는 장기적인 관점에서 세계 교역구조 변화에 유연하게 대응하기 위한 수출 구조 변화가 필요하다.

첫째, 고부가가치 품목의 수출 확대는 한국 수출에 무엇보다 중요한 과제로 기술 개발을 통한 역량 강화와 경쟁력 우위 선점이 중요하다. 향후 친환경 차, 친환경 선박 등 고부가가치 품목에 대한 경쟁이 더욱 치열해질 것으로 예상됨에 따라 세계시장에서 주도권을 유지하기 위한 노력이 필요하다.

둘째, 한편, 중국과의 기술 수준 및 경쟁력 격차가 축소됨에 따라 중국의 자급률 제고로 인한 세계시장에서 중국과의 경쟁 심화 및 대중국 수출 둔화가 우려되어 수출시장의 다변화가 필요하다.

③ 대외적으로는 보호주의 무역 강화 등 불확실한 세계 교역 환경에서 수출 확대를 위한 정책적 노력이 필요하다.

첫째, 세계 교역 환경의 변화로 자국 우선주의와 보호무역주의가 강화되고 있어 우리 수출 기업들의 정책적 수요를 반영하여 수출 장려책을 확대해야 한다.

둘째, 한국이 미·중에 대한 수출 비중이 높은 편인 만큼 양국의 무역분쟁 심화 및 변화 가능성에 대비하여 다양한 국가를 이용한 공급망 형성 등의 전략 수립이 중요하다.

셋째, 대규모 흑자를 기록 중인 품목의 미국 수출이 더욱 확대될 경우 예상되는 미국의 관세 인상 등 규제강화에 대비하여 선제적 대응책 마련이 필요하다.

<출처: 대외경제연구소>

chapter 05 일본 금리 인상과 엔 캐리 트레이드

01 논제 개요 잡기 [핵심 요약]

서론	이슈언급	'캐리 트레이드'는 금리가 낮은 통화로 자금을 조달해 금리가 높은 국가나 수익률이 높은 자산에 투자하는 전략을 뜻한다. 1999년 일본이 세계 역사상 처음으로 제로금리에 진입하면서 엔화를 싼값에 빌려 달러화 등 각종 자산에 투자하는 엔 캐리 트레이드가 '캐리 트레이드'의 대명사로 자리 잡았다. 이후 엔 캐리 트레이드는 일본과 다른 국가의 금리차와 엔화 가치의 흐름, 글로벌 금융시장의 변동성에 따라 투자와 청산의 사이클을 오가며 시장을 흔드는 요인이 됐다.	
본론	1. 일본의 금리인상	1) 현황 및 배경	① 현황 : BOJ는 2024년 3월 마이너스 금리 해제 결정에 이어, 7월(7월30일~31일) 회의에서 금리 추가인상과 장기국채 매입감액(테이퍼링) 계획을 발표 ② 결정배경 : BOJ는 물가·임금 지표에 근거해 경기가 완만한 회복 단계에 이른 것으로 판단하여 금리인상을 결정. 또한, 향후 경제가 BOJ의 전망궤도를 따라갈 경우(on track), 추가적인 금리인상 의향도 시사
		2) 평가 및 전망	① 금번 통화긴축은 '엔저 장기화'의 부작용(생활물가 상승 등)을 막기 위한 고육지책으로 평가되며, 재정·경기악화 부담으로 추가 금리인상은 쉽지 않은 상황

1. 일본의 금리인상	2) 평가 및 전망	② 2024년 8월 중 엔/달러 환율은 미 경기침체 우려 부각, 미-일 금리차 축소 기대확대로 2024년 8월 5일 142.38엔까지 급락 후 일본은행 금리유지 시사 ③ 일본의 통화정책 정상화 의지에도 불구, 추가적인 긴축이 쉽지 않아 엔화가치 상승폭은 제한될 가능성
	1) 의미	① 고금리 통화 자산에 투자하는 캐리트레이드 전략은 본래 저금리 통화를 조달해서 고금리 통화에 투자함으로써 국가 간의 금리 차이를 수취하는 전략이다. ② 하지만, 이론적으로는 캐리트레이드는 유의미한 수익률을 기록하기 힘들다. 그 이유는 투자하는 고금리 통화가 해당 국가의 인플레이션이 높기 때문에 통화 가치가 절하(depreciation), 고금리 통화와 저금리 통화의 금리 차이는 두 통화의 환율변동 분으로 인해 상쇄되기 때문이다. ③ 넓은 의미의 엔 캐리 트레이드 : 저금리 통화를 조달해서 고금리 통화에 투자하는 방법 이외에도 다양한 자산에 투자하는 방법을 의미한다.
본론	2) 단점	① 수익률 급락이 빈번하고, 그 시점을 예측하기 어렵다.
	3) 역사	
2. 엔 캐리 트러이드	4) 2024년 8월 5일 블랙먼 데이 사건	① 엔 캐리 트레이드 청산이 2024년 8월 5일 블랙 먼데이의 보이지 않는 손으로 작용한 건, 2021년 이후 늘어난 엔화 유동성에 기인한다. ② 일본의 금리가 상승하고 다른 국가의 금리가 하락할수록, 엔화 가치가 오를수록 엔 캐리 트레이드 여건은 나빠진다. ③ 상황이 이렇다 보니 엔화 강세와 깜짝 금리 인상은 금융시장을 뒤흔들었다. 엔 캐리 트레이드 청산이 이어지며 당장 엔화 약세에 베팅한 투자자들도 손실을 입었다.
	5) 전망	① 이제 관심은 금번 엔 캐리 트레이드 청산의 종료 시점이다. 엔 캐리트레이드 철수가 이제 마무리 단계에 접어들었다는 낙관과 아직 대규모 철수가 더 남았다고 보는 비관론이 팽팽히 맞서고 있다. 헤지펀드들이 철수했지만 가계, 기업 등 일반적인 투자자들까지 가세하면서 엔 캐리트레이드 철수가 더 늘어날 수 있다는 우려가 나온다. ② 문제는 이런 추정의 신빙성이 떨어진다는 데 있다. 엔 캐리 트레이드 자금은 엔화 대출 잔액이나 일본 거주자의 해외 증권투자, 선물거래 포지션 등으로 추정은 하지만 규모를 가늠하기 어렵다.

본론	2. 엔 캐리 트러이드	6) 위안화 캐리 트레이드/스 위스프랑 캐 리 트레이드	① 엔화가 캐리 트레이드의 대표 주자 자리를 내줄 가능성도 있다. 투자자들이 싼값에 조달할 수 있는 위안화로 눈을 돌리고 있다. ② 한편, 엔화와 함께 안전자산으로 꼽히는 스위스프랑은 이자율 이 낮아 캐리 트레이드에 적합한 통화로 평가된다.
결론	의견제시		금융감독원에 따르면, 2024년 2월 말 기준 일본인의 국내 상장 주식 보유 금액은 14 조 8,650억 원으로 집계됐다. 14조 원 넘는 일본 자금이 한국 증시에 들어와 있는 것 이다. 자본유출입에 취약한 우리로서는 언제 터질지 모를 시한폭탄이 아닐 수 없다. 우리가 주시해야 할 것은 외풍에 유난히 취약한 국내 증시 체력이다. 내릴 땐 속절없 이 추락하고, 반등할 땐 찔끔 오르는 것이 우리 증시다. 한편, 추가적인 청산이 진행될지 여부는 미국과 일본의 통화정책 속도에 달려있다고 본다. 엔캐리 거래 모니터링은 물론이거니와 거래 확산의 주요 변수인 일본 내외 금리 차를 꼼꼼하게 점검할 때다. 금융 불안이 시스템 위기로 번지지 않도록 시장을 촘촘히 모니터링하고 선제적으로 대응해야 할 때다.

02 논제 풀이

서론

 **이슈
언급** 2024년 8월 초 전 세계 증시를 뒤흔들었던 '블랙 먼데이'는 주식과 채권 · 외환 등 전 세계 주요 자산으로 흘러 들어갔던 엔화 자금의 귀환과 자산 리밸런싱이 시장에 균열을 가하며 빚어졌다. 미국發 경기침체 공포에 엔 캐리 트레이드 청산에 따른 글로벌 자금 이탈, 인공지능(AI) 수익성 둔화, 중동 불안 등 악재가 한꺼번에 시장을 덮치자 패닉셀(공포에 따른 투매)이 벌어졌고 글로벌 금융위기 수준의 급락장이 연출됐다.

일본은 2024년 3월 마이너스 금리를 해제했고, 7월에는 기준금리를 0.25%까지 올렸다. 이에 따라 엔 캐리 트레이드(싼 이자로 엔화를 빌려 상대적으로 높은 국가에 투자)가 청산 수순을 밟으면서 글로벌 유동성이 축소돼, 2024년 8월 증시 하락이 더 가팔라졌다. 급격한 엔고로 수출 비중이 큰 일본기업의 미래도 어두워졌다.

'캐리 트레이드'는 금리가 낮은 통화로 자금을 조달해 금리가 높은 국가나 수익률이 높은 자산에 투자하는 전략을 뜻한다. 1999년 일본이 세계 역사상 처음으로 제로금리에 진입하면서 엔화를 싼값에 빌려 달러화 등 각종 자산에 투자하는 엔 캐리 트레이드가 '캐리 트레이드'의 대명사로 자리 잡았다. 이후 엔 캐리 트레이드는 일본과 다른 국가의 금리차와 엔화 가치의 흐름, 글로벌 금융시장의 변동성에 따라 투자와 청산의 사이클을 오가며 시장을 흔드는 요인이 됐다.
이에 본지에서는 일본의 금리인상 현황에 대해 알아본 후, 이로 인해 우려되는 엔 캐리 트레이드 청산 리스크에 대해 검토하기로 한다.

1. 일본의 금리인상

1) 현황 및 배경
<출처: IBK 경제연구소>

① 현황 : BOJ는 2024년 3월 마이너스 금리 해제 결정에 이어, 7월(7월30일~31일) 회의에서 금리 추가인상과 장기국채 매입감액(테이퍼링) 계획을 발표.

가. 금리인상 : 단기정책금리(무담보 콜금리)를 현행 0~0.1%에서 0.25%로 0.15%p 인상.

나. 테이퍼링 : 현재 월 국채 매입액 약 6조 엔에서 2026년 1분기까지 3조 엔으로 축소.

② 결정배경 : BOJ는 물가·임금 지표에 근거해 경기가 완만한 회복 단계에 이른 것으로 판단하여 금리인상을 결정. 또한, 향후 경제가 BOJ의 전망궤도를 따라갈 경우(on track), 추가적인 금리인상 의향도 시사.

가. 물가 : 소비자물가 27개월 연속 2% 이상을 유지해 디플레이션을 벗어났다고 판단.

나. 임금 : 춘투(노사 임금협상) 최종 임금인상률(평균) 5.1%로, 30년만의 최대 인상폭 기록.

[일본 기준금리(단기정책금리) 추이]

자료 : Bank of Japan

<자료: Bank of Japan>

2) 평가 및 전망

① 금번 통화긴축은 '엔저 장기화'의 부작용(생활물가 상승 등)을 막기 위한 고육지책으로 평가되며, 재정·경기악화 부담으로 추가 금리인상은 쉽지 않은 상황.

가. 재정악화 부담 : 막대한 규모의 국가부채로 인한 이자부담 증가*로 추가 긴축여력 부족.

* 현 부채규모 약 1,200조 엔(2023년, GDP대비 265%로 세계 1위), 금리 1% 인상 시 이자부담 3.7조 엔(2025년) 증가 예상

나. 경기위축 부담 : 日 당국은 '물가상승→임금상승→소비증가→경기회복'을 강조하나, 실질임금 감소로 소비회복이 지연*되면서 2024년 1분기 GDP는 마이너스(-2.9%) 기록. (다만, 일본의 2024년 2/4분기 실질GDP 성장률은 전기대비 0.8% (연율 3.1%)로 1분기 감소에서 증가로 전환)즉, 명목지표(물가상승률, 명목임금) 충족을 '물가-임금 선순환' 달성으로 해석하는 것은 시기상조.

1. 일본의 금리인상	**2) 평가 및 전망**	* 가계 소비지출(전동비, %) : △6.3(2024년 1월) → △0.5(2월) → △1.2(3월) → 0.5(4월) → △1.8(5월) → △1.4(6월) ② 2024년 8월 중 엔/달러 환율은 미 경기침체 우려 부각, 미-일 금리차 축소 기대확대로 2024년 8월 5일 142.38엔까지 급락 후 일본은행 금리 유지 시사. 미 경착륙 우려 완화 등으로 147엔대까지 반등하였으나 이후 미-일 금리차 축소 기대가 다시 확대되면서 144엔대까지 하락. ③ 일본의 통화정책 정상화 의지에도 불구, 추가적인 긴축이 쉽지 않아 엔화가치 상승폭은 제한될 가능성. 다만, 전 세계적 금리인하와 맞물려 금리차이 축소로 엔캐리 청산 발생 시, 주식 등 자산가격 하락요인이 될 수 있어 유의할 필요가 있다.
2. 엔 캐리 트레이드	**1) 의미**	① 고금리 통화 자산에 투자하는 캐리트레이드 전략은 본래 저금리 통화를 조달해서 고금리 통화에 투자함으로써 국가 간의 금리 차이를 수취하는 전략이다. 따라서 캐리트레이드 수익률은 조달 통화와 투자 통화의 금리 차이, 투자 통화 대비 조달 통화의 환율 변동분으로 구성된다. 가. 예를 들면 일본의 기준금리(0.25%)로 엔화를 조달해서 달러로 환전 후 미국의 기준금리(5.50%)를 수취하는 경우에는 연 5.25%의 수익률을 거둘 수 있다. 나. 여기서 엔·달러 환율이 상승(엔화 가치 하락)하는 경우엔 엔화 가치 하락분만큼의 추가 수익을 거둘 수 있다. 하지만 엔·달러 환율이 연 5.25% 이상 하락(엔화 가치 상승)하면 캐리트레이드 전략은 손해를 보게 된다. ② 하지만, 이론적으로는 캐리트레이드는 유의미한 수익률을 기록하기 힘들다. 그 이유는 투자하는 고금리 통화가 해당 국가의 인플레이션이 높기 때문에 통화 가치가 절하(depreciation), 고금리 통화와 저금리 통화의 금리 차이는 두 통화의 환율변동분으로 인해 상쇄되기 때문이다. 가. 이렇게 캐리트레이드 수익률은 유의미한 수익률을 거둘 수 없다고 보는 이론은 유위험 금리평형(UIP)이다. 이 이론이 현실에서 유지된다면 캐리트레이드로 얻을 수 있는 초과 수익률은 0에 수렴하게 된다. 나. 하지만 학계에서 이루어진 많은 실증연구와 실제 성과에서 투자통화가 UIP 이론처럼 절하되기보다는 절상(appreciation)이 되거나, 투자 통화의 절하 폭이 금리 차이보다 작다. 다. 따라서 캐리트레이드 전략은 상당 기간 유의미한 초과 수익률을 올릴 수 있었다. 코로나19 이후 미국과 일본의 금리 차이와 엔·달러 환율의 궤적을 살펴보면, 캐리트레이드 투자가 얼마나 유효한 전략인지 설명이 되는 부문이다. ③ 넓은 의미의 엔 캐리 트레이드 : 저금리 통화를 조달해서 고금리 통화에 투자하는 방법 이외에도 다양한 자산에 투자하는 방법을 의미한다. BIS에서는 넓은 의미의 엔 캐리 트레이드 포함 시 그 규모가 2024년 2분기말 기준으로 약 90조 엔에 달하는 것으로 추정한다.

2. 엔 캐리 트러이드	
2) 단점	① 수익률 급락이 빈번하고, 그 시점을 예측하기 어렵다. 　가. 캐리트레이드 수익률과 급락 위험에 대해 연구한 많은 실증 분석에서는 캐리트레이드 수익률 분포가 비대칭성을 보이고 있음을 지적했는데, 특히 캐리트레이드 투자 거래는 그 규모가 서서히 증가하는 반면에, 거래 청산은 일시에 대규모로 일어나는 것으로 알려졌다. 　나. 이와 같은 캐리트레이드 수익률의 비대칭성에 대해 신현송 국제결제은행(BIS) 경제보좌관 겸 조사국장(프린스턴대 교수)은 '계단을 통해 올라가고 엘리베이터를 타고 내려오는 경향이 강하다'고 지적하기도 했다. 　다. 이러한 특성 때문에 캐리트레이드 투자자들은 작은 뉴스와 이벤트에도 촉각을 곤두세우고 반응하는 경향이 있다. 실제로 이번 8월 초에 나타났던 엔캐리 트레이드 청산 과정도 매우 급격하게 진행됐다.
3) 역사 <출처: 중앙 일보>	① 첫 번째 엔 캐리 트레이드 청산은 아시아 외환위기 당시인 1998년 10월로 추정된다. ② 두 번째는 2001년 하반기~2002년 초반이다. 1999년 제로금리를 단행한 BOJ는 경기가 다소 회복되자 2000년 8월 기준금리를 0.25%로 인상했다. 미국의 IT 버블 붕괴와 9·11 테러 등으로 커진 금융시장의 변동성도 시너지 효과를 냈다. ③ 세 번째 엔 캐리 트레이드 청산은 세계금융위기와 맞물린 2008년 4분기~2009년 1분기로 추정된다. 2000년대 중반 세계 경기가 개선되자 BOJ는 기준금리를 2006년 7월 0.25%로, 2007년 2월 0.5%로 인상했다. BOJ의 금리 인상 기조 속 서브프라임 사태로 상황은 더 나빠졌다. 엔 캐리 트레이드 청산이 2~3개월 진행되며 미국 주식시장 급락을 야기했다. ④ 네 번째 엔 캐리 트레이드 청산은 일본이 마이너스 금리를 도입한 2016년 이후다. 2015년 세계금융위기 이후 첫 금리 인상에 나섰던 Fed가 1년여의 동결 기조를 깨고 추가 금리 인상에 나서며 미국과 일본의 금리 차가 벌어지기 시작했다. 2015~2016년 중국 주식 급락과 2016년 브렉시트 등 시장의 변동성이 확대된 영향이 컸다. ⑤ 코로나19팬데믹 확산 시기인 2020년 6월에 다섯 번째 엔 캐리 트레이드가 있었다.
4) 2024년 8월 5일 블랙먼 데이 사건 <출처: 중앙 일보>	① 엔 캐리 트레이드 청산이 2024년 8월 5일 블랙 먼데이의 보이지 않는 손으로 작용한 건, 2021년 이후 늘어난 엔화 유동성에 기인한다. 　가. 일본은행(BOJ)의 양적완화(QE) 확대 속 저금리의 엔화 자금이 시장에 넘쳐났다. 반면 이 시기 미국 연방준비제도(Fed)가 금리 인상 사이클에 진입하면서 미국과 일본의 금리 차는 확대됐다. 엔 캐리 트레이드 규모가 커진 배경이다.

	나. 수퍼 엔저 현상은 엔 캐리 트레이드 급증에 기름을 부었다. 2021년 이후 일본의 해외 순투자 금액이 늘어난 것도 이런 흐름과 맥을 같이한다.
	다. 엔 캐리 트레이드 자금이 투자한 자산은 미국 달러와 멕시코 페소, 뉴질랜드 달러 등으로 달러-엔 캐리 트레이드의 연간 수익률은 5~6% 수준이다. 빅테크 주식도 엔 캐리 트레이드 자금의 타깃이었다.(로이터 통신)
	라. 2021년 이후 엔 캐리 트레이드가 본격화하면서 달러-엔 환율과 나스닥 지수의 동조화 현상이 강화됐다. 엔 캐리 트레이드 자금이 과거처럼 신흥국 시장으로 유입되기보다 달러 혹은 기술 혁신 사이클 관련 자산에 투자된 것으로 추정된다.(iM증권)
4) 2024년 8월 5일 블랙먼데이 사건 <출처: 중앙일보>	② 일본의 금리가 상승하고 다른 국가의 금리가 하락할수록, 엔화 가치가 오를수록 엔 캐리 트레이드 여건은 나빠진다. 내야 할 이자가 늘어나는 데다, 더 비싼 값에 엔화를 사들여야 빚을 갚아야 하는 만큼 이익은 쪼그라들 수밖에 없다. 빚과 이자를 갚기 위해 팔아야 하는 자산이 늘어난다는 의미다.
	③ 상황이 이렇다 보니 엔화 강세와 깜짝 금리 인상은 금융시장을 뒤흔들었다. 엔 캐리 트레이드 청산이 이어지며 당장 엔화 약세에 베팅한 투자자들도 손실을 입었다.
	가. '엔화 숏스퀴즈'가 급증했다. 숏스퀴즈는 자산 가격 하락에 베팅한 공매도 투자자가 가격이 뛸 때 더 큰 손실을 막기 위해 해당 자산을 사는 것이다. 레버리지 펀드를 비롯한 투자자가 빠른 속도로 엔화 약세 베팅을 청산했다. 엔화가치 정상화를 가로막았던 투기 세력에 BOJ가 제대로 한 방 먹였다는 분석이 나오는 이유다.
	나. 충격은 투기 세력만 받은 게 아니다. 일본 증시도 강타했다. 엔화가치 변동 헤지를 위해 일본 주식에 투자했던 상장지수펀드(ETF)에서는 지난 2024년 8월 5일~9일에만 4억 달러 이상의 자금이 빠져나갔다. 2018년 이후 주간 최대 자금 유출이다. 다. 미국 증시도 예외는 아니었다. 블랙먼데이에 발생한 빅테크 주가 급락에도 엔 캐리 트레이드 청산의 후폭풍이 영향을 미쳤다.
5) 전망	① 이제 관심은 금번 엔 캐리 트레이드 청산의 종료 시점이다. 엔 캐리트레이드 철수가 이제 마무리 단계에 접어들었다는 낙관과 아직 대규모 철수가 더 남았다고 보는 비관론이 팽팽히 맞서고 있다. 헤지펀드들이 철수했지만 가계, 기업 등 일반적인 투자자들까지 가세하면서 엔 캐리트레이드 철수가 더 늘어날 수 있다는 우려가 나온다.
	가. JP모건 퀀트팀은 지난 5~9일 사이에 엔 캐리 트레이드의 75%가량이 청산됐다고 추정했다.

2. 엔 캐리 트러이드

2. 엔 캐리 트러이드	5) 전망	나. JP모건체이스 외환전략팀은 50~60%, 스코샤뱅크는 50% 정도 청산됐다고 추산했다. ② 문제는 이런 추정의 신빙성이 떨어진다는 데 있다. 엔 캐리 트레이드 자금은 엔화 대출 잔액이나 일본 거주자의 해외 증권 투자, 선물거래 포지션 등으로 추정은 하지만 규모를 가늠하기 어렵다. 로이터통신은 엔 캐리 트레이드 자금 규모는 아무도 모르고, 실제 포지션은 증폭돼 나타날 수 있다고 보도했다. 때문에 광의의 엔 캐리 트레이드 자금이 수조 달러에 이른다는 주장도 있다. ③ 이에 대해 KB증권은 보고서에서 "과거에는 엔 캐리 트레이딩이 협의의 투자 전략이었다면, 관련 수익이 누적된 가운데 레버리지가 더해진 광의의 개념이 되어 영향력이 커졌다"고 지적했다. '일본 금리 상승(대외 금리 차 축소) 및 엔화 강세→엔 캐리 트레이드 청산→관련 레버리지 투자 디레버리징→금융시장 충격→엔화 강세→금융시장 충격'의 순환 구조 속 불확실성이 더 커졌다는 것이다.
	6) 위안화 캐리 트레이드/스위스 프랑 캐리 트레이드	① 엔화가 캐리 트레이드의 대표 주자 자리를 내줄 가능성도 있다. 투자자들이 싼값에 조달할 수 있는 위안화로 눈을 돌리고 있다. 중국 중앙은행이 통화정책을 완화적으로 가져가면서 위안화도 약세를 보일 것이라는 전망이 많기 때문이다. ② CNBC는 "위안화가 엔화 다음으로 잠재적인 캐리 트레이드 대상이 될 수 있고, 시장이 가능성을 엿보기 시작했다"고 보고했다. ③ 한편, 엔화와 함께 안전자산으로 꼽히는 스위스프랑은 이자율이 낮아 캐리 트레이드에 적합한 통화로 평가된다.

📈 결론

의견 제시 금융감독원에 따르면, 2024년 2월 말 기준 일본인의 국내 상장 주식 보유 금액은 14조 8,650억 원으로 집계됐다. 14조 원 넘는 일본 자금이 한국 증시에 들어와 있는 것이다. 자본유출입에 취약한 우리로서는 언제 터질지 모를 시한폭탄이 아닐 수 없다. 캐리 트레이드는 유입보다 청산이 더 문제다. 유입은 서서히 진행되지만 빠져나갈 때는 봇물 터지듯 움직여서 그렇다. 통상 캐리 트레이드는 금리가 높은 신흥국 자산을 대상으로 이뤄지는데, 캐리 트레이드가 청산되면 신흥국의 자산 가격이 급락할 소지가 있다. 청산 과정에서 자금을 조달하는 국가의 통화 가치가 급등할 우려도 제기된다. 과거 엔 캐리 트레이드 청산 과정에서 엔화 강세가 지속됐다. 달러 캐리 트레이드 청산이 나타나면 달러 강세가 지금보다 심화할 수도 있다는 얘기다. 또한 대규모 캐리 트레이드 청산은 투자 심리를 위축시키고 위험 회피 성향을 자극해 자산 가격 하락의 모멘텀으로 작용할 수 있다.

우리가 주시해야 할 것은 외풍에 유난히 취약한 국내 증시 체력이다. 내릴 땐 속절없이 추락하고, 반등할 땐 찔끔 오르는 것이 우리 증시다. 이번 대폭락장에서도 여실히 보여줬다. 외국인투자자 비율이 높고 국내 수급을 지탱해줄 기관투자자의 힘이 부족한 것도 이유다. 세계 증시가 불안하면 글로벌 투자자들은 가장 취약한 나라 자금부터 빼간다. 기관, 연기금 투자가 제 역할을 해줘야 널뛰기를 줄일 수 있다. 불확실한 대외여건에서도 흔들리지 않을 경제체력을 갖춰야 증시가 안정감을 가질 수 있다. 낮은 노동생산성, 대립적 노사관계, 정쟁만 일삼는 구태정치가 국가경쟁력 발목을 잡고 약체 증시를 만드는 것도 물론이다. 노동, 복지, 연금 등 사회 전반에 구조개혁이 절실한 이유다. 세계 최고 세율의 상속세 등 글로벌 스탠더드와 차이가 있는 세제개편도 말할 것 없다.

한편, 추가적인 청산이 진행될지 여부는 미국과 일본의 통화정책 속도에 달려있다고 본다. 미 Fed가 2024년 9월 미국 연방공개시장위원회(FOMC)를 시작으로, 일본의 기준금리 인상이 얼마나 빠르게 진행될지가 엔화의 향방을 결정할 것으로 전망한다. 내수 부진과 집값ㆍ가계빚 사이에서 절묘한 선택을 해야 하는 한국은행의 어깨가 무겁다. 엔캐리 거래 모니터링은 물론이거니와 거래 확산의 주요 변수인 일본 내외 금리차를 꼼꼼하게 점검할 때다. 금융 불안이 시스템 위기로 번지지 않도록 시장을 촘촘히 모니터링하고 선제적으로 대응해야 할 때다.

chapter 06 역직구 수출 활성화 방안

01 논제 개요 잡기 [핵심 요약]

서론	이슈언급	최근 10년간 직구(해외 직접구매) 규모는 4.1배 늘었지만, 역직구(해외 직접판매)는 2019년 이후 줄어든 것으로 나타났다. 해외 직접판매(역직구) 시장은 2014년 7,000억 원에서 2019년 6조 원 규모까지 성장했다. 그러나 성장세가 꺾이면서 2023년 1조 7,000억 원까지 줄어 들었다. 시장 축소 배경엔 기존에 역직구를 가장 많이 하던 중국에서 한한령, 애국소비 등이 꼽힌다. 중국 역직구 80~90%는 화장품에서 몰린다. 실제 품목별로 살펴보면 2014년 화장품 역직구 매출은 2,570억 원에서 2020년 4조 9,000억 원까지 성장했으나, 중국 역직구가 줄어들면서 2023년 1조 440억 원까지 줄었다. 반면, 국내 소비자들의 중국 직구가 활성화하면서, 2024년 1분기 직구액은 1조 6,476억 원에 달했다. 한편 동일기간 역직구액은 3,991억 원으로 1조 2,485억 원의 무역적자를 기록했다. 직구액과 비교해 역직구액이 한참 뒤떨어지는 상황인데, 최근 유통업계는 역직구 시장의 잠재력에 주목하고 있다.
본론	1. 한국의 역직구 현황	**1) 현황** ① 한국의 해외직접판매액은 2014년 6,791억 원에서 2023년 1조 6,972억 원으로 확대 ② 한국의 해외직접판매는 중국, 미국과 일본 비중이 높음 ③ 중국으로의 해외직접판매 규모는 2019년 5조 원에 달하였으나, 중국 내 이커머스 플랫폼이 다수 등장하면서 2020년 이후 우리나라로부터의 해외직접구매(직구)는 감소세

본론	1. 한국의 역직구 현황	1) 현황	④ 중국 제외 2023년 해외직접판매액 상위 3개 지역은 미국(2,434억 원), 일본(2,323억 원), ASEAN(948억 원) ⑤ 미국으로의 해외직접판매는 의류·패션제품과 음악 관련 상품에서 가장 빠른 성장세를 보임 ⑥ 일본으로의 역직구는 팬데믹 이후 의류 판매가 감소하며 일시적으로 축소되었으나, 최근 화장품을 중심으로 성장하면서 회복세를 보임
		2) 역직구 시장의 구조	① 통상적으로 해외직접판매는 전자상거래 판매자와 이커머스 플랫폼, 물류사 등 다수 기업의 협력에 의해 이루어짐. ② 최근에는 온라인 주문 발생 시 상품 준비·포장·통관·배송 등 전 과정을 판매자 대신 플랫폼 기업이 일괄 처리하는 '풀필먼트(fulfillment)' 서비스가 주요한 트렌드로 자리잡음 ③ 특히, 이커머스 플랫폼의 풀필먼트 서비스가 소비자의 편의 제고와 영세 판매자의 시장 진출 지원에 효과적으로 활용되고 있음
		3) 한국 이커머스	최근 한국에서 활동하는 주요 이커머스 기업의 해외직접판매 사례에서도 판매자와 소비자의 편의를 모두 고려하는 효율적 풀필먼트 서비스가 핵심 요소로 부상
	2. 중국 역직구 현황	1) 기업 현황	중국 이커머스 플랫폼 중 해외직접판매에 특화된 플랫폼에는 알리익스프레스(AliExpress), 테무(Temu), 쉬인(Shein)이 있음
		2) 시장전략	① 중국 기업 및 세관의 경우 일반적인 방식보다 배송 속도와 비용 효율성을 더 높여주는 새로운 해외직접판매 시스템을 구축하면서 경쟁력을 높이고 있음 ② 중국 이커머스 기업은 대규모 적자를 감수하며 초저가 판매를 통해 시장 점유율을 확보한 후 장기적으로 흑자 전환을 목표로 하여 당분간 초저가 판매가 지속될 전망
		3) 리스크	① 최근 중국 역직구 플랫폼의 혁신적인 시스템에도 불구하고 상품 안정성·환경오염·노동 착취 등에 대한 우려가 지속되며 주요국에서 중국 플랫폼에 대한 규제를 강화하려는 추세 ② 미국 하원은 2024년 4월 '중국의 미소기준(미국은 미소기준(de minimis)에 따라 800달러 미만 해외직접구매 상품에 대해 무관세, 원산지 표시 제외 혜택 제공)남용 금지법'을 발의하여, 소액 해외직구 상품에 대해서도 면세 혜택을 중단하고 엄격한 원산지 기준을 적용하는 방안을 검토 중

본론	2. 중국 역직구 현황	3) 리스크	③ 2024년 7월 EU 집행위원회는 현재 적용 중인 해외직접구매 면세 한도(150유로)를 철회하고 통관 절차를 강화하는 방안을 검토 중임을 밝힘
결론	의견제시		한국 기업이 치열한 세계 역직구 시장에서 점유율을 확보하기 위해서는 첫째, ESG 기준을 충족하는 양질의 우수상품을 판매하는 것이 중요하다. 해외 주요 시장이 강제노동, 환경오염 및 위해 상품 유입을 막기 위해 규제를 강화하고 있어, 우리 기업은 동 기준을 충족하는 상품에 특화함으로써 해외진출을 늘려야 할 것이다. 구체적으로 의류·화장품 등 기존 주력 상품 외에, 최근 빠른 성장세를 보이고 있는 음식료품 등의 역직구에도 적극적으로 나서야 한다. 둘째, 국내 영세 판매자 및 제조업체가 해외직접판매 플랫폼을 통해 해외 소비시장에 접근할 수 있도록 민관이 다방면에서 협업해야 한다. 셋째, 국내 이커머스 플랫폼은 통관 원활화 및 운송 시스템 구축을 위해 해외 물류 및 이커머스 기업과의 협력 생태계 구축에 힘써야 한다. 넷째, 장기적으로는 특정 부문에 특화된 '버티컬 플랫폼(vertical platform)'을 구축하여 플랫폼 풀필먼트 서비스가 규모의 경제를 실현할 수 있도록 노력해야 한다.

02 논제 풀이

 서론

> **이슈 연급** 최근 10년간 직구(해외 직접구매) 규모는 4.1배 늘었지만, 역직구(해외 직접판매)는 2019년 이후 줄어든 것으로 나타났다. 해외 직접판매(역직구) 시장은 2014년 7,000억 원에서 2019년 6조 원 규모까지 성장했다. 그러나 성장세가 꺾이면서 2023년 1조 7,000억 원까지 줄어 들었다. 시장 축소 배경엔 기존에 역직구를 가장 많이 하던 중국에서 한한령, 애국소비 등이 꼽힌다. 중국 역직구 80~90%는 화장품에서 몰린다. 실제 품목별로 살펴보면 2014년 화장품 역직구 매출은 2,570억 원에서 2020년 4조 9,000억 원까지 성장했으나, 중국 역직구가 줄어들면서 2023년 1조 440억 원까지 줄었다.

반면, 국내 소비자들의 중국 직구가 활성화하면서, 2024년 1분기 직구액은 1조 6,476억원에 달했다. 한편 동일기간 역직구액은 3,991억 원으로 1조 2,485억 원의 무역적자를 기록했다. 직구액과 비교해 역직구액이 한참 뒤떨어지는 상황인데, 최근 유통업계는 역직구 시장의 잠재력에 주목하고 있다.

비록 중국 시장은 줄고 있지만 한국의 식품, 화장품, 패션 등이 해외에서 인기를 끌면서 플랫폼을 통한 역직구 시장이 재조명되고 있다. 업계는 아직 물류·마케팅 등이 자리 잡지 못했지만, 경쟁력 있는 품목과 중소기업·소상공인의 플랫폼 진출이 활발해지면 크게 성장할 것으로 내다봤다.

아울러 최근 티메프(티몬·위메프) 사태로 동남아와 한국, 미국, 중국을 잇던 큐텐 그룹이 와해될 위기에 처하자 갈 곳을 잃은 셀러들과 이들을 유치하려는 이커머스가 새롭게 역직구 시장을 열고 있다. 국가간 전자상거래의 벽이 낮아진 만큼, 역직구가 향후 우리 기업의 주요 수출 판로로 발돋움할 수 있도록 적극 활용할 필요가 커졌다.

이에 본지에서는 한국의 역직구 현황 및 중국 역직구 시장의 성공 요인을 분석한 후, 정책적 대응방안을 제시하기로 한다.

📈 본론

1. 한국의 역직구 현황
<출처: 무역협회>

1) 현황

① 한국의 해외직접판매액은 2014년 6,791억 원에서 2023년 1조 6,972억 원으로 확대.

② 한국의 해외직접판매는 중국, 미국과 일본 비중이 높음.

③ 중국으로의 해외직접판매 규모는 2019년 5조 원에 달하였으나, 중국 내 이커머스 플랫폼이 다수 등장하면서 2020년 이후 우리나라로부터의 해외직접구매(직구)는 감소세.

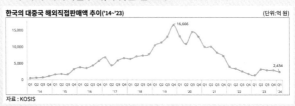

한국의 대중국 해외직접판매액 추이('14~'23)   (단위:억 원)
자료 : KOSIS

④ 중국 제외 2023년 해외직접판매액 상위 3개 지역은 미국(2,434억 원), 일본(2,323억 원), ASEAN(948억 원).

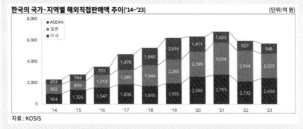

한국의 국가·지역별 해외직접판매액 추이('14~'23)   (단위:억 원)
자료 : KOSIS

⑤ 미국으로의 해외직접판매는 의류·패션제품과 음악 관련 상품에서 가장 빠른 성장세를 보임.

가. 2018년 대비 2023년 음반·비디오·악기 비중이 9.3%p, 의류 및 패션제품의 비중은 7.5%p 상승.

나. 화장품은 2018년 이후 수출 금액과 비중 모두 감소세를 보이다, 2023년부터 반등하였음.

다. 음식료품의 수출은 아직 소액에 불과하나, 해외직접판매에서 차지하는 비중이 2024SUS 1분기 3.6%까지 상승하며 빠른 성장세를 보이고 있음.

⑥ 일본으로의 역직구는 팬데믹 이후 의류 판매가 감소하며 일시적으로 축소되었으나, 최근 화장품을 중심으로 성장하면서 회복세를 보임.

1) 현황

가. 2018년 대일본 해외직접판매액의 70%를 차지한 의류·패션제품의 비중이 지속적으로 축소되며 2024년 1분기에는 22%로 감소.

나. 반면 동기간 화장품 해외직접판매는 빠르게 성장하여 2024년 1분기 판매액이 이미 17년 연간 판매액을 넘어섬.

다. 해외직접판매에서 화장품이 차지하는 비중도 2017년 9.7%에서 2024년 1분기 46.4%로 상승.

1. 한국의 역직구 현황

<출처: 무역협회>

① 통상적으로 해외직접판매는 전자상거래 판매자와 이커머스 플랫폼, 물류사 등 다수 기업의 협력에 의해 이루어짐.

이커머스를 통한 상품 판매 프로세스

자료 : 박진무(2022) 기반으로 저자 작성

가. 고객이 이커머스 플랫폼을 통해 판매자에게 물품 구입을 요청하면, 판매자는 물류업체를 통해 제품을 발송하여 고객에게 배송.

나. 최근에는 고객 주문 시 빠른 상품 발송이 이루어질 수 있도록 이커머스 플랫폼이 자체 물류센터에 판매자의 상품을 미리 사입하는 경우도 다수.

2) 역직구 시장의 구조

② 최근에는 온라인 주문 발생 시 상품 준비·포장·통관·배송 등 전 과정을 판매자 대신 플랫폼 기업이 일괄 처리하는 '풀필먼트(fulfillment)' 서비스가 주요한 트렌드로 자리잡음.

가. 풀필먼트는 배송 기간 단축에 강점이 있어, 소비자의 빠른 배송 요구에 대응할 수 있는 경쟁력 요소로 작용.

나. 다만 단순 배송 대비 비용이 높아 소상공인에게 부담이 된다는 단점도 존재.

일반적인 풀필먼트 흐름

상품 입고 ▶ 보관 ▶ 피킹(Picking) ▶ 분류 ▶ 포장(Packing) ▶ 출고 및 배송 ▶ 반품관리

자료 : LG CNS, 박진무(2022)

풀필먼트를 포함한 이커머스 상품 판매 프로세스

[이커머스 플랫폼이 외주를 통해 풀필먼트 제공 시]

[이커머스 플랫폼이 내부적으로 풀필먼트 제공 시]

1. 한국의 역직구 현황 <출처: 무역협회>	**2) 역직구 시장의 구조**

③ 특히, 이커머스 플랫폼의 풀필먼트 서비스가 소비자의 편의 제고와 영세 판매자의 시장 진출 지원에 효과적으로 활용되고 있음.

　가. 온라인 상품 구매자 중 다수가 신규 웹사이트 가입 및 번거로운 주문 절차를 꺼려하여, 여러 판매자의 상품을 한 곳에서 구입할 수 있는 플랫폼을 선호.

　나. 온라인에서 상품 구입을 포기한 이유로 신규 계정 생성(25%), 믿을 수 없는 사이트에 정보 입력 필요(19%), 복잡한 결제 과정(18%)이 가장 많이 지적됨 → 이커머스 플랫폼 구독을 통한 무료 배송 및 빠른 배송 서비스 역시 온라인 구매를 촉진하는 요인으로 작용. 온라인 쇼핑의 경우, '장바구니' 담기 서비스 이후 실제 구매로 이어지지 않는 비중이 70%에 달해 이커머스 플랫폼을 통한 소비자의 구매 만족도 제고가 중요 요소로 부각.

　다. 이커머스를 통해 해외직접판매에 나서는 판매자의 다수가 소상공인으로, 직접 진출이 어려운 통관과 해외배송 등 서비스를 플랫폼 기업이 대행하며 인기를 얻고 있음.

최근 한국에서 활동하는 주요 이커머스 기업의 해외직접판매 사례에서도 판매자와 소비자의 편의를 모두 고려하는 효율적 풀필먼트 서비스가 핵심 요소로 부상.

**3) 한국
이커머스**

한국에서 활동 중인 주요 이커머스 기업의 해외직접판매 시장 진출 사례

기업명	사례
coupang 쿠팡	· 대만에 누적 3596억 원 투자를 통해 현지 풀필먼트센터(물류센터) 2곳을 구축하고 2022년 10월부터 현지 로켓배송 및 로켓직구 서비스 운영 중 · 현지서 한국산 상품 구입 시 1~2일내 배송하는 '로켓직구'를 통해 국내 중소기업의 해외직접판매 촉진
Gmarket G마켓	· 2024년 2월 몽골 시장점유율 1위 e커머스 플랫폼 '쇼피(Shoppy)'와 MOU 체결 · G마켓 글로벌샵에 상품 판매 등록 시 쇼피 플랫폼에도 노출되며, 한국에서 몽골로의 상품 배송을 쇼피에서 진행함으로써 국내 중소 판매자의 몽골 진출 지원
Shopee 쇼피 코리아	· 역직구 판매자가 해외 주문 상품을 국내 집하지까지 배송하면 쇼피코리아가 수출 통관 및 해외 배송을 진행해 주는 원스탑 서비스 'Shopee Logistics Service(SLS)' 제공 · 한국 내 판매 서비스는 운영하지 않으나, 국내 판매자가 동남아 등 해외 쇼피 플랫폼에 입점할 시 지원하는 한국 셀러 전용 시스템 운영
DUTY FREE HYUNDAI DEPARTMENT STORE 현대백화점면세점	· 한국을 직접 방문하지 않더라도 온라인 플랫폼을 통해 국내 상품을 면세로 구입할 수 있는 온라인 면세점 채널 마련

**2. 중국 역직구
현황**

<출처: 무역협회>

1) 기업 현황

① 중국 이커머스 플랫폼 중 해외직접판매에 특화된 플랫폼에는 알리익
스프레스(AliExpress), 테무(Temu), 쉬인(Shein)이 있음.

中 주요 역직구 플랫폼 현황

기업명	세부내용
알리익스프레스	· 2010년 창립, 모기업은 1999년 중국 항저우시에 설립된 알리바바그룹 · 2023년 알리바바 그룹의 해외 매출액은 705억 위안(약 99.6억 달러) * 알리바바 연도별 해외 매출액 추이(십억 위안): ('20)33.9→('21)48.9→('22)61.1→('23)70.5 · 2022년 글로벌 이커머스 거래의 23%(거래액 기준)가 알리바바그룹 플랫폼에서 발생 · (진출국) 러시아, 브라질, 스페인, 프랑스, 이탈리아, 한국, 인도 등 100개국 이상

테무	· 2022년 9월 창립되었으며, 모기업은 2015년 중국 상하이에 설립된 핀둬둬
	· 2023년 테무의 매출액은 153억 달러, 2024년 매출액은 371억 달러 내외 전망
	  * 테무 분기별 매출액 추이[6](십억 달러):
	  ('22.4Q)0.3→('23.1Q)0.9→('23.2Q)2.7→('23.3Q)5.2→('23.4Q)6.6
	· (진출국) 미국, 캐나다, 호주, EU 등 49개국
	  - 미국 성인의 40%가 테무에서 상품 구매 경험이 있는 것으로 조사됨[7]

쉬인	· 2008년 중국 난징시에 설립된 패션 특화 플랫폼
	· 2023년 매출액은 325억 달러로 전년비 43% 증가
	  * 쉬인 연간 매출액 추이[8](십억 달러): ('20)9.8→('21)15.7→('22)11.7→('23)32.5
	· 2023년 연간 이용자 수는 8억 9천만 명 내외
	  * 쉬인 연간 이용자 수 추이[9](백만 명): ('20)15.5→('21)43.7→('22)74.7→('23)88.8
	· (진출국) 미국, 영국, 프랑스, 독일, 호주, 브라질, 인도 등 150여개국
	  - 2022년 11월 기준, 쉬인의 미국 패스트 패션 시장 점유율은 50%에 달함
	  * 미국 패스트 패션 시장 업체별 점유율[10](%, '22.11):
	  (쉬인)50, (H&M) 16, (Zara)13, (Fashion Nova)11, (Forever21)6

2) 시장전략

① 중국 기업 및 세관의 경우 일반적인 방식보다 배송 속도와 비용 효
율성을 더 높여주는 새로운 해외직접판매 시스템을 구축하면서 경
쟁력을 높이고 있음.

가. 알리익스프레스(AliExpress)는 집중적으로 진출할 지역을 선정하
고 해당 시장에는 중국 내수 시장과 유사한 수준으로 큰 투자를
지속하는 전략을 활용. 한국 시장에서는, 한국 주요 대기업의 공
산품 및 신선식품을 중점으로 판매하는 K-venue를 운영함으로
써 한국 소비자의 인식을 제고시킴.

나. 테무(Temu)는 제조업체로부터 물품을 공급받는 도·소매 판매자
가 입점하는 방식(B2C)이 아닌, 제조업체를 직접 해외 소비자에
게 연결함으로써 유통 단계를 단순화하는 전략(M2C). 유통 과정
축소로 중간마진이 감소하면서 소비자는 저렴한 가격에 물건을
구입할 수 있으며, 소비자의 주문과 동시에 제조공장이 물품을 발
송하면서 배송 기간을 단축. 제조업체가 테무 풀필먼트 센터에 상
품을 입고하면 이후 테무가 상품 보관, 포장, 해외 배송을 전담. 해
당 전략은 테무의 모기업인 핀둬둬가 중국 내수시장에서 제조업
체·농가와 소비자를 직접 연결하는 '차세대 제조 모델(NGM)'을
성공적으로 운영하며 해외 전략으로 확산.

2. 중국 역직구 현황 <출처: 무역협회>	2) 시장전략	다. 쉬인(Shein)의 경우, 패션 상품의 제조·판매에 특화하여 상품 디자인, 제조, 실제 판매 등 전 과정이 1~2개월 내에 이루어지는 "슈퍼 패스트 패션" 전략에 집중. 상품 종류를 제한함으로써 특정 상품을 구입하려는 소비자를 더 적극적으로 유치하고, 이를 통해 생산 및 유통 효율성을 제고하는 '버티컬 플랫폼(vertical platform)' 생태계를 구축. ② 중국 이커머스 기업은 대규모 적자를 감수하며 초저가 판매를 통해 시장 점유율을 확보한 후 장기적으로 흑자 전환을 목표로 하여 당분간 초저가 판매가 지속될 전망. 가. 테무는 판매 건당 마진을 초과하는 비용을 마케팅에 투입하고 있어 적자를 기록하고 있음. 테무는 입점업체 대상 매주 입찰을 진행하며, 최저 입찰가 제시 업체만 제품을 판매할 수 있도록 하여 초저가 판매를 유도. 낮은 마진율에도 불구하고 2023년 중 SNS 광고에 약 20억 달러를 투입하여, 2023년 테무의 주문 1건 당 적자가 7달러에 달한 것으로 추정(Goldman Sachs). 나. 다만 알리익스프레스와 테무의 모기업인 알리바바그룹과 핀둬둬가 중국 내수 시장에서 대규모 흑자를 기록하여 해외 시장 점유율 확대를 위한 단기 적자는 충분히 감내할 수준으로 평가됨. 핀둬둬는 2023년 영업이익 11억 원, 알리바바는 2013~2023년간 누적 영업이익 152조 원 기록.
	3) 리스크	① 최근 중국 역직구 플랫폼의 혁신적인 시스템에도 불구하고 상품 안정성·환경오염·노동 착취 등에 대한 우려가 지속되며 주요국에서 중국 플랫폼에 대한 규제를 강화하려는 추세. ② 미국 하원은 2024년 4월 '중국의 미소기준(미국은 미소기준(de minimis)에 따라 800달러 미만 해외직접구매 상품에 대해 무관세, 원산지 표시 제외 혜택 제공)남용 금지법'을 발의하여, 소액 해외직구 상품에 대해서도 면세 혜택을 중단하고 엄격한 원산지 기준을 적용하는 방안을 검토 중. ③ 2024년 7월 EU 집행위원회는 현재 적용 중인 해외직접구매 면세 한도(150유로)를 철회하고 통관 절차를 강화하는 방안을 검토 중임을 밝힘.

결론

**의견
제시** 한국 기업이 치열한 세계 역직구 시장에서 점유율을 확보하기 위해서는
첫째, ESG 기준을 충족하는 양질의 우수상품을 판매하는 것이 중요하다. 해외 주요 시
장이 강제노동, 환경오염 및 위해 상품 유입을 막기 위해 규제를 강화하고 있어, 우리 기
업은 동 기준을 충족하는 상품에 특화함으로써 해외진출을 늘려야 할 것이다. 구체적으로 의류 ·
화장품 등 기존 주력 상품 외에, 최근 빠른 성장세를 보이고 있는 음식료품 등의 역직구에도 적극
적으로 나서야 한다.

둘째, 국내 영세 판매자 및 제조업체가 해외직접판매 플랫폼을 통해 해외 소비시장에 접근할 수 있
도록 민관이 다방면에서 협업해야 한다.

① 해외직접판매를 희망하는 판매자의 수출 촉진을 위해 해외 주요국의 수입품 품질요건, 원산지 규
정 등 규제 정보를 플랫폼과 정부 차원에서 적극적으로 제공해주어야 할 것이다.

② 시스템 측면에서도 증가하는 수출 통관 물류를 효율적으로 처리할 수 있도록, 정부 차원에서 세
관 운영의 개선을 모색할 필요가 크다. 특히, 직접 플랫폼에 입점한 국내 중소 제조업체가 가격
경쟁력을 확보할 수 있도록 제조업체에 특화된 입점 및 수출 컨설팅 서비스 제공이 필요하다.

③ 판매자의 시장 진입을 촉진하고 소비자의 만족도를 높일 수 있도록 국내외 풀필먼트 시스템 구
축에도 지속적인 투자가 필요하다.

④ 내수기업이 해외직접판매를 계기로 수출 시장에 진출할 수 있도록 초보 수출기업을 위한 금융
지원도 강화할 필요다.

셋째, 국내 이커머스 플랫폼은 통관 원활화 및 운송 시스템 구축을 위해 해외 물류 및 이커머스 기업
과의 협력 생태계 구축에 힘써야 한다.

① 지역별 특성에 맞춘 물류 체계 구축, 통관 및 배송시간 단축을 위한 시스템 개선 등을 통해 불필
요한 비용을 최소화하고 빠른 상품 배송을 구현해야 한다.

② 해외 현지 수입통관과 물류서비스 구축이 어려운 경우에는, 해당 지역 로컬 물류 기업과의 협업
을 추진해야 한다.

넷째, 장기적으로는 특정 부문에 특화된 '버티컬 플랫폼(vertical platform)'을 구축하여 플랫폼 풀필
먼트 서비스가 규모의 경제를 실현할 수 있도록 노력해야 한다.

① 패션, 뷰티, 전자기기 등 업종별 특화 플랫폼이 활성화되면 품목별 시장조사, 진출전략 수립 및
판매자 모집이 용이해진다.

② 판매상품의 보관 방법 및 포장 종류를 최소화하여 판매 과정을 단순화하고 비용을 절감해 나가
야 할 것이다.

<출처: 무역협회>

chapter 07

라인 사태의 함의점

01 논제 개요 잡기[핵심 요약]

서론	이슈언급	라인 사태는 일본 정부에서 한국기업 네이버를 상대로 개인정보 유출을 명분으로 메신저 라인의 운영사 라인야후의 지분을 일본 합작기업 소프트뱅크에 매각하라고 행정지도를 통해 압박했던 사건이다. 그러나 한국 내 반발 여론이 거세자 일본 정부는 한발 물러섰고 라인 사태는 현재 수면 아래로 가라앉았다. 네이버가 당장 라인야후의 지분을 일본 측에 매각하는 상황까지는 가지 않았다. 금번 라인사태는 단순한 한일간의 갈등으로 치부하고 넘어갈 사건이 아니라 경제 안보와 데이터 보호가 경제적 강압과 데이터 보호주의로 전환될 수 있음을 보여준 상징적 사건이다. 즉, 라인야후 사태에 대해 한국도 상응 조치를 취하지 않는다면, 향후 다른 한국 기업들에게도 유사한 피해가 지속적으로 발생할 수 있다.
본론	1. 전개과정 및 쟁점	1) 전개과정
		2023년 8월, 한국내 네이버 클라우드에서 사용하는 협력사 직원의 컴퓨터가 악성코드에 감염되었는데, 네이버 클라우드가 LY와 인증시스템을 공유하고 있어서 LY의 내부 서버가 감염되었다. 그 결과 일본에서 약 52만 건의 개인정보가 유출되었다. 다만, 해당 정보가 범죄 목적으로 사용된 정황은 발견되지 않았다. 일본은 라인의 네이버에 대한 과도한 기술 의존과 LY의 취약한 데이터 거버넌스를 사건의 근본원인으로 지목, '권고' 조치를 내렸다.

본론	1. 전개과정 및 쟁점	2) 경제 안보와 경제적 강압

① 경제 안보(economic security) : 경제안보는 최근 몇 년간 다양한 맥락에서 빈번히 쓰이고 있으나, 정작 그 개념을 정확히 정의한 국가는 일본, 한국, 네덜란드 등 극소수다.

② 경제적 강압(economic coercion) : 2023년 7월 3일 美 의회가 제정한 '경제적 강압 방지법'은 이를 "전략적·정치적 목적을 달성하거나 주권적. 정치적 행동에 영향을 미치기 위해 무역, 대외 원조, 투자 또는 통상을 부당하게 억제, 방해 또는 조작하기 위해 해외의 적대국이 의도적으로 하는 행동, 관행 또는 위협을 사용하는 것"으로 정의한다. 이는 주로 중국을 겨냥한 것이다.

③ 강압적 경제 통치(coercive economic statecraft).

3) 데이터 보호와 데이터보호주의

① '데이터 보호'(data protection)는 사생활 보호, 데이터 주권, 공공성 등을 이유로 한다.

② 하지만 '데이터 현지화(데이터의 국내 저장/처리를 요구하는 명시적인 규제)'를 중핵으로 하는 '데이터 보호주의'(data protectionism) 움직임도 점차 증가 추세다.

③ 그 기준이 자의적이거나 불투명하다면 경제 안보와 데이터 보호는 경제적 강압과 데이터 보호주의가 될 가능성이 늘 내재해 있다.

4) 일본의 대응

① LY의 향후 정보보호 강화조치와 관련해, 라인 사태를 동시에 다루고 있는 총무성과 PPC의 권고 방향이 달라 주목된다.

　가. 총무성은 LY에 네이버와의 기술적 분리뿐 아니라, 네이버의 지분 조정 등도 요구했다. 이는 LY가 모회사인 네이버에 강력한 보안 조치를 요구하기 어려울 것이라는 가정을 전제로 한다.

　나. 반면 두 차례의 PPC 권고안 어디에도 이러한 요구는 없었다. 이는 PPC의 정보보호 강화 가이드라인에 지분 관련 언급이 전혀 없는 데서도 드러난다.

　다. 그러다 보니 LY가 총무성에는 관련 논의 개시를 보고한 반면, PPC에는 이를 전혀 언급하지 않는 기묘한 일이 벌어졌다. 이는 기관별 관심사의 차이를 반영한다. '라인사태'는 아직 끝나지 않았다.

5) 우리에게 미칠 영향

① SB의 탈네이버 작업이 LY에 의존하고 있는 네이버의 글로벌 사업에 미칠 영향이 우려된다.

② 네이버의 라인 사업 중단은 AI 개발에도 지장을 초래할 수 있다.

결론	의견제시	일본 '라인야후 사태'로 불리던 네이버와 소프트뱅크 간 라인 지분 매각 협상이 일단락된 가운데, 네이버가 라인야후 지분을 축소하지 않겠다는 방침을 재차 강조했다. 오히려 양사 간 적극적인 사업 협력을 모색하며 시너지를 강화하겠다는 전략이다. LINE 사태는 한국에 새로운 보호주의를 알린 신호탄이다. 이는 경제안보와 데이터 보호가 경제적 강압과 데이터 보호주의로 합리화될 수 있음을 보여줬다. 더욱이 유사국 간에도 이러한 조치가 가능함을 거듭 확인시켰다. 한국 정부가 지속 관심을 보여야 하는 이유가 여기에 있다. 추후에도 외교 채널을 통해 대화로 해결을 시도해야 하겠지만, 안 될 경우를 대비해 일본 정부의 네이버에 대한 행정지도, 중요경제안보정보법 입법 추진에 상응하는 조치를 검토해야 한다. 라인야후 사태에 대해 한국도 상응 조치를 취하지 않는다면 향후 다른 한국 기업들에게도 유사한 피해가 지속적으로 발생할 수 있기 때문이다. 한편, 중국 전자상거래 플랫폼들에 대한 선제적 감시와 규제도 필요하다. 특히 중국의 과도한 고객 개인정보 수집은 어제 오늘의 문제가 아니다. 네이버가 일본 정부로부터 행정지도를 받는 이유가 한국 내에서도 중국 업체들에 의해 발생하고 있는데 규제가 미흡하다는 지적이다. 중국 기업들이 생성형 AI로 한국 소비자의 개인정보, 소비 성향, 구매 패턴 등을 분석해 한국 시장을 목표로 한 상품 개발, 마케팅에 활용하면 향후 우리 기업은 더 큰 어려움에 직면하게 된다. 수집하는 우리 소비자 개인정보의 양, 활용도, 국외 반출 여부 등에 대해 점검 및 규제가 필요하다. 미중 패권경쟁 시대에 한국을 비롯한 중견국은 강대국의 경제적 강압과 데이터 보호주의에는 반대하되, 경제 안보와 데이터 보호를 촉진하기 위한 협력에 나서야 한다. 성큼 다가온 AI 시대에 시민과 공공선을 위해서도 이를 위한 국제협력이 절실하다.

02 논제 풀이

 서론

이슈
언급

라인 사태는 일본 정부에서 한국기업 네이버를 상대로 개인정보 유출을 명분으로 메신저 라인의 운영사 라인야후의 지분을 일본 합작기업 소프트뱅크에 매각하라고 행정지도를 통해 압박했던 사건이다. 라인은 일본에서만 9,600만 명, 아시아 전역에 총 2억 명의 사용자를 보유한 '슈퍼앱'이다 자칫하면 네이버는 일본과 동남아시아에서 월 이용자 수 2억 명을 가진 글로벌 메신저 플랫폼을 일본 기업에 눈 뜬 채 빼앗길 뻔했다. 그러나 한국 내 반발 여론이 거세자 일본 정부는 한발 물러섰고 라인 사태는 현재 수면 아래로 가라앉았다. 네이버가 당장 라인야후의 지분을 일본 측에 매각하는 상황까지는 가지 않았다.

하지만 2024년 6월 라인야후 이사회에서 '라인의 아버지'로 불리는 신중호 최고프로덕트책임자 (CPO)가 대표이사에서 물러나, 이사진 모두가 일본인으로 채워지는 등 '네이버 지우기'는 진행형이 란 시각이 많다. 2024년 7월 일본 소프트뱅크 측은 현지 언론을 통해 "중장기적으로는 국산(일본) 플랫폼으로 만들기 위해 주식 추가 매입을 목표로 한다는 방침에 변함이 없다"고 밝히기도 했다. 즉, 라인사태는 아직 끝나지 않았다.

금번 라인사태는 단순한 한일간의 갈등으로 치부하고 넘어갈 사건이 아니라 경제 안보와 데이터 보호가 경제적 강압과 데이터 보호주의로 전환될 수 있음을 보여준 상징적 사건이다. 즉, 라인야후 사태에 대해 한국도 상응 조치를 취하지 않는다면, 향후 다른 한국 기업들에게도 유사한 피해가 지 속적으로 발생할 수 있다.

이에 본지에서는 라인사태의 전개과정 및 쟁점들에 대해 논하기로 한다.

📈 본론

1. 전개과정 및 쟁점
<출처: 하나금융 경영연구소>

1) 전개과정

① 네이버가 일본에서 개발한 라인(LINE)은 전 세계 약 2억 명이 사용 하나, 그 중 9,600만 명이 일본인인 소셜 미디어 플랫폼이다. 네이버 가 일본 소프트뱅크(SB)와 50:50 비율로 설립한 A홀딩스가 라인의 63.6% 지분을 보유하고 있다. 네이버는 기술 개발을, SB는 경영을 담 당한다는 합의에 따라, 라인의 관계사가 된 네이버는 라인 경영에 거 의 관여하지 않는다.

② '라인 사태'의 출발점은 2021년으로 거슬러 올라간다.

가. 당시 라인의 중국 자회사에 대한 반복적인 불법접속 사고가 발생했 다. 다행히 그로 인한 정보 유출은 없었다. 이 건으로 A홀딩스 산하 로 라인 사업을 관장하는 LY(라인야후)는 '지도' 조치를 받았다(일본 개인정보보호위원회(PPC)는 정보유출 사고의 경중에 따라 '보고', '현장조사', '지도·조언', '권고', '명령' 등의 행정지도를 내리는데, 이 중 권고와 명령은 개인정보보호법 위반사항이다).

나. 2018년 중국 정부가 개인정보 열람이 가능한 '국가정보법'을 제정함 에 따라, 일본정부는 이 사건을 일본의 국가안보에 중대 위협으로 간주했다. 당시 라인의 중국 자회사에서 다룬 데이터는 모두 일본 과 한국에 저장되어 있었던 점 등을 감안하면 일본의 반응이 과하 기도 하나, 네이버와 LY는 PPC에 약속했던 다중인증시스템 도입을 2023년까지 미루는 등 안이한 대처로 불신을 키웠다.

다. 2023년 8월, 한국내 네이버 클라우드에서 사용하는 협력사 직원의 컴퓨터가 악성코드에 감염되었는데, 네이버 클라우드가 LY와 인증 시스템을 공유하고 있어서 LY의 내부 서버가 감염되었다. 그 결과 일본에서 약 52만 건의 개인정보가 유출되었다.

1. 전개과정 및 쟁점 <출처: 하나금융 경영연구소>	**1) 전개과정**
	2) 경제 안보와 경제적 강압

1) 전개과정

라. 다만, 해당 정보가 범죄 목적으로 사용된 정황은 발견되지 않았다. 일본은 라인의 네이버에 대한 과도한 기술 의존과 LY의 취약한 데이터 거버넌스를 사건의 근본원인으로 지목, '권고' 조치를 내렸다.

③ 2024년 7월 1일 LY는 총무성에 제출한 보고서에서 네이버와의 전반적인 거래관계 종료와 함께 당분간 지분관계 조정은 어렵다고 밝혔다. 총무성이 이를 긍정평가하며 그간 네이버에 지분 매각을 요구한 것은 아니라고 해명함에 따라 라인 사태는 일단락되었다. 하지만 총무성 주장과 달리 이미 2024년 5월 초 SB는 총무성의 요구에 따라 네이버와 관련 협의를 하고 있었다. 따라서 이 사태는 종결된 게 아니라 소강상태에 접어든 것이라고 봐도 무방하다.

2) 경제 안보와 경제적 강압

① 경제 안보(economic security) : 경제안보는 최근 몇 년간 다양한 맥락에서 빈번히 쓰이고 있으나, 정작 그 개념을 정확히 정의한 국가는 일본, 한국, 네덜란드 등 극소수다.

가. 한국은 이를 "국내외에서 발생하였거나 발생 가능성이 있는 경제·통상·정치·외교적 상황 변화나 자연재해 등에도 불구하고 국내의 생산, 소비, 유통 등 국가 및 국민의 전반적인 경제활동에 필수적인 품목, 서비스, 기술 등이 원활히 유입되고, 부적절하게 해외로 유출되지 아니하도록 함으로써 국가의 안전보장이 유지되고 국가 및 국민의 경제활동에 지장이 초래되지 아니하는 상태"로 정의한다. 대표적인 정책 수단으로는 산업정책, 투자 심사, 수출통제, 경제제재, 사이버 보안 및 데이터 보호, 경제 강압 대응, 핵심인프라 및 공급망의 복원력 보장 등이 있다.

② 경제적 강압(economic coercion) : 2023년 7월 3일 美 의회가 제정한 '경제적 강압 방지법'은 이를 "전략적. 정치적 목적을 달성하거나 주권적·정치적 행동에 영향을 미치기 위해 무역, 대외 원조, 투자 또는 통상을 부당하게 억제, 방해 또는 조작하기 위해 해외의 적대국이 의도적으로 하는 행동, 관행 또는 위협을 사용하는 것"으로 정의한다. 이는 주로 중국을 겨냥한 것이다. 경제제재와 같은 서구의 제재가 법적 절차를 준수하는 것과 달리 중국의 경우는 비공식적인 경우가 많다.

③ '강압적 경제 통치(coercive economic statecraft)' 美 싱크탱크 CNACS 용어.

가. 미국의 美 싱크탱크 CNACS는 미국의 유용한 대외정책수단으로 강압적 경제 통치라는 단어를 쓴다.

나. 이에 따르면 미국은 다양한 목표를 달성하기 위해 관세, 수출 통제, 공급망 제한, 외국인투자 심사, 중국의 틱톡 금지와 같은 조치를 시행했다.

**2) 경제 안보
와 경제적
강압**

다. 하지만 우방에도 경제적 강압 조치가 종종 가해진다. 트럼프 행정부는 미국의 안보 위협을 명분으로 우방국의 대미 철강 및 알루미늄 수출에 고관세를 부과했다. 파렐과 뉴먼의 연구(2019) 등은 2019년 우리나라에 대한 일본의 수출규제 강화를 상호의존성의 무기화 또는 경제적 강압으로 인식했다. 그것이 일제 치하 한국인 강제동원 노동자에 대한 배상을 지시한 한국 대법원 판결과 관련된 것이었다는 점은 공공연한 비밀이다. 이렇듯 경제 안보와 경제적 강압은 누가 쓰느냐에 따라 달라질 수 있다.

**1. 전개과정 및
쟁점**
<출처: 하나금융
경영연구소>

**3) 데이터
보호와
데이터보호
주의**

① '데이터 보호'(data protection)는 사생활 보호, 데이터 주권, 공공성 등을 이유로 한다.

　가. EU는 세계 최초로 AI 관련 위험에 대한 포괄적 규제인 EU AI 법안을 도입하는 등 데이터 보호 물결을 주도하고 있다. 최근에는 미 하원의 틱톡 금지법과 같이 경제 안보도 데이터 보호 이유로 떠올랐다.

② 하지만 '데이터 현지화(데이터의 국내 저장/처리를 요구하는 명시적인 규제)'를 중핵으로 하는 '데이터 보호주의'(data protectionism) 움직임도 점차 증가 추세다.

　가. 2021년까지 39개국에서 92개의 데이터 보호주의 규제가 발생했는데, 이 중 절반 이상이 지난 5년간 생긴 것이다. 이는 개인정보 보호, 국가안보, 데이터 보안, 지식재산 보호, 디지털 보호주의, 데이터 주권, 경쟁정책, 산업정책, 조세정책 상의 다양한 목표를 추구한다.

　나. 이러한 데이터 보호주의에 맞선 반대론의 주요 근거는 고용과 기술혁신 등 경제에 미칠 부정적 영향이다. 하지만 이는 국가 안보나 경제 안보를 해칠 수도 있다.

　　A. 2022년 우크라이나는 러시아의 침공 직전 국내저장을 의무화했던 법을 개정해 일부 데이터를 미국으로 이전했다.

　　B. 일본의 NTT와 SB는 2011년 동일본 대지진 직후 한국에 데이터 센터를 설립했다.

③ 그 기준이 자의적이거나 불투명하다면 경제 안보와 데이터 보호는 경제적 강압과 데이터 보호주의가 될 가능성이 늘 내재해 있다.

　가. 예컨대, 일본은 미일 디지털 무역협정, 일영 EPA, CPTPP 등에서 국경 간 자유로운 데이터 전송, 데이터 현지화 금지, 소스코드 및 알고리즘 강제 공개 금지 등 데이터의 자유로운 이동을 선호하는 나라다.

　나. 하지만 경제산업성이 밝히듯이 일본의 취약한 AI 경쟁력 강화를 위한 산업정책에 전념하고 있는 바, 이는 보호주의 조치와 연계되기 십상이다.

1. 전개과정 및 쟁점 <출처: 하나금융 경영연구소>	4) 일본의 대응	① LY의 향후 정보보호 강화조치와 관련해, 라인 사태를 동시에 다루고 있는 총무성과 PPC의 권고 방향이 달라 주목된다. 　가. 총무성은 LY에 네이버와의 기술적 분리뿐 아니라, 네이버의 지분 조정 등도 요구했다. 이는 LY가 모회사인 네이버에 강력한 보안 조치를 요구하기 어려울 것이라는 가정을 전제로 한다. 　나. 반면 두 차례의 PPC 권고안 어디에도 이러한 요구는 없었다. 이는 PPC의 정보보호 강화 가이드라인에 지분 관련 언급이 전혀 없는 데서도 드러난다. 　다. 그러다 보니 LY가 총무성에는 관련 논의 개시를 보고한 반면, PPC에는 이를 전혀 언급하지 않는 기묘한 일이 벌어졌다. 이는 기관별 관심사의 차이를 반영한다. 　라. PPC는 개인정보 보호가 주무인 반면, 총무성은 경제안보법에 따라 2022년 11월 LY를 포함해 210개 업체가 지정된 '특정사회기반사업자' 감독이 주무다. 일본은 2022년 세계 최초로 경제안보법을 도입하였다. 　마. 한편 총무성의 지분 매각 요구와 관련하여 자민당의 직접적인 개입 사실이 일본 마이니치 신문에 의해 밝혀졌다. 지난 2024년 3월과 4월 사이에 아마리 아키라 자민당 경제안전보장추진본부장이 손 마사요시 SB그룹 회장을 직접 만나 라인의 일본화를 요청한 것이다. 아마리 본부장은 자민당 전 간사장이자 여러 부처 장관을 역임한 유력 극우 정치인으로, 그가 손회장을 만날 즈음 총무성 고위 관료도 같은 이유로 미야카와 준이치 SB 대표를 만났다. 　바. LY는 최근 총무성에 제출한 보고서에서 2025년 말까지 脫네이버 계획을 매우 상세히 기술했다. 이는 곧 아마리가 주장한 라인의 일본화 플랜으로, 법적 구속력이 없다는 행정지도의 실질적인 강제력뿐 아니라, 경제 안보라는 명목 하에 외국인투자기업에 가하는 경제적 강압을 시사한다. 　사. 더욱이 오늘날 시장 경제에서 행정 관료가 아닌 정치인이 합작사의 국내 파트너를 만나 해외기업의 지분매각을 요구하는 것은 극히 이례적인 일이다. 이러한 움직임에는 다분히 자국 AI 육성을 위한 데이터 보호주의 요소도 숨겨져 있다. '라인사태'는 아직 끝나지 않았다. ② 결론적으로, 총무성과 자민당의 네이버 지분매각 요구는 설득력이 떨어진다. 　가. 네이버와 LY의 개인정보 보호는 양자간 기술적 분리로 충분하다. 라인의 경영권은 SB가 쥐고 있어, 모회사인 네이버에 보안 강화를 요구하기 어렵다는 총무성 주장도 수용하기 힘들다. 더욱이 LY의 부실한 정보관리는 지탄받아 마땅하나, 총무성 요구는 '비례성 원칙'에 반하는 가혹한 것이다. 현재 전반적인 일본의 분위기를 감안할 때, 아직 라인 사태는 끝난 게 아니며 현 시점에서도 한국에 미칠 파장은 적지 않을 전망이다.

| 1. 전개과정 및 쟁점
<출처: 하나금융 경영연구소> | 5) 우리에게 미칠 영향 | ① SB의 탈네이버 작업이 LY에 의존하고 있는 네이버의 글로벌 사업에 미칠 영향이 우려된다. 이에 라인의 글로벌 사업을 담당하는 라인플러스 등 한국 내 LY 자회사 직원 약 2,500명은 지분매각이 초래할 고용 불안과 일본으로의 기술 유출, 글로벌 비즈니스에의 악영향 등을 꼽으며 네이버의 지분 강제매각에 반대 입장을 표명했다.
② 네이버의 라인 사업 중단은 AI 개발에도 지장을 초래할 수 있다.
　가. 2020년 11월 라인은 네이버와 함께 일본어에 특화된 대규모언어모델(LLM)'HyperClova' 개발 계획을 발표했다. 2023년 5월 실적 발표 회까지도 이기조는 이어졌다.
　나. 하지만 2024년 현재 이 협력사업은 중단된 채, 경제산업성은 경제안보법에 따라 SB의 슈퍼컴퓨터와 클라우드 개발에 최대 474억 엔을 지원하고 있다.
　다. 도쿄대학 스즈키 카즈오 교수는 Financial Times(6월 11일)에 "손 회장은 LY를 통해 글로벌 플랫폼 구축을 구상했지만, 이는 일본 정부가 경제안보 관점에서 추진하려는 것과 자연스레 충돌할 것"이라고 밝힌 바 있다.
　라. 또한 네이버는 지난 13년간 국수주의적 일본 시장에서 생존하고자 SB와의 JV 설립 등을 통해 라인의 일본화에 공들였다. 하지만 일본의 경제적 강압과 데이터 보호주의가 지속된다면 네이버의 지난한 일본시장 개척 노력과 AI 개발, 나아가 한국의 AI 시대 대비에도 악영향을 미칠 수 있다. |

 결론

> **의견 제시** 일본 '라인야후 사태'로 불리던 네이버와 소프트뱅크 간 라인 지분 매각 협상이 일단락된 가운데, 네이버가 라인야후 지분을 축소하지 않겠다는 방침을 재차 강조했다. 오히려 양사 간 적극적인 사업 협력을 모색하며 시너지를 강화하겠다는 전략이다.

　LINE 사태는 한국에 새로운 보호주의를 알린 신호탄이다. 이는 경제안보와 데이터 보호가 경제적 강압과 데이터 보호주의로 합리화될 수 있음을

　보여줬다. 더욱이 유사국 간에도 이러한 조치가 가능함을 거듭 확인시켰다. 한국 정부가 지속 관심을 보여야 하는 이유가 여기에 있다. 추후에도 외교 채널을 통해 대화로 해결을 시도해야 하겠지만, 안 될 경우를 대비해 일본 정부의 네이버에 대한 행정지도, 중요경제안보정보법 입법 추진에 상응하는 조치를 검토해야 한다. 라인야후 사태에 대해 한국도 상응 조치를 취하지 않는다면 향후 다른 한국 기업들에게도 유사한 피해가 지속적으로 발생할 수 있기 때문이다.

한편, 중국 전자상거래 플랫폼들에 대한 선제적 감시와 규제도 필요하다. 특히 중국의 과도한 고객 개인정보 수집은 어제 오늘의 문제가 아니다. 네이버가 일본 정부로부터 행정지도를 받는 이유가 한국 내에서도 중국 업체들에 의해 발생하고 있는데 규제가 미흡하다는 지적이다. 중국 기업들이 생성형 AI로 한국 소비자의 개인정보, 소비 성향, 구매 패턴 등을 분석해 한국 시장을 목표로 한 상품 개발, 마케팅에 활용하면 향후 우리 기업은 더 큰 어려움에 직면하게 된다. 수집하는 우리 소비자 개인정보의 양, 활용도, 국외 반출 여부 등에 대해 점검 및 규제가 필요하다.

미중 패권경쟁 시대에 한국을 비롯한 중견국은 강대국의 경제적 강압과 데이터 보호주의에는 반대하되, 경제 안보와 데이터 보호를 촉진하기 위한 협력에 나서야 한다. 성큼 다가온 AI 시대에 시민과 공공선을 위해서도 이를 위한 국제협력이 절실하다.

chapter

08

대 미국 수출구조 변화

논제 개요 잡기[핵심 요약]

서론	이슈언급	2020년 이후 우리나라 수출의 對중국 의존도가 빠르게 하락하는 반면, 對미국 수출 비중은 꾸준히 높아지고 있다. 구체적으로, 우리나라의 對중국 수출비중은 2020~2021년 중 25%를 상회하는 높은 수준이었으나, 2023년에는 20% 아래로 낮아졌다. 그러나 對미국 수출비중은 2011년 최저 수준(10%)을 기록한 후 꾸준히 증가하면서 2023년에는 18%로 두 배 가까이 상승하였다 이러한 추세가 이어지면서 2024년 1/4분기 對미국 수출액은 310억 달러로 2003년 2/4분기 이후 처음으로 對중국 수출액(309억 달러)을 넘어서기에 이르렀다. 對미국 무역수지 역시 2023년 중 역대 최고수준인 444억 달러를 기록하면서 큰 폭의 對중국 무역적자(180억 달러)를 완충하는 역할을 했다.	
본론	1. 대(對) 미국 수출 구조 변화의 특징	1) 우리 對미국 수출과 미국 소비·투자간 연계성 강화	① 2020년 이후 우리나라의 對미 수출은 美 소비 및 투자와의 상관관계가 상당폭 높아졌다. ② 우리 對미국 수출과 미국 내수와의 연계성 강화는 우리 기업들이 미국의 경기호조 및 산업정책에 적극 대응한 점에도 기인하는 것으로 판단된다.
		2) 신성장산업 중심의 중간재 비중과 다양성 확대	① 對미 수출에서 신성장산업 중간재가 차지하는 비중이 꾸준히 확대되면서 중간재 품목이 다양해졌는데, 이는 對미 수출의 회복탄력성에 긍정적 영향을 미칠 것으로 판단된다.

본론	**1. 대(對) 미국 수출 구조 변화의 특징**	**2) 신성장산업 중심의 중간재 비중과 다양성 확대**	② 중간재 수출을 세부품목별로 살펴보면, 최근에는 신성장산업(이차전지 및 양극재)의 비중이 빠르게 증가하고 있다. 이는 중국과 아세안5 국가들에 대한 중간재 수출이 반도체, 디스플레이패널 등 일부품목에 집중되어 있는 것과는 상반되는 것이다.

		3) 첨단제품 시장 변화에 기민하게 대응하면서 높은 소비재 비중 유지	① 우리 기업들은 전기차 등 첨단 제품들이 새롭게 출시될 때마다 높은 기술력을 바탕으로 기민하게 대응하면서 세계 최대 시장인 미국에 대한 수출을 늘려왔다. 이에 힘입어 對미국 수출에서 소비재가 차지하는 비중은 장기간 30% 수준이 꾸준히 유지되고 있다.

본론	**2. 향후 對미국 수출 전망**	**1) 당분간 미국의 견조한 내수에 힘입어 양호한 흐름 지속**	① 향후 미국경제는 내수가 호조를 지속하면서 견조한 흐름을 이어갈 것으로 예상된다. 이에 따라 우리의 對미 수출도 당분간 양호한 흐름을 나타낼 전망이다. ② 對미국 제조업 직접투자가 크게 늘어난 점도 우리나라의 對미국 수출에 긍정적 요인이다.
		2) 중장기적으로는 對미 투자에 따른 수출증대 효과가 점차 약화될 가능성	중장기적 관점에서 보면, 미국은 산업구조 특성상 수입중간재 투입비중이 낮고, 생산비용은 높아 우리 기업들의 對미 투자에 따른 수출증대 효과는 점차 약화될 가능성이 높다. ① 미국의 제조업 생산구조는 고부가가치 서비스를 중심으로 자국산업 투입비중이 높은 반면 수입유발률은 낮은 특성이 있어, 對미국 FDI는 對중국 · 아세안 투자에 비해 장기적인 수출증대 효과가 작을 것으로 평가된다. ② 미국의 높은 생산비용으로 인해 우리나라 중소기업들의 동반 진출이 어려운 점도 對미국 FDI 확대에 따른 수출증가의 지속성을 낮추는 요인이다. ③ 소비시장에서 첨단부문을 중심으로 국가간 경쟁 격화.

결론	**의견제시** <출처: BOK이슈노트>	우리 정부와 기업은 최근의 양호한 對미 수출실적에 안심하기보다, 통상정책적 · 산업구조적 리스크에 집중하면서 이에 대비해 나갈 필요가 있겠다. 첫째, 통상정책 측면에서는 에너지 · 농축산물 등에서 미국으로의 수입 다변화를 검토할 필요가 있다. 이는 통상압력 완화뿐 아니라 공급선 다변화를 통한 에너지 · 먹거리 안보 확보와 중기적 시계에서 국내 물가 안정에도 도움이 될 것으로 예상된다.

결론

의견제시
<출처: BOK이
슈노트>

둘째, 산업구조적 리스크 요인에 대한 근본적인 대응책은 끊임없는 기술혁신을 통해 수출경쟁력을 유지하고 높여나가는 것이라 하겠다. 특히 글로벌 경쟁이 격화되고 있는 첨단분야에서의 국내 기업이 경쟁력을 유지하고 높여나가기 위해서는 무엇보다 핵심인재를 확보하는 것이 긴요하다. 이를 위해 해외유출 유인을 낮추기 위한 기업과 정부의 보다 적극적인 노력이 필요할 것이다. 이미 주요 기술선진국들도 핵심기술 및 인재유출에 대비하여 "핵심인력에 대한 중국 사전 허가제(대만)", "기술유출 방지를 위한 경제안전보장추진법 제정(일본)" 등 각종 정책을 추진하고 있기 때문이다.

02 논제 풀이

 서론

 2020년 이후 우리나라 수출의 對중국 의존도가 빠르게 하락하는 반면, 對미국 수출 비중은 꾸준히 높아지고 있다.

구체적으로, 우리나라의 對중국 수출비중은 2020~2021년 중 25%를 상회하는 높은 수준이었으나, 2023년에는 20% 아래로 낮아졌다. 그러나 對미국 수출비중은 2011년 최저 수준(10%)을 기록한 후 꾸준히 증가하면서 2023년에는 18%로 두 배 가까이 상승하였다 이러한 추세가 이어지면서 2024년 1/4분기 對미국 수출액은 310억달러로 2003년 2/4분기 이후 처음으로 對중국 수출액(309억달러)을 넘어서기에 이르렀다. 對미국 무역수지 역시 2023년 중 역대 최고수준인 444억 달러를 기록하면서 큰 폭의 對중국 무역적자(180억 달러)를 완충하는 역할을 했다. 부가가치 기준 수출(통관금액에서 수입중간재 제외) 측면에서 보면, 對미국 수출의 위상은 더욱 커진다. 2022년 중 對중국 수출 비중은 부가가치 기준이 통관 기준보다 낮았지만, 對미국 수출비중의 경우 부가가치 기준이 통관 기준(15%)을 크게 상회하였다. 즉 중국·아세안 등 글로벌 생산거점 국가를 통해 미국으로 향하는 수출까지 고려하면 對미국 수출이 우리 총수출에서 차지하는 위상은 더 높다고 하겠다.

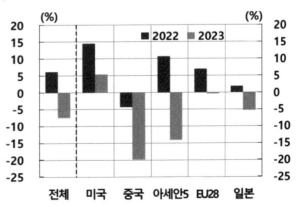

[국가별 수출 증가율]

<출처: BOK 이슈노트>

품목별로 살펴보면, 최근 미국 내 친환경 제품 수요 증대와 인프라 투자 진행으로 전기차, 이차전지, 화공품양극재 등 및 기계류 등이 크게 확대되었다. 국내 전기차, 반도체 및 배터리 기업들의 미국 내 직접투자와 공장신설이 확대되고 있어, 앞으로도 이들 품목에 대한 미국내 수요는 지속될 것으로 보인다.

그러나 향후 對미 수출 여건은 美대선 결과와 그에 따른 산업정책의 향방과 관련한 불확실성이 높은 상황이다.

이에 본지에서는 對미국 수출구조에 어떤 변화가 있는지 살펴본 다음 향후 對미국 수출 전망과 리스크 요인을 분석하겠다.

<출처: BOK이슈노트>

📈 본론

1. 대(對) 미국 수출 구조 변화의 특징
<출처: BOK이슈 노트>

1) 우리 對미국 수출과 미국 소비·투자간 연계성 강화

① 2020년 이후 우리나라의 對미 수출은 美 소비 및 투자와의 상관관계가 상당폭 높아졌다.

가. 이는 팬데믹 이후 미국의 산업정책 본격화 및 미·중 갈등de-risking 심화 등으로 미국의 對중국 직접수입은 줄어든 반면, 對한국 직접수입은 증가한 데 일부 기인하는 것으로 보인다.

[美내수경기와 우리 對미수출 상관관계]

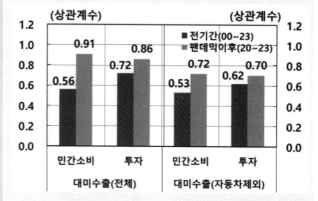

나. 실제로도 2020년 이후 미국 수입시장에서의 점유율을 보면 중국이 큰 폭 하락하였으며 우리나라는 멕시코, 베트남 등과 함께 상승하였다.

[미국의 주요국별 수입비중]

(%) (%)

- 15~19평균
- 20~23평균

	한국	베트남	멕시코	중국
15~19평균	3.1	2.0	13.6	20.7
20~23평균	3.5	3.7	14.2	16.7

1. 대(對) 미국 수출 구조 변화의 특징

<출처: BOK이슈노트>

1) 우리 對미국 수출과 미국 소비·투자간 연계성 강화

② 우리 對미국 수출과 미국 내수와의 연계성 강화는 우리 기업들이 미국의 경기호조 및 산업정책에 적극 대응한 점에도 기인하는 것으로 판단된다.

　가. 팬데믹 이후 對미국 수출변화의 주요요인들을 미국의 전체 수입수요 증대와 우리 제품의 시장점유율 확대가 주도한 것으로 나타났다.

　나. 한편 2022년 이후에는 산업구조요인의 영향력이 확대되었는데, 이는 미국 산업정책 본격화에 따른 미국내 수요구조 변화에 우리 기업들이 적극 대응하였던 것으로 볼 수 있다.

　다. 품목별 요인도 자동차·기계류·이차전지 등의 수출증가 중에서 산업구조요인의 영향력이 점차 커졌음을 확인할 수 있다.

2) 신성장산업 중심의 중간재 비중과 다양성 확대

① 對미 수출에서 신성장산업 중간재가 차지하는 비중이 꾸준히 확대되면서 중간재 품목이 다양해졌는데, 이는 對미 수출의 회복탄력성에 긍정적 영향을 미칠 것으로 판단된다.

② 중간재 수출을 세부품목별로 살펴보면,

　가. 2000년대 초반에는 반도체 비중이 對미 중간재 수출의 절반을 차지하였으나, 점차 화공품, 철강, 자동차부품 등의 비중이 늘어났다.

　나. 특히 최근에는 신성장산업(이차전지 및 양극재)의 비중이 빠르게 증가하고 있다. 이는 중국과 아세안5 국가들에 대한 중간재 수출이 반도체, 디스플레이패널 등 일부품목에 집중되어 있는 것과는 상반되는 것이다.

<table>
<tr><td>

**1. 대(對) 미국
수출 구조 변
화의 특징**
<출처: BOK이슈
노트>

</td><td>

3) 첨단제품 시
장변화에 기
민하게 대응
하면서 높은
소비재 비중
유지

</td><td>

① 우리 기업들은 전기차 등 첨단 제품들이 새롭게 출시될 때마다 높은 기술력을 바탕으로 기민하게 대응하면서 세계 최대 시장인 미국에 대한 수출을 늘려왔다. 이에 힘입어 對미국 수출에서 소비재가 차지하는 비중은 장기간 30% 수준이 꾸준히 유지되고 있다.

[첨단제품 수요와 對미국 수출]

가. 2000년대 초반 우리의 對미국 수출은 컴퓨터·가전제품·의류 등 가격경쟁력을 바탕으로 한 제품들이 주도하였으나, 2010년대 이후 스마트폰, 전기차 등의 첨단제품들이 발명·출시될 때마다 우리 기업들은 이에 적극 대응하면서 기술격차를 빠르게 좁히는 전략 fast follower으로 對미국 수출을 늘려 왔다.

나. 이에 따라 스마트폰 등 첨단 신제품이 출시되면 해당 제품들의 對미국 수출 비중도 빠르게 증가하였으며, 우리 對미국 수출에서 소비재가 차지하는 비중도 30% 수준을 꾸준히 유지되고 있다.

다. 특히 최근에는 미국의 친환경정책 추진에 따른 수요 증대에 적극 대응한 결과, 전기차를 중심으로 점유율을 높일 수 있었던 것으로 보인다.

</td></tr>
<tr><td>

**2. 향후 對미국
수출 전망**
<출처: BOK이슈
노트>

</td><td>

1) 당분간 미국
의 견조한 내
수에 힘입어
양호한 흐름
지속

</td><td>

① 향후 미국경제는 내수가 호조를 지속하면서 견조한 흐름을 이어갈 것으로 예상된다. 이에 따라 우리의 對미 수출도 당분간 양호한 흐름을 나타낼 전망이다.

가. 미국의 견조한 소비흐름과 투자증대에 힘입어 IT품목과 화공품·석유제품 및 자본재를 중심으로 對미 수출이 꾸준하게 증가할 것으로 보인다.

나. 이에 더해 중국과 아세안 지역으로 수출된 우리나라의 중간재들 중에서 현지가공을 거쳐 미국 소비시장으로 최종 귀착되는 비중이 확대되고 있어, 미국의 견조한 소비와 투자는 우리나라의 對미국 직접수출뿐 아니라 對중국·아세안을 통한 간접수출에도 긍정적으로 작용할 전망이다.

</td></tr>
</table>

② 對미국 제조업 직접투자가 크게 늘어난 점도 우리나라의 對미국 수출에 긍정적 요인이다.

　가. 과거 우리나라의 對미국 FDI에서는 서비스업이 90% 수준을 차지하였으나, 2020년 이후에는 제조업 비중이 IT와 기계를 중심으로 크게 늘어났다.

　나. 제조업 FDI 증가 시 투자대상국에 대한 수출이 늘어나는 경향이 있는데, 실제로 미국내 생산에 따른 對한국 수입유발률이 2020년부터 빠르게 높아지고 있다.

2. 향후 對미국 수출 전망

<출처: BOK이슈노트>

1) 당분간 미국의 견조한 내수에 힘입어 양호한 흐름 지속

[우리나라 對미 FDI1)2) 산업별 비중]

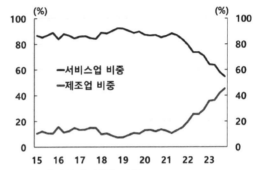

주: 1) 신설법인 설립 기준
　　2) 4분기 이동평균 기준

[미국의 對한국 수입유발률과 한국의 對미 FDI]

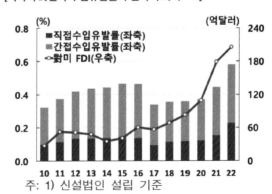

주: 1) 신설법인 설립 기준

중장기적 관점에서 보면, 미국은 산업구조 특성상 수입중간재 투입비중이 낮고, 생산비용은 높아 우리 기업들의 對미 투자에 따른 수출증대 효과는 점차 약화될 가능성이 높다.

2. 향후 對미국 수출 전망
<출처: BOK이슈 노트>

2) 중장기적으로는 對미 투자에 따른 수출증대 효과가 점차 약화될 가능성

① 미국의 제조업 생산구조는 고부가가치 서비스를 중심으로 자국산업 투입비중이 높은 반면 수입유발률은 낮은 특성이 있어, 對미국 FDI는 對중국·아세안 투자에 비해 장기적인 수출증대 효과가 작을 것으로 평가된다.

　가. 미국의 제조업 생산은 고부가가치의 서비스업(연구·개발 법률·회계 등)을 중심으로 자국 산업 투입비중이 높은 반면 수입중간재 투입비중은 낮으며, 이로 인해 수입유발효과도 여타 선진국에 비해 저조한 수준이다.

　나. 이에 따라 미국 제조업의 GVC길이(GVC 생산길이는 GVC 상의 생산 시작과 최종소비 사이의 생산단계 수)는 여타 국가들에 비해 매우 짧으며(고부가가치의 재화·서비스를 자급), 2000년대 이후 글로벌 분업화가 빠르게 진행되던 시기에도 큰 변화가 없었다.

　다. 이는 중국·베트남 등 신흥국들이 한국·일본 등 주요 제조 선진국으로부터 고부가가치 중간재 수입을 지속적으로 늘리면서 GVC 길이가 길어진 것과 대조되는 것이다.

　라. 따라서 미국내 우리 기업들의 생산공장은 중국·아세안 지역을 생산거점으로 GVC에 참여하였을 때보다 우리의 중간재 수출유발 효과가 작을 것으로 예상된다.

② 미국의 높은 생산비용으로 인해 우리나라 중소기업들의 동반 진출이 어려운 점도 對미국 FDI 확대에 따른 수출증가의 지속성을 낮추는 요인이다.

　가. 팬데믹 이후 우리나라의 對미 직접투자를 목적별로 살펴보면 현지 시장 진출과 선진기술 도입 목적이 80% 이상을 차지하였다. 이는 과거 중국·베트남으로 우리의 직접투자가 확대되던 시기에 저임금 활용, 우리 생산품을 현지로 원활하게 수출하기 위한 상사설립 등의 목적이 절반 이상을 차지하던 것과 대조된다.

　나. 기업규모별로도 중국·베트남 등으로는 중소기업 투자비중이 40% 이상을 차지하였으나 미국으로는 그 비중이 20%를 하회하고 있다. 이렇게 중소기업들의 美공급망 진출이 제약되는 데다 對미 운임비용도 높아 고부가가치 핵심 중간재를 제외하면 지리적 인접국가나 저비용 생산구조 국가들과의 경쟁에서 어려움이 나타날 것으로 예상된다.

[주요 FDI 대상국별 투자목적]

주: 1) 신설법인 설립 기준
     2) 각 국별 FDI 비중이 가장 높았던
        시기의 평균
     3) 우리 생산품을 해외현지로 원활하게
        수출하기 위한 법인 설립 등

**2. 향후 對미국
수출 전망**

<출처: BOK이슈
노트>

2) 중장기적으
로는 對미 투
자에 따른 수
출증대 효과
가 점차 약화
될 가능성

③ 소비시장에서 첨단부문을 중심으로 국가간 경쟁 격화 : 앞으로 자동
차 등 기존의 주력수출품목 뿐만 아니라 AI 등 첨단분야에서도 미국
시장내 경쟁이 더욱 치열해질 전망이다.

가. 미국의 對한국 수입 상위 10개 품목(2019~2023년 평균, HS 6단
위 기준, 전체 對한국 수입 중 38.0% 차지)에서 절반을 차지하고
있는 승용차의 경우, 1,500CC 이상의 고부가가치 승용차는 자동
차 제조 강국인 유럽 및 일본 자동차 업체들과, 전기차의 경우에
는 美정부 보조금 혜택을 크게 누리고 있는 미국기업들과 경쟁
하고 있다.

나. 반도체의 경우 현재까지 우리의 對미 수출 비중이 높지는 않지만,
최근 생성형 AI를 중심으로 美빅테크 기업들이 시장을 선도하고
있어 미국 시장의 중요성이 빠르게 커졌다. 현재 우리 기업들은 AI
반도체에 활용되는 HBM19을 중심으로 큰 성과를 보이고 있지만
美마이크론 등 경쟁기업의 추격도 만만치 않은 상황이다.

다. 이 외에도 미래우리나라의 신성장 동력으로 주목 받고 있는 비메
모리 반도체 제조(파운드리)는 대만이, 바이오(의약품)는 유럽·일
본이 미국 수입시장을 선점하고 있어 단기적으로 점유율을 높이
는 것이 쉽지 않은 상황이다.

📈 결론

의견 제시

2023년 하반기부터 우리 수출은 반도체 경기개선과 對미 수출호조에 힘입어 증가세를 이어가고 있으며, 앞으로도 이 같은 흐름이 지속될 전망이다.

對미국 수출의 경우 당분간은 미국의 견조한 소비와 우리 기업들의 미국내 제조업 직접투자 확대를 바탕으로 소비재와 중간재 모두 양호한 흐름을 지속하면서 우리 총수출 및 경제성장을 뒷받침할 것으로 예상된다. 미국 경제의 견조한 성장은 우리나라의 對미국 직접수출뿐 아니라, 對중국 · 아세안을 통한 간접수출을 확대시키는 요인으로도 작용한다. 특히 對미 제조업 FDI확대는 선진국들과의 기술교류를 촉진할 것이며, 그 동안의 중국 중심 수출구조를 다변화하는데도 도움이 될 것이다.

그러나 일각에서는 대규모의 對미 무역흑자로 인해 미국의 對한국 무역제재가 있을 수 있다는 우려도 제기하고 있는 상황이다. 과거 미국은 對한국 무역수지 적자폭이 커지거나 자국산업보호에 대한 여론이 고조될 때 각종 무역제재를 강화한 사례가 있으며, 특히 2017~2018년 중 트럼프 행정부에서도 FTA 재협상 추진, 세이프가드 등을 시행한 경험이 있다. 또한 2023년 하반기부터 우리나라 경상수지 흑자가 높은 수준을 지속하면서 2024년 하반기에는 환율 관찰대상국으로 재지정될 가능성도 높은 것으로 평가된다.

중장기적 관점에서 보면, 미국은 산업구조 특성상 수입중간재 투입비중이 낮고 생산비용도 높아 우리 기업들의 對미 투자로 인한 수출증대 효과가 점차 약화될 가능성이 높다. 이에 더해 우리 기업들의 對미국 진출이 반도체 · 배터리 등 첨단분야에 집중되어 있어 이들 분야에서 국내투자 둔화 및 인재유출 리스크도 우려된다. 미국이 연구개발 관련 지출을 크게 확대하고 있는 데다 고급인재들에게 매력적인 연구환경을 제공한다는 점을 감안할 때 앞으로 국내투자 구축 및 인재유출 문제가 심화될 가능성이 있다.

따라서 우리 정부와 기업은 최근의 양호한 對미 수출실적에 안심하기보다, 통상정책적·산업구조적 리스크에 집중하면서 이에 대비해 나갈 필요가 있겠다.

첫째, 통상정책 측면에서는 에너지 · 농축산물 등에서 미국으로의 수입 다변화를 검토할 필요가 있다. 이는 통상압력 완화뿐 아니라 공급선 다변화를 통한 에너지 · 먹거리 안보 확보와 중기적 시계에서 국내 물가 안정에도 도움이 될 것으로 예상된다.

둘째. 산업구조적 리스크 요인에 대한 근본적인 대응책은 끊임없는 기술혁신을 통해 수출경쟁력을 유지하고 높여나가는 것이라 하겠다. 특히 글로벌 경쟁이 격화되고 있는 첨단분야에서의 국내 기업이 경쟁력을 유지하고 높여나가기 위해서는 무엇보다 핵심인재를 확보하는 것이 긴요하다. 이를 위해 해외유출 유인을 낮추기 위한 기업과 정부의 보다 적극적인 노력이 필요할 것이다. 이미 주요 기술선진국들도 핵심기술 및 인재유출에 대비하여 "핵심인력에 대한 중국 사전 허가제(대만)", "기술유출 방지를 위한 경제안전보장추진법 제정(일본)" 등 각종 정책을 추진하고 있기 때문이다.

<출처: BOK이슈노트>

09

대 중국 수출구조 변화

01 논제 개요 잡기[핵심 요약]

서론	이슈언급	실제로 중국은 지난 20여년간 한국의 최대 수출국이자 무역 흑자국이었으나 최근 들어 대중 수출 및 무역수지가 빠르게 둔화되고 있다. 구체적으로 2010년대 중반부터 대중국 수출이 정체되다 최근 큰 폭으로 축소된 반면, 수입은 증가세를 유지했다. 이로 인해 무역수지 흑자폭이 점차 줄어들어 2023년에는 수교 이래 최초로 적자를 기록했다. 특히, 수출의 경우 대미 수출이 급증하면서 2024년 21년 만에 대중 수출을 추월할 가능성도 제기되고 있다. 이러한 변화는 중국 내수 부진과 같은 단기적 요인 뿐만 아니라, 중국의 산업경쟁력 향상과 미ㆍ중 갈등 심화로 인한 한ㆍ중 간 생산 연계성 약화 등 중장기적 요인이 복합적으로 작용한 결과로 보인다.
본론	1. 대(對) 중국 교역의 특징	1) 對 중국 수출 약화
		① 대중 수출은 2010년대 중반 이후 반도체 수출이 양호한 모습이나, 그 외 산업에서는 한국산 중간재에 대한 수요가 약화 되고 있다. ② 그러나 중국과의 생산분업에는 수출에 직접적으로 드러나지 않는 간접적인 수출활동이 포함될 수 있다.
		2) 대 중국 수출 현황
		① 2024년 4월까지 총수출에서 對중국 수출액이 차지하는 비중 18.8%, 19년만에 최저치를 기록

본론	**1. 대(對) 중국 교역의 특징**	3) 對중국 수출 반도체 회복 착시 효과	對중국 수출 반도체 회복 착시 효과 큼, 반도체 제외 시 여전히 마이너스 지속 ① 최근 對중국 수출액 회복은 중국 수출 품목 중 최대 비중을 차지하는 반도체 수출 회복 영향이 매우 크며, 반도체를 제외할 경우 對중국 수출은 아직도 전년대비 감소를 유지하고 있어 반도체 회복으로 인한 착시 효과도 높은 상황 ② 반도체가 對중국 수출의 3분의 1을 차지할 정도로 비중이 늘어남에 따라 반도체 수출이 저조할 때에는 중국 수출이 부진한 것으로, 반대로 반도체 수출이 호조일 때에는 중국 수출도 호조인 것으로 보이는 '반도체 착시 효과'도 강화되고 있는 추세 ③ 따라서 반도체 경기에 의한 착시효과를 제거할 경우 전반적인 對중국 수출은 2024년 상반기까지도 이전 수준을 회복하지 못한 상황으로, 중국 수출 부진은 장기화되고 있는 추세
		4) 해외 직접투자	對중국 투자액, 對미국 이어 2번째 비중이었으나 미국 무역규제 영향으로 2023년 크게 축소
	2. 수출 대체 관심지역	1) 베트남	① 반도체 · 디스플레이 수출 비중 높은 베트남, 과거 對중국 수출 구조와 유사 ② 중국을 중심으로 하는 글로벌 공급망 재편 과정에서 저렴한 노동력 등의 장점으로 인해 베트남은 '포스트 차이나'로 각광받았지만 주목도에 비해 실제 투자액은 크게 증가하지 못함
		2) 아세안	① 2022년 이후 對베트남 수출 상회하기 시작한 對아세안 수출, 석유제품 · 반도체 비중 높아 ② 對아세안 주요 수출품목은 석유제품((2023년 기준 비중 21.5%), 반도체(17.2%), 선박류(7.9%),일반기계(7.5%), 철강(6.8%), 석유화학(5.6%) 순으로, 석유제품과 석유화학 등 석유 관련 품목이 총 29%로 비중이 높고 반도체, 일반기계, 철강 등 다국적 기업들의 현지 투자 및 생산과 관련된 품목들의 비중이 높은 상황 ③ 對아세안 해외직접투자는 인도네시아, 싱가포르, 말레이시아 등의 비중이 높아 2023년 기준으로 對아세안 해외직접투자 가운데 인도네시아 51%, 싱가포르 28%, 말레이시아 8%, 캄보디아 6%, 미얀마 5%, 태국 4% 등의 비중을 차지

본론	2. 수출 대체 관심지역	3) 인도

對인도 수출, 글로벌 기업 투자와 함께 반도체 · 철강 · 일반 기계 · 자동차부품 등 중간재 증가세

① 최근 우리 기업들의 새로운 생산 투자처로 부각되고 있는 인도에 대한 우리나라 수출액은 2023년 기준 약 179억 달러로 총수출의 2.8%로, 중국, 미국, 베트남, 일본, 홍콩, 대만, 싱가포르에 이은 8번째 수출국에 해당

결론	의견제시

한국의 대중국 무역수지 악화가 심화되는 상황에서 중국의 첨단 산업 발전은 국내 산업에 추가적인 부담으로 작용될 전망이다. 이에 우리는,

첫째, 한국이 경쟁력 우위를 점하고 있는 분야는 핵심 기술 확보에 더하여 관련 부품, 장비, 소재 등을 담당하는 기업의 기술개발 및 영업활동에 대한 지원도 병행하여 생태계 전반의 경쟁력을 강화하는 전략이 필요하다.

둘째, 중국의 자급률이 높아진 분야의 경우 신시장 개척 및 한중 협력 신모델을 모색하는 전략이 필요하다. 중간재를 수입해 최종소비재를 생산하는 역할은 중국에서 신흥공업으로 이전하였으며 이에 따른 국내 기업의 공급처 다변화가 필요하다.

셋째, 우리 수출의 경우 중간재 비중이 높아 해외직접투자 여부 등을 고려해 중국 수출 대체 지역을 선별하는 노력이 필요하다.

02 논제 풀이

 서론

이슈 언급

2000년 이후 우리나라는 글로벌 공급망을 통해 중국과 연계된 생산활동을 구축하면서 양국 간 교역이 크게 확대되었다.

특히, 초기에는 한국이 부품 등을 중국으로 수출하고 중국은 이를 조립한 최종재를 다시 전세계로 수출하는 수직적 분업구조가 주를 이루다가, 점차 중국도 우리나라에 중간재를 수출하는 규모가 확대되었다. 이 과정에서 전기 · 전자, 화학 등의 업종을 중심으로 양국 간 교역이 급격히 증가하고 수출이 성장에도 크게 기여하게 되었다.

[대중국 수출입 및 무역수지]

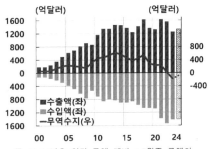

주: 1) 24년은 연간 금액 대비 1-7월중 금액의 비율(최근 10간간 평균)을 이용하여 추정

<출처: BOK 이슈노트>

실제로 중국은 지난 20여년간 한국의 최대 수출국이자 무역 흑자국이었으나 최근 들어 대중 수출 및 무역수지가 빠르게 둔화되고 있다. 구체적으로 2010년대 중반부터 대중국 수출이 정체되다 최근 큰 폭으로 축소된 반면, 수입은 증가세를 유지했다. 이로 인해 무역수지 흑자폭이 점차 줄어들어 2023년에는 수교 이래 최초로 적자를 기록했다. 특히, 수출의 경우 대미 수출이 급증하면서 2024년 21년 만에 대중 수출을 추월할 가능성도 제기되고 있다. 이러한 변화는 중국 내수 부진과 같은 단기적 요인 뿐만 아니라, 중국의 산업경쟁력 향상과 미 · 중 갈등 심화로 인한 한 · 중 간 생산 연계성 약화 등 중장기적 요인이 복합적으로 작용한 결과로 보인다.

이에 본지에서는 대중 교역 현황을 살펴본 후, 정책적 대응방안을 제시하기로 한다.

<출처: BOK이슈노트>

📈 본론

1. 대(對) 중국 교역의 특징
<출처: BOK이슈 노트>

1) 對 중국 수출 약화

① 대중 수출은 2010년대 중반 이후 반도체 수출이 양호한 모습이나, 그 외 산업에서는 한국산 중간재에 대한 수요가 약화 되고 있다.

가. 대중국 수출에서 반제품·부품 등 중간재가 차지하는 비중은 80%를 상회하는 가운데, 반도체를 제외한 수출이 2014년을 정점으로 하락하면서 대중 수출 정체를 주도했다.

나. 이는 중국의 기술수준이 점차 개선되면서 과거 한국에서 수입하던 품목을 자국산으로 대체하거나 나아가 한국으로 수출하는 현상과 연관된다.

다. 예를 들어, 디스플레이는 한때 대중 수출의 20%를 차지하기도 했으나 중국의 기술 추격 등으로 수출경쟁력이 급격히 약화 되었다. 자동차도 현지생산 규모가 급감하면서 자동차 부품 수출이 위축되었으며, 트랜지스터 등 개별소자 반도체 부품의 경우 대중 수출이 크게 줄어든 반면 수입이 확대되었다.

[가공단계별 수출 비중]

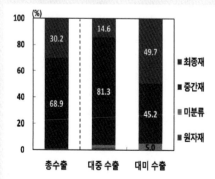

주: 1) 2023년 기준

② 그러나 중국과의 생산분업에는 수출에 직접적으로 드러나지 않는 간접적인 수출활동이 포함될 수 있다.

가. 예컨대 양국간 생산분업은 중간재 교역뿐만 아니라 한국 기업이 제3국에서 운영하는 생산기지와의 교역을 통해서도 이루어진다.

나. 또한 일부 중간재는 국내 거래를 통해 추가 가공단계를 거친 이후 중국으로 수출되기도 한다.

다. 이처럼 여타 국가를 경유하거나, 국내 생산에 재투입된 다음 중국으로 넘어가 최종재생산에 투입될 중간재 생산활동은 현재의 수출 통계에 포착되지 않지만, '수출연계생산'이자 간접적 수출활동으로 볼 수 있다. 이러한 관점은 공급망 교란 시 우리경제의 수출 의존도를 포괄적으로 파악하는 데 유용할 수 있다.

1) 對 중국 수출 약화

---

① 2024년 4월까지 총수출에서 對중국 수출액이 차지하는 비중 18.8%, 19년만에 최저치를 기록.

가. 2010년 이후 對중국 수출액은 우리 총수출에서 24~27%을 유지하며 가장 높은 비중을 차지해 왔으며, 코로나19로 크게 줄었던 수출 감소가 회복되기 시작한 2021년까지도 전체 수출에서 25.3%를 차지하며 이전 수준을 유지해 옴.

나. 對중국 수출 증감율이 총수출 증감율을 하회하기 시작한 것은 2022년부터로, 세계적으로 코로나19 이후 경기 회복이 지속됨에 따라 2022년 총수출은 전년 대비 6.1% 증가하는 등 호조세를 보였으나, 2022년 對중국 수출은 전년대비 4.4% 하락.

다. 2023년 들어 對중국 수출 부진은 더 심화돼 2023년 중국 수출액은 2022년 동기 대비 19.9% 감소로 총수출이 7.5% 감소한 것을 크게 하회했으며, 총수출에서 차지하는 비중도 19.7%로 2004년 (19.6%) 이후 18년만에 20%를 하회.

1. 대(對) 중국 교역의 특징

<출처: BOK이슈 노트>

2) 대 중국 수출 현황

[중국 수출액 및 비중]

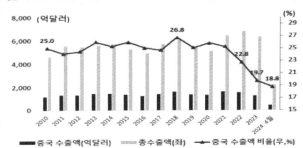

라. 2024년에 접어들어 반도체 수출 회복 등으로 對중국 수출도 회복되고 있으나, 2024년 4월까지 기준 2023년 동기 대비 5.7% 증가 수준으로 총수출 증가율 9.6%에 비해 여전히 3.9%p 하회하고 있으며, 총수출에서 차지하는 비중도 18.8%로 2023년에 비해서도 축소.

**1. 대(對) 중국
  교역의 특징**
  <출처: BOK이슈
  노트>

**3) 對중국 수출
  반도체 회복
  착시 효과**

對중국 수출 반도체 회복 착시 효과 큼, 반도체 제외 시 여전히 마이너스 지속.

① 최근 對중국 수출액 회복은 중국 수출 품목 중 최대 비중을 차지하는 반도체 수출 회복 영향이 매우 크며, 반도체를 제외할 경우 對중국 수출은 아직도 전년대비 감소를 유지하고 있어 반도체 회복으로 인한 착시 효과도 높은 상황.

  가. 우리나라의 對중국 수출액에서 반도체가 차지하는 비중은 2010년에는 14.7%에 불과했으나, 꾸준히 비중이 상승해 2022년에는 33.4%까지 상승했으며, 2024년 4월까지 기준으로는 34.9%까지 비중이 확대.

  나. 2023년 기준으로 對중국 수출 품목별 비중은 반도체(29.0%) > 석유화학(13.7%) > 일반기계(5.8%) > 무선통신기기(5.6%) > 디스플레이(3.4%) > 철강(2.9%) > 석유제품(2.9%) 순서임.

② 반도체가 對중국 수출의 3분의 1을 차지할 정도로 비중이 늘어남에 따라 반도체 수출이 저조할 때에는 중국 수출이 부진한 것으로, 반대로 반도체 수출이 호조일 때에는 중국 수출도 호조인 것으로 보이는 '반도체 착시 효과'도 강화되고 있는 추세.

  가. 실제로 2024년 4월까지 기준으로 對중국 수출은 2023년 대비 5.7% 증가했으나, 수출이 34.4% 증가한 반도체를 제외하면 여전히 5.3% 감소한 것으로 집계.

  나. 이러한 현상은 대중국 수출이 저조할 때에도 똑같이 나타나, 2023년 對중국 전체 수출액은 2022년 대비 19.9% 감소했으나 이는 반도체 수출이 30.6%나 감소한 영향이 크게 반영된 것으로, 반도체를 제외하면 수출 감소율이 14.5%로 축소.

③ 따라서 반도체 경기에 의한 착시효과를 제거할 경우 전반적인 對중국 수출은 2024년 상반기까지도 이전 수준을 회복하지 못한 상황으로, 중국 수출 부진은 장기화되고 있는 추세.

**4) 해외 직접
  투자**

對중국 투자액, 對미국 이어 2번째 비중이었으나 미국 무역규제 영향으로 2023년 크게 축소.

① 우리나라 수출은 수출국에 완제품을 수출하는 방식 외에 해외에 있는 우리 기업들의 생산기지에 부품 및 반제품 등을 수출하는 비중도 높아 특정 국가의 수출 증감 여부를 전망하기 위해서는 생산기지 건립 등을 위한 해외직접투자액을 함께 살펴보는 것이 필요하다.

  가. 2010년부터 2023년까지 우리나라의 해외직접투자액은 대략 연간 257억 달러(2010년)에서 815억 달러(2022년) 사이를 오가며 증감을 이어옴.

1. 대(對) 중국 교역의 특징

\<출처: BOK이슈 노트\>

4) 해외 직접 투자

나. 우리나라 해외직접투자액 내 국가별 비중은 해마다 변화했으나 투자액이 가장 높았던 2022년 기준으로 살펴보면 미국(294억 달러) 36.1%, 중국(85억 달러) 10.5%, 룩셈부르크(50억 달러) 6.1%, 싱가포르(31억 달러) 3.8%, 베트남(28억 달러) 3.5% 순으로 2011년부터 미국이 최대 비중을, 중국이 두 번째 비중을 차지해옴.

다. 對중국 투자액의 경우 2010년에는 우리나라 해외직접투자액 중 가장 높은 비중을 차지하기도 했으나, 2011년부터 2022년까지는 계속 연간 30억 달러에서 90억 달러 사이의 투자액을 기록하며 두 번째 비중을 유지.

라. 그러나 미국과의 무역갈등 및 미국 정부의 중국 무역 규제 등의 영향으로 중국 생산에 대한 이점이 줄어들면서 2023년 對중국 투자액은 2022년 85억 달러로 19억 달러로 약 78% 축소돼, 룩셈부르크(50억 달러), 베트남(26억 달러), 인도네시아 (21억 달러) 보다도 우리나라의 해외직접투자액이 감소.

마. 2023년 해외직접투자액은 대부분의 주요 국가에서 2022년 대비 줄어들었으나, 對인도네시아 투자액이 2022년 15억 달러에서 2023년 21억 달러로, 對인도 투자액도 2022년 3.7억 달러에서 2023년 4.5억 달러로 증가하는 모습을 나타냄.

② 對중국 해외직접투자액, 제조업 투자 비중 높아 수출과 연관도 매우 높다.

가. 우리나라의 對중국 투자액은 제조업 비중이 매우 높아, 2010년~2023년 투자액 가운데 제조업 비중은 평균 82% 수준이며, 투자액이 많았던 2022년에는 제조업 비중이 94%에 달함.

나. 이제까지 한국의 대중 수출이 크게 확대되는 과정 배후에는 우리나라의 對중국 제조업 투자가 자리잡고 있었음을 확인할 수 있음.

다. 이와는 대조적으로 우리나라 해외직접투자액 가운데 가장 큰 비중을 차지하는 대미국 투자액은 전통적으로 제조업보다 상대적으로 금융 및 보험업, 부동산업 등의 비중이 컸음.

다. 2010~2023년 對미국 해외직접투자액에서 금융 및 보험업 비중은 평균 32%, 특히 對미국 투자액이 크게 늘어난 2021년~2023년에는 이 비중이 평균 41%까지 늘어나기도 함.

라. 반면 2010~2023년 對미국 해외직접투자액에서 제조업 비중 평균은 16%.

마. 對미국 해외직접투자액 가운데 제조업 비중이 늘어나기 시작한 것은 코로나19 이후 미중 무역갈등 및 글로벌 공급망 재편이 심화된 이후로, 2021~2023년 對미국 해외직접투자액에서 제조업이 차지하는 비중은 평균 27%로 증가.

1. 대(對) 중국 교역의 특징 <출처: BOK이슈 노트>	4) 해외 직접 투자	바. 2010~2023년 기간 동안 한국의 對미국 제조업 투자액이 對중국 제조업 투자액을 넘어선 것은 2023년이 최초로, 중국 제조업 투자액이 줄어드는 만큼 미국 제조업 투자액이 늘어난 것으로 해석 가능. 사. 2023년 우리나라의 미국 수출이 호조세를 유지하고, 중국 수출이 상대적으로 저조했던 것도 제조업 투자 위축과 연관이 깊은 것으로 볼 수 있음. **[對중국 해외직접투자 현황]**
2. 수출 대체 관심지역 <출처: BOK이슈 노트>	1) 베트남	① 반도체·디스플레이 수출 비중 높은 베트남, 과거 對중국 수출 구조와 유사. 가. 한국의 對베트남 수출액은 2023년 기준 535억 달러 수준으로 중국, 미국에 이은 3번째 수출국가로 우리 전체 수출의 8.5% 정도를 차지. 나. 對베트남 주요 수출품목은 반도체(2023년 기준 비중 23.8%), 디스플레이(23.0%), 석유제품(6.2%), 일반기계(5.7%), 석유화학(4.6%), 섬유류(4.1%) 순으로, 한국의 수출이 증가하기 시작한 2016년 이후 對베트남수출 품목 구조는 그 이전의 對중국 수출 품목 구조와 유사. 다. 對베트남 해외직접투자액은 2010년대 접어들면서 한국 기업들의 생산 기지 이전 등의 영향으로 지속적으로 증가해 2019년에는 46억 달러로 최고치를 기록. 그러나 코로나19 영향이 미치기 시작한 2020년 이후 투자액은 그 이전 수준을 회복하지 못하고 있는 상황. ② 중국을 중심으로 하는 글로벌 공급망 재편 과정에서 저렴한 노동력 등의 장점으로 인해 베트남은 '포스트 차이나'로 각광받았지만 주목도에 비해 실제 투자액은 크게 증가하지 못함.

1) 베트남	가. 저렴한 노동력 등으로 인해 생산 기지로서의 장점은 보유하고 있으나 중국 대비 낮은 현지 원부자재 공급 능력, 상대적으로 낙후한 산업 인프라, 외국 투자기업 지원체계 미비 등과 같은 투자 장애 요소가 드러났기 때문. 나. 특히 베트남 정부가 지난 팬데믹 기간 동안 인력과 물류 이동 제한, 입국 제한, 공장 폐쇄 및 격리 등 코로나 방역에 모든 국가 역량을 집중하면서 투자기업들의 경영 악화가 나타남. 다. 이 시기 인도네시아, 인도 등 탈 중국 기업들을 유치하려는 경쟁 투자유치국들에 비해 상대적으로 투자 유치가 저조해진 측면도 있음. 라. 그럼에도 베트남은 저렴한 양질의 노동력, 대 유럽 수출 거점, 중국으로부터 원부자재 수급용이성 등으로 인해 한국 기업들에게는 유력한 투자처로 활용되고 있음. 마. 한국은 1988년 이후 베트남에 대한 역대 해외투자총액 1위, 2022년 연간 기준으로는 싱가포르에 이어 2위(3위는 일본)를 차지.
2. 수출 대체 　관심지역 <출처: BOK이슈 노트> 2) 아세안('아세안' 중 베트남 제외로 정의)	① 2022년 이후 對베트남 수출 상회하기 시작한 對아세안 수출, 석유제품·반도체 비중 높아. 가. 베트남을 제외한 아세안 지역으로의 수출액은 2023년 기준 556억 달러 수준으로 베트남 수출액 535억 달러를 소폭 상회하는 수준. 나. 과거 아세안 지역으로의 수출은 베트남 수출보다 높았으나, 2016년을 기점으로 베트남 투자가 확대되고 수출이 증가하면서 對베트남 수출이 對아세안 수출을 상회하기 시작. 다. 이후 코로나19를 겪으면서 베트남 해외직접투자가 소폭 위축되는 동안 그 대안으로 인도네시아, 말레이시아 등으로의 투자가 활발해짐에 따라 對아세안 수출액도 2022년 이후 對베트남 수출액을 다시 넘어섬. ② 對아세안 주요 수출품목은 석유제품((2023년 기준 비중 21.5%), 반도체(17.2%), 선박류(7.9%), 일반기계(7.5%), 철강(6.8%), 석유화학(5.6%) 순으로, 석유제품과 석유화학 등 석유 관련 품목이 총 29%로 비중이 높고 반도체, 일반기계, 철강 등 다국적 기업들의 현지 투자 및 생산과 관련된 품목들의 비중이 높은 상황. ③ 對아세안 해외직접투자는 인도네시아, 싱가포르, 말레이시아 등의 비중이 높아 2023년 기준으로 對아세안 해외직접투자 가운데 인도네시아 51%, 싱가포르 28%, 말레이시아 8%, 캄보디아 6%, 미얀마 5%, 태국 4% 등의 비중을 차지. 가. 아세안 내에서도 싱가포르는 금융 및 보험업 투자 비중이 높고, 그 외 국가들은 제조업 투자 비중이 높으며, 아세안 투자 가운데 인도네시아 비중이 점차 늘어나 2022년까지 인도네시아의 비중은 20%대를 유지했으나 2023년에는 51%까지 증가.

2. 수출 대체
관심지역
<출처: BOK이슈
노트>

3) 인도

對인도 수출, 글로벌 기업 투자와 함께 반도체 · 철강 · 일반기계 · 자동차부
품 등 중간재 증가세

① 최근 우리 기업들의 새로운 생산 투자처로 부각되고 있는 인도에
대한 우리나라 수출액은 2023년 기준 약 179억 달러로 총수출의
2.8%로, 중국, 미국, 베트남, 일본, 홍콩, 대만, 싱가포르에 이은 8
번째 수출국에 해당.

② 對인도 주요 수출품목은 석유화학(2023년 기준 비중 18.7%), 철강
(15.5%), 반도체(10.9%), 일반기계(10.6%), 자동차부품(6.7%), 석유
제품(4.9%) 순으로, 최근 늘어나고 있는 글로벌 기업들의 인도 현지
생산에 필요한 중간재에 대응하는 품목들이 큰 편중 없이 골고루 분
포되어 있음.

③ 특히 인도가 세계 3위 자동차 판매시장으로 부상함에 따라 한국의
현대자동차 그룹 등 글로벌 자동차 기업들이 인도 현지 공장 투자를
늘린 영향으로 자동차부품 수출 비중이 중국, 베트남, 아세안 등 아
시아 지역 수출국과 비교할 때 매우 높은 것이 특징.

④ 對인도 수출액이 높지 않아 비중은 높은 편이지만 금액 기준으로는
2023년 12억 달러 수준으로 최근 크게 줄어든 對중국 자동차부품
수출액(12.8억 달러), 베트남을 포함한 아세안으로의 자동차부품 수
출액(12억 달러)과 유사한 수준이고 對미국 자동차부품 수출액(80
억 달러)의15% 수준.

⑤ 2018년 최고치를 기록했던 對인도 해외직접투자액(삼성전자가 인
도 북부에 위치한 노이다 공장을 연 1억3천만대 스마트폰 생산이 가
능한 수준으로 대대적인 증설을 완료하고, 기아차가 인도 중부 아난
다푸르에 연 30만대 규모의 생산공장을 신설했으며, 효성이 마하라
슈트라에 공장 건설을 추진한 영향으로 해외직접투자액이 크게 증
가)은 이후 다시 줄어들어 크게 늘어나지 못하고 있는 상황.

가. 인도 정부의 외국인 투자 보호가 다소 미흡하고 외국인 투자를 유
치를 위한 정책을 펼치면서도 자국 제조업 육성을 위해 보호무역
주의를 강화하기도 하는 등 모순된 정책 영향으로 투자 환경이 크
게 개선되지 못한 측면이 있기 때문.

나. 다만, 현대자동차그룹이 인도에서 연간 150만대 생산능력을 확보
한다는 목표로 기존 아난타푸르 공장, 첸나이 공장 등에 이어 인
도 GM 현지공장 인수를 2023년에 확정함에 따라 동 시설 인수가
완료될 경우 현지 공급망 완성을 위해 자동차부품 관련 업체들의
현지직접투자액은 늘어날 가능성이 높음.

📈 결론

의견 제시 2023년 하반기부터 대중 수출이 회복되고 있는 가운데, 앞으로 중국의 성장 흐름도 개선된다면 단기적으로는 수요 요인에 따라 수출애 긍정적 영향을 받을 수 있겠지만, 중국 내 생산구조 변화로 인한 하락 요인이 지속되고 있어 과거만큼의 호조를 기대하기는 어렵다. 특히, 중국이 첨단기술 분야에서도 자립도를 높여가고 있는 만큼, 이에 발맞춰 우리나라 경쟁산업도 기술혁신을 통한 수준 향상이 긴요하다 하겠다. (최근 중국은 중진국을 벗어나 고소득 선진국의 반열에 들기 위해 새로운 산업정책 기조인 「신질(新質)생산력」을 발표. 정책의 핵심 방향은 GDP 성장률 공헌도 내 총요소생산성의 비중을 높여 향후 지속적이고 안정적인 성장을 도모하는 것)

한국의 대중국 무역수지 악화가 심화되는 상황에서 중국의 첨단 산업 발전은 국내 산업에 추가적인 부담으로 작용될 전망이다. 이에 우리는

첫째, 한국이 경쟁력 우위를 점하고 있는 분야는 핵심 기술 확보에 더하여 관련 부품, 장비, 소재 등을 담당하는 기업의 기술개발 및 영업활동에 대한 지원도 병행하여 생태계 전반의 경쟁력을 강화하는 전략이 필요하다.

둘째, 중국의 자급률이 높아진 분야의 경우 신시장 개척 및 한중 협력 신모델을 모색하는 전략이 필요하다. 중간재를 수입해 최종소비재를 생산하는 역할은 중국에서 신흥공업으로 이전하였으며 이에 따른 국내 기업의 공급처 다변화가 필요하다.

셋째, 우리 수출의 경우 중간재 비중이 높아 해외직접투자 여부 등을 고려해 중국 수출 대체 지역을 선별하는 노력이 필요하다.

<출처: BOK이슈노트>

chapter 10

미중 기축통화전쟁

01 　논제 개요 잡기[핵심 요약]

서론	이슈언급	러시아의 우크라이나 침공 이후 미국과 러시아 간 신(新)냉전이 펼쳐지면서, 수면 아래에서 기축통화 전쟁이 치열하게 펼쳐지고 있다. 미국이 달러 중심 국제 금융 결제망인 스위프트(SWIFT · 국제은행 간 통신협정)에서 러시아를 퇴출하는 등 강력한 금융 제재에 나서자, 러시아를 비롯해 미국과 가깝지 않은 국가를 중심으로 달러 생태계에서 벗어나려는 노력이 가시화된 것이다. 미국의 러시아 퇴출 결정 이후 러시아는 곧바로 중국이 제공하는 결제망으로 갈아탔다. 중국은 이미 2015년 위안화 국제결제 시스템(CIPS · Cross-Border Interbank Payment System)을 구축했다. 이제 중국과 러시아 양국 간 교역은 루블과 위안으로 이뤄진다. 이러한 기반 위에서 중국은 최근 사우디아라비아와 브라질 등 지역 맹주국에 손을 뻗치고 있다. 특히 중동 원유거래의 '페트로 달러' 비중을 낮추기 위해 중국은 사우디와 '페트로 위안화'를 통한 원유 교역 비중을 늘리는 등 달러패권을 약화시키기 위한 여러 전략들을 취하고 있다.

본론	1. 기축통화로서의 달러	1) 의미 및 특성	① 기축통화(基軸通貨) 정의 ② 역사 ③ 기축통화의 특권 ④ 트리핀 딜레마(Triffin's dilemma)

본론	**1. 기축통화로서의 달러**	**2) 페트로 달러 시스템**

1971년 8월 13일 닉슨은 "더 이상 달러를 금으로 바꿔줄 수 없다"는 금태환 정지 선언을 발표했다. 1973년 11월 8일 키신저는 사우디아라비아의 파이살 국왕을 접견했다. 미국이 사우디 안보와 왕실의 안전을 보장하는 대신 OPEC은 원유를 오로지 달러로만 판매하는 협상이었다. 키신저 장관은 앞으로는 국제시장에서 석유를 사고팔 때 반드시 달러로만 거래해야 한다고 발표했다. 대신 미국은 사우디의 안전을 보장했다. 왕정체제 유지가 절박했던 사우디와 흔들리는 기축통화 지위를 굳건히 해야 하는 미국의 이해관계가 맞아떨어진 '세기의 딜'이었다.

3) 지위

① 기축통화는 쓰기 편해야 하고 많은 사람이 보유하고 싶어야 한다.
② 외환시장이나 자본 시장에서 통제 없이 다른 통화로 자유롭게 교환될 수 있어야 하고 가치가 안정적이어야 한다.
③ 그러려면 경제 규모가 크고 나라 밖으로 통화가 계속 빠져나갈 수 있도록 지속적인 경상수지 적자를 견딜 수 있어야 한다.
④ 현재 세계 외환거래의 85%가 달러로 이뤄지고, 전세계에서 발행되는 해외 채권 가운데 50% 이상이 달러 표시 채권이다. 각국 중앙은행은 외환보유액의 60% 이상을 달러 표시 자산으로 운용하고 있다.

2. 중국 위안화 성장

1) 흔들리는 달러 위상

① 달러의 위상은 계속 약해져 왔다.
② 중국 위안화의 영향력은 점차 커지고 있다.

2) 차근히 준비하는 중국

① 중국은 달러제국을 무너뜨리려 치밀한 전략을 펴고 있다.
② 중국은 2015년 위안화 국제결제 시스템(CIPS · Cross-Border Interbank Payment System)을 구축했다.
③ 이러한 기반 위에서 중국은 최근 사우디아라비아와 브라질 등 지역 맹주국에 손을 뻗치고 있다.
④ 다만 달러가 약해졌다고 해서 위안화가 그 자리를 온전히 대체한다는 의미는 아니다.

3) 위안화 위상 변화

① 위안화 결제 순위 및 현황
  가. 중국 정부의 위안화 국제화 추진, 일대일로 등 위안화 권역 확대 노력으로 위안화는 SWIFT(국제은행간통신협회) 결제통화 5위로 위상이 높아짐
  나. 위안화 결제통로는 SWIFT 외에도 위안화 전용 결제시스템인 CIPS*가 있으며, 최근 CIPS 성장세가 가파름
  다. CIPS 결제액까지 포함하면 위안화의 국제적 위상은 더 높을 것으로 추정

본론	2. 중국 위안화 성장	3) 위안화 위상 변화	② CIPS 거래 확대 배경 　가. SWIFT 정치적 활용 　나. 사우디, 브라질 중심으로 脫 SWIFT 움직임 확산 ③ 위안화 직거래 사례
		4) 국내 위안화 거래 확대	① 국내 위안화 거래 확대 배경
		5) 시사점	① 위안화 관련 상품·서비스 확대 ② 위안화 지급결제 채널 점검
결론	의견제시		첫째, 기본적으로 원화의 내재가치인 우리의 경제력을 키워나가야 한다. 즉, 경제의 펀더멘털을 튼튼히 하는 일이 정공법이라는 얘기다. 둘째, 이 과정에서 전략적 사고와 세련된 외교역량이 필요하다. 우리나라의 경우 지정학적으로 경제문제와 안보문제를 동시에 고려해야 할 특수성을 지니고 있기 때문이다.

02 논제 풀이

📈 서론

이슈 언급　최근 세계적인 투자자 짐 로저스는 러시아 국영 통신사를 통해 "달러 패권이 끝나가고 있다"고 언급한 바 있다. 실제 중남미국을 비롯한 신흥국들의 탈달러 움직임이 가속화되고 있는 가운데, 중국은 미국 달러에 대한 의존도를 낮추기 위해 국제결제망에서 위안화 사용을 본격화하는 모습이다.

구체적으로는 러시아의 우크라이나 침공 이후 미국과 러시아 간 신(新)냉전이 펼쳐지면서, 수면 아래에서 기축통화 전쟁이 치열하게 펼쳐지고 있다. 미국이 달러 중심 국제 금융 결제망인 스위프트(SWIFT · 국제은행 간 통신협정)에서 러시아를 퇴출하는 등 강력한 금융 제재에 나서자, 러시아를 비롯해 미국과 가깝지 않은 국가를 중심으로 달러 생태계에서 벗어나려는 노력이 가시화된 것이다. 미국의 러시아 퇴출 결정 이후 러시아는 곧바로 중국이 제공하는 결제망으로 갈아탔다. 중국은 이미 2015년 위안화 국제결제 시스템(CIPS · Cross-Border Interbank Payment System)을 구축했다. 이제 중국과 러시아 양국 간 교역은 루블과 위안으로 이뤄진다. 러시아의 대외 수출대금 중 위안화 비중은 전쟁을 전후해서 0.4%에서 16%로 급증했고, 같은 기간 50%를 넘었던 달러화 결제 비율은 30%대로, 유로화는 20%대로 감소했다. 이러한 기반 위에서 중국은 최근 사우디아라비아와 브라질 등 지역 맹주국에 손을 뻗치고 있다. 특히 중동 원유거래의 '페트로 달러' 비중을 낮추기 위해 중국은 사우디와 '페트로 위안화'를 통한 원유 교역 비중을 늘리는 등 달러패권을 약화시키기 위한 여러 전략들을 취하고 있다.

미·중 간 반응은 사뭇 엇갈린다. 중국 관영 환구시보는 "러시아와 우크라이나 분쟁은 달러와 유로화에 의존하는 것이 얼마나 위험한지 드러냈다"며 "앞으로 위안화가 주요 기축통화로서 위상이 더욱 강해질 것"이라고 자신감을 나타냈다. 반면 미국 CNN은 "지난 80년간 달러로 세계를 지배한 미국이 기축통화 지위를 잃을 위험이 있다"며 우려를 드러냈다.

이에 본지에서는 기축통화의 특성과 현황에 대해 알아보고 위안화 성장 배경을 바탕으로 미-중 간 기축통화 전쟁의 함의점을 도출해 보고자 한다.

📈 본론

| 1. 기축
통화로서의
달러 | 1) 의미 및
특성 | ① 기축통화(基軸通貨) 정의
　가. 기축통화 이해에 앞서 국제통화부터 정의하면 개인이나 국가 특히 외환보유액을 운용하는 중앙은행들이 당해 통화로 표시된 자산을 널리 보유하면 그 통화를 국제통화라 한다. 달러, 유로, 파운드, 엔, 위안 등이 국제통화다.
　나. 기축통화는 국제통화 중에서도 가장 핵심적이고 가장 널리 사용되는 통화다.
　다. 이렇듯 국제 무역과 금융거래에서 기본 결제 수단에 이용되는 통화로, 1960년대 미국 예일대의 로버트 트리핀 교수가 처음 명명했다. 제2차 세계대전이 막바지였던 1944년 미국 주도의 브레턴우즈 체제가 시작되면서 달러가 공식 기축통화로 자리 잡았다.
② 역사
　가. 근대적인 의미의 기축통화는 영국 파운드가 스타트를 끊었다. 파운드는 1차 세계대전(1914~1918년) 전까지 글로벌 넘버 원 통화였다. 1899~1913년 사이에 각국의 외환보유액에서 파운드화가 차지하는 비중이 4배 이상 증가했고, 전세계 외환보유액의 약 40%를 차지했다.
　나. 하지만 1차 세계대전은 영국과 파운드화의 몰락을 불렀다. 영국은 전쟁 자금을 마련하기 위해 지폐를 남발했고, 이로 인해 파운드화의 가치는 불안정해졌다. 이어 1931년 파운드를 금으로 바꿔주는 금 태환을 정지하자 파운드에 대한 신뢰가 곤두박질쳤다.
　다. 미국은 이 공백을 파고 들었다. 다른 나라들도 달러를 대안으로 보기 시작했다. 1930년대 대공황이 터지자 달러는 잠시 움찔했다. 그러나 2차 세계대전을 거치면서 미국은 세계 유일의 슈퍼파워로 거듭났다. 달러는 명실상부한 기축통화의 지위에 올랐다.
③ 기축통화의 특권
　가. 1960년대 프랑스의 발레리 지스카르 데스탱 재무장관은 달러가 누리는 특혜를 '과도한 특권'(Exorbitant Privilege)이라고 비판했다. 이렇듯 기축통화가 누리는 특권은 상상을 초월한다. |

1. 기축 통화로서의 달러	**1) 의미 및 특성**	나. 주조차익(시뇨리지)이 있다. 미국 조폐국이 100달러 지폐를 인쇄하는 비용은 몇 센트에 불과하다. 하지만 외국인들이 100달러 지폐를 수중에 넣으려면 그에 상응하는 상품 또는 용역을 제공해야 한다.

다. 미국 국채도 마찬가지다. 종이 채권에 1,000달러를 인쇄하면 그 채권은 곧바로 1,000달러 값어치를 갖는다. 횡재가 따로 없다. 그런데도 외국인들은 달러 지폐와 미국 국채를 갖기 위해 안간힘을 쓴다.

라. 기축통화국은 유동성 위기에 처할 염려도 없다. 달러가 모자라면 인쇄기로 찍으면 그만이다. 미국은 재정적자가 어마어마하다. 그런데도 경제는 잘 굴러간다. 재정에 펑크가 나면 국채를 발행해서 돈을 조달하면 된다. 미국은 무제한 마이너스통장을 마음대로 굴리는 세계 유일의 나라다.

마. 2008년 글로벌 금융위기의 진앙은 미국이다. 그런데 각국이 오히려 달러를 확보하느라 열을 올렸다. 1990년대 말 외환위기와 비교하면 모순 상황이다. 외환위기 때 원화 가치는 바닥을 뚫고 내려갔다. 한국 경제에 대한 신뢰가 무너졌기 때문이다. 그러나 미국은 글로벌 금융위기의 주범임에도 불구하고 달러는 오히려 가치가 크게 올랐다. 당시 한국 금융시장은 미 연방준비제도(Fed·연준)와 통화스와프를 체결한 덕에 가까스로 안정을 찾았다. 이게 바로 기축통화의 힘이다.

바. 이처럼 미국은 달러를 발행하여 무역 적자를 메우는 등의 경제적 이익을 얻을 수 있으며, 또한 달러를 통해 다른 국가들에게 경제적 압력을 가할 수 있다. 예를 들어, 미국은 다른 국가들에게 미국 달러로의 거래를 강요하는 등의 방식으로 경제적 영향력을 행사할 수 있다.'

사. 하지만 달러 패권은 미국에게도 일정한 위험을 안고 있다. 미국 경제가 위기에 처한다면 달러의 가치가 하락할 우려가 있으며, 이로 인해 다른 국가들은 미국 달러를 사용하지 않게 될 수 있다. 게다가 미국이 달러를 통해 경제적 압력을 가하는 것이 점차 어려워질 가능성도 있다.

④ 트리핀 딜레마(Triffin's dilemma)

가. 기축 통화가 국제 경제에 원활히 쓰이기 위해 많이 풀리면 기축 통화 발행국의 적자가 늘어나고, 반대로 기축 통화 발행국이 무역 흑자를 보면 돈이 덜 풀려 국제 경제가 원활해지지 못하는 역설을 말한다.

나. 1950년대 미국에서 장기간 이어진 경상 수지 적자 때문에 처음 이 개념이 등장했다. 당시 예일대 교수였던 로버트 트리핀(Robert Triffin)은 이러한 상태가 얼마나 지속될지, 또 미국이 경상 흑자로 돌아서면 누가 국제 유동성을 공급할지에 대한 문제를 제기했다. 그는 "미국이 경상 적자를 허용하지 않고 국제 유동성 공급을 중단하면 세계 경제는 크게 위축될 것"이라면서도 "적자 상태가 지속돼 미 달러화가 과잉 공급되면 달러화 가치가 하락해 준비 자산으로서 신뢰도가 저하되고 고정환율제도가 붕괴할 것"이라고 말했다.

		다. 하지만 오늘날 기축 통화인 미 달러화는 무역 적자를 시정하지 않고서도 기축 통화로서의 위치를 공고히 하고 있다. 미국의 국제 수지 적자 폭이 늘어나는 속도보다 세계 시장에서 달러 수요가 창출되는 속도가 더 빠르기 때문이다. 트리핀 딜레마를 넘어서는 달러의 역설이다.

1) 의미 및 특성

① 1944년 7월 미국이 주도한 브레튼우즈 회의에서 영국 대표 케인스가 제안했던 세계화폐는 거부되었고, 미국의 의도대로 달러 중심의 금환본위 제도가 확립되었다. 35달러를 금 1온스와 교환해주는 금태환을 보장했다. 당시 미국은 전 세계 금의 80% 이상을 갖고 있었다.

② 1965년 암살당한 케네디 대통령을 승계한 존슨이 베트남 전쟁을 확대하면서 미국 경제는 수렁으로 빠져들었다. 그는 부족한 재정을 메우기 위해 연준에 금 보유와 상관없이 달러를 더 발행하도록 압력을 가했다. 이는 브레튼우즈 체제 참가국들을 속이는 행위였다. 연준은 대통령의 압력에 굴복해 화폐 발행량을 늘렸다.

1. 기축 통화로서의 달러

2) 페트로 달러 시스템

가. 1960년대 미국의 금 보유는 전 세계 금의 절반 이하로 줄었음에도 오히려 1971년 들어 달러 통화량은 10%나 늘어났다. 이에 불안을 느낀 서독이 그해 브레튼우즈 체제를 탈퇴했다. 그러자 다른 나라들도 동요하며 달러를 의심하기 시작했다. 스위스가 7월에 5,000만 달러를 금으로 바꾸어갔다. 이어 프랑스도 1억 9,100만 달러를 금으로 태환해갔다. 8월에는 스위스가 브레튼우즈 체제를 떠났다. 1971년 영국마저 미국에게 30억달러를 금으로 바꿔 달라고 요구했다. 미국 정부는 국가 부도 사태를 불러올지도 모르는 비상 국면에 직면한 것이다.

나. 1971년 8월 13일 닉슨은 "더 이상 달러를 금으로 바꿔줄 수 없다"는 금태환 정지 선언을 발표했다. 이른바 '닉슨 쇼크'였다. 동시에 닉슨은 모든 수입품에 10%의 관세를 물리는 보호무역 조치와 90일간 임금과 물가를 동결하는 인플레이션 대책도 함께 발표했다. 이로써 달러는 전적으로 미국의 신용에 기초한 '신용 화폐(Fiat Money)'가 되었다. 국제 외환시장은 아수라장이 되었다. 무엇보다 달러가 기축통화의 위상을 상실했다.

③ 여기에 오일 쇼크마저 덮쳤다. 1973년 4차 중동전쟁이 발발했다. 이에 따라 OPEC 회원국들은 이스라엘을 지지하는 나라들을 제재하기 위해 석유 무기화를 천명하며 원유 가격을 올렸다. 3개월 사이에 석유 가격이 배럴당 3.01달러에서 11.65달러로 387%나 급등했다.

| 1. 기축
통화로서의
달러 | 2) 페트로
달러
시스템 | ④ 1973년 11월 8일 키신저는 사우디아라비아의 파이살 국왕을 접견했다. 이 자리에서 달러의 명운을 좌우할 거래가 은밀히 진행됐다. 미국이 사우디 안보와 왕실의 안전을 보장하는 대신 OPEC은 원유를 오로지 달러로만 판매하는 협상이었다. 키신저 장관은 앞으로는 국제시장에서 석유를 사고팔 때 반드시 달러로만 거래해야 한다고 발표했다. 대신 미국은 사우디의 안전을 보장했다. 왕정체제 유지가 절박했던 사우디와 흔들리는 기축통화 지위를 굳건히 해야 하는 미국의 이해관계가 맞아떨어진 '세기의 딜'이었다.
⑤ 추락하던 달러의 위상 회복시켜 : '화폐의 몰락'을 쓴 제임스 리카즈에 따르면, 이 협상을 위해 키신저가 사전에 검토한 또 다른 옵션이 사우디아라비아 침공이었다. 명분은 사우디 내 미국 자본 보호였다. 사우디아라비아의 아람코는 애초 미국 자본에서 출발했다. 1933년 미국 '스탠더드 오일 오브 캘리포니아'가 사우디 정부에서 석유 채굴 허가를 받아 자회사를 설립했다. 이 자회사 '아라비안 아메리칸 오일 컴퍼니'의 약어가 아람코(ARAMCO)다. 미국은 금수 조치 해제를 위해 사우디와 협상을 진행하는 동시에 군사 전략도 준비한 것이다. 키신저는 당근과 채찍을 동시에 보여주며 사우디 왕실을 압박해 1974년 6월 '군사 경제 협정'을 체결했다. 이 협정에는 사우디 산업과 군대 현대화 지원 등이 있지만 핵심 내용은 페트로 달러 체제 구축이었다.
⑥ 페트로달러 시스템 : 미국과 사우디 사이의 상호필요적 요인에 기인했다.
　가. 미국으로서는 필수적 자원으로서 국가 안보와 직결된 원유 수급을 안정화하는 한편, 국제 원유 거래에 달러화만 사용케 함으로써 국제금융시장에서 달러화의 우월적 지위를 공고하게 구축할 수 있었다.
　나. 한편, 사우디로서도 당시 세계 1위 원유 수입국으로서 각국 중앙은행들의 외환보유고에서 70% 이상을 차지하는 달러화 사용을 마다할 이유가 없었다. 또한, 미국의 해군력이 원유 보급로를 지켜주고 사우디의 안보를 책임지면서 자연스럽게 원원 관계가 형성되었다. |
| | 3) 지위 | ① 기축통화는 원한다고 될 수 있는 게 아니다. 조건이 있다. 쓰기 편해야 하고 많은 사람이 보유하고 싶어야 한다.
② 이를 위해선 외환시장이나 자본 시장에서 통제 없이 다른 통화로 자유롭게 교환될 수 있어야 하고 가치가 안정적이어야 한다. 불황 때 재산 가치를 지켜주는 안전자산의 속성을 가지면서도 전 세계가 쓰기 때문에 유통량이 많아야 한다.
③ 그러려면 경제 규모가 크고 나라 밖으로 통화가 계속 빠져나갈 수 있도록 지속적인 경상수지 적자를 견딜 수 있어야 한다. 통화에 대한 신뢰가 두터워야 하므로 국력이 뒷받침돼야 한다. 역사적으로 세계 최강대국 통화가 기축통화였던 이유다. |

④ 현재 세계 외환거래의 85%가 달러로 이뤄지고, 전세계에서 발행되는 해외 채권 가운데 50% 이상이 달러 표시 채권이다. 각국 중앙은행은 외환보유액의 60% 이상을 달러 표시 자산으로 운용하고 있다.

1. 기축 통화로서의 달러

3) 지위

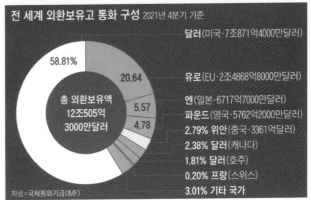

<출처: 조선일보>

2. 중국 위안화 성장

1) 흔들리는 달러 위상

① 달러의 위상은 계속 약해져 왔다.

　가. 국제통화기금(IMF)이 발표한 전 세계 외환보유고 데이터에 따르면, 2022년 4분기 기준 총 외환보유액(12조 505억 달러)에서 달러가 차지하는 비율은 58.8%(7조 871억 달러)로 지난 20여 년 간 지속적으로 하락해왔다. 1999년만 해도 이 비율은 71%에 달했다.

　나. 기타 고피나트 IMF 수석 부총재는 "달러는 앞으로도 주요 통화로 남겠지만 더 작은 차원의 분열은 확실히 가능하다"며 "우크라이나 사태를 계기로 달러의 지배력이 점차 약화되고 국제 통화시스템 역시 더욱 파편화할 것"이라고 경고했다.

　다. 달러 패권 전쟁의 최전방에 서 있는 미 연방준비제도(Fed)의 제롬 파월 의장도 2023년 3월 초 의회 청문회에서 "두 개 이상의 기축통화를 보유할 수도 있다"며 위기감을 나타냈다.

② 중국 위안화의 영향력은 점차 커지고 있다.

　가. 세계 외환보유고에서 위안화가 차지하는 비중은 2022년 4분기 기준 2.79%(3,361억 달러)로 아직 5위에 불과하다. 하지만 앞 순위 통화 비율은 늘지 않은 대신 위안화는 2016년 3분기 이후 가장 높은 수치를 기록했다. 위안화를 통한 국제 결제는 더 빠른 속도로 성장 중이다.

　나. 중국 인민은행 보고서를 보면 2022년 위안화의 국가 간 결제 거래액은 79조 6,000억 위안(약 12조 5,300억 달러)으로 2021년 대비 75.8% 늘었다. 시준양 중국 상하이대 금융경제학 교수는 "위안화는 앞으로 10~20년 안에 세계 중앙은행의 3대 준비 통화가 될 것"이라고 전망했다.

| 2. 중국 위안화 성장 | 2) 차근히 준비하는 중국 | ① 중국은 달러제국을 무너뜨리려 치밀한 전략을 펴고 있다.
　가. 한국을 비롯해 세계 여러 나라와 통화스와프를 맺었다. 한국은 2020년 양국 통화스와프 규모를 기존 560억 달러에서 590억 달러, 기간은 3년에서 5년으로 늘렸다. 한·중 통화스와프는 원화와 위안화를 맞교환하는 구조다.
　나. 2016년 IMF는 위안을 특별인출권(SDR) 바스켓(구성통화)에 추가했다. 이로써 위안은 달러, 유로, 엔, 파운드와 어깨를 나란히 하는 국제통화로 공인 받았다. 2022년 8월 이후 위안이 바스켓에서 차지하는 비율은 12.26%로, 달러(43.38%)와 유로(29.31%) 다음으로 높다.
　다. 시진핑 주석이 2013년에 내놓은 일대일로 프로젝트도 위안 국제화를 측면에서 지원한다. 일대일로 사업엔 100개가 훨씬 넘는 국가가 참여하고 있다. 이를 뒷받침하기 위해 아시아인프라투자은행(AIIB)도 세웠다.
② 중국은 2015년 위안화 국제결제 시스템(CIPS · Cross-Border Interbank Payment System)을 구축했다. 러시아가 우크라이나를 침공하자 미국은 러시아를 국제은행간통신협회(SWIFT), 곧 달러 무역 결제망에서 배제하는 조처를 취했다. 달러의 무기화다. 러시아는 곧바로 중국이 제공하는 결제망으로 갈아탔다. 양국 간 교역은 루블과 위안으로 이뤄진다.
③ 이러한 기반 위에서 중국은 최근 사우디아라비아와 브라질 등 지역 맹주국에 손을 뻗치고 있다.
④ 다만 달러가 약해졌다고 해서 위안화가 그 자리를 온전히 대체한다는 의미는 아니다.
　가. 기축통화국은 유동성 공급 역할을 수행하는 만큼 미국처럼 대규모 무역 적자를 감수해야 하는데, 무역 흑자로 경제가 돌아가는 중국이 그 역할을 맡긴 어렵다.
　나. 중국의 폐쇄적인 자본시장, 미국 달러를 가장 많이 보유한 국가가 바로 중국이란 점도 위안화가 기축통화가 되는 데 제약이다.
　다. 기축통화는 유동성과 신뢰성을 모두 확보해야 하는데 위안화는 사실상 외환 거래가 통제되고 있기에 국제적으로 통용되는 화폐라 보기 어렵다. 아직 달러의 적수는 찾기 어렵다. (성태윤 연세대 경제학과 교수) |
| | 3) 위안화 위상변화
<출처: 하나금융경영연구원> | ① 위안화 결제 순위 및 현황
　가. 중국 정부의 위안화 국제화 추진, 일대일로 등 위안화 권역 확대 노력으로 위안화는 SWIFT(국제은행간통신협회) 결제통화 5위로 위상이 높아짐. |

< SWIFT 결제(무역, 자본거래 등) 통화 순위 변화 : '12년 **14위** → '22년 **5위** >

'12년		'22년	
유로	39.76%	미국 달러	41.89%
미국 달러	33.34%	유로	36.34%
영국 파운드	8.68%	영국 파운드	6.08%
일본 엔	2.45%	일본 엔	2.88%
호주 달러	2.11%	**중국 위안**	2.15% **5위**
캐나다 달러	1.97%	캐나다 달러	1.76%
스위스 프랑	1.91%	호주 달러	1.31%
홍콩달러	1.09%	홍콩 달러	1.31%
⋮		스위스 프랑	0.96%
중국 위안	0.57% **14위**	⋮	

<출처: 하나금융경영연구원>

나. 위안화 결제통로는 SWIFT 외에도 위안화 전용 결제시스템인 CIPS*가 있으며, 최근 CIPS 성장세가 가파름.

※ 2022년 거래 96.7조 위안(14조 달러)

* CIPS(Cross-Border Interbank Payment System)는 중국 인민은행이 독자적으로 개발(2015년 10월)한 시스템으로 역외 업무의 자금 청산, 결산 처리

다. CIPS 결제액까지 포함하면 위안화의 국제적 위상은 더 높을 것으로 추정.

< CIPS 거래 금액 >

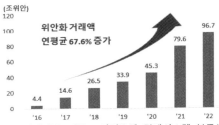

주 : 연말기준, 자료 : 인민은행 결제시스템 보고서

< CIPS 일평균 거래량과 거래금액 >

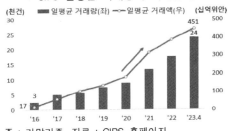

주 : 기말기준, 자료 : CIPS 홈페이지

2. 중국 위안화 성장

3) 위안화 위상변화
<출처: 하나 금융경영 연구원>

② CIPS 거래 확대 배경

가. SWIFT 정치적 활용 : 러시아의 우크라이나 침공으로 러시아 일부 은행이 SWIFT에서 퇴출('22년)되자 CIPS 통한 위안-루블간 직거래 증가.*

* 위안-루블 결제액이 2년간 90배 증가(22억 위안(2021년 1월) → 2,010억 위안(2023년 1월))

나. 과거에도 수차례 SWIFT를 정치적·경제적 제재 수단으로 활용*한 바 있어 사우디, 브라질 중심으로 脫 SWIFT 움직임 확산

* 핵무기 개발로 이란 은행 SWIFT 퇴출(2012년), 북한 은행 SWIFT 퇴출(2017년)

③ 위안화 직거래 사례

가. 중국-브라질 자국통화 무역 합의(2023년 1월) : CIPS를 통한 중국 위안-헤알 직거래.

	3) 위안화 위상변화 <출처: 하나 금융경영 연구원>	나. 중국 수출입 은행, 사우디에 무역결제용 위안화 대출 지원 합의(2023 년 3월). 다. 이란 재무부 장관, 기자회견(2023년 2월)에서 위안-리알 직거래 추진 중임을 표명.

**2. 중국
위안화
성장**
	4) 국내
	위안화
	거래 확대
	<출처: 하나
	금융경영
	연구원>
		① 국내 위안화 거래 확대 배경
		가. 중국 기업은 환위험 관리, 비용 절감, 수출입 송금 절차 간소화 등을 이
		유로 위안화 결제 요구 확대.
		    A. 환위험 관리: 자국 통화인 위안화 결제 시 환율 변동 위험이 제거
		    가능.
		    B. 비용 절감 : 무역거래 당사자간 직접거래가 가능해 은행 수수료, 환
		    전 수수료 및 중개인 비용 절감.
		나. 외국환 결제 시 요구되는 절차 간소화 가능. 외국환 거래 시 거래 은행
		및 계좌가 제한되고 신고 의무 준수 등 절차 복잡화.
		다. 우리나라 기업은 중국 소재 자회사의 환위험 관리 편익 도모와 환리스
		크 분산 등의 이유로 위안화 결제 확대.
		라. 위안화 등 다양한 결제 통화 활용 시 달러가치 변동에도 환 리스크 분
		산 가능. 결제 통화가 위안화 단일 통화에 국한되더라도 최근 원-위안
		동조화 현상 때문에 다른 결제 통화에 비해 환율 변동성이 낮은 편.

	5) 시사점 <출처: 하나 금융경영 연구원>	① 위안화 관련 상품 · 서비스 확대 가. 중국과의 교역량이 줄더라도 수년 내 중국과의 교역 대부분이 위안화로 이루어질 가능성이 높아 무역금융 편의성 증대 노력이 필요. 특히, 무역금융(신용장, 추심, T/T 송금), 위안화 대출 등 상품·서비스 준 비 필요 (IBK는 위안화 무역결제 특화송금 서비스인 「IBK 중국 콰이디(快低) 송금」 운영 중). 나. 위안화 매입·매도 절차 간소화, 향후 헤지 수단 확보 노력 필요 : 헤지 상품이 부재하기 때문에 기업이 목표 환율에서 외화 매입(매도)이 용이 하도록 비대면 환거래 시스템 개발 필요. 다. 위안화 투자 활용도 보강을 위해서는 위안화 기반의 자산 운용상품 개 발이요구되나, 불안한 중국 정치 상황 등을 감안하여 보수적 접근 필요. ② 위안화 지급결제 채널 점검 가. 위안화 결제 확대 추세에 대비하여 CIPS 등 지급결제 채널 점검 필요. 나. 최근 脫달러 현상 가속화되며 우리나라 기업의 위안화 결제 비중도 확 대 추세. 다. 뿐만 아니라 중국이 위안화 결제 시스템을 CIPS 중심으로 이동하고 있 는데도 현재 국내 은행의 CIPS 참여는 미진한 편(신한, 하나은행 참여 중). 라. 최근 국가간 연계가 강화되고 결제 시스템이 다양화되는 추세로 금융기 관은 고객 니즈에 맞는 효율적 결제 시스템을 선정·활용할 필요.

결론

의견 제시
미국은 1차 대전 이후 한 세기에 걸쳐 달러제국을 구축했다. 미국이 이 특권을 순순히 내려놓을 리가 없다. 21세기 들어 중국에 대한 견제는 갈수록 거칠어지는 추세다. 하지만 미국은 최강국 지위를 위협하는 나라를 그냥 두지 않는다. 일본 경제가 한창 잘 나가던 1985년 미국은 G5(서방 주요 5개국) 재무장관 모임에서 플라자 합의를 이끌어냈다. 그 직후 엔화 가치는 달러당 200엔대에서 100엔대로 급등(환율은 급락)했다. 많은 전문가들은 일본 경제가 잃어버린 20년의 터널에 빠진 출발점을 플라자 합의로 본다. 중국이 달러 패권에 노골적으로 도전할 경우 미국이 어떻게 나올지는 불을 보듯 뻔하다.

과거 통화 패권이 파운드에서 달러로 넘어가는 과정이 순탄했던 것만은 아니다. 1914년 미국의 경제 규모는 영국의 4배에 달했지만 무역 거래와 자본 거래는 여전히 파운드화로 계약되고 결제되었다. 대공황 직후인 1931년엔 외환보유고 비중에서 파운드가 달러를 앞지르는 재역전 현상이 나타나기도 했다.

달러가 기축통화로 확실하게 자리잡은 것은 2차 세계대전 이후다. 이때 미국은 누구도 넘볼 수 없는 경제력을 구축했다. 중국의 국내총생산(GDP)은 아직 미국에 미치지 못한다. 2023년 기준 미국의 70%를 약간 웃도는 수준이다. 파운드-달러 사례를 보면 중국의 경제력이 미국을 압도적으로 제칠 때 비로소 위안이 달러를 누를 수 있다.

네트워크 효과도 중국이 넘어야 할 벽이다. 지난 100년 간 지구촌은 달러를 기축통화로 쓰는데 익숙해졌다. 습관은 관성적으로 지속된다. 공산당 일당독재 체제와 폐쇄적인 금융 시스템도 중국이 풀어야 할 숙제다.

미국과 중국은 세계 패권을 놓고 다투는 중이다. 기축통화 경쟁도 그 중 하나다. 달러제국은 쉽게 무너지지 않을 것이다. 다른 한편 위안 역시 야금야금 영토를 넓혀갈 게 분명하다. 우리로선 유연한 전략을 세우는 게 현명하다.

첫째, 기본적으로 원화의 내재가치인 우리의 경제력을 키워나가야 한다. 즉, 경제의 펀더멘털을 튼튼히 하는 일이 정공법이라는 얘기다. 그 방편은 기술력을 강화하고 경제사회 시스템을 혁신하는 것이다. 기술력 강화를 위해서는 이공계 고급 인재를 대폭 키우는 프로그램을 마련해야 한다. 또 기술력과 아이디어를 지닌 스타트업(startup)들을 육성해야 한다. 경쟁국에서 우리 전문인력과 고급 기술을 빼돌리는 행태에도 적극 대처해 나갈 일이다. 경제 기초체력을 강화하기 위해선 각 경제 주체들이 장기적 시야를 통해 시대의 구조적 변화에 대비하고, 능동적으로 대응해 나가야 한다.

둘째, 이 과정에서 전략적 사고와 세련된 외교역량이 필요하다. 우리나라의 경우 지정학적으로 경제문제와 안보문제를 동시에 고려해야 할 특수성을 지니고 있기 때문이다. 과거 한한령 사태에서 보듯이 미국과의 안보동맹 관계를 견고히 구축하는 과정에서 중국으로부터의 경제보복을 예상할 수 있다. 이래저래 운신의 폭이 넓지 않은 지정학적 한계를 염두에 둬야 한다.

chapter 11
미 IRA와 이차전지 산업

01 논제 개요 잡기[핵심 요약]

| 서론 | 이슈언급 | 미국 정부가 야심 차게 시행한 인플레이션 감축법(IRA)이 시행 2주년을 맞으면서 미국과 중국의 명암이 극명하게 갈리고 있다.

미국이 인플레이션감축법(IRA)과 반도체지원법을 시행한 지 2년 만에 300조 원이 넘는 민간투자를 유치했다. 글로벌 반도체 기업들의 미국 내 공장 건설이 이어지고 막대한 보조금을 발판 삼아 청정에너지 프로젝트가 활기를 띤 데 따른 것이다. 이를 통한 미국내 고용 창출 효과는 10만여 개에 달한다.

반면 애플과 같이 중국 내 생산 기지를 구축했던 글로벌 기업들은 탈(脫)중국에 속도를 내고 있다. 중국에 들어온 신규 외국인 직접투자(FDI) 규모를 나타내는 직접투자 채무액의 경우 지난 1998년 이후 25년 만에 최저로 떨어진 것으로 나타났다. 한편 IRA와 반도체법 시행 이후 대미 투자 건수가 가장 많은 나라는 한국이었다. 한국 기업은 지난 1년간 1억 달러(약 1,340억 원) 이상 대미 투자 프로젝트를 20건이나 발표했다. 이렇듯 IRA는 중국에서 시장을 잃고 있는 우리에게 미국이라는 새로운 시장을 제공했다. |
| 본론 | 1. IRA(인플레이션감축법) | 1) IRA와 주요내용 | ① 의미 : IRA(Inflation Reduction Act)는 미국 내 급등한 인플레이션을 완화하기 위해 마련된 법으로 기후변화 대응, 의료비 지원, 법인세 인상 등의 내용이 포함되어 있다. |

본론	1. IRA(인플레이션감축법)	1) IRA와 주요내용	② 주요 내용 가. 전기차 배터리 제작 시 부품과 핵심광물을 나누어 구체적인 기준을 발표하였으며 북미에서 제조·조립한 부품/핵심광물을 사용할 경우 세제 혜택을 부여한다. 나. 요건 완화 : 광물의 경우 FTA 미체결국에서 채굴·조달하여도, 한국 등 FTA국에서 가공하여 50%이상 부가가치를 창출/재활용하는 경우는 인정한다.
		2) 국내 기업에 미치는 영향	① 국내 기업들의 現배터리 생산 공정(韓 이차전지 기업은 핵심광물 – 양·음극활물질 - 생산은 국내서, 이후 양·음극 제조 등은 미국에서 진행 중) 유지가 가능하여 단기적으로는 안정성이 확보되었으나, 향후 소재 조달 면에서는 불확실성이 상존한다. ② 단기 우려해소 ③ 중장기 불안대응
		3) 전망	① 부품업체의 경우 북미 투자가 가속화, 핵심광물·소재업체는 가공 후 수출이 가능해짐에 따라 업체별 공급망 구축 전략이 다양화될 전망 ② 부품업체 ③ 광물업체
	2. 우리 기업의 득실 <출처: 글로벌 이코노믹>	1) 우리 기업이 얻은 기회	① 대 미국 투자는 미국의 저탄소 경제로의 전환을 촉진하고, 한국 기업의 미국 시장 진출을 확대하는 데 좋은 기회가 될 것이다. ② 인프라법은 중국에서 시장을 잃고 있는 우리에게 미국이라는 새로운 시장을 제공했다. ③ 인프라법 관련 미국이 한국 업체들이 요구한 입장을 대체로 반영해 세부 규정을 마련함으로써 상대적으로 유리하게 됐다.
		2) 난제와 위험 요소	① 미국 기업에 제공하는 인센티브의 역효과이다. 미국 기업들의 경쟁력을 높이고, 한국 기업들의 경쟁력을 약화시킬 수 있다. ② 미국 기업들에 다양한 보호무역 조치를 제공하고 있다. ③ 기술 유출이 우려되는 부분이다. ④ 국내 일자리 확대에 부담을 줄 수 있다. 매출은 늘지만, 국내 일자리 확대에 긍정적 영향을 주지 못할 소지가 있다.

본론	**2. 우리 기업의 득실** <출처: 글로벌 이코노믹>	2) 난제와 위험 요소	⑤ 인프라법 관련 '해외우려단체(Foreign Entity of Concern, FEOC)' 상세 안 발표가 인프라법 시행 1년이 지났음에도 발표되지 않는 것도 부담이다. ⑥ 2024년 미국 대선의 향방도 중요하다.
결론	의견제시		IRA는 최종적으로 북미에서 조립된 전기차에 대해서만 세액공제 형태로 최대 7,500달러 보조금을 지급하도록 규정하고 있다. 올해는 북미에서 제조·조립한 배터리 부품을 50% 이상 사용 시, 혹은 미국이나 미국과 자유무역협정(FTA)을 체결한 국가에서 채굴·가공한 핵심 광물의 40% 이상 사용 시 세액공제 혜택을 제공한다. 첫째, 美IRA, 유럽의 핵심원자재법 등 이차전지 관련 제도 변화를 모니터링하고, 기업들의 공급망 다변화에 필요한 적극적인 지원책 마련이 필요하다. 둘째, 해외/외국인직접투자를 검토하는 이차전지 기업 대상 마케팅 및 자금지원도 필요하다. 주요 생산품목, 진출 지역, 추진 목표 등에 대응할 수 있는 지원기반을 마련해야 하기 때문이다.

02 논제 풀이

📈 서론

이슈 언급

미국 정부가 야심 차게 시행한 인플레이션 감축법(IRA)이 시행 2주년을 맞으면서 미국과 중국의 명암이 극명하게 갈리고 있다.

물가 대응을 명목으로 중국까지 압박하기 위해 2022년 8월 도입한 이 법이 궤도에 오르면서 미국은 세계의 자금을 빨아들였고 중국은 외국 투자자로부터 외면당했다. 미국의 조 바이든 대통령은 2022년 8월 16일 기후변화 대응 등을 위해 7,400억 달러(약 992조 원)를 투자하는 것을 골자로 한 IRA에 서명했다.

미국이 인플레이션감축법(IRA)과 반도체지원법을 시행한 지 2년 만에 300조 원이 넘는 민간투자를 유치했다. 글로벌 반도체 기업들의 미국 내 공장 건설이 이어지고 막대한 보조금을 발판 삼아 청정에너지 프로젝트가 활기를 띤 데 따른 것이다. 이를 통한 미국내 고용 창출 효과는 10만여 개에 달한다.

반면 애플과 같이 중국 내 생산 기지를 구축했던 글로벌 기업들은 탈(脫)중국에 속도를 내고 있다. 휴렛팩커드(HP)도 중국 내 생산 시설 일부를 신흥국으로 옮기려 하고 있다. 이처럼 중국 경제가 불안해지자 외국인도 투자를 꺼리는 분위기다. 중국에 들어온 신규 외국인 직접투자(FDI) 규모를 나타내는 직접투자 채무액의 경우 지난 1998년 이후 25년 만에 최저로 떨어진 것으로 나타났다. 국가외환관리국 통계에 따르면 2023년 2분기 직접투자 채무액은 49억 달러에 그쳐, 2022년 동기 대비 87%나 감소했다.

한편 IRA와 반도체법 시행 이후 대미 투자 건수가 가장 많은 나라는 한국이었다. 애초 미국 정부는 북미 지역에서 제조된 전기차에 대해서만 정부 보조금과 세액공제(AMPC) 혜택을 제공하기로 해 국내 자동차 및 배터리 업계에 비상이 걸린 바 있다. 하지만 1년이 지난 현시점에서 IRA법으로 인한 국내 업체 타격은 크지 않은 것으로 나타났다. 오히려 IRA 시행 이후 한국 기업들의 미국 투자는 실제 가속화되고 있다. 한국 기업은 지난 2년간 1억 달러(약 1,340억 원) 이상 대미 투자 프로젝트를 20건이나 발표했다. 이렇듯 IRA는 중국에서 시장을 잃고 있는 우리에게 미국이라는 새로운 시장을 제공했다.

이에 본지에서는 IRA의 주요 내용과 현황 및 국내 이차전지 산업의 정책적 방안을 도출하기로 한다.

📈 본론

1. IRA(인플레이션감축법)
<출처: IBK기업은행연구소>

1) IRA와 주요 내용

① 의미 : IRA(Inflation Reduction Act)는 미국 내 급등한 인플레이션을 완화하기 위해 마련된 법으로 기후변화 대응, 의료비 지원, 법인세 인상 등의 내용이 포함되어 있다.

가. 2021년 11월 19일 사회안전망·기후대응 앞세운 BBB(Bulid Back Better) 법안 하원통과

※ 10년 간, 3조 5,000억 달러 투입을 목표 ▲ 재생에너지 개발 시 세제혜택, ▲ 전기차 및 재생에너지 산업개발 등에 총 3,200억 달러(약 417조 원) 투입 계획

나. BBB법안의 축소, 수정판 IRA(Inflation Reduction Act)를 바이든 대통령이 법안에 서명. 미국 역사상 단일 규모로 가장 큰 기후 입법안이다.

※ (주요 세액공제) 중저 소득층, 중고 전기차 구매 시 4,000달러, 신형 전기차 구매 시 최대 7,500달러 세액공제

다. 2024년부터 향후 10년간 적용, 바이든 정부 2030년까지 전기차 판매 비중 50% 달성

② 주요 내용

가. 전기차 배터리 제작 시 부품과 핵심광물을 나누어 구체적인 기준을 발표하였으며 북미에서 제조·조립한 부품/핵심광물을 사용할 경우 세제 혜택을 부여한다.

A. 부품, 3,750달러 혜택 : 양·음극, 분리막, 전해액, 배터리 셀/모듈 등이 포함되며 향후 북미에서 필수로 제조·조립되어야 함을 명시했다. 요구 비율 및 시점은 최초 50%(2023년)에서 매년 10%씩 증가하여 100%(2029년)까지 상향한다.

1. IRA(인플레이션감축법) <출처: IBK기업은행연구소>	**1) IRA와 주요 내용**	B. 핵심광물, 3,750달러 혜택 : 핵심광물(알루미늄, 리튬, 코발트, 니켈 등)에 구성물질(양극·음극활물질, 전해질 염/첨가제 등)을 포함하여 제조·조립조건을 명시한다. 요구 비율 및 시점은 최초 40%(2023년)에서 매년 10%씩 증가하여 80%(2027년)까지 상향한다. 나. 요건 완화 : 광물의 경우 FTA 미체결국에서 채굴·조달하여도, 한국 등 FTA국에서 가공하여 50%이상 부가가치를 창출/재활용하는 경우는 인정한다.
	2) 국내 기업에 미치는 영향	① 국내 기업들의 現배터리 생산 공정(韓 이차전지 기업은 핵심광물 – 양·음극활물질 - 생산은 국내서, 이후 양·음극 제조 등은 미국에서 진행 중) 유지가 가능하여 단기적으로는 안정성이 확보되었으나, 향후 소재 조달 면에서는 불확실성이 상존한다. ② 단기 우려해소 : 아르헨티나, 칠레 등 非FTA 체결국에서 광물 제련을 하더라도 국내 최종가공 후 수출을 통해 대응이 가능, 불확실성이 상당 부분 해소될 것으로 예상된다. (산업부) ③ 중장기 불안대응 가. 주요 광물의 생산, 제련을 담당하는 중국 등 국가를 배제할 가능성, 그 외 지역에 정제련 시설 및 자체 공급망을 구축할 필요가 있다. (에코프로비엠, 포스코케미칼) 나. 향후 가이던스를 통해 추가 발표될 우려국가 内 생산되는 배터리부품(2024년), 핵심광물(2025년)은 보조금 대상에서 제외할 예정이다. (美재무부)
	3) 전망	① 부품업체의 경우 북미 투자가 가속화, 핵심광물·소재업체는 가공 후 수출이 가능해짐에 따라 업체별 공급망 구축 전략이 다양화될 전망이다. ② 부품업체 가. 2029년까지 북미에서 100% 생산의무가 확정되어 고객사(셀, 완성차)의 북미 생산 부품에 대한 니즈가 강화, 현지 생산 공정 확보 및 증설이 필수이다. 나. 역내 안정적인 공급망 구축이 미래 수익성에 큰 영향을 미칠 것으로 예상된다. 다. 주요 배터리 메이커 및 부품 업체들이 발빠른 해외투자로 대응 중이다. 라. 국내 배터리 3사(LG에너지솔루션·삼성SDI·SK온)의 美투자규모는 17.5조 원으로 공시되었다. (2022년, DART)

		③ 광물업체
1. IRA(인플 레이션감 축법) <출처: IBK기업 은행연구소>	**3) 전망**	가. 핵심광물 조달에 따른 리스크가 해소되어 비용을 감안한 국내·외 투자 전략을 모두 고려할 수 있으며, 광물 정/제련분야가 집중 육성 될 예정이다. 나. 미국 투자는 높은 공사비/인건비로 국내 대비 단위당 CAPEX가 2 ~ 3배 이상 소요되어 자금력이 충분치 못한 개별 기업은 국내 증설을 선호하고 있다. 다. 핵심 원재료의 조달처 다각화, IRA허용국가 내 정/제련 시설 구축 및 독자적인 기술개발로 대응할 계획이다. (포스코홀딩스, 고려아연, LS MnM 등)

[배터리 밸류체인과 국내 업체별 주요 전략]

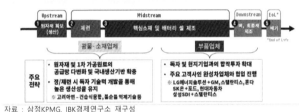

자료 : 삼정KPMG, IBK경제연구소 재구성

2. 우리 기업의 득실 <출처: 글로벌 이코노믹>	**1) 우리 기업이 얻은 기회**	① 대 미국 투자는 미국의 저탄소 경제로의 전환을 촉진하고, 한국 기업의 미국 시장 진출을 확대하는 데 좋은 기회가 될 것이다. 가. 전기차, 전기차 배터리 기업들과 함께 배터리 소재·부품 기업들도 투자 대열에 합류하고 있다. LG에너지솔루션, 삼성SDI는 배터리 공장을 건설하고 있다. 태양광 업체들도 미국에 대한 투자를 확대하고 있다. 한화솔루션과 신성이엔지는 태양광 패널 공장을 건설 중이다. 건설 장비 기업들도 미국에 대한 투자를 늘렸다. 현대두산인프라코어와 두산밥캣은 건설 장비 공장을 건설하고 있다. ② 인프라법은 중국에서 시장을 잃고 있는 우리에게 미국이라는 새로운 시장을 제공했다. 미국 배터리 제조업을 단기간 확장하는 과정에서 중요한 광물을 생산하기 위한 광산 개발 등 공급망 확보는 분명 어려운 과제다. 하지만 우리는 한미 협상 과정에서 우리의 입장을 충분히 설명해 상대적으로 유리한 조건을 획득했다. 인프라법은 전기차에 사용되는 배터리가 핵심 광물 및 구성 요소에 대해 특정 조건을 충족하도록 명시하고 있다. 예를 들어 2023년부터는 핵심 광물의 최소 40%가 미국 또는 미국과 FTA를 체결한 국가에서 추출 또는 가공되어야 하며, 2027년 이후에는 이 비율이 80%로 증가한다. 마찬가지로 2023년부터는 배터리 부품의 최소 50%는 북미에서 제조 또는 조립되어야 하며, 이 비율은 2029년 이후 100%에 도달할 때까지 매년 증가한다.

2. 우리 기업의 득실
<출처: 글로벌 이코노믹>

1) 우리 기업이 얻은 기회

③ 그런데 인프라법 관련 미국이 한국 업체들이 요구한 입장을 대체로 반영해 세부 규정을 마련함으로써 상대적으로 유리하게 됐다. 배터리 기준에 양극판·음극판이 부품으로 포함되고 양극활 물질은 들어가지 않았다. 미국 재무부는 광물 규정에서 배터리 부품을 음극판, 양극판, 분리막, 전해질, 배터리 셀, 모듈 등으로 정의했다. 음극판이나 양극판을 만드는 데 사용하는 '구성 재료'는 배터리 부품에 포함하지 않기로 했다. 한국 업체들은 구성 재료인 양극활물질 등은 국내서, 이후 양극판·음극판을 만드는 단계는 미국에서 진행하고 있다. 이런 조건에서 한국 업체들은 현재 공정을 바꾸지 않아도 인프라법의 보조금 지급 대상이 될 수 있다.

인도네시아나 아르헨티나 등 미국과 FTA가 없는 나라에서 수입한 광물을 한국이 가공해서 부가가치 기준(50%)을 충족하면 보조금을 받을 수 있다.

④ 대(對) 미국 자동차 수출 증가: 산업부는 렌트·리스 등 상업용 친환경차의 경우 북미 조립과 배터리 요건 등에 관계없이 최대 7500달러의 보조금을 받을 수 있게 한 IRA 규정을 우리 자동차 업계가 적극 활용한 결과라고 분석했다.

2) 난제와 위험 요소

① 미국 기업에 제공하는 인센티브의 역효과이다. 미국 기업들의 경쟁력을 높이고, 한국 기업들의 경쟁력을 약화시킬 수 있다. 예를 들어, 세금 감면, 연구개발과 인재 지원 등이다. 이는 미국 기업이 한국 기업보다 더 저렴하게 생산하고, 더 좋은 제품을 개발할 수 있도록 돕는다.

② 미국 기업들에 다양한 보호무역 조치를 제공하고 있다. 미국 기업은 자국산 제품에 관세 면제, 정부 조달 우선권 등을 받는다. 이는 한국 기업들이 미국 시장에 진출해 경쟁하는 데 어려움을 줄 수 있다.

③ 기술 유출이 우려되는 부분이다. 미국 기업과 기술 협력을 장려하고 있는데, 이러한 기술 협력은 한국 기술이 미국에 유출될 위험을 증가시킨다.

④ 좋은 일자리를 창출하는 기업들의 미국 현지 투자 확대는 시장 확보를 위해 불가피하지만, 국내 일자리 확대에 부담을 줄 수 있다. 매출은 늘지만, 국내 일자리 확대에 긍정적 영향을 주지 못할 소지가 있다.

⑤ 인프라법 관련 '해외우려단체(Foreign Entity of Concern, FEOC)' 상세안 발표가 인프라법 시행 1년이 지났음에도 발표되지 않는 것도 부담이다.

　가. 미국은 인프라법 백서에서 중국, 러시아, 이란, 북한을 FEOC로 지정했다. FEOC는 미국에서 세액 공제를 비롯한 혜택 대상에서 제외된다. 문제는 FEOC로 지정된 국가의 '어떤 기업을 어떤 조건으로 제재할 것'인가에 대한 상세안이 지금도 확정되지 않았다는 점이다.

**2. 우리 기업의
득실**
<출처: 글로벌
이코노믹>

2) 난제와 위험
요소

나. 전기차, 배터리 산업에서 중국을 배제하기 어려운 이유는 특히 중국 기업들이 장악한 각종 핵심 광물 공급망과 복잡하게 얽힌 기업 간 연결고리 때문이다. 전기차용 배터리 제조에서 가장 중요한 광물은 리튬, 니켈, 코발트, 흑연이 꼽히는데, 세계 시장에서 이들 광물의 가공 및 공급 규모 절반 이상을 모두 중국이 틀어쥐고 있다.

다. 물론 최근 주요 배터리 기업들이 '탈중국'을 기치로 국내 기업 간 합작에 노력하고 있지만, 공장의 예상 가동 시기, 충분한 물량과 수율 확보까진 수년 이상이 필요하다. 시장이 요구하는 전기차와 배터리 물량을 제때 공급하기 어렵다.

라. 배터리 업계에선 부담이 크다. 당장 확보한 수십조원 규모의 제품 수주 물량을 소화하려면 설비 및 생산능력 확충이 필수 불가결인데, 이 과정에서 중국산을 완전히 배제하는 건 사실상 불가능하기 때문이다. 중국의 값싼 소재를 완전히 배제할 경우 원가 부담이 더 가중될 수 있다는 우려도 따른다.

⑥ 2024년 미국 대선의 향방도 중요하다. 미국 시장에 막대한 투자를 한 마당에 친환경 정책 기조와 다른 정책을 선호하는 후보가 대통령에 당선할 경우 인프라법 수정이나 폐지 등도 발생할 수 있다.

📈 결론

 조 바이든 대통령은 IRA 1주년 때 이 법이 '제조업 르네상스법'이라고 불린다고 소개하면서 왜냐하면 일자리를 미국으로 되가져오고 미국에서 만들게 하기 때문이라고 말했다. 그는 수년간 중국은 청정에너지 관련 공급망을 장악했다면서 더는 아니다. 우리는 그것을 여기에서 만들어서 그 상품을 해외로 보내고 있다고 강조했다.

미국 내 투자를 주도한 것은 반도체와 청정에너지 분야다. 반도체 업계에서는 삼성전자·TSMC와 같은 외국 기업을 포함해 인텔·마이크론 등 미국 반도체 기업들이 줄줄이 미국 내 신규 반도체 공장 설립을 발표했다. 미국이 중국으로 반도체 첨단 장비 유입을 틀어 막은 데다 반도체지원법을 통해 520억 달러에 달하는 막대한 보조금을 풀었기 때문이다. <출처: 서울경제신문>

IRA는 최종적으로 북미에서 조립된 전기차에 대해서만 세액공제 형태로 최대 7천500달러 보조금을 지급하도록 규정하고 있다. 올해는 북미에서 제조·조립한 배터리 부품을 50% 이상 사용 시, 혹은 미국이나 미국과 자유무역협정(FTA)을 체결한 국가에서 채굴·가공한 핵심 광물의 40% 이상 사용 시 세액공제 혜택을 제공한다.

하지만 상술했듯 IRA는 현재까지는 우리에게는 실보다는 득이 많았다. 이제는 우리의 실 부분에 대한 개선점을 마련해 나가야 한다.

　첫째, 美IRA, 유럽의 핵심원자재법 등 이차전지 관련 제도 변화를 모니터링하고, 기업들의 공급망 다변화에 필요한 적극적인 지원책 마련이 필요하다. 구체적으로는 글로벌 점유율 확대가 기대되는 국내 소부장 기업을 중심으로 경쟁력 강화를 위한 금융 우대 프로그램 및 모험자본 투자를 확대해야 할 것이다. (수은) 대출한도 최대 10%p 확대, 금리 최대 △1.0%p 우대, (무보) 보증 지원한도 최대 20%p 확대

　둘째, 해외/외국인직접투자를 검토하는 이차전지 기업 대상 마케팅 및 자금지원도 필요하다. 주요 생산품목, 진출 지역, 추진 목표 등에 대응할 수 있는 지원기반을 마련해야 하기 때문이다.

　* (사례) 진구제(핵심광물) 국내 생산을 위해 韓 - 中기업의 합작, 약 6천억 원 규모의 외국인투자 진행(2023년 3월)

＜출처: IBK기업은행연구소＞

chapter
12
반도체 공급망 재편

01 논제 개요 잡기 [핵심 요약]

서론	이슈언급	반도체 산업은 불황을 딛고 AI 수요를 기반으로 중단기적인 업사이클에 진입한 상황이다. 엔데믹에 따른 IT기기의 수요 감소 여파로 부진을 겪었던 반도체 경기가 2023년 4분기 반등을 시작으로 개선세를 보이며 중단기적인 회복 사이클로 전환되었기 때문이다. 서버 교체 주기 도래, 디지털 대전환(DX), AI연관 서버 및 디바이스(PC, 스마트폰) 출시 등 메가 트렌드에 따라 반도체 수요는 지속적으로 증가하며 성장할 것으로 전망된다. 다만 생태계 확장과 기술구조 및 공급망 변화 이슈 속에서 경쟁 구도의 격변이 진행 중이다.
본론	1. 반도체 산업 쟁점 1) 공급망 재편	① 2021년도에 발생한 차량용 반도체 수급난으로 공급망 다변화의 중요성이 대두 ② 美, 산업보조금 정책 및 대중 수출통제 강화와 동시에 미국 주도의 공급망 구축을 도모 ③ 中첨단 반도체 기술 견제로 레거시 반도체, 위주로 주도권 확보 노력 가속화 ④ 日·印·EU, 글로벌 기업의 생산 공장 유치 등 공급 안정성 확보와 반도체 자립을 목표
	2) 기술 패러다임	① 공정 미세화가 어려워지며 구조·소재 혁신 外 패키징 영역에서 성능 한계를 도모

본론	1. 반도체 산업 쟁점	2) 기술 패러다임	② 특히 AI 발달로 고집적·고대역 반도체가 중요해짐에 따라 칩 구조 혁신이 중요 ③ 맞춤화 수요와 이종칩 집적 등 비용 절감 성능 개선·측면에서 첨단 패키징 중요성 급증
		3) 미국의 반도체산업 재편방향	미국은 반도체 제조시설 리쇼어링과 프렌드쇼어링을 통해 반도체 공급망을 재편할 전망. 미국은 Chip4 동맹(미국·일본·한국·대만) 등을 통해 다자간 협력을 추진했으나 중국의 보복 가능성 등으로 추진이 쉽지 않자 일본, 인도 등과 양자협력을 추진 ① 미국은 우방국 등과 협력하여 중국 견제와 반도체 가치사슬에서 미국이 담당하기 어려운 부분(레거시 반도체, 전통적 패키징 등)을 협력하며 반도체 공급망 재편을 추진 ② 일본은 '미일 반도체 협력 기본원칙' 합의(2022년) 후 미국의 지원 하에 첨단 반도체 생산기반 구축을 추진하는 반도체산업 3단계 육성 전략을 발표(2023년) ③ 미국은 중국 견제를 위해 미국과 인도 양국 정부에 글로벌 반도체 공급망에서 인도의 역할 방안을 제안할 계획 ④ 반도체공급망 재편으로 반도체 생산기지 다변화 예상 ⑤ 메모리반도체는 현재 경쟁구도가 유지되나 파운드리와 첨단 패키지는 경쟁 심화 예상. 메모리반도체는 한국, 미국, 일본기업이 주요 사업자이며 중국기업의 성장이 제한되면서 현재의 경쟁구도 유지 예상
		4) 전망	첨단 메모리 수요의 긍정적 효과와 중국발 도전이 혼재할 전망 ① 첨단 메모리의 고부가화 수혜와 높아진 중국向 진입장벽으로 선두 경쟁력 유지 ② 반면 경쟁심화 따른 수익성 유지 부담과 중국發 레거시 반도체의 도전 지속될 듯
	2. 한국 반도체 시장에 미칠 기회와 위기	1) 기회와 위기	
결론	의견제시		반도체 공급망이 재편되는 가운데 한국이 반도체산업 경쟁력을 강화하기 위해 파운드리 기술력 제고, 시스템반도체 생태계 강화, 차세대 반도체 육성 등이 필요하다. 반도체 공급망 재편과정에서 최대 격전지로 부상한 파운드리는 2강 구도에서 3~4강 구도로 변화될 가능성이 커져 기술력 제고가 요구된다. 구체적으로 파운드리의 발전을 위해 팹리스, 소부장, 패키징 생태계 강화가 필요하다.

02 논제 풀이

서론

이슈 언급 반도체 산업은 불황을 딛고 AI 수요를 기반으로 중단기적인 업사이클에 진입한 상황이다. 엔데믹에 따른 IT기기의 수요 감소 여파로 부진을 겪었던 반도체 경기가 2023년 4분기 반등을 시작으로 개선세를 보이며 중단기적인 회복 사이클로 전환되었기 때문이다.

서버 교체 주기 도래, 디지털 대전환(DX), AI연관 서버 및 디바이스(PC, 스마트폰) 출시 등 메가 트렌드에 따라 반도체 수요는 지속적으로 증가하며 성장할 것으로 전망된다. 다만 생태계 확장과 기술구조 및 공급망 변화 이슈 속에서 경쟁 구도의 격변이 진행 중이다.

AI 중심으로 4차 산업혁명이 가속화되면서 '미래첨단산업의 쌀'인 반도체의 첨단 기술경쟁력 확보와 생태계 구축을 위한 국가 단위의 기술 패권 경쟁이 심화되고 있기 때문이다. 미국, 일본, EU 등 주요 선진국들은 자국의 반도체 기술 및 산업 육

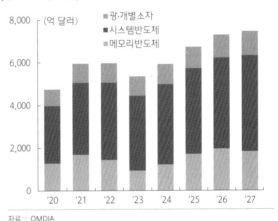

[반도체 시장 전망]

자료 : OMDIA

<출처: 하나금융경영연구소>

성을 전폭적으로 지원하면서 동맹국에 대한 반도체 핵심 기술, 장비의 수출 통제를 진행 중이다.

중국을 향한 반도체 관련 미국의 본격적인 제재는 조 바이든 행정부가 꺼냈다. 엔비디아 등 자국기업의 대중국 수출을 제한하고, 미국의 기술과 장비를 사용해 반도체를 생산했다면 해외의 경우라도 미국 상무부가 통제할 수 있도록 했다. 또 반도체 분야에서 중국을 견제하고 미국 중심의 공급망을 구축하기 위해 이른바 한국, 일본, 대만과 '칩 4 동맹'을 결성했다. 반도체법을 통해 미국에 투자하는 반도체 기업에겐 보조금을 지급하는 대신, 여기에 동참할 경우 중국에 반도체 칩이나 생산설비를 수출하는 것을 제한했다. 미국은 '제안' 형태를 취했지만, 상대가 미국이기 때문에 표면 그대로 받아들인 곳은 사실상 없다. 중국은 다수의 핵심 광물 생산국이라는 이점을 내세워 자원 전쟁에 들어갈 것이라고 경고하면서 보복에 착수했다. 중국이 세계 희토류 정제 역량의 90% 이상을 장악하고 있는 만큼, 중국 지도부는 희토류 자체보다 정제 기술 자체를 강력한 무기로 보고 있다.

한국은 메모리 반도체 위주로 최고의 경쟁력을 가지고 있으나 공급망 재편 움직임과 기술 패러다임의 변화에 따른 기회와 위기가 공존하고 있어 초격자 확보가 더욱 중요해진 셈이다.

이에 본지에서는 반도체 공급망 재편의 현황에 대해 알아보고 우리 반도체산업이 나아가야할 방향에 대하여 논하기로 한다.

📈 본론

**1. 반도체
산업 쟁점**

1) 공급망
재편

① 2021년도에 발생한 차량용 반도체 수급난으로 공급망 다변화의 중요성
이 대두.

가. 코로나 팬데믹, 자연재해, 수요예측 실패 등으로 인해 반도체 부족 현상
이 발생하여 공급망의 안정성 및 회복력을 확보하는 것이 각국의 시급
한 국가적 과제로 부상.

 - 2024년 4월 3일에 발생한 대만 지진으로 주요 반도체 팹들은 진앙(
화롄)으로부터 100km 떨어져 큰 피해는 없었으나, Micron의 타오위
안 팹에서는 웨이퍼의 60% 이상을 폐기하는 등 특정 지역의 재난에
취약한 상황을 재확인.

나. 미·일 등 주요 반도체 수입국은 글로벌 기업의 자국 내 공장 유치, R&D
을 통한 자급화 등을 통해 대만과 한국에 치우쳐진 반도체 공급망을 다
변화하기 위한 노력 중(대만과 한국이 각각 반도체 생산량 1, 2위 및 글
로벌 반도체 생산의 45% 가량을 차지).

② 美, 산업보조금 정책 및 대중 수출통제 강화와 동시에 미국 주도의 공급
망 구축을 도모.

가. 바이든 행정부는 미국 중심의 안정적인 공급망 구축과 경제 안보, 기술
우위 선점을 위해 반도체 지원법 'CHIPS Act' 도입 및 우방국 중심 생
산시설 재편 정책 '프렌드쇼어링'을 추진.

나. 또한 다자간 경제협의체인 인도태평양프레임워크(IPEF)를 출범시켜 중
국 견제 및 협력국 간 연대를 강화하고 조기경보 시스템 및 투명성 제고
를 통해 반도체 공급망의 주도권을 강화.

 - IPEF는 한 · 미 · 일 · 인도 등 14개국이 참여해 공급망, 기후변화 등
글로벌 통상현안에 대한 공동 대응목적으로 만들어졌으며 미국은
이외 CHIP4, 북미3국 회담 등 제3국과의 동맹을 통한 협력 확대.

[국가별 반도체 생산량(2021년)]

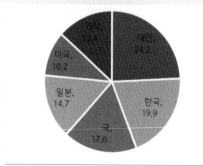

주: 국내·해외기업을 막론하고 해당 국가 내에서   산된 반도체의 물
자료 : OMDIA

[미국의 프랜드 쇼어링 정책]

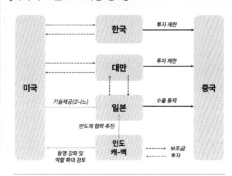

자료 : 수출입은 자료 재구성

③ 中첨단 반도체 기술 견제로 레거시 반도체, 위주로 주도권 확보 노력 가속화.

가. 중국은 미국 제재 강화 이후 2022년 과학기술업무 컨트롤 타워인 '중앙과학기술위원회'를 신설하고 5년간 1조 위안(약 187조 원) 규모의 반도체 지원방안을 발표.

나. 2024년 5월 지원방안의 일부로 역대 최대 규모인 64조 원 규모의 3차 반도체 투자펀드를 조성.

다. 첨단공정 장비 확보가 어려워 레거시(성숙) 반도체 위주로 생산능력을 빠르게 확대하고 있으며, 미국의 규제가 상대적으로 약한 패키징 기술력의 첨단화·고도화를 추진 중.

라. 중국의 반도체 제조시설 투자 규모는 470억 달러(2023년), 374억 달러(2026년)로 가장 많은 투자.

④ 日 · 印 · EU, 글로벌 기업의 생산 공장 유치 등 공급 안정성 확보와 반도체 자립을 목표.

가. 일본은 3단계 육성 전략을 통해 반도체 산업에 보조금을 지원하며 생산기반을 구축하는 한편 민관합동 파운드리 기업(라피더스)를 설립하고 미국, 벨기에 등과 2나노급 제품 양산을 준비. 현재 일본 기술은 40나노 수준이나 최근 TSMC 1·2공장을 유치하며 첨단 제품 양산에 박차.

나. 전자제품 생산기지로 부상한 인도는 내수 수요 충족을 위해 100억 달러의 보조금을 지원하고, 미국, 대만, 일본 등 글로벌 반도체 기업과 제휴해 반도체 제조 시설을 구축 중. 바이슈나우 기술부 장관은 2024년 12월 인도에서 조립된 첫 '인도산' 반도체를 출시한다고 발표.

다. EU는 반도체법을 통해 총 430억 유로를 투자하여 반도체 가치사슬 전반에 걸쳐 제조시설을 확대할 계획이며 관련 연구개발 및 혁신 활동을 지원하는 반도체 이니셔티브를 설립. EU전역에 과학, 기술, 공학 및 수학(STEM) 분야 인력확보 및 네트워크 구축 등을 지원.

1. 반도체 산업 쟁점

1) 공급망 재편

1. 반도체 산업 쟁점	1) 공급망 재편	[글로벌 반도체 펩투자 규모] 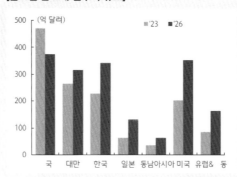

① 공정 미세화가 어려워지며 구조 · 소재 혁신 外 패키징 영역에서 성능 한계를 도모.

　가. 반도체 산업은 무어의 법칙(인텔의 공동 설립자 고든 무어가 제시한 규칙으로 반도체 성능은 약 2년마다 2배씩 증가)에 따라 지난 50년간 공정 미세화가 빠르게 이뤄졌으나, 10나노 이하 공정에 들어서면서 공정의 복잡성으로 기술 난이도 및 제조 비용이 급증.

　나. 65나노급 대비 5나노급 반도체의 개발비용은 약 20배, 팹(공장)건설비는 약 13배 정도 큰 편.

　다. 이러한 성능 한계 극복을 위해 구조·소재 혁신으로 반도체의 집적도를 높이는 '모어 무어'방식과 칩을 쌓거나 붙이는 포장(패키징) 공정의 혁신을 통한'모어 댄 무어'방식을 도입(반도체는 웨이퍼 상 칩을 만드는 전공정과 칩을 분리하고 포장(패키징)하는 후공정으로 구분).

② 특히 AI 발달로 고집적 · 고대역 반도체가 중요해짐에 따라 칩 구조 혁신이 중요.

　가. D램 : 현재 1b(12~13나노)가 최근 공정 미세화 수준으로 더 얇은 회로를 그리는 EUV장비를 활용해 10나노급까지 선폭 미세화를 추진하고 있지만 기술적 진보에는 한계가 존재. 따라서 다수의 D램을 수직으로 적층해 처리 속도를 높인 고대역폭메모리(HBM)가 각광을 받고 있으며 D램을 눕혀 성능을 높이는 3D D램 등을 추가로 연구 중. 삼성전자는 10나노 이하에서 3D구조를 통해 현재 32Gb에서 100Gb로 저장용량을 확장할 계획.

　나. 낸드플래시 : 25년간 미세화가 진행되었으나 삼성전자가 2013년에 3D 낸드플래시를 상용화하면서 2D구조를 대체했으며, 현재 230단에서 2030년에는 1,000단 수준까지 발전. 주요 기업은 300단 이상 낸드플래시에 차세대 패키징 기술(하이브리드 본딩) 도입을 검토 중.

③ 맞춤화 수요와 이종칩 집적 등 비용 절감 성능 개선 · 측면에서 첨단 패키징 중요성 급증.

우측 세로 라벨: 2) 기술 패러다임

1. 반도체 산업 쟁점

2) 기술 패러다임

가. 패키징은 반도체 칩의 외부 연결과 보호를 위한 포장 단계로 단일 칩 패키징 기술이 주류였으나 다종·복수의 칩을 성능과 수요에 맞게 포장해 소형·다기능화를 추구하는 형태로 발전.

나. 특히 고성능 AI CPU 및 고대역폭메모리(HBM) 등 고객 특성에 맞게 전용화된 반도체수요가 메모리 영역으로 확대되면서 맞춤형 제작을 위한 첨단 패키징의 중요성이 크게 부각.

다. 첨단패키징 시장은 2028년 786억 달러 규모로 전체 패키징 시장의 57% 이상을 차지할 전망.

라. 최근에는 여러 구성 요소(프로세서, 메모리, 센서 등)를 하나의 패키지로 구현하는 이종집적기술과 다양한 본딩(접착) 기술을 활용한 2.5D, 3D 적층 기술의 도입이 빠르게 진행 중.

④ 한국의 메모리 분야는 최고 수준이지만 중요해지는 첨단 패키징 영역은 격차가 존재.

가. 첨단 패키징 기술은 TSMC와 인텔이 기술 개발을 주도하는 가운데 글로벌 패키징 시장의 점유율이 높은 중국도 미국 제재의 영향이 미치지 못하는 同 영역에 역량과 투자를 대폭 강화.

나. TSMC의 패키징 기술은 2011년부터 발전해왔으나 삼성전자는 2021년에 완성도 있는 2.5D 패키징 기술을 발표하는 등 한국의 패키징 기술 수준은 최고 기술보유국 대비 3~4년 뒤쳐짐.

다. 국내 반도체 산업은 전공정 중심의 메모리 위주 발전으로 첨단 패키징 기술의 경쟁력이 낮고 연구 생태계도 상대적으로 취약해 기술 경쟁력 확보가 중요한 상황. 첨단패키징은 반도체 전공정 기술과 통합 적용되어 파운드리 및 IDM(종합반도체기업)에 유리.

[패키징 분야 기술 격차 수준]

구분	기술 수준		최고기술보유국
	상대수준(%)	격차( )	
종합 기술력	66.3	3.4	미국, 독일, 오스트리아, 일본
이종집적 패키지	66.0	4.1	미국, 독일, 오스트리아, 일본
3D 패키지	74.2	2.8	미국, 일본, 대만
고온 반도체용 패키지	66.0	2.6	미국, 일본, 독일

3) 미국의 반도체산업 재편방향

<출처: 수출입은행 해외경제연구소>

미국은 반도체 제조시설 리쇼어링과 프렌드쇼어링을 통해 반도체 공급망을 재편할 전망. 미국은 Chip4 동맹(미국·일본·한국·대만) 등을 통해 다자간 협력을 추진했으나 중국의 보복 가능성 등으로 추진이 쉽지 않자 일본, 인도 등과 양자협력을 추진.

① 미국은 우방국 등과 협력하여 중국 견제와 반도체 가치사슬에서 미국이 담당하기 어려운 부분(레거시 반도체, 전통적 패키징 등)을 협력하며 반도체 공급망 재편을 추진.

② 일본은 '미일 반도체 협력 기본원칙' 합의(2022년)' 후 미국의 지원 하에 첨단 반도체 생산기반 구축을 추진하는 반도체산업 3단계 육성 전략을 발표(2023년).

③ 미국은 중국 견제를 위해 미국과 인도 양국 정부에 글로벌 반도체 공급망에서 인도의 역할 방안을 제안할 계획.

3) 미국의 반도체산업 재편방향
<출처: 수출입은행 해외경제연구소>

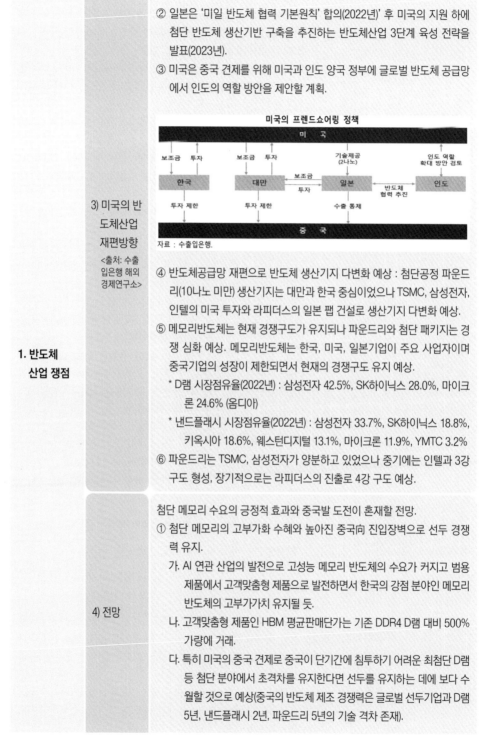

미국의 프렌드쇼어링 정책

자료 : 수출입은행.

④ 반도체공급망 재편으로 반도체 생산기지 다변화 예상 : 첨단공정 파운드리(10나노 미만) 생산기지는 대만과 한국 중심이었으나 TSMC, 삼성전자, 인텔의 미국 투자와 라피더스의 일본 팹 건설로 생산기지 다변화 예상.

⑤ 메모리반도체는 현재 경쟁구도가 유지되나 파운드리와 첨단 패키지는 경쟁 심화 예상. 메모리반도체는 한국, 미국, 일본기업이 주요 사업자이며 중국기업의 성장이 제한되면서 현재의 경쟁구도 유지 예상.
* D램 시장점유율(2022년) : 삼성전자 42.5%, SK하이닉스 28.0%, 마이크론 24.6% (옴디아)
* 낸드플래시 시장점유율(2022년) : 삼성전자 33.7%, SK하이닉스 18.8%, 키옥시아 18.6%, 웨스턴디지털 13.1%, 마이크론 11.9%, YMTC 3.2%

⑥ 파운드리는 TSMC, 삼성전자가 양분하고 있었으나 중기에는 인텔과 3강 구도 형성, 장기적으로는 라피더스의 진출로 4강 구도 예상.

1. 반도체 산업 쟁점

4) 전망

첨단 메모리 수요의 긍정적 효과와 중국발 도전이 혼재할 전망.

① 첨단 메모리의 고부가화 수혜와 높아진 중국向 진입장벽으로 선두 경쟁력 유지.

가. AI 연관 산업의 발전으로 고성능 메모리 반도체의 수요가 커지고 범용 제품에서 고객맞춤형 제품으로 발전하면서 한국의 강점 분야인 메모리 반도체의 고부가가치 유지될 듯.

나. 고객맞춤형 제품인 HBM 평균판매단가는 기존 DDR4 D램 대비 500% 가량에 거래.

다. 특히 미국의 중국 견제로 중국이 단기간에 침투하기 어려운 최첨단 D램 등 첨단 분야에서 초격차를 유지한다면 선두를 유지하는 데에 보다 수월할 것으로 예상(중국의 반도체 제조 경쟁력은 글로벌 선두기업과 D램 5년, 낸드플래시 2년, 파운드리 5년의 기술 격차 존재).

| | 1. 반도체
산업 쟁점 | 4) 전망 | ② 반면 경쟁심화 따른 수익성 유지 부담과 중국發 레거시 반도체의 도전 지속될 듯.
　가. 마이크론, 인텔 등 반도체 기업들이 美 정부 지원 하에 강력한 플레이어로 등장하면서 과점적 구조에 균열이 발생하고 첨단 제품에서의 가격 경쟁이 치열해질 가능성.
　나. 메모리는 당분간 과점 체제이나 첨단 파운드리는 TSMC, 삼성전자, 인텔, 라피더스 4강 체제로 다변화될 가능성.
　다. 중국은 레거시 분야로 우회하여 자국 장비 기술의 자급화 및 생산 능력을 확장할 계획으로 성숙 반도체 시장을 장악할 경우 중국발 반도체 굴기의 부정적 여파가 확대.
　　* 글로벌 레거시 반도체 점유율 전망(2023년, 2027년):
　　　대만 44%→40%, 중국 31%→39%, 한국 6%→4%
　라. 첨단 패키징 등 취약 분야에서 선두 그룹과의 격차가 확대될 수 있어 패키징을 비롯해 소·부·장 분야 투자 확대 및 인력 양성 등을 통한 국내 반도체 생태계 강화가 필요. |

2. 한국 반도체 시장에 미칠 기회와 위기

1) 기회와 위기

<출처: 하나금융경영 연구소>

이슈	기회	위기
글로벌 공급망 구조 재편	• 미국의 중국 견제로 첨단 기술 진입장벽이 유효 • Chips Act 등에 따른 　　시장 진출	• 미국의 자국 기업 끌어주기로 자국 기업의 점유율 확대 및 기술 경쟁 심화 • 중국의 성숙 반도체 분야 점유율 확대 및 장비 기술의 자립도 상승 • 미·중 갈등 　　　수출 대응력 약화
기술 패러다임 변화	• AI 발전에 따른 반도체 제품 부가가치 제고 • 메모리 분야 기술 우위로 격차 유지	• 취약한 패키징 기술력의 격차 확대 가능성 • AI기반 맞춤 　제품 수요 대응력 • 소재, 장비 등 원천기술 경쟁력 부족

결론

의견 제시

미국의 중국 제재 방향은 무역제재에서 기술제재, 첨단산업 생태계 제재로 진화하면서 제재 수위가 높아지고 있어 우리기업들은 이에 대한 지속적인 모니터링이 필요하다.

미국은 중국의 반도체 기술격차를 2세대 수준으로 유지할 계획이었으나 중국의 반도체 굴기가 지속되자 기술격차를 확대하는 방향으로 전환했고, 미국에서는 효과적인 중국 제재를 위해 한국의 대중국 장비 수출제한 필요성 등이 제안되고 있다.

반도체 공급망이 재편되는 가운데 한국이 반도체산업 경쟁력을 강화하기 위해 파운드리 기술력 제고, 시스템반도체 생태계 강화, 차세대 반도체 육성 등이 필요하다.

반도체 공급망 재편과정에서 최대 격전지로 부상한 파운드리는 2강 구도에서 3~4강 구도로 변화될 가능성이 커져 기술력 제고가 요구된다. 구체적으로 파운드리의 발전을 위해 팹리스, 소부장, 패키징 생태계 강화가 필요하다.

chapter
13
보호무역주의

01 논제 개요 잡기[핵심 요약]

서론	이슈언급	반 세계화 성향이 우리에게 우려스러운 부분은 특히 두 가지 이유 때문임 첫째, 선진국들의 세계화에 대한 반감이 이제는 정치권을 넘어 여러 분야로 확대되고 있다는 점 둘째, 그런 이유로, 2021년 기준 우리 수출의 26%가 집중된 중국에서도 한·미 간 공조 강화가 한·중 간 통상마찰로 이어져, 중국의 對 한국 보호무역 가능성이 짙어졌다는 점 이렇듯 코로나 이전부터 이미 모멘텀을 잃어버린 세계화는, 코로나19가 유발할 것으로 예견되는 세계 공급망 재편, 경제 국수주의 심화 등의 충격을 견뎌내기 쉽지 않을 것으로 예상됨. 향후 반세계화 과정에서 나타날 수 있는 공급망 조정, 자동화 등 경제지형 변화를 면밀히 모니터링 하면서 미래를 대비할 필요가 있음
본론	1. 반(反) 세계화	
		1) 역사 ① 19세기 후반의 반세계화 ② 2차 대전 ~ 1980년 대 반세계화 ③ 최근의 반세계화 ④ 코로나 19와 반세계화
		2) 전망 ① 향후 세계화는 'Slowbalisation'(또는 Peak Globalisation)에 이어 후퇴기에 진입 전망 ② 필연적인 세계화의 부분적 되돌림 속 경제 불안정성 및 금융시장 변동성 확대에 유의

본론	2. 신 보호 무역주의	유형	우리나라 기업들이 직면한 보호주의를 세가지 유형으로 분류 ① 첫 번째 유형은 미국과 유럽연합(EU) 등 선진국의 반덤핑 제재 등 저가 수출에 대응하기 위한 수입규제 조치 ② 두 번째는 중국이 외국 기업의 시장 접근을 실질적으로 제한하기 위해 설정하는 각종 비관세 장벽 ③ 세 번째는 개발도상국의 자국 산업 육성을 위한 수입규제와 시스템 미비로 인한 통상 어려움
결론	의견제시		정책 당국은 첫째, 경제, 외교 채널을 최대한 가동하여 피해를 최소화 해야 함 둘째, 최후의 수단으로는 세계무역기구(WTO) 제소 등 법적 조치까지 강구 셋째, 보호무역에 부정적 태도를 보이는 유럽이나 아시아권 국가들과 공조해 돌파구를 마련해야 함 넷째, 글로벌 공급망 재편 과정, 4차 산업 혁명 가속화 및 자동화 과정에서 국가별ㆍ산업별 옥석을 가리기 위한 글로벌 경제 구조적 변화 파악 및 모니터링이 지속적으로 요망됨 다섯째, 우리나라의 경쟁력이 높은 분야를 중심으로 외국인 직접투자 확대에도 지속적으로 노력해야 함 여섯째, 거시적인 정책적 공조와 개방 확대 유지를 위한 노력이 필요함 일곱째, 고용이 영향을 받는 것에 대한 대비가 필요함 우리기업들은 첫째, 살아남기 위해서는 서둘러 경쟁우위 요소를 발굴해야 함 둘째, 장기적으로는 통상환경 변화에 맞춰 교역을 부가가치를 높이는 방식으로 체질 개선을 해나가야 함 셋째, 교역이 늘고 있는 혁신적인 상품이나 서비스 또는 이를 결합한 상품을 늘려나갈 필요도 있음

02 논제 풀이

서론

**이슈
언급** 1990년대 중반 이후 본격적으로 확산되기 시작한 '세계화(Globalization)' 움직임은, 지난 한 세대 동안 무역질서와 국제관계의 확실한 표준으로 자리잡은 것처럼 보였다. 이러한 세계화가 우리나라, 싱가포르뿐만 아니라 중국, 아세안 등 후발개도국에는 지금까지도 흔들림 없이 그 지위가 유지되고 있는 반면, 선진국들을 중심으로 '반(反) 세계화' 움직임이 표출되고 있다. 트럼프 현상, 브렉시트, 샌더스 열풍 모두 반세계화 움직임을 대표하는 단어들이다.

그 이유는 세계경제 통합과 이를 통한 후발국들의 부상은, 필연적으로 선진국 경제주체들에게 하향 압력으로 작용했기 때문이다. 세계화에 따라 상품시장과 자본 및 노동시장이 열리기 시작하면서 상품은 물론이고 자본과 기술, 노동력의 국경 간 이동이 급증했고 이는 곧 경쟁의 범위를 확대시켜 상대적으로 경쟁열위에 놓인 선진국 기업의 파산과 노동자들의 임금하락을 초래했다. 그 과정에서 일자리 상실, 소득감소 등에 직면하는 선진국에서는 경제주체들의 불만이 커지고 이런 불만들이 투표를 통해 정치와 정책에 반영되기 시작했다. 물론, 이러한 반세계화 움직임은 세계화의 속도조절은 불가피하게 만들겠지만, 세계화의 흐름 자체를 뒤집지는 않을 것으로 분석된다.

하지만, 이러한 반 세계화 성향이 우리에게 우려 되는 부분은 특히 두 가지 이유 때문이다.

첫째, 선진국들의 세계화에 대한 반감이 이제는 정치권을 넘어 여러 분야로 확대되고 있다는 점이다. 최근 각국에서 잇따르는 반세계화 테러를 비롯해 사회적, 경제적 측면에서 보수화와 고립주의가 두드러진다. 특히, 중국에 대한 비판 수위가 상당히 높다. 중국의 불법보조금, 환율정책에 대한 공세가 자칫 필요 이상의 중국의 강경대응을 초래해 반세계화 전선을 후발국으로까지 확대시킬 가능성도 배제할 수 없다.

둘째, 그런 이유로, 2023년 기준 우리 수출의 20%가 집중된 중국에서도 한·미 간 공조 강화가 한·중 간 통상마찰로 이어져, 중국의 對 한국 보호무역 가능성이 짙어졌다는 점이다.

이렇듯 코로나 이전부터 이미 모멘텀을 잃어버린 세계화는, 코로나19로 인한 유발할 것으로 예견되는 세계 공급망 재편, 경제 국수주의 심화 등의 충격을 견뎌내기 쉽지 않을 것으로 예상된다. 향후 반세계화 과정에서 나타날 수 있는 공급망 조정, 자동화 등 경제지형 변화를 면밀히 모니터링 하면서 미래를 대비할 필요가 있다.

우리가 수출로 먹고 사는 나라라는 점에서 주요국의 보호주의 심화는 심각한 위협일 수 밖에 없다.

이에, 본지에서는 보호무역주의의 역사 및 현안과 우리의 향후 對 선진국, 對 중국 수출을 위한 정책적 대응방안에 대하여 논하기로 한다.

📈 본론

1. 반(反) 세계화	1) 역사	① 19세기 후반의 반세계화 : 선발선진국들에게 식민지 수탈 기회를 빼앗긴 후발 선진국들의 불만에서 시작 → 1, 2차 세계대전 ② 2차대전 ~ 1980년 대 반세계화 : 세계화에 따른 선진국에 의한 후발국 착취 구조가 공고히 됐다 → [선진국 vs 후발국], [1세계 국가 vs 3세계 국가] → 그 피해는 힘의 논리에서 밀리는 후발국에게 집중될 수 밖에 없다 → 1960 ~ 1980년 대 베트남과 쿠바, 다수의 동남아와 중남미 국가들까지 적극 반세계화에 참여했다. ③ 최근의 반세계화 배경 : 1990년 대 이후 베를린 장벽붕괴, 구소련 해체 등으로 사회주의 체제가 무너지면서 시장에 재로 진입한 동유럽과 중국, 베트남 등의 대규모 노동력이 금융시장 개방으로 급격히 세를 불린 서구 자본과 만나 빠른 경제성장과 생산성 향상이 이뤄졌고 잇따라 WTO에 가입 → 상품은 물론 자본과 기술, 노동력의 국경 간 이동이 급증 → 경쟁의 범위를 확대시켜 상대적으로 경쟁열위에 놓인 선진국 기업의 파산과 노동자들의 임금 하락 초래 → 일자리 상실, 소득감소, 등에 직면한 선진국 경제주체들의 불만고조 → 투표를 통해 정치와 정책에 반영했다.

1) 역사	보후무역주의 확산 : 각국의 경제전체 관점에서 아무리 이익이 큰 정책이라 하더라도 그 혜택을 누리지 못하는 유권자수가 절반을 넘는다면 통과되지 않는다. → 브렉시트, 미국의 대선 정강 정책 ④ 코로나 19와 반세계화 : 코로나19의 결과 반세계화, 보호무역주의 심화에 대한 우려가 증가됐다. 　가. 코로나19 전세계 확산으로 국경봉쇄, 무역규제가 강화된 가운데 전세계 곳곳에서 보호무역주의, 자국우선주의 등 반세계화 움직임이 강화되고 있다. 　나. 세계화에는 사람(노동자, 학생, 관광객 등)과 국경 간 무역거래, 투자, 데이터, 아이디어, 기술 등 다양한 요소의 통합(integration) 및 상호작용(interaction)이 포함된다. 　다. 따라서, 다수의 전문가들은 코로나 이후 선진국의 글로벌 공급망 재편 및 자동화(무인화) 가속화 등을 주축으로 한 세계화의 부분적 되돌림에 대한 우려를 표명한다.

1. 반(反) 세계화

2) 전망

① 향후 세계화는 'Slowbalisation'(또는 Peak Globalisation)에 이어 후퇴기에 진입할 전망이다.

　가. 역사적으로 볼 때, 세계화는 △ 산업화 시대, △ 세계대전, △ 세계대전 이후, △ 신자유주의 시대를 거치면서 정점에 달했으나 글로벌 금융위기 이후 정체기에 돌입했다.

　나. 글로벌 금융위기 발생으로 급감한 세계교역량은 2010년 강력한 반등에도 불구하고 위기 이전 수준을 회복하지 못했고 글로벌 공급사슬(GVC) 참여도 감소하는 추세이다.

　다. 금융위기發 불확실성 및 저금리로 해외 공급망 확장보다 리쇼어링과 자동화를 택하는 기업이 늘어났고 이러한 흐름은 코로나 충격으로 더 강화될 전망이다.

　라. 저금리 및 기술발전으로 로봇 투자의 효용이 증가했다(인건비 대비 로봇 구입 비용 감소).

　마. 또한, 글로벌 리더십의 부재(G0 시대) 속 높은 정치·외교·보건 불확실성이 지속될 가능성 높아 각국 정부와 기업의 글로벌 공급망 참여 위축이 불가피할 전망이다.

② 필연적인 세계화의 부분적 되돌림 속 경제 불안정성 및 금융시장 변동성 확대에 유의해야 한다.

　가. 최근 세계적으로 세계화의 확실한 효용(생산성 향상, 다양성, 시장기반 확대 등 다수)에도 불구하고 반세계화를 주창하는 목소리가 갈수록 증가하고 있다. 이는 세계화로 인한 과실의 불균등한 분배, 교역 상대방 국가의 불투명·불공정성에 대한 피로도 누적, 기술 발전·자동화에 따른 공급망 확대 유인 감소 등에 기인한다.

1. 반(反) 세계화	2) 전망	나. 또한, 금융위기, 코로나19와 같은 외생적인 충격은 높은 불확실성을 동반해 국가에는 대외의존도를 낮출 유인을, 기업에는 전략 변경 및 자원 재배치 유인을 제공한다. 다. 결국, 포스트 코로나 시대에 나타날 세계화의 후퇴는 GVC 재편, 다자무역주의 훼손을 통해 경제 회복을 더디게 하고 거시경제 환경 불확실성을 증폭시킬 가능성이 있다. 라. 금융위기 이후 나타난 세계경제 저성장 기조, 선진국내 불평등 확대에 따른 포퓰리즘 확산, 비전통적 통화정책의 부작용 등은 코로나19 이후 더욱 심화될 것으로 예상된다. 특히, 반세계화 흐름 속 경제 및 산업지형의 재편이 촉발할 수 있는 신흥국 경제 위기, 산발적인 금융시장 변동성 확대 및 높은 수준의 불확실성에 유의해야 한다. <div align="right"><출처 : 하나금융경영연구소></div>
2. 신 보호 무역주의	유형	우리나라 기업들이 직면한 보호주의를 세가지 유형으로 분류할 수 있다. ① 첫 번째 유형은 미국과 유럽연합(EU) 등 선진국의 반덤핑 제재 등 저가 수출에 대응하기 위한 수입규제 조치이다. 현재 한국제품에 대한 수입규제에 나선 국가들은 미국과 유럽 등 선진국 이외에도 인도와 인도네시아, 태국 등 신흥국들도 대거 포함돼 있다. 이는 철강을 중심으로 중국산 저가제품이 시장을 교란하자 각국이 중국 기업에 대한 반덤핑 판정을 내리고 있기 때문이다. ② 두 번째는 중국이 외국 기업의 시장 접근을 실질적으로 제한하기 위해 설정하는 각종 비관세 장벽이다. 비관세장벽협의회에 따르면 비관세 장벽은 중국 26건, 인도네시아 5건, 일본 4건 등으로 중국이 비관세 장벽 전체(48건)의 54%를 차지하고 있다. 중국은 자동차를 비롯한 158종의 공산품에 대해 국제 인증을 받은 품목이라도 중국만의 '강제성 제품인증(China Compulsory Certification)'을 받도록 하는데 이 절차가 복잡해 평균 7억 ~ 9억 원의 비용과 1년 정도의 시간이 걸린다. 이는 평균 2억 원의 비용과 4개월의 시간이 걸리는 유럽보다 복잡하다. 개발도상국은 관련 법규나 절차가 마련되지 않아 수출에 어려움을 겪는 경우가 발생하고 있다. ③ 세 번째는 개발도상국의 자국 산업 육성을 위한 수입규제와 시스템 미비로 인한 통상 어려움이다. 예를 들어 인도는 불투명하고 비합리적인 통관 절차로 통관이 항구에서 1 ~ 2개월 이상 지연되는 경우가 잦고 주(州) 경계를 통과할 때마다 판매세를 추가로 걷어 수출업체가 인도 전역 판매를 추진하는데 장애가 되고 있다.

결론

과거에는 우여곡절을 겪더라도 극단적 선택 상황까지 가지는 않을 것이란 예측들이 대부분 유효했던 반면, 이제는 더 이상 그렇게 낙관하기 어려울 정도로 세계경제, 정치 환경의 불확실성이 커진 것은 분명하다. 특히, 최근 글로벌 신보호무역주의는 코로나 19, 남중국해, 홍콩문제, 사드 등 정치, 복합적 요인과 결합하여 자유로운 상품, 사람, 기술 등의 이동을 강조하며 지구촌은 하나라고 외치던 세계화를 무색케 하고 있다. 비관세 장벽의 수단도 교묘해 레이더에 잡히지 않는 스텔스 전투기를 닮았다하여 '스텔스(stealth)보호무역'이라는 신조어까지 등장했다. 겉으로는 어떠한 보호주의도 배격한다는 G20 공동성명도 속내는 모두 다르다. 자국의 이익을 위해서는 이웃나라를 거지로 만들 수도 있다는 근린핍화정책이 세계 제2차대전으로 이어졌다는 학습효과를 기억해야 할 시기이다.

정책 당국은

첫째, 보호무역주의를 돌파할 가장 효과적인 수단은 지속적인 자유무역협정(FTA) 확대와 정부 간 대화 채널 활성화를 통한 경제협력 관계 강화인 만큼 경제, 외교 채널을 최대한 가동하여 피해를 최소화해야 한다. 통상마찰은 발생하면 시간과 비용이 많이 들기 때문에, 사전 방지가 중요한 만큼 무역자유화 조치를 확대해 나가야 한다.

둘째, 최후의 수단으로는 세계무역기구(WTO) 제소 등 법적 조치까지 강구해야겠지만 국내 기업 피해가 커지기 전에 양국 정부 간 채널을 총동원해 사전에 풀어나가야 한다.

셋째, 보호무역에 부정적 태도를 보이는 유럽이나 아시아권 국가들과 공조해 돌파구를 마련해야 한다. 또한 높은 수준의 포괄적인 FTA 체결 등 전반적인 경제 관계의 확대가 중요하다. 일반적으로 FTA는 반덤핑조치 부과를 완화시켜주는 것으로 나타났다. FTA는 서비스나 투자 등 규율하는 포괄적인 내용을 담고 있을 뿐만 아니라, 이행 위원회의 설치 등 대화채널 확보에도 도움을 주어 상대국의 보호주의정책을 완화시킬 가능성이 있다.

넷째, 코로나19는 과거에는 경험하지 못한 높은 수준의 불확실성과 변화의 모멘텀을 수반하고 있어 국가 · 기업 · 개인 모두 기존 전략 · 사업 등에 대한 재평가 작업이 필요하다. 또한, 중장기적 관점에서 경제 및 산업지형의 변화를 민감하게 파악해 글로벌 전략을 수립하고 리스크를 최소화 할 수 있는 방안을 모색할 필요가 있다. 특히, 글로벌 공급망 재편 과정, 4차산업 혁명 가속화 및 자동화 과정에서 국가별 · 산업별 옥석을 가리기 위한 글로벌 경제 구조적 변화 파악 및 모니터링이 지속적으로 요망된다. <출처 : 하나금융경영연구소>

다섯째, 우리나라의 경쟁력이 높은 분야를 중심으로 외국인 직접투자 확대에도 지속적으로 노력해야 한다. 한국은 북한문제 등 지정학적 리스크가 높고, 자유로운 인적 · 물적 교류가 가능한 거대인접시장이 없는 등 외국인 직접투자 확대에 어려움이 많다. 그럼에도 불구하고 우리의 경쟁력이 높은 운송기기, 전기 · 전자 분야를 중심으로 꾸준한 외국인 직접투자의 유입이 존재한다. 즉 해외 직접투자가 많은 분야에서 외국인 직접투자도 높다. 따라서 우리의 경쟁력이 높은 분야를 중심으로 외국인 직접투자 유치에 적극적인 노력을 기울일 필요가 있다. 이러한 노력은 상대국과의 경제적 연계를 높이고 부가적으로 상대국의 보호주의적 정책을 다소나마 완화시키는 역할을 할 것으로 기대할 수 있다.

여섯째, 거시적인 정책적 공조와 개방 확대 유지를 위한 노력이 필요하다. 경기침체로 인한 보호무역주의의 강화는 경기회복을 둔화시키고 다시 보호무역주의 정책을 강화하는 악순환을 초래한다. 선진국과 거대 신흥시장을 중심으로 적극적인 확장정책을 펼치는 동시에 이러한 총수요의 증가가 다른 국가에도 확산되고, 이것이 다시 전 세계적인 수요 증가로 이어질 수 있도록 개방 확대 및 유지가 필요하다. 자국 중심의 차별적 보조금 정책이나 환율정책 등의 정책은 보호주의 기조를 강화시킨다. 글로벌 금융위기 이후 G20 정상의 노력이 세계경제가 최악의 상황을 피하는 데 일정 부분 기여한 것으로 보이며 이러한 세계적인 공조노력이 지속되어야 할 것으로 판단된다. 또한 포용적 성장정책 등 다소 선언적이고 상징적인 노력도 지속함으로써 전반적인 세계적인 경기회복 지연 극복을 위한 국가 간 협력이 필요하다는 의식 공유가 지속되어야 한다

일곱째, 보호무역주의 확산으로 인한 수출 및 생산의 감소는 결국 고용 감소와 연결되어 있다는 것을 알 수 있다. 미·중 통상분쟁 등 외부적인 요인으로 수출과 생산이 감소하고 고용이 영향을 받는 것에 대한 대비가 필요하다. 구체적으로는 국내적인 안정적인 사회보장제도의 운용이 필요하다. 안정적이고 보편적인 사회보장제도의 확립은 불평등 문제를 완화시키며 개방에 대한 사회적 불만도 완화시켜 줄 것으로 기대된다.

기업 스스로도 관련 기업 간 네트워크 강화를 통해 보호무역 조치에 대한 적극적인 정보 수집과 대응 방안을 강구해야 한다. 국내 수출 기업의 약 70%는 보호무역에 대한 아무런 준비도 하지 못하고 있는 것으로 조사되고 있다. 특히 기술규제나 지적재산권을 통한 분쟁에 휩쓸리지 않기 위해서는 세계적 동향에 대해 미리 체크하고 대응하는 자세도 필요하다.

이에 우리기업들은

첫째, 살아남기 위해서는 서둘러 경쟁우위 요소를 발굴해야 한다. 단기적으로는 중장기간 반덤핑 이전 자료를 마련해 방어에 나서야 한다.

둘째, 장기적으로는 통상환경 변화에 맞춰 교역을 부가가치를 높이는 방식으로 체질개선을 해나가야 한다. 단순 추종(Fast Follower)형 성장 전략은 자본과 노동 생산성 저화와 제품 모방 한계에 직면할 수밖에 없다.

셋째, 교역이 늘고 있는 혁신적인 상품이나 서비스 또는 이를 결합한 상품을 늘려나갈 필요도 있다.

주제 1

GVC에 대하여 논하라.

답안

서론

Ricardo의 비교우위론에 입각한 효율성 중심의 글로벌 공급망이 코로나19와 국제정세변화로 흔들리고 있다. 미·중 갈등 심화 및 각국의 보호무역주의 확산으로 글로벌 공급망의 확산세가 주춤하게 되었다. 최근 코로나 팬데믹, 러시아-우크라이나 전쟁으로 인한 공급망 병목 현상은 기업경영은 물론 국가경제와 안보에 큰 위협이 되고 있다. 국내수출기업 1094개사를 대상으로 조사한 결과 85.5%가 공급망 애로를 겪고 있다고 응답했으며, 특히 물류난과 원자재 가격 상승에 의한 수익성 악화를 가장 큰 애로로 지적하였다. 이에 본고는 GVC붕괴의 배경과 현황에 대해 알아보고 우리 기업들이 나아가야할 정책적 방향성에 대하여 논하고자 한다.

│ 특히,

본론

GVC 분열배경 및 현황

│ 까지만 하더라도

1980년대에는 수출주도형 산업화가 개발도상국의 급속한 경제 성장 및 1인당 국민소득 향상을 위한 최선책으로 여겨졌다. 이러한 통념은 2007~2008년 글로벌 경기 침체로 인해 북미·서유럽 선진국의 수입급감과 역동적 수출 지역인 동아시아 · 라틴아메리카 · 아프리카의 수출급감으로 그 힘을 잃었다. 그 중 지나치게 세력이 거대해진 중국을 견제하기 위한 미 · 중 무역분쟁을 계기로 주요국들은 협력보다 자국의 이익을 위한 경쟁에 주력하고 있다. 최근에는 코로나 팬데믹, 러시아-우크라이나 전쟁의 영향으로 물류난, 원자재 가격 폭등, 주요 물품 수급 차질 등 생산과 교역 전반의 문제로 확산되고 있다. 해당 사태로 안정적 공급망의 필요성이 대두되었으며, 세계화 종말에 대한 우려 등 다양한 논의가 이루어지고 있다.

주요 선진국은 외교 정책 및 안보 측면에서도 글로벌 공급망을 주요 요소로 인식하며 무역 충격에도 빠른 회복이 가능한 탄력적 공급망 구축 전략을 모색하고 있다. 미국은 "Building Resilient Supply Chains"이니셔티브를 출범해 공급망의 취약성 파악과, 4대 핵심 산업(반도체, 전기차용 첨단 배터리, 주요 의약품 유효성분, 첨단 전자제품에 사용되는 주요 광물 및 원료 등)의 주요 공급망 탄력성 강화를 위한 권고안 마련에 착수했다. 유럽연합(EU)은 가치사슬 탄력성 향상을 목표로 국내 생산 역량 강화, 공급업체 다변화, 다자간 규범에 근거한 무역 환경 지원 등의 다양한 정책을 추진 중이다. 중국은 글로벌 공급망 재편 과정에서 전략적 행보를 이어 나가고 있다. 1990년부터 2000년대까지 수출주도형 산업화 전략을 통해 저위, 중위, 고위 기술제품 및 산업전반을 아우르는 "세계의 공장"으로 거듭났다. 이러한 힘을 바탕으로 중국 공산당은 5개년 계획과 일대일로와 같은 글로벌 인프라 프로젝트를 실행함으로써 기술패권국이 되고자 **한다**.

수출에 많은 부분을 의존하는 한국경제의 특성 상 GVC 재편은 최근의 한국경제에도 많은 영향을 미쳤다. 수출기업이 겪고 있는 공급망 교란은 물류난과 원자재 가격 상승 및 수익성 악화가 가장 큰 것

산술식 글이다 보니 가독성이 떨어집니다. 이런 경우
국가별 현황을 알아본다
미국
유럽
중국 이런 식으로 글을 쓰시면 훨씬 읽기 좋습니다.

으로 나타났다. 기업규모별로는 기업 규모가 작을수록 원자재 가격 상승에 따른 채산성 악화에 민감한 것으로 나타났으며, 규모가 클수록 지역 봉쇄 및 수급리스크를 많이 겪는 것으로 조사되었다. 품목별로는 농수산물의 물류난 경험이 높게 나타났으며, 원자재 가격 상승에 따른 채산성 악화는 플라스틱·고무 제품에서 가장 심각한 것으로 조사되었다. 수출국별로는 물류난은 대미 수출기업에서, 특정지역 봉쇄는 베트남을 포함한 동남아·중남미 수출기업에서 상대적으로 많이 경험하였다고 응답하였다. 수출기업은 공급망 위기 타개를 위해 수입선 다변화 및 핵심품목 비축확대 순으로 대응하는 것으로 나타났다. 기업규모별로는 기업 규모가 클수록 대체선 발굴, 전담조직 강화 등 공급망 안정화에 적극적인 반면 중소기업은 상대적으로 대응에 어려움을 겪는 것으로 나타났다. 품목별로는 철강/비철 금속 부문이 가장 취약한 부문으로 **나타났다.**

📈 결론

　글로벌 공급망 위기가 심화되며 우리 기업들은 원자재의 조달과 생산, 수출과정 등에서 다양한 어려움에 직면해 있다. 장기화·상시화 되고 있는 공급망 위기를 타개하기 위해 국내 기업들은 대체선 발굴, 주요 품목 재고 확보 등의 노력을 기울이고 있다. 공급망 애로 해소를 위해 필요한 정부 지원으로는 물류난 해결이 가장 시급한 것으로 조사되었으며, 조기 경보 시스템 운영을 통한 공급망 위기 선제대응 필요성도 높게 나타나고 있다. 또한 공급망 전문기관은 빠른 정보 전달, 업계 의견 수렴 및 관계부처 의견 개진에 나서야 한다는 의견이 많았다. 다수의 불안 요소들이 여전히 상존하는 만큼 장기적인 공급망 안정화를 이루기 위해서는 정부의 적극적인 정책 지원과 기업의

지금도 마찬가지입니다.
한국에 미치는 영향도
1.기업규모별
2.품목별
3.수출국별
이런 식으로요

글의 형식 자체가 퇴보된 느낌입니다

회복탄력성 강화노력이 중요하다. 정부는 선복확보, 물류비 지원과 같은 정책·금융 지원을 통해 기업들이 공통적으로 겪고 있는 문제들을 우선적으로 해결해 나가야 한다. 또한 갑작스러운 공급망 혼란에 대비하여 수입 의존도가 높고 중요한 품목에 대해 상시모니터링 체제를 강화하고 관련 이슈와 환경 변화를 업계에 공유하여 기업들이 위기 요인을 적시에 감지하도록 지원하여야 한다. 기업들은 생산과정의 가치사슬 환경변화를 주기적으로 파악하고, 문제 발생 시 빠른 조치가 가능하도록 탄력적인 공급망 계획을 수립해야 한다.

코로나 19의 세계적 대유행으로 드러난 공급망 취약성은 여전히 미해결 과제로 남아있다. 보다 탄력적인 공급망 구축을 위한 전략 구축 및 모색은 더욱 확대될 것으로 보인다. **주요국은 이번 사태 이후 글로벌 공급망을 다시 평가하고 정치적으로 안전한 제조 및 조립과정으로 재배치할 것이지만, 이는 '탈세계화'와는 다른 형태로 이루어질 것이다. 재닛 옐런 미(美) 재무부 장관은 이를 '프렌드 쇼어링(friend shoring)'이라고 명명했다. 프렌드 쇼어링을 통해 이제는 자유무역이 아니라 자유로우면서도 안전한 교역(free but secure trade)질서를 구축해야 한다는 것이다.**

이는 현재 미국이 추구하는 세계질서의 재편의지를 고스란히 담고 있다. 새로운 세계질서는 미국의 경쟁력을 제고하고 동맹과 관계를 강화하며 노동과 환경분야에서 높은 기준을 담고 있다. 이제는 우호적인 국가들과 교역관계를 구축하려는 미국의 통상정책을 대변한다. 미국은 지난 약30년간의 다자무역체제를 재점검하고, 4차산업혁명 시대에 걸맞은 새로운 교역질서를 구축하고자 할 것이다. 여기에는 국가안보차원으로 그 중요성이 격상된 공급망의 회복력이 포함된다. 지속가능한 발전을 위해 노동과 환경, 특히 탈탄소 경제로 전환하는 것도 중요한 목표다. 4차산업혁명이 플랫폼을 제공하는 디지털 경제도 빠질 수 없다. 여기에 더해 IPEF는 첨단산업의 기초가 되는 인프라 개발과 세금, 반부패 분야까지 협상 대상에 포함하고 잇다. 기존의 국제통상 프레임에서 과감히 탈피해 대응해야 하는 주제들이다.

이 내용은 본론에 배치함이 맞습니다.

수십년간 GVC내에서 한국의 역할은 계속 변화하고 있다. 한국은 삼성, 현대, LG와 같은 강력한 수직계열화로 이루어진 재벌기업들의 투자를 통해 자동차, 조선, 전자 등 제조 GVC에서 선도적 입지를 다져왔다. 하지만 향후 한국 제조업의 생산성 향상에서 디지털 서비스의 역할이 커지고 있음에 주목할 필요가 있다. 또한 상향식, 하향식의 고도화되고 통합된 형태의 산업정책을 추진할 필요가 있다. 지속적인 연구개발과 기술격차확보를 통해 현재의 급변하는 상황에 유연하게 대응해 나갈 수 있을 것이다.

chapter 14 미 – 중 갈등의 원인 및 우리의 대응

01 논제 개요 잡기[핵심 요약]

서론	이슈언급	2021년 출범한 바이든 행정부도 트럼프의 대중 견제 기조를 계승하면서 다자주의, 동맹활용, 가치 규범 강조 등 대중국 견제 전선을 더욱 확대함 더 큰 문제는 이제는 주변의 관련국들을 줄 세우기 하는 느낌이 들 정도로, 전면적인 갈등 구도로 가고 있다는 것임. 이제는 전반적인 세계 질서의 표준을 두고 싸우는 싸움, 즉 글로벌 거버넌스의 주도권을 누가 쥐는가의 싸움이라 할 수 있음. 요컨대 이제는 미국과 중국의 자기편 만들기가 강화될 전망임
본론	1. 미 – 중 갈등의 배경과 역사	1) 미국 동아시아 정책의 역사	미국의 대 중국 전략 요약 : 미국의 입장에서는 이미 중국이 자신들이 2차 세계대전 이후 구축했던 규범과 체계 안에서 감당할 수 있는 선을 넘었다고 생각하게 됨. 더 이상 용인해 준다면 주도권은 중국에 넘어갈 수 있다고 판단함. 차제에 중국을 완벽하게 굴복시키거나 적어도 발전을 상당 기간 억제해야 미국이 지속적인 기회를 가질 수 있으리라는 생각을 분명히 한 듯. 이제 미국은 중국과 쉽게 타협할 생각이 없음. 트럼프 대통령은 물론이고 바이든 대통령도 이 흐름이 계속될 가능성이 큼
		2) 중국의 중국몽(中國夢)	2012년 중국 시진핑 주석이 '중국의 꿈'에 대해 연설함. 2021년 전면적 소강사회('온포(溫飽 : 의식주 문제가 해결되는 수준단계)'에서 부유한 단계의 중간 단계의 생활수준을 지칭하는 용어)로 건설, 2049년 현대화된 사회주의 국가 건설이라는 목표를 처음 제시한 연설

1. 미 – 중 갈등의 배경과 역사	**2) 중국의 중국몽 (中國夢)**	예전의 중국은 적어도 표면적으로는 미국체제의 국제질서를 수용(accommodate)하려는 태도를 보였으나 근래에는 그렇지 않음. 중국의 변화는 기정사실이 된 듯. 중국 입장에서는 본인들은 그러한 능력을 다 갖추고 준비와 노력을 해왔고, 이제 경쟁이 붙는다면 버텨낼 수도 있다고 말하게 됨
본론 **2. 통상정책 의 변화** <출처: 대외 경제정책 연구원>	**1) 미국의 대중국 통상정책**	① 미 바이든 행정부의 대중국 인식 및 전략 : 바이든 대통령은 중국을 미국의 번영·안보·민주주의적 가치에 도전하는 '가장 심각한 경쟁자(our most serious competitor)'라고 표현 ② 바이든 행정부의 대중 통상정책 기조 : 바이든 행정부의 대중 통상정책 방향의 골격은 '인권·노동·기후 등 보편적 가치를 반영한 포괄적 전략 추진'이라고 할 수 있음. 제재 대상으로 지목한 중국의 강압적·불공정 무역관행의 유형으로는 관세 및 비관세 장벽을 포함한 시장접근 제한 조치, 강제노동 프로그램, 여러 업종의 과잉생산, 불공정 보조금 및 수입 대체 지원 산업정책, 수출보조금, 강압적 기술이전 요구, 미 지재권 침해 및 불법 취득, 인터넷·디지털 경제에 대한 검열 및 제한, 중국 내 미국기업 차별 등을 적시했음 ③ 바이든 행정부의 대중 제재 입법화 : 바이든 행정부 출범 이후 미 의회 내 대 중국 견제 및 제재를 목적으로 한 다양한 법안의 입법이 추진되고 있음
	2) 중국 통상 전략 변화	① 미·중 갈등과 쌍순환 전략 제시. 쌍순환 전략의 핵심은 중국 경제성장의 축을 수출에서 내수로 전환하는 것으로, 지속 성장의 동력을 내부로부터 확보하는 것 ② 공급망 안정 및 자급력 제고 추진 ③ 전략자원의 공급 안정화 ④ 양자·지역 FTA 활용 전략 ⑤ 중국 – 아세안 지역 네트워크 확대 ⑥ 중국의 글로벌 통상규범 주도 전략 ⑦ 글로벌 통상규범과 중국 대내개혁 추진
	3) 우리의 통상 정책 방향성	① 경제안보 관련 경제안보 중요성에 대한 새로운 인식 필요 ② 지역 네트워크 구축 관련, 미 – 중 간 아태 지역 주도권 경쟁에 대비한 한국 중심의 높은 표준 지역 네트워크 전략 수립 필요 ③ 통상규범 및 법제도 관련 글로벌 통상규범 경쟁에 대비한 높은 글로벌 기준에 맞춘 국내 법제도 정비 필요

| 본론 | 2. 통상정책의 변화
<출처: 대외경제정책연구원> | 4) 우리의 외교 · 안보 전략 | ① 시간을 벌 수 있는 가장 좋은 방법은 한미동맹 결속을 강화하는 조치를 취하면서 중국과도 연대하는 노력들을 하는 것(결미연중). 그 와중에도 선택은 계속해야 함. 시간을 버는 대신 준비를 하면서 안보와 경제 문제에 답을 찾아야 함
② 적극적 투 트랙 외교 : 과거 서독의 외교정책을 모델로 삼아야 함
③ 자국중심적인 접근보다는 최대한 경제적 연계를 넓혀 가는 것임. 예를 들어 부품의 공급 애로와 관련하여 부품의 국내 생산 증대 논의도 계속되고 있는데, 사실 그보다 중요한 것은 원인을 제거하는 것임. 부품의 공급망 문제는 새로운 공급망의 구축도 생각할 수 있으나 원인이 무엇인지를 규명하여 이에 대한 직접적인 해결책을 모색하고 다변화를 통해 위험을 분산하는 것이 바람직하다고 생각됨 |
| 결론 | 의견제시 | | 첫째, '코리아 패싱(Korea Passing)'이 발생하지 않도록 미 – 중 양국 간 대화 채널을 지속적으로 마련하여 우리의 입장을 설득 및 관철시킬 필요가 있음
둘째, 이러한 우리의 지정학적 리스크를 지경학적(Geo-Economic) 수단으로 극복해 나가야 함. 경제로 엮어 들어가야 함
셋째, 분명 중국의 아시아에 대한 패권주의와 영향력은 날로 높아만 갈 것임. 우리는 인정하기는 싫지만, 이러한 상황을 고려할 때, 한 – 일 양국 모두 서로의 관계 회복에 더 많은 노력을 기울여야 함 |

02 논제 풀이

서론

이슈연급 미 – 중 갈등은 2018년 무역분쟁으로 구체화되었다. 트럼프 취임 이후 미국은 국가안전 전략보고서 등의 채택을 통해 중국을 '전략적 경쟁자', '적수'로 규정한 후, '정부적' 역량을 결집하여 대중국 공세에 나섰다. 트럼프 행정부는 미국의 대중국 무역적자를 이유로 중국산 제품에 대해 징벌적 관세를 부여하여 미 – 중 통상 갈등이 본격화되었고, 중국의 기술에 대한 제재와 금융 제재 등으로 확대되었다.

2021년 출범한 바이든 행정부도 트럼프의 대중 견제 기조를 계승하면서 다자주의, 동맹활용, 가치 규범 강조 등 대중국 견제 전선을 더욱 확대했다. 코로나19 책임론, 홍콩 국가보안법 등으로 미 – 중 갈등은 재점화 되었으며, 남중국해 영유권분쟁과 양안갈등, 러시아 – 우크라이나 사태 등 미 – 중 갈등이 군사적 대립으로 이어질 조짐까지 보이면서 불안감은 고조되고 있다.

더 큰 문제는 이제는 주변의 관련국들을 줄 세우기 하는 느낌이 들 정도로, 전면적인 갈등 구도로 가고 있다는 것이다. 이제는 전반적인 세계 질서의 표준을 두고 싸우는 싸움, 즉 글로벌 거버넌스의 주도권을 누가 쥐는가의 싸움이라 할 수 있다. 요컨대 이제는 미국과 중국의 자기편 만들기가 강화될 전망이다. 이러한 상황에 가장 심각한 영향을 받는 나라 중 하나가 한국이다. 우리나라는 경제에 있어서는 대중국 의존도가 매우 크고, 안보를 비롯한 다른 부분은 미국과 대체 불가능한 동맹 관계다. 그 동안 "경제는 중국, 안보는 미국"이라는 대전제를 갖고 살아왔는데, 이것이 과연 앞으로도 가능할 것인가 하는 문제가 생긴다.

미 – 중 갈등 시대의 글로벌 통상 환경 변화를 파악하기 위해서는 미국의 대중국 견제와 동시에 이에 대응하는 중국의 통상전략에 대한 이해가 병행되어야 할 것이다.

따라서 본지에서는 미국의 대 중국 통상전략의 기조와 중국의 대 미국 통상전략 변화에 대하여 알아본 후, 우리의 정책적 방향성에 대하여 논하기로 한다.

📈 본론

1. 미 – 중 갈등의 배경과 역사

1) 미국 동아시아 정책의 역사

① 미국은 지난 40년 간 대체로 대중국 포용정책(engagement policy)을 펴왔는데, 기본적인 전제는 미국이 구축한 시스템 안으로 중국을 포용하고자 한 것이다. 이를 통해 중국이 좀 더 자유로워지고, 개방되고, 법치를 준수하고, 민주화 되는 방향으로 변하리라 기대하였다. 그러나 40년 지나 중국이 강대국이 된 지금, 미국의 기대와 전혀 반대의 상황이 펼쳐지고 있다. 중국 국내 정치는 권위주의가 지속되고 있고, 국외로는 남중국해 및 홍콩과 대만 문제에 이르기까지 외교적으로 점점 공세적인 태도를 취하고 있다. 기술분야에서도 R&D나 이노베이션이 아닌, 불법적으로 기술을 절취하거나 강압적인 합병을 하는 방식으로 발전하고 있다. 지난 40년의 대중국 포용정책은 전제가 잘못되었고 실패했다는 것이 미국 내 인식이다.

② 아시아 재균형론

가. 의미 : 2011년 힐러리 당시 미 국무장관의 '미국의 태평양 시대'라는 기고에서 처음 사용되었다. → 그 후 2011년 11월 미국의 오바마 대통령이 캔버라 선언에서 발표한 개념으로 미국이 앞으로는 아시아 태평양 지역을 외교정책과 안보정책의 중추로 삼겠다는 전략이다. → 실질적으로는 새로운 對 중국전략의 탄생이다.

나. 미일동맹 강화(일본 안보 역할 확대) : 미국은 일본과의 동맹을 바탕으로 아시아에서의 안보적 역할을 분담했다(2015년 미-일 정상회담). → 일본의 신 군국주의가 진행되었다.

다. 한 – 미 – 일, 미 – 일 – 호주 등 3각 협력, 인도와의 안보협력 꾀했다. ASEAN과의 협력도 꾀했다.

라. 미얀마와 캄보디아 등 중국의 영향력 아래에 있는 동남아 국가들과의 관계를 복원해 중국의 고립을 유도했다.

		③ 트럼프의 동아시아정책 : 트럼프는 미국의 고립주의를 천명했지만, 실질적으로는 고립주의에서 개입주의로 재 전환했다. ④ 미국의 대 중국 전략 요약 : 미국의 입장에서는 이미 중국이 자신들이 2차 세계대전 이후 구축했던 규범과 체계 안에서 감당할 수 있는 선을 넘었다고 생각하게 되었다. 더 이상 용인해 준다면 주도권은 중국에 넘어갈 수 있다고 판단했다. 차제에 중국을 완벽하게 굴복시키거나 적어도 발전을 상당 기간 억제해야 미국이 지속적인 기회를 가질 수 있으리라는 생각을 분명히 한 듯하다. 이제 미국은 중국과 쉽게 타협할 생각이 없다. 트럼프 대통령은 물론이고 바이든 대통령도 이 흐름이 계속될 가능성이 크다. 가. 미국과 중국은 지금 경제적으로 경쟁적(competitive)인 세계에 살게 되었고, 미국은 도전 세력인 중국을 가만두지 않겠다고 결심했다. 나. 이러한 인식과 접근법은 미국 내에서 상당히 일반적인 생각이고 일종의 국가적인 합의사항이다. 미 – 중 갈등이 코로나19로 촉발된 것이 아니라, 이미 오랫동안 진화하면서 드러난 것이므로 쉽게 해결될 문제가 아니라는 점이다.
1. 미 – 중 갈등의 배경과 역사	2) 중국의 중국몽(中國夢)	① 의미 : 2012년 중국 시진핑 주석이 '중국의 꿈'에 대해 연설했다. 2021년 전면적 소강사회('온포(溫飽 : 의식주 문제가 해결되는 수준단계)'에서 부유한 단계의 중간 단계의 생활수준을 지칭하는 용어)로 건설, 2049년 현대화된 사회주의 국가 건설이라는 목표를 처음 제시한 연설이다. 시진핑은 2013년 10월 '주변외교업무 좌담회'에서 중화민족의 부흥이라는 '중국 꿈' 실현을 위해서는, 유리한 주변환경을 조성해야 하며 주변국과의 선린관계 강화와 우호협력 확대가 필수적이라고 발표했다. 시 주석은 '공동운명체', '일대일로(一帶一路, 육 · 해상 실크로드)는 한 국가의 독창이 아닌 합창' 등이라는 표현으로 중국의 '화평굴기(和平崛起)'를 강조했다. ② 전략 : 중국의 근본 정책의 흐름은 세(勢) → 술(術) → 법(法)의 경로이다. 가. 세(勢) : 역량강화 단계(1978년 ~ 2013년) 　A. 중국은 개혁·개방 정책 실시 이후 수출주도 및 외향형 발전 전략을 채택해왔다. 이는 스스로가 세계의 공장이 되는 것을 의미한다. 그 결과, 중국은 비약적인 경제 성장을 거듭했고, 목표대로 세계의 공장이 되었다. 또 급속한 경제성장이 부담스러워 속도 조절을 할 정도로 경제력을 확보했다. 지정학적으로 살펴보자면, 미국을 중심으로 하는 자본주의권과의 관계 개선에 초점을 맞춘 동진전략이라고도 할 수 있다. 　B. G2로 인정받았고 이미 세를 확보했다.

위 표의 첫 번째 행 좌측 셀: 1) 미국 동아시아 정책의 역사

나. 술(術) : 고도의 책략 단계(2013년 ~ 현재), 중국의 국력상태를 봐가
며 예측불허, 합법적, 국제사회로부터 별다른 저항을 받지 않을 내
용 등으로 나타나는 것이 특징이다. 중국의 정책을 거부하기도 또
대응하기도 쉽지 않은 상황이 일정기간 이상 연출됐다. 중국의 영
토 야욕이 본격화 되었다.

A. 이익추구 극대화

　a. 서진정책 병행 : 일대일로(一帶一路) 건설과 AIIB를 설립했
다. 중국이 아시아로의 회귀라는 미국의 접근을 용인하지 않
고, 본격적으로 자신의 주변지역에 대한 영향력 확보에 나
서겠다는 것을 천명했다. 이는 중국의 '서진 전략'의 구체적
인 실행 방안이다. 중국 서쪽으로 거대한 국가 · 지역 간 생
활 네트워크를 만들겠다는 것이다.

　- AIIB는 아시아 지역의 도로, 철도, 발전소 등 사회 기초 시
설 투자에 필요한 자금을 조달하는 것이 주목적이다. 일대
일로는 사업이며, AIIB는 이를 뒷받침할 국제기구인 것이다.
즉, 일대일로는 목적이고, AIIB는 수단이다.

　- 일대일로와 AIIB는 중국의 꿈을 실현하기 위한 매우 주도면
밀한 구상이다. 일대일로는 중국 서진전략의 구체적인 사업
이다. 이는 패러다임의 변화를 의미한다. 기존의 동진전략
에서 벗어나겠다는 것이다. → 시진핑은 미국의 아시아로의
회귀 전략을 '선수(先手)'로 인식하고 있다. 현재의 세로써 이
미 중국의 역량이 일정하게 제고되었으므로, 서진 전략을
통해 아시아 지역에서 세력의 균형을 맞춰야 한다고 주장했
다(왕지스 베이징 대학 국제관계학원 원장).

　- 중국의 입맛에 맞게 아시아 저발전 지역 개발 진행, 위안화
국제화, ADB 견제, 미국과의 경쟁과 갈등을 불사하면서까
지 주변부를 챙기겠다는 것이다.

　b. 북핵 문제와 북한문제 분리해서 접근한다. → 유엔의 대북제
재에는 동참하면서 북한인민이 복지를 내세워 북한과의 거
래는 계속하는 이중성이라고 할 수 있다.

B. 예측불허 효과 : 미국과의 관계에서는 사사건건 부딪히면서 공격
을 늦추지 않으며 일본과는 유화제스처, 한국에게는 일종의 스
트레스 테스트 적용했다. 근교원공 정책 → 군사적으로는 남중국
해와 서태평양에서 영향력을 키우고 경제적으로는 아프리카, 중
동, 중남미 등을 공략했다.

　a. 갑작스런 동중국해 방공식별구역 선포.

　b. 사드문제에 대한 적극적 개입 → 그 동안의 동반자 관계에 아
랑곳 않고 한국에게도 강한 외교적 압박.

1. 미 – 중
갈등의
배경과
역사

2) 중국의 중국몽
(中國夢)

1. 미 – 중 갈등의 배경과 역사	2) 중국의 중국몽 (中國夢)	c. 남중국해에서 함정까지 동원하면서 보여준 미국과의 대치 국면.

c. 남중국해에서 함정까지 동원하면서 보여준 미국과의 대치 국면.

d. ASEAN에는 당근과 채찍 전술로 대응, 개별적으로 우호적인 국가를 통해 그 거점을 하나씩 마련 중. 일례로 지난 4월 파키스탄에 한화 약 50조 원에 달하는 경제 협력을 약속. 그리고 전략적 요충지인 과다르항의 운영권 확보.

다. 법(法)의 단계 : 중국 주도의 제도와 규범, 표준의 촉구. 중국은 하루빨리 이 단계에 진입하기를 바라겠지만 결국 현재 패권국인 미국을 제압한 후에야 가능하다. → 미국과 충돌은 필연적이다.

③ 현재 중국의 대미 정책과 생각

가. 예전의 중국은 적어도 표면적으로는 미국체제의 국제질서를 수용 (accommodate)하려는 태도를 보였으나, 근래에는 그렇지 않다. 중국의 변화는 기정사실이 된 듯하다. 중국 입장에서는 본인들은 그러한 능력을 다 갖추고 준비와 노력을 해왔고, 이제 경쟁이 붙는다면 버텨낼 수도 있다고 말하게 되었다.

2. 통상정책의 변화
<출처 : 대외경제정책연구원>

1) 미국의 대중국 통상정책

① 미 바이든 행정부의 대중국 인식 및 전략

가. 바이든 대통령은 중국을 미국의 번영·안보·민주주의적 가치에 도전하는 '가장 심각한 경쟁자(our most serious competitor)'라고 표현했다. 바이든 행정부는 「국가 안보전략 임시 지침」보고서에서 중국을 세계 권력 분배 변화 측면에서 새로운 위협요인으로 인식했다. 중국을 미국의 전략적 이익에 가장 위협적인 존재로 여기고 있으며, 이에 대한 대응의 필요성을 강조했다.

나. 바이든 대통령은 중국에 대한 대응 방안으로 동맹국과 긴밀한 협력, 중국에 대한 군사적 억제력 확보, 민주적 가치 중심의 외교정책, 미 근로자·인프라·교육 및 혁신에 대한 투자 등을 제시했다.

A. 중국의 위협에 대해 바이든 행정부는 자국민·경제·민주주의에 투자함으로써 장기적으로 중국과의 전략적 경쟁에서 우위를 점하는 것이 가장 효과적인 대응방향이라고 제시했다. 이를 통해 미국에 대한 신뢰를 회복하고 글로벌 리더십을 확보함으로써 미국의 이해와 가치를 반영한 새로운 국제규범 형성을 주도했다.

B. 미국의 핵심 국가안보 관련 기술 및 의료공급의 안전, 중국의 지역주의 주도, 인간 존엄성 및 민주주의 가치(홍콩, 신장 위구르 및 티베트 이슈), 대만에 대한 지원 등에서도 중국에 대응을 강조했다.

다. 바이든 행정부는 중국에 대한 대응 수단으로 군사력 억제와 일방적 제재보다는 외교적 접근을 강조한 것이 특징이다.

A. 복잡한 국제안보 환경 및 국내 정치 상황을 감안했을 때 미국과 같은 인식을 갖고 있는 동맹국과 공통된 접근방식을 구축하고 공동 대응체계를 갖추는 것이 더욱 효과적이다.

B. 미국의 국익이 부합할 경우에는 중국과의 전략적 협력을 배제하지 않는다는 것을 의미하는데, 협력 가능 분야로 기후변화, 글로벌 보건, 군비통제 및 비확산 등을 제시했다.

② 바이든 행정부의 대중 통상정책 기조

가. 바이든 행정부의 대중 통상정책 방향의 골격은 '인권·노동·기후 등 보편적 가치를 반영한 포괄적 전략 추진'이라고 할 수 있다. 바이든 행정부는 중국의 불공정 무역관행으로 인한 노동자·기업 피해에 대처하기 위해 가능한 모든 수단을 활용한다는 의미를 지닌다.

나. 제재 대상으로 지목한 중국의 강압적·불공정 무역관행의 유형으로는 관세 및 비관세 장벽을 포함한 시장접근 제한 조치, 강제노동 프로그램, 여러 업종의 과잉생산, 불공정 보조금 및 수입 대체 지원 산업정책, 수출보조금, 강압적 기술이전 요구, 미 지재권 침해 및 불법 취득, 인터넷·디지털 경제에 대한 검열 및 제한, 중국 내 미국기업 차별 등을 적시했다. 이는 전략적 이해에 기반을 두고 미국의 경제·국가안보에 위협이 되는 중국의 모든 행위를 제재의 대상으로 포괄한다는 의미이다.

다. 과거 반복적으로 지적한 시장접근 제한 조치·지재권·보조금뿐만 아니라 인권·노동·기후·디지털 무역과 같이 보편적 가치나 새로운 통상의제도 광범위하게 불공정 무역행위의 판단 근거로 간주했다.

라. 특히 바이든 행정부는 강제노동 문제에 민감한 반응을 보이고 있고, 최근에는 어선 강제노동에 대한 제재를 강화하면서 중국에 대한 압박 수위를 높이고 있다.

마. 제재와 대응방식에 있어서도 이전에 비해 포괄적이다.

A. 「통상법」 232조, 「통신법」 214조 등 기존 국내법에 근거한 제재 수단을 지속 활용하는 동시에 새로운 법안의 입법화를 추진하고 있다. 이러한 법안은 중국에 대한 전방위적 제재는 물론 첨단 분야 자체 경쟁력 제고를 위한 투자 확대 계획을 포함한다.

B. 동맹국과의 공동 대응을 모색하기 위한 외교적 접근도 병행, 미·EU 간 무역기술위원회(TTC: Trade and Tech Council) 창설이 동맹국과의 공동 대응 방안의 한 예이다.

③ 바이든 행정부의 대중 제재 입법화

바이든 행정부 출범 이후 미 의회 내 대 중국 견제 및 제재를 목적으로 한 다양한 법안의 입법이 추진되고 있다.

가. 2021년 6월 상원을 통과한 「미국 혁신경쟁법(USICA: U.S. Innovation and Competition Act 2021)」은 대중 견제 패키지 법안으로 중국의 과학기술 부상 견제와 미국의 리더십 확보, 군사·지정학적·경제적 경쟁 대응 및 제재 방안을 포괄한다.

---

2. 통상정책의 변화

<출처 : 대외경제정책연구원>

1) 미국의 대중국 통상정책

<table>
<tr><td>

</td><td>

1) 미국의 대중국
통상정책

</td><td>

나. 「중국의 경제강압 대응법(Countering China Economic Coercion Act)」은 중국정부의 강압적인 경제조치로 인한 미국의 경제·국가안보 위협에 효과적으로 대응하기 위해서는 범정부 차원의 전담 태스크포스 설치가 필요하다는 것을 주요 내용으로 하고 있다.

다. 「보안장비법(Secure Equipment Act)」, 「통신보안자문법(Communications Security AdvisoryAct)」, 「정보통신기술전략법(Information and Communication Technology Strategy Act)」은 중국의 위협으로부터 미국 통신 시스템을 보호하는 데 목적을 두고 있다.

라. 「중국 일대일로 투자 제재법(Exposing China's Belt and Road Investment in America Act of 2021)」은 중국의 일대일로 전략에 따라 행해지는 그린필드 투자를 제재하기 위해 발의했다.

</td></tr>
</table>

2. 통상정책의 변화
<출처 : 대외경제정책연구원>

2) 중국 통상전략 변화

① 미·중 갈등과 쌍순환 전략 제시 : 중국은 불확실한 대내외 환경 변화에 대응하기 위해 경제발전의 전환 및 고도화를 목표로 경제안보를 고려한 쌍순환(双循环, Dual Circulation)' 전략을 제시했다.

　가. 쌍순환 전략은 기존 경제발전 전략과 달리 △ 식량, △ 에너지, △ 공급망, △ 금융 등을 중심으로 '경제안보'적 접근을 강조한다.

　나. 쌍순환 전략의 핵심은 중국 경제성장의 축을 수출에서 내수로 전환하는 것으로, 지속 성장의 동력을 내부로부터 확보하는 것이다.

[중국의 쌍순환 전략]

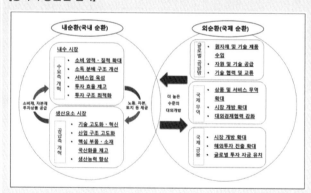

<출처 : 대외경제정책연구원>

② 공급망 안정 및 자급력 제고 추진 : 중국은 기존에 추진해왔던 과학기술 혁신 능력의 제고 및 전략산업 육성전략을 기반으로 핵심기술 국산화와 자체적 공급망 구축을 가속화하고 있다. 이를 통해 GVC의 역외 의존도를 줄여 외부 충격을 방어하고 장기적으로는 산업과 기업의 글로벌 경쟁력을 제고해 GVC의 고부가가치 영역에 참여하고 있다.

③ 전략자원의 공급 안정화

　가. 최근 몇 년간 중국에서도 국가전략물자의 비축 문제가 주목을 받아왔다. 중국의 일부 부처별로 분산되어 있던 전략물자 관리의 책임을 통합함으로써 국가물자 비축체계를 통일하고 응급관리 능력 제고를 추진하기 위한 토대를 마련했다.

　나. 중국정부는 경제안전 리스크 경보 및 방제 메커니즘과 역량을 강화해 중요 산업과 인프라, 전략 자원, 중점 과학기술 등 핵심 영역에서의 안전 통제력을 실현했다.

　다. 2021년 11월 국가안보전략을 심의하면서 식량안전의 확보를 비롯해 에너지·광물안전 확보 문제가 제시되었고 처음으로 광물안전이 국가전략으로 격상했다.

④ 양자·지역 FTA 활용 전략 : 2018년 전후로 미국의 중국에 대한 견제가 본격화되면서 중국의 FTA 전략도 변화를 보이기 시작했다.

　가. 미국 중심의 USMCA(기존 NAFTA)와 유럽 국가 중심의 유럽연합(EU)과 병립하는 중국 중심의 제3의 경제통합체를 아태 지역에 구축하고자 한다. 미국의 대 중국 견제가 본격화되는 가운데 이러한 중국 중심의 지역 네트워크 구축은 그 필요성과 추진 동기가 더욱 확실해지고 있다.

　나. 중국정부는 RCEP 체결을 적극 추진하고, 이어 2020년 11월 APEC 회의에서 CPTPP 가입을 적극 검토하겠다고 천명하였고, 2021년 9월에 CPTPP 가입을 공식 신청했다. 중국의 14차 5개년 규획과 2021년 정부업무보고에서 한중일 FTA 체결을 추진하겠다는 점도 명시했다.

　다. FTA 전략 추진에 있어 중국의 무역·투자를 확대하고 지역 통합시장을 구축하기 위한 목적 이외에도 글로벌 통상규범에 있어 중국이 주도하겠다는 의지를 보이고 있는 점이 특징이다.

　라. 기존의 FTA는 규범 측면보다는 지역통합을 목표로 지역경제 네트워크 구축 의미가 컸다면, RCEP와 CPTPP는 지역경제 네트워크 구축에 더하여 미국의 대 중국 견제에 대응하는 지정학적인 고려가 추가되었고, 규범 측면에서도 중국이 적극 참여하겠다는 것을 보여준다.

　마. 중국의 FTA 네트워크 구축 전략은 향후 높은 수준의 FTA를 향해 양적인 확대와 동시에 질적인 제고를 목적으로 추진될 전망이다. 협력 대상국이 기존의 개도국, 주변국 위주에서 선진국, 일대일로 연선국으로 확대되고, 협력 내용이 기존의 관세 인하 등 상품 무역에 필요한 규범 위주였다면 향후에는 서비스, 투자, 디지털, 환경, 노동, 국유기업, 지재권 등 다양한 규범이 포함될 전망이다.

2. 통상정책의 변화

<출처 : 대외경제정책연구원>

2) 중국 통상전략 변화

⑤ 중국 – 아세안 지역 네트워크 확대 : 미 – 중 갈등이 심화됨에 따라 중국은 전략적 요충지로서 아세안의 필요성과 중요성을 더욱 강조하면서 아세안에 대한 영향력을 지속적으로 확대할 것이다.

가. 최근 미국이 중국 견제를 위해 '인도태평양 전략'의 틀 안에서 동맹체제를 강화하고 있어 인도태평양 지역에서 미 -중 양국의 지정학적 갈등 문제가 심화됐다.

나. 2021년 11월 중국 – 아세안 대화관계 수립 30주년 기념 정상회의에서 중국과 아세안 간 관계를 '전략 동반자'에서 '전면적 전략동반자'로 격상했다. 중국은 아세안에 대해 △ 코로나19 백신 1억 5,000만 회분 무상 원조, △ 방역 기금 500만 달러 추가 지원, △ 백신 공동 생산 및 기술 이전 확대, △ 향후 3년 간 15억 달러 규모의 개발 원조 제공, △ 중국 – 아세안 자유무역지대 3.0 건설 가동, △ 향후 5년 간 1,500억 달러 규모의 농산품 수입, △ 1,000개 항목의 선진기술 제공, △ 향후 5년 간 아세안 청년 과학자 300명 중국 방문 교류 지원 등 대규모 투자 와 지원 계획을 약속했다.

⑥ 중국의 글로벌 통상규범 주도 전략 : 중국은 글로벌 거버넌스 구축에 있어 단순 참여자가 아닌 주도자의 역할로 전환을 도모했다.

2. 통상정책의 변화
<출처 : 대외경제정책연구원>

2) 중국 통상전략 변화

가. 글로벌 통상 문제 해결에 있어 '중국 솔루션'을 강조하기 시작하였는데, 일대일로를 국가의 대외 전략 수준에서 중국의 글로벌 거버넌스를 적용하기 위한 협력 플랫폼으로 활용하고 있다.

나. 중국과 개도국의 이익을 반영한 WTO 개혁안을 제시하여 선진국과 개도국 간 이익이 균형적으로 반영되도록 다자통상체제인 WTO 개혁에 적극 참여했다.

다. WTO 가입 때와 마찬가지로 CPTPP 등 높은 수준의 FTA 가입을 통해 중국의 대외개방을 통한 대내 개혁을 가속화하고 있다.

라. FTA와 일대일로를 활용하여 개도국들과 중국 중심의 지역 네트워크를 구축하고 개도국이 수용 가능한 낮은 수준의 규범을 적용 – 디지털 통상, 기후변화 대응 등 신통상규범은 중국 국내 법제도 정비, 관련 마스터플랜 및 시행계획 마련을 통해 국내 시장 환경이 안정화되고 체계화된 후 국제규범 논의에 참여했다.

⑦ 글로벌 통상규범과 중국 대내개혁 추진

가. CPTPP와 DEPA 가입 신청을 통해 높은 글로벌 규범 수준을 기준에 맞추어 국내 개혁을 가속화 – 중국이 높은 수준의 규범을 받아들이기 어려운 상황에서 가입 신청을 추진한 것은 기본적으로 '대외 개방 확대를 통한 대내개혁 촉진'에 그 목적을 두고 있다.

나. 중국에서는 CPTPP 가입을 제2의 WTO 가입으로 여기고 있으며, 이를 통해 중국경제가 높은 글로벌 통상 수준에 맞추어 발전하는 계기로 삼아 글로벌 경제 강국 또는 선진국으로의 발전을 도모하고 있다.

2. 통상정책의 변화

2) 중국 통상전략 변화

중국의 CPTPP 가입

중국의 CPTPP 가입은 시기적, 지정·지경학적, 전략적 판단에 의해, 예상보다 빠르게 추진된 측면이 있음

1. 시기적으로 중국 사회주의 발전단계의 큰 전환기를 맞이하고 있어 대내적으로는 공동부유, 대외적으로는 CPTPP 가입을 통한 자유무역 질서 주도 및 대외개방을 통한 대내개혁 촉진이라는 어젠다를 제시하고자 하는 등 대내외적 필요성이 증대
2. 중국이 CPTPP의 높은 규범 수준을 수용할 수 있는가에 대해서는 중국 내에서도 국유기업, 노동, 환경, 디지털 통상 분야 등의 규범이 중국에 큰 도전 과제임을 인지하고 있음.
   1) 지재권 보호, 국유기업 보조금, 노동, 환경, 디지털 통상 분야에서 CPTPP의 높은 규범 수준에 맞게 국내 개혁 및 법제 정비 등을 추진
   2) 중-EU 투자협정에서 이미 높은 수준의 규범을 수용한 점을 보아 공정경쟁(국유기업, 강제 기술 이전, 보조금 투명성), 시장접근, 지속가능한 개발(환경, 노동) 등 일부 규범은 중국이 수용 가능 할 것으로 예상
   3) 협상 과정에서 중국이 받아들이기 어려운 규범에 대해 예외 또는 유예 규정을 두어 WTO와 마찬가지로 지연 전략을 추진할 가능성이 있음.
   4) 최근 미국, 유럽에서 노동규범 중 강제노동 금지와 중국의 신장 위구르 인권을 연계하는 접근에 대해서는 강력히 반대하고 있어 협상 과정에서 어려움이 예상
   5) CPTPP 등 높은 규범 수준을 지닌 FTA 가입을 위해 중국은 글로벌 기준에 맞추어 국유기업 개혁을 추진
3. 국유기업과 보조금을 둘러싼 미중 간 입장 차이가 존재하고, 미국의 입장은 CPTPP에 상당 부분 반영 되어 있음.
   1) WTO 또는 기존 FTA와 비교하면 CPTPP에서는 국유기업에 대한 정의가 확대되고, 비상업적 지원, 상업적 고려 등의 개념과 범위를 구체화함.
   2) 비차별대우에 있어 정부의 의무를 공기업으로 확장하였고, 적용대상 또한 상품 판매에서 서비스와 구매도 포함시켜 상품 및 서비스의 판매와 구매로 확대
   3) 보조금 유지는 원천적으로 금지하였고, 투명성도 강화
4. 중국은 미국이 탈퇴한 상황에서 CPTPP에 조속히 가입하여 아태지역에서 배제되지 않기 위해 CPTPP의 국유기업과 보조금 규범에 대한 일정 부분 수용 및 국내 개혁 가속화가 필요
   1) 중국의 국유기업 개혁 방향은 국유기업의 민영화를 추구한다기보다는 오히려 국유기업의 대형화를 통해 효율성과 시장 경쟁력을 제고하여 중국 사회주의 체제를 한 단계 업그레이드하는 것을 주요 목적으로 하고 있음.
   2) 사회주의 체제 유지에 있어 레드라인을 설정하고 이 외의 부분에 대해서는 중국의 국유기업 개혁을 통해 국제규범을 수용하여 국유기업 체질 개선과 경쟁력 제고를 도모할 계획
   3) 중국의 CPTPP 국유기업 규범에 대한 협상 또는 대응은 △ 유예·예외 규정 활용 △ 글로벌 기준에 부합하는 국유기업 개혁 추진 △ 규범 해석에 대한 법리적 논쟁 등 세 가지 방향으로 진행될 전망

<출처 : 대외경제정책연구원>

3) 우리의 통상정책 방향성

① 경제안보 관련 경제안보 중요성에 대한 새로운 인식 필요

　가. 미·중 모두 자국의 안보와 경제를 연계한 경제안보(economic security)를 내세워 패권 경쟁을 벌이고 있는 가운데 경제안보에 대한 관심과 그 중요성이 부상하고 있다.

　나. 기존의 경제안보는 전략물자관리에 한정된 접근을 취했다면 최근 경제안보는 외부의 경제적 공세로부터 현재 생존과 미래 생존인 국가 경쟁력을 보호하는 것으로 그 초점이 이동하고 있다. 따라서 수출 통제 강화, 외국인 투자심사 강화, 공급망 안정 등 통상정책에 있어 경제안보적 고려가 반영될 필요가 있다.

2. 통상정책 의 변화 <출처 : 대외 경제정책 연구원>	3) 우리의 통상 정책 방향성	A. 최근의 요소수 사태는 미 – 중 갈등으로 인한 이슈보다는 중국의 기후변화 대응의 과도기적 단계에서 발생하였지만, 경제안보와 공급망 안정에 대한 중요성을 새로 인식하는 계기가 되었다. B. 경제안보를 고려한 단기적 과제로는 △ 수출통제 강화, △ 외국인투자심사 강화, △ 공급망 안정화 등 글로벌 3대 경제안보 이슈에 대한 국내 전략 수립 및 법제도 정비가 필요하다. C. 중장기적으로는 한국의 국가·산업·기술 경쟁력 제고를 통해 글로벌 경쟁력을 확보하는 것만이 우리 경제안보를 지키는 가장 근본적인 해결책 미·중 등 글로벌 주요국의 경제·국가안보 심사 강화에 대한 대비이다.

다. 주요국의 국가안보에 따른 통상 관련 규정 및 제도의 변화를 면밀하게 검토하여 불필요한 제재를 받지 않도록 주의해야 한다.

라. 첨단 분야를 포함해 전략적으로 중요한 분야에 대한 외국인 접근이나 기술유출 관련 위협에 대응하기 위한 제도 정비의 계기로 삼아야 한다. 우리도 국가안보와 경쟁력 보호 차원에서 서둘러 우리가 핵심적으로 보호해야 할 기술을 선정하고, 이를 중심으로 수출통제 체제를 완비해야 한다.

마. 한국은 글로벌 제조강국이자 수출대국으로서 미·중과 같이 국가안보를 고려한 자체적인 공급망 구축 보다는 GVC의 분업 속에서 산업·기술의 고부가가치화를 추진하는 것을 기본 원칙으로 해야 한다. 이와 동시에 미 – 중 갈등으로 인한 글로벌 공급망 재편과 그로 인한 리스크 및 불확실성 증대에 대해서 는 정부의 철저한 대비가 필요하다.

② 지역 네트워크 구축 관련, 미 – 중 간 아태 지역 주도권 경쟁에 대비한 한국 중심의 높은 표준 지역 네트워크 전략 수립이 필요하다.

가. 아시아태평양 지역에서 미 – 중 간 지역 네트워크 또는 협력 플랫폼 경쟁이 치열하게 전개될 전망이다. 미 – 중 갈등시대의 지역 FTA 체결은 지정학화되고 있어, 지역협정 참여를 결정하는 데 있어 경제적 효과뿐만 아니라 국가안보, 지정학적 구도 등을 종합적으로 고려하여 참여 여부를 정할 필요가 있다.

나. 미 – 중 간 경쟁과 대결이 양자 차원이 아닌 다자주의적 차원의 경쟁으로 전환되고 있는 만큼, 다자체제 내에서 각 이슈와 쟁점별 우리의 입장과 대응 전략을 수립해야 한다.

다. 한국의 국익과 중국, 미국과 어떤 점에서 공유해야 하는지에 대한 고민이 필요하다.

A. 선진제조업 등 한국과 같은 경제·산업 구조나 유사한 상황에 처해 있는 국가들과 연대를 통해 한국기업들의 이익을 대변할 수 있는 연맹체계를 구축해야 한다.

B. CPTPP나 DEPA 등 높은 수준의 지역 네트워크 참여에 개방적이고 적극적인 태도로 대응할 필요가 있다.

C. 아세안, 인도, 아프리카, 중남미 등으로의 한국 지역 네트워크 확대 및 능동적인 다변화 전략이 필요하다. 아세안, 인도, 아프리카, 중남미 등 신흥 개도국 지역 네트워크 구축을 통해 공급망, 수출시장, 전략 물자 등에 대한 다변화를 추진하고 있다.

라. 한·중 FTA, 한·중·일 FTA를 글로벌 통상규범의 테스트베드로 활용해야 한다.

A. 한·중 간의 지역 네트워크 구축은 높은 수준의 규범 또는 신통상규범을 선제적으로 도입하고 테스트 베드로 활용하여야 한다. 한·중 FTA, 한·중·일 FTA를 테스트베드로 활용하여 중국의 시장 개방에 있어 선점 효과를 도모할 필요가 있다.

B. 디지털, 기후변화 대응, 환경, 노동 등 신통상 분야에서도 충돌되는 분야에서 적극적인 협상을 통해 협력 가능한 모델을 구축할 필요가 있다.

3) 우리의 통상 정책 방향성

③ 통상규범 및 법제도 관련 글로벌 통상규범 경쟁에 대비한 높은 글로벌 기준에 맞춘 국내 법제도 정비 필요

가. 미 – 중 간에는 지역 네트워크 구축과 여기에 적용하는 규범을 통한 경쟁과 견제가 강화될 것으로 전망된다. 중국을 견제하기 위해 높은 수준의 규범을 제시하고 있는 국유기업, 보조금 등 이슈부터 신통상 분야인 디지털, 기후변화 대응, 노동 등까지 국내 제도와 법 정비 및 개혁이 필요하다.

2. 통상정책의 변화
<출처 : 대외경제정책연구원>

나. 국내 법제도 정비 이외 국제 통상규범에 법리적으로 대응할 수 있는 전문조직 설립과 전문가 육성이 필요하다. 한국기업과 국익에 맞는 국내적 논의와 개혁을 추진하고 우리의 논리로 협상하고 대응할 수 있는 국제통상법 전문가들이 어느 때보다 중요한 역할을 수행할 전망이다.

다. 기후변화·디지털 무역 등 신통상 의제 및 규범에 대한 적극적인 대응이 필요하다.

4) 우리의 외교 – 안보 전략

① 이런 갈등 상황에서 우리는 시간을 버는 것이 최선이다. 아직 준비가 되어 있지 않기 때문이다. 아직 한 – 미 동맹이 유지되고 있고, 중국은 이를 당장 뒤엎을 만한 힘이 없어 선택을 강요할 수 없다. 결국 우리는 미국과의 관계를 강조하면서 미국이 우리에게 선택을 강요할 때는, 경제적으로 먹고 살 수 있게 하는 대안을 내놓으라고 하고, 반대로 중국이 선택을 요구하면 우리를 안보적으로 지킬 수 있는 대안을 제시하라고 해야 할 것이다. 그런 대안 없이 우리는 쉽게 어떤 결정을 내리기 힘들다. 시간을 벌 수 있는 가장 좋은 방법은 한 – 미 동맹 결속을 강화하는 조치를 취하면서 중국과도 연대하는 노력들을 하는 것이다(결미연중). 그 와중에도 선택은 계속해야 한다. 시간을 버는 대신 준비를 하면서 안보와 경제 문제에 답을 찾아야 한다.

**2. 통상정책
의 변화**
<출처 : 대외
경제정책
연구원>

4) 우리의 외교 –
안보 전략

② 적극적 투 트랙 외교 : 과거 서독의 외교정책을 모델로 삼아야 한다.

　가. 독일은 제2차 세계대전 이후 한국처럼 분단됐고 서독의 주도로 통일을 완수했다.

　나. 서독의 외교전략은 두 갈래로 구성되어 있다. 하나는 '서방정책'임. 기민당의 콘라드 아데나워 중심으로 추구한 이 정책은 민주주의와 서구적 가치를 존중하는 서방 국가와의 관계 심화를 중시하는 전략이다. 다른 하나는 사민당의 빌리 브란트 중심으로 추구한 '동방정책'임 이 정책은 동독의 실체를 인정하고 영토적 통일을 강조하기보다는 기능적 관점에서 하나 됨을 추진하면서 동독뿐 아니라 그 배후의 소련을 포함한 동구권 국가와의 관계를 심화하는 전략이다.

　다. 주목할 점은 이 두 전략이 충돌한 것이 아니라 상호 보완하면서 1990년 통일을 이뤄냈다. 서방정책의 결과로 조지 부시 당시 미국 대통령의 지지를 이끌어냈고, 그 덕분에 영국, 프랑스의 반대 여론을 억눌렀다. 동방정책은 동독 체제를 서독이 의도한 대로 바꿔내지는 못했으나 동독이 서독에 경제적으로 엄청나게 의존하게 한다. 그 결과 통일 시점에 서독이 동독에 상당한 영향력을 행사하면서 동독의 협조를 이끌어 냈다. 게다가 소련과도 신뢰 관계를 강화했다. 헬무트 콜 서독 총리와 미하일 고르바초프 소련 공산당 서기장이 만나 서독의 경제 지원을 대가로 소련의 독일 통일 지원을 받아냈다.

　라. 미국의 협조는 서방정책의 결과라고 하겠고, 소련의 협조는 동방정책 덕분이다. 두 정책이 기묘하게 상호 보완함으로써 통일을 이뤘다.

　마. 통일이나 한반도 평화 정착과 관련해 미국과의 관계는 동맹을 유지하면서 튼튼하게 유지하고, 그 기반 위에서 이웃인 중국의 우려를 해소하는 중첩적인 외교를 펼쳐야 한다.

③ 미국과 EU를 비롯한 서방 선진국들은 앞으로 적어도 2 ~ 3년은 재정 적자가 지속될 것이 예상되나, 정치적으로 개혁 수준의 조치가 수반되지 않으면, 팬데믹 문제가 어느 정도 해결되어도 세계경제는 상당 기간 회복이 지연될 가능성이 매우 높다. 글로벌 금융위기 당시에는 G20과 같은 협력 기반이 형성되어 있었지만 지금 미 – 중 관계가 대립하는 상황에서 그런 협력도 기대하기 어려운 상황이다. 팬데믹 상황의 전개과정을 지켜보면서 지정경제학(geoeconomics)의 측면에서 우리 경제가 대외의존도가 높은 만큼 향후 닥칠 어려움도 크다고 생각한다. 이 상황에서 바람직한 정책 대안은 자국중심적인 접근보다는 최대한 경제적 연계를 넓혀 가는 것이다. 예를 들어 부품의 공급 애로와 관련하여 부품의 국내 생산 증대 논의도 계속되고 있는데, 사실 그보다 중요한 것은 원인을 제거하는 것이다. 부품의 공급망 문제는 새로운 공급망의 구축도 생각할 수 있으나 원인이 무엇인지를 규명하여 이에 대한 직접적인 해결책을 모색하고 다변화를 통해 위험을 분산하는 것이 바람직하다고 생각된다.

📈 결론

의견
제시

지금까지 미국과 중국의 신 G2전쟁과 관련해 양국 통상 정책의 배경에 대하여 검토해 보았고 이러한 현 상황에 대한 우리의 통상 – 외교전략에 대해서도 논의해 보았다. 이러한 샌드위치 형국에 있는 우리는 이에 대하여 소극적으로 대처하기 보다는 햄버거 패티가 될 수 있는 지혜와 역량이 필요하다.

한 국가가 취할 수 있는 외교 전략으로 '팽이 외교'란 것이 있다. 돌아가는 판에서 팽이치기를 할 때는 돌아가는 판보다 팽이를 빨리 돌려야 팽이를 쓰러지지 않는 것처럼, 현재의 외교적 상황에 맞는 기민한 외교적 노력을 기울여야 한다는 뜻이다. 대륙과 해양 세력의 강대국을 대표하는 두 나라 사이에 끼인 우리나라가 택해야 할 외교 정책 기조다.

한국이 적절한 팽이외교를 구사하기 위해서는

첫째, '코리아 패싱(Korea Passing)'이 발생하지 않도록 미 – 중 양국 간 대화 채널을 지속적으로 마련하여 우리의 입장을 설득 및 관철시킬 필요가 있다. 먼저 미 – 중 양국에 한국과의 외교 마찰은 미 – 중 모두에게 득이 될 것이 없다는 것을 분명히 인식시켜야 할 것이다. 미국엔 한국이 한 – 미 동맹을 매우 소중히 여기고 있다고 설득하고, 중국엔 국가 안보를 위한 상황을 설명함과 동시에 한국은 중국을 중요한 경제적 파트너라고 여기고 있음을 분명히 해야 한다.

둘째, 이러한 우리의 지정학적 리스크를 지경학적(Geo-Economic) 수단으로 극복해 나가야 한다. 경제로 엮어 들어가야 한다. 경제라는 수단을 앞세워 미국과 중국 양국 모두에게 우리의 경제적 존재를 각인시키고 어떤 상황에서도 불가피한 경제적 파트너 라는 점을 인식시킬 때, 우리의 지정학적 리스크 또한 줄어들 것이다. 이는 비단 대 미, 대중 정책에만 해당되지 않고 통일로 가는 구심력으로까지 승화시켜야 한다.

셋째, 분명 중국의 아시아에 대한 패권주의와 영향력은 날로 높아만 갈 것이다. 우리는 인정하기는 싫지만, 이러한 상황을 고려할 때, 한 – 일 양국 모두 서로의 관계 회복에 더 많은 노력을 기울여야 한다. 한 · 일이 서로 싸운다고 득이 될 게 없고 장기적으로 보면 공동의 이익이 달린 문제도 영향을 받는다. 물론 중국의 도전은 장기적으로 매우 중대한 사안이 될 것이다. 한국과 일본은 역사 문제와 위안부 문제로 감정의 골이 깊다는 건 어쩔 수 없는 문제라 해도 그런 집착에서 벗어날 수 있어야 한다. 어떤 의미에서든 중국의 부상으로 도전 받는 나라들은 서로 협력할 수 있어야 한다. 과거 독일과 폴란드의 예를 봐야 한다. 전쟁으로 인해 두 나라는 관계가 아주 불편했지만 양측의 역사학자들이 모여 교과서 기술에 합의를 봤다. 이 부분을 일본과 주변국들에게 적용할 수 있을지는 미지수겠지만 공동의 이익을 창출하는 하나의 방안이라고 볼 수도 있다.

2008년 글로벌 금융위기를 겪으면서 중국의 민족적 자부심은 한껏 고양된 반면, 중국을 바라보는 미국의 불안감은 점점 커지고 있다. 2019년 美 Pew연구소 조사에 따르면, 중국측 응답자의 52%가 미국을 가장 큰 위협국가라고 지목하였으며, 중국에 대해 '부정적' 견해를 밝힌 미국 응답자가 60%로 전년대비 13%나 증가했다. 한국경제는 최근 20년 간 미 – 중 양국의 경제적 밀월관계에 기초한 국제경제 질서에 최적화되었으며 그로부터 많은 혜택도 입었다. 하지만 앞으로는 미 – 중 양국의 경제패권 쟁탈과 상호적대감이 첨예하게 교직하는 격랑에 시달릴 가능성이 크다.

다가올 세계경제질서 변화에 발 빠르게 대응하는 한편, 한반도가 미 – 중 양국 적대감의 발화점이 되지 않도록 유의해야 한다. 이미 사드 배치의 예에서 경험했듯이, 공명정대한 논리와 상호이해가 결여된 섣부른 의사결정은 재앙을 초래하게 될 것이다. 미 – 중 갈등에서 파생되는 외생적 충격만큼은 경제 재난으로 인식하여 전담 컨트롤타워의 구축과 정 · 재계를 비롯한 전국민의 일치단결이 필요하다.

<출처 : 하나금융경영연구소>

03 논술사례

주제 1

미·중 패권 경쟁 시대 한국의 선택과 방향에 대해 논하시오.

답안

📈 서론

　미 · 중간의 전략 경쟁은 강대국 간의 일시적 갈등이 아니라 양국의 미래를 결정하는 장기적 경쟁이며 향후 국제질서의 모습을 결정할 지정학적 헤게모니 경쟁이다. 상호방위조약을 맺은 혈맹인 미국과 최대 교역국인 중국을 두고 있는 한국으로서는 미 · 중 패권 경쟁은 매우 어려운 전략적 상황을 강요하는 국면이다. 특히 미국은 글로벌 가치사슬로 엮여있는 현재의 세계화된 경제구조를 안보적 취약성으로 인식하고 있으며 그 결과가 공급망 강화정책으로 나타나고 있다. 즉, 이는 경제와 안보의 완전한 부리가 이제 가능하지 않은 시대로 접어들었다는 것을 의미한다. 따라서 한 때 회자되었던 '경제는 중국, 안보는 미국'이라는 식의 접근은 **우리나라에게** 가능하지도 바람직하지도 않은 옵션임을 인식해야 하는 상황이다. 이에 본고는 미 · 중 패권경쟁의 배경과 진행과정, 한국의 안보와 전략에 대해 논한 후 우리의 정책적 방향성에 대해 논하고자 한다.

사이에 |

현실적으로 |

📈 본론

1. 미·중 패권경쟁의 배경과 진행과정

중국은 2001년 WTO가입을 계기로 세계무역시장에서 핵심 교역국으로 등장하면서 경제적 영향력을 확대하기 시작하였다. 현재 실질 GDP 규모는 미국에 이은 2위이며, PPP기준으로는 세계 1위의 경제규모이다. 미국은 중국을 세계 경제의 중요한 플레이어로 인정함으로써 중국을 서구의 보편적 가치체계로 편입시킬 수 있다고 판단하였다. 하지만 시진핑 주석의 등장 이후 중국의 부흥을 기치로 팽창정책을 추구하기 시작하였다. 중국의 팽창정책은 단순히 국력신장의 추구에 그치지 않고 주변국과의 영토분쟁을 연이어 일으키면서 영토확장을 추진함과 동시에 군사적, 경제적 영향력 확대도 추구하였다. 2014년부터는 '일대일로'를 주창하면서 아시아를 넘어 대륙과 해양으로 중국의 영향력을 확대시키고자 하였다. 중국의 공식적인 명분과는 달리 일대일로 추진 과정에서 참여국과 분쟁이 잦고 참여국의 부채가 급증하는 등 각종 부작용이 속출하였다. 따라서 중국의 일대일로 사업은 참여국들과 공동의 이익을 추구하는 공동체 구축보다는 중국의 지정학적 전략요충지의 확보가 그 본질이라는 평가가 다수이다.

중국의 남중국해 도발, 일대일로 등의 팽창정책 추구에 따라 미국은 중국을 세계패권에 도전하는 위협적 국가로 규정하기 시작하였다. 중국을 군사적 방법으로 억제하기는 어려운 상황에서 미국의 선택은 무역제재일 수밖에 없었고 그것이 트럼프 행정부의 중국과의 무역전쟁으로 표출되었다. 미국은 중국과의 경쟁을 국가 전체 역량을 총동원하여 수행해야 한다고 판단하고 있으며 이 경쟁은 수십년

| 1970년 대 이후,

| 중국은 미국의 의도와는 달리,

| 하지만,

에 걸쳐 지속될 수 있다고 의회보고서에서는 전망하고 있다. 중국으로 대표되는 권위주의 체제와 미국으로 대표되는 자유민주주의 체제 경쟁이기도 하므로 서구식 자유민주주의 체제가 우월한 체제임을 증명할 필요가 있다. 미국은 군사적으로는 인도-태평양 지역을 중국과의 경쟁의 최전선으로 인식하면서 지역 내 동맹국 및 파트너 국가들과 경제뿐만 아니라 군사적 협력 강화를 천명하고 있다.

미국은

2. 한국의 안보와 한·미동맹

　우리의 주적은 북한이며, 북한의 핵무기야말로 대한민국의 존재를 위협하는 최고의 안보위협임은 자명하다. 북한은 적화통일을 한 번도 포기한 적이 없으며 계속된 핵실험과 미사일 개발로 도발을 하고 있다. 이는 미국의 안보에도 직접적 위협이 되고 있다. 어떤 형태의 핵도발과 위협도 북한에게 도움이 되지 않는다는 인식을 북한 지도부에 줄 수 있어야 하며 이를 위해서는 압도적인 전력과 정보력이 필요하다. 이를 위해서는 긴밀한 한·미동맹이 필요하다. 반면, 북핵억제를 위한 중국의 역할은 기대하기 어려운 상황이다. 박근혜 정부 시절 논란에도 불구하고 중국 전승절에 참가하는 등 북핵 억제를 기대한 친중행보가 있었지만 소득은 없었다. 중국의 기본적 입장은 북한 비핵화가 아닌 한반도 비핵화이며 미·중간 패권경쟁이 치열해질수록 북한이 중국에게 가지는 전략적 가치는 증가하므로 중국의 전략적 이익을 훼손하지 않는 한, 중국은 북한 핵을 용인하고 북한과의 우호적 협력관계가 필요한 상황이다.

결론

한국의 전략적 선택과 경제정책 방향

세계 주요국의 안보정책은 집단 안보를 핵심축으로 운영되는 추세이다. 따라서 집단안보 그룹에서 이탈하여 독자적 안보정책을 추구하는 것은 현재의 우리나라 역량으로는 어려운 과제이며 효율성 면에 있어서도 선택지가 아니다. 공식적 군사동맹국을 포함하여 미국의 동맹에 준하는 우호국들과 미국의 GDP총합은 세계 GDP의 65.83%에 달하기 때문에 미국 중심의 블록에서 이탈하는 것은 경제적으로 치명적인 손해이다. 한편 중국의 우호국으로 분류되는 국가들은 정치적으로도 자유민주주의 진영이라고 분류되기 어렵다. 우리나라의 헌법적 가치인 자유민주주의를 지키고 그 체제하의 통일을 지향한다면 우리의 전략적 선택은 한·미 동맹의 축에서 벗어날 수 없다.

아시아-태평양지역의 헤게모니를 중국이 장악할 경우 중국 중심의 수직적 국제관계가 필연적으로 형성(과거 중화질서의 부활)될 것이므로 우리나라로서는 반드시 피해야할 상황이다. 미·중 전략경쟁은 장기전이므로 장기간에 걸쳐 전략적 모호성을 취할 수는 없다. 오히려 미국 주도의 아시아-태평양 질서구축 참가를 공식화하고 블록의 핵심 일원으로서 영향력을 점차 확대하는 것이 바람직하다.

중국이 반대하는 국제정치적 입장을 취할 경우 경제제재를 우려하는 경향도 있으나 중국의존도가 우리나라보다 높은 호주 사례를 보면 충분히 극복할 수 있는 문제이다. 2020년부터 시작된 호주-중국 간의 갈등과 그에 따른 각종 상호보복조치에도 불구하고 호주의 중국 수출에는 큰 영향이 없었다. 그럼에도 불구하고 경제에 있어 중국의존도가 높은 것은 바람직하지 못하므로 장기적 관점에서 꾸준히 구조변화(시장 다변화, 생산기지 다변화 등)를 통해 개선해 나가야 한다.

우리나라는 '자유민주주의 가치지향적 개방국가'로 국가정체성을 설정하고 이에 기반하여 가치를 공유하는 국가들과 적극적인 안보 및 경제협력 추진을 표방할 필요가 있다. 즉 한국은 자유민주주의 가치를 공유하는 국가라면 어느 국가와도 적극적인 안보와 경제협력을 논의 및 추진할 수 있는 국가라는 인식을 확산시켜야 한다. 일본과의 관계개선도 이 같은 국가정체성의 바탕하에 이루어질 수 있다. 중국에 대해 적대적일 필요는 없지만 중국견제를 위해 우호국과 공동행동이 필요할 경우 이 같은 자유민주주의 가치수호를 명분으로 삼아야 한다.

주제 1

미·중 신냉전 체제에서 우리의 정책적 방안에 대해 논하라.

답안

📈 서론

　2010년대로 접어들면서, 미국과 러시아, 미국과 중국 사이의 긴장
이 고조되는 '신냉전'이 시작되었다. 미국의 **대북중러 적대정책은 이
전과 다르게 미국의 일극패권이 무너졌다는 것을 시사한다.** 이렇듯
복잡한 양상으로 전개되는 '신냉전 체제'는 한국에도 많은 영향을 미
친다. 이에 본고는 '신냉전 체제의 원인– 미국과 중국의 정책 방향– 한
국의 정책적 대응방안'에 대해 논하려고 한다.

| 대(對)

| 무너졌다라고 보기에는 다소
무리가 있습니다.
표현을 단정 짓기보다는 여지
를 두시는 것이 좋습니다.
"미국의 일극패권이 흔들리고
있음을 시사한다."

📈 본론

1. 신냉전 체제의 원인

① 미국에 대한 중국의 지적 재산권 침해

　실제로, 몇 년 전 트럼프가 주도했던 미중 무역전쟁의 중심에
는 첨단기술의 선점이 있었다. 미국 내에서는 중국이 지적재산권
을 침해하고 기술을 절취한다는 의혹이 팽배했기 때문이다. 미국
의 대표적 IT 기업들은 트럼프 행정부에게 중국의 불공정한 기술
이전과 지적 재산권 침해에 대한 대책을 수립해달라고 요구한 것
으로 알려졌다. 이에 따라 트럼프 행정부의 대중 기술봉쇄가 시행
되었고, ZTE(中興通 訊, 중흥통신), 푸젠진화(福建晉華 · JHICC), 텐센
트, 그리고 화웨이 등 이 제재의 대상으로 떠올랐다.

| 미국의

② 미국과 중국의 경제적 상호의존

과거 냉전의 특징은 자본주의 시장경제 진영과 공산주의 계획경제 진영이 서로 완전히 분리되어 있었다는 것이다. 하지만, 과거와는 달리 미국과 중국경제는 밀접하게 상호의존 되어 있다. 미국의 경우 대중 총수입은 5050억 달러, 대중 총수출 1300억 달러이며, 수치로만 봐도 미국과 중국 경제는 깊은 관계를 가짐을 알 수 있다.

중국의 자유화를 위해 미국은 중국에 대한 시장을 개방했고, 중국의 WTO 가입을 지원했다. 하지만, 이러한 방식을 통한 **중국 경제 번영이 미국과 중국의 상호의존으로 이어졌고, 미국은 이를 거두어들이기 위한** 중국 압박 정책을 시행하게 되었다.

> 상호의존이 커져서 미국이 중국 압박 정책을 시행한 것은 아닙니다. 논리적 인과관계가 다릅니다. 상술했듯 무역불균형 문제 해소와 지적 재산권 문제로 시작되었습니다.

2. 미국과 중국의 정책 방향

① 미국의 공급망 재편 조치

미국은 「반도체 및 과학법」과 「인플레이션 감축법(IRA)」등으로 글로벌 공급망을 재편했다. 「반도체 과학법」은 첨단기술 분야의 제조, R&D, 인적자원, 보안, 공급망 등에 인센티브와 세액공제를 제공하도록 하는 법이다. 또한, 「인플레이션 감축법(IRA)」은 배터리 공급망과 관련해 자국과 캐나다에서 제조 또는 조립한 배터리를 장착한 전기차에 대해 보조금을 지원하는 법이다. 미국은 첨단기술 분야에서의 중국으로부터 기술 보호, 국가 안보 등을 목적으로 수출 통제를 실시하고 있다.

② 중국의 공급망 재편 조치

중국의 공급망 재편 전략은 '자국 내 자체 공급망 구축, 첨단기술 육성 및 보호, 주변국과의 공급망 연계 강화'로 요약된다. 내부적으로는 역량과 공급망을 강화하고, 외부적으로는 원자재, 자원, 핵심기술, 식량 등의 원활한 조달을 위한 공급망을 확보하겠다는 것이다. 추가로, 글로벌 공급망 내에서의 고립을 탈피하기 위해 대외 영향력 확대, 외국인투자 유치 확대 등을 시행하고 **있다.**

핵심이 쌍순환전략인데 누락되어 있습니다.

③ 미국의 동맹국 중심의 선별적인 디커플링

미국은 첨단산업을 중심으로 대규모 보조금 정책을 통해 보조금을 수혜받는 기업이 중국과 협력하는 것을 차단한다. 가령, 거래제한명단이나 수출관리 규정 등이 있다. 자국기업 뿐만 아니라 외국기업에 대해서도 거래제한명단에 등재된 중국기업과 수출을 통제하고 있는 것으로 보아, 통제 정도가 강함을 알 수 있다. 이는 동맹국 위주의 선별적인 디커플링을 위한 움직임으로 해석된다.

📈 결론

한국의 정책적 대응방안

① 중국발 금융위기에 대비한 전략

미중무역분쟁은 미국이 입을 경제적 타격보다 중국이 입을 경제적 타격이 더 크다. 중국의 수출 둔화, 경제성장률 하락과 실물경기 둔화가 부동산 시장 침체로 이어지면 중국발 금융위기가 발생할 수 있다. 한국은행에 따르면, 한국은 중국의 부동산과 설비투자 침체로 인해 아시아 국가 중 대중 수출에 가장 큰 영향을 받는 나라다. 중국 부동산 침체는 건설에 필요한 굴삭기 등 한국의 기계 장비류와 철강 부품 수출 부진으로 이어지기 때문이다. 이처럼, 중국발 금융위기로 올 수 있는 전반적인 경제 위기에 대비해 수출 다변화 전략을 세워야 한다. 또한, 중국 기업과 긴밀하게 연관된 한국 기업들에게 다른 국가로 수출할 수 있는 발판을 마련할 수 있도록 프로그램 지원 및 세제 혜택을 제공해야 한다.

자본시장 측면의 고찰도 필요합니다. 중국계 투자자금의 유출문제도 다루면 좋겠습니다.

② 다른 국가들의 대응 전략을 검토

한국은 한·미·중 관계에만 매몰되는 것에서 벗어나 넓은 시야를 가져야 할 필요가 있다. 미국과 중국 사이에서 압박을 받는 다른 나라들의 대처 방법을 검토해 우리만의 전략을 수립해야 한다. 일본은 미국의 반(反)화웨이 정책에 동참하면서, 일중 경제협력 및 관계 강화에 주력한다. 동남아국가들 뿐만 아니라 캐나다, 호주도 미중무역분쟁에서 미국에 우호적이지만, 동시에 중국의 압박을 받는 상황이다. 이러한 국가들의 대처 방법을 구체적으로 분석해, 한국이 대응할 수 있는 전략을 세워야 한다.

③ 한국 산업의 경쟁력을 유지하기 위한 전략

약간 신냉전체제로써의 전체적인 핵심 스토리가 약합니다. 예를 들면 글로벌 웨스트 글로벌 이스트 글로벌 사우스 언급이 없습니다. 그리고 작성하신 논거가 좀 지난 듯한 느낌이 듭니다.

한국은 '중국제조 2025'에 대응해야 한다. 이는 중국 산업구조의 변화에 대응하고, 첨단산업분야의 투자와 고급기술인력 및 기술 유출을 방지하는데 힘써야 한다는 뜻이다. 한중간 주력산업 중첩과 산업기술력 격차 축소로 중국의 세계시장 점유율이 꾸준히 상승하고 있다. 이러한 상황에서 '중국제조 2025'가 시행되면 중국 제조업의 자급률이 높아져 한국에 위협요인이 될 수 있다. 기술 유출 방지를 위해 기업 단위로 보안을 강화하고, 인력 유출을 방지하는 정책적 대응방안을 마련해야 **한다.**

chapter

15

디지털세
(Digital Service Tax)

01 논제 개요 잡기[핵심 요약]

서론	이슈언급

경제협력개발기구(OECD)/주요 20개국(G20) 포괄적 이행체계 (IF - Inclusive Framework : 다국적 기업의 세원잠식을 통한 조세회피 방지대책 이행문제를 논의하는 회의체(현재 143개국 참여)로서 필라1·2 논의 주도)는 2023년 7월 제15차 총회를 개최하여, 포괄적 이행체계(IF) 143개국 중 138개 국가의 승인을 거친 디지털세(필라1, 2)에 대한 성명문(Outcome Statement)을 발표하였다. 성명문은 Δ 필라1 어마운트 에이(Amount A), Δ 필라1 어마운트 비(Amount B), Δ 필라2 원천지국 과세규칙(STTR, Subject To Tax Rule), Δ 이행 지원에 대한 사항을 포함하고 있다.

하지만 2024년 6월 '디지털세' 조약'이 미국 상원에서 통과가 되지 않음으로 해서, 조약에 대한 합의가 최종 무산될 위기에 처했다. 이에 따라 다국적 기업에 대한 과세를 옹호하는 국가들은 선제적으로 자체 디지털세를 도입하고 나서며, 전 세계적인 조세 전쟁이 촉발될 가능성이 제기된다. OECD는 주요20국(G20)과 더불어 2023년 디지털세 성명문을 발표했고, 2024년 6월엔 디지털세 관련 다자 조약문 서명을 위한 회람을 시작했다. 조약을 최종 합의하려면 최소 30국 입법부가 승인해야 한다. 파이낸셜타임스(FT)에 따르면 글로벌 플랫폼들의 '본진'인 미국이 참여하지 않을 가능성이 높아 합의가 무산될 수 있다. 이러한 미국의 비준 불확실성으로 인해 어려워질 수 있다는 위기감이 유럽 등에 감돌고 있다.

전반적으로 우리 정부는 신중한 입장임. 당장 국내 글로벌 제조기업에서 거두던 세금 일부를 다른 나라와 나눠야 하는 상황이 발생한다면 세수가 덜 걷히게 됨. 대신 구글 등 글로벌 기업이 한국에서 올린 매출에 대해서는 우리 정부가 과세권을 갖게 됨. 세수 증감 여부는 따져봐야 하는 상황인 셈이다.

본론	1. 디지털세 도입의 배경 및 추진현황	1) 배경	**<배경>** 재정적자가 지속되고 있는 일부 유럽 국가와 OECD를 중심으로 자국 기업이 아닌 他국 기업 대상의 국제조세(디지털세, 탄소국경세 등) 도입 움직임이 본격화 **<의의>**
		2) 추진현황 <출처 : 자본시장연구원>	① Pillar 1은 통합접근법(unified approach)으로 글로벌 기업의 초과이익 중 시장 소재지 국가에서 창출한 매출을 배분하고(Amount A), 시장 소재지 국가에서의 판매, 홍보 활동 등 에 대한 보상(Amount B) 및 특별기능에 대한 보상(Amount C)으로 구성 ② Pillar 2는 글로벌 최저한세로 자국 기업의 글로벌 거래에서 발생한 소득에 대해 하한선을 정하여 과세하는 방안임 ③ 한편, 기본 합의안에서는 디지털세 대상 범위를 일정 규모(매출액 7억5천만 유로) 이상의 소비자 대상 사업(consumr facing business)까지 확대할 것을 제안 · 소비자 대상사업의 예시로 소프트웨어 휴대폰, 가전제품, 의류, 화장품, 명품, 브랜드 식품, 음료, 프렌차이즈 모델(식당, 호텔), 자동차 등을 제시 ④ 아일랜드와 독일, 룩셈부르크, 네덜란드, 그리스 등은 자국 경제에 미칠 영향을 우려하여 디지털세 도입에 대한 반대 입장을 고수함
		3) 문제점	① 디지털세 부과로 인한 소비자 부담 증가 가능성 및 디지털 기업 역차별 논란 등이 지속되는 가운데 자국 기업이 아닌 他국가 기업에 대한 과세로 국가 간의 갈등이 불가피 ② 디지털세 부과는 중복과세 및 이중과세 문제도 유발할 수 있음. 이중과세 방지 협정에 따라 해외에서 소득세나 법인세를 납부한 경우에는 국내에서 세액공제를 받을 수 있는데, 디지털세는 매출에 부과하는 간접세에 가까워 세액공제를 받기 어려움 ③ 각국의 디지털 경제 발전도가 다르고 이해가 첨예한 만큼 디지털세가 설령 합의에 도달한다고 해도 현실적으로 집행이 되기까지는 4 ~ 5년 정도가 소요될 것으로 예측되고 있음. 상황이 이렇다 보니 IT 기업들의 부담은 가중될 전망임. 특히 부담이 콘텐츠 소비자에게 전가 → 전반적인 디지털 혁신을 늦출 수 있다는 지적 ④ 필라1'으로 개혁은 다국적 기업의 소득에 대해 매출 발생국에서 과세할 수 있도록 하는 원칙을 담고 있다. 이 조약이 발효되기 위해서는 영향을 받는 다국적 기업 약 100곳 가운데 60% 이상의 본사가 위치한 최소 30개의 의회가 비준해야 한다. 미국의 참여가 필수적이지만, 공화당 측에서 강력히 반대하면서 비준에 어려움을 겪고 있다. 조약이 발효되지 않을 경우 각국이 세수 확보를 위해 경쟁적으로 개별적 과세에 나서면서 '조세 전쟁'이 벌어질 수 있다는 우려가 나온다.

본론	2. 한국경제에 미치는 영향	1) 논의	
		2) 한국경제에 미치는 영향	① 코로나 19로 지칠 대로 지친 우리 기업들에 또 다른 큰 난관으로 작용할 것임 ② 현재 우리나라 기업 중 OECD digital tax 적용 매출액이 Euro750M(약 1조 원)를 초과하는 기업은 약 300개이고, 1조 원에서 8천억 원 사이의 기업 숫자는 100개가 넘음. 이들 기업은 앞으로 디지털세 가시권에 놓이게 됨. 우리나라 기업들이 해외에서 더 많은 세금을 내게 되면, 그 부족한 부분을 일반국민들이 더 부담해야 할 것임 ③ 세수입 증대 요인과 감소 요인이 모두 존재
결론	의견제시		첫째, 정부는 국가별 보고서 자료를 활용해 디지털세 적용을 받게 될 매출액 7억5천만 유로(약 1조 원) 이상 국내 기업의 이익률을 분석하고, 다른 국가의 기업이 국내에서 디지털 서비스와 소비재를 공급하면서 신고한 자료도 분석해 어느 정도의 세금을 납부하는지 파악해야 할 것임 둘째, 지금 OECD의 논의의 방향을 보면 상대적으로 소비자대상사업이 많은 한국, 중국, 인도, 일본, 베트남 등을 포함하는 아시아국가들에게 절대적으로 불리함. 더 문제가 되는 것은 채광, 농산물, 금융서비스, 국제운송은 모두 별도로 취급하겠다는 것임. 즉, 미국과 일부 유럽국가에 유리한 사업 부문은 모두 대상에서 제외하겠다는 것임. 따라서 우리 정부는 이러한 제도상 논리적이지 못한 부분들을 철저히 파악하여, 추후 디지털세 논의에서 불합리성에 대해 적극 피력해 나갈 필요가 있음 셋째, 아시아국가들과 공조체제를 유지해 대한민국의 과세주권이 위축되는 일이 없도록 우리정부는 외교적 노력도 기울여야 할 것임

02 논제 풀이

📈 서론

이슈 언급 경제협력개발기구(OECD)/주요 20개국(G20) 포괄적 이행체계 (IF - Inclusive Framework : 다국적 기업의 세원잠식을 통한 조세회피 방지대책 이행문제를 논의하는 회의체(현재 143개국 참여)로서 필라1 · 2 논의 주도)는 2023년 7월 제15차 총회를 개최하여, 포괄적 이행체계(IF) 143개국 중 138개 국가의 승인을 거친 디지털세(필라1, 2)에 대한 성명문(Outcome Statement)을 발표하였다. 성명문은 Δ 필라1 어마운트 에이(Amount A), Δ필라1 어마운트 비(Amount B), Δ 필라2 원천지국 과세규칙(STTR, Subject To Tax Rule), Δ이행 지원에 대한 사항을 포함하고 있다.

성명문은 글로벌 조세체계의 큰 변화를 가져오는 것으로 6년에 걸친 다자 협의 끝에 포괄적 이행체계(IF) 138개 회원국이 주요 내용에 대해 승인하는 성과를 거두었다.

하지만 2024년 6월 '디지털세' 조약이 미국 상원에서 통과가 되지 않음으로 해서, 조약에 대한 합의가 최종 무산될 위기에 처했다. 이에 따라 다국적 기업에 대한 과세를 옹호하는 국가들은 선제적으로 자체 디지털세를 도입하고 나서며, 전 세계적인 조세 전쟁이 촉발될 가능성이 제기된다.

OECD는 주요20국(G20)과 더불어 2023년 디지털세 성명문을 발표했고, 2024년 6월엔 디지털세 관련 다자 조약문 서명을 위한 회람을 시작했다. 조약을 최종 합의하려면 최소 30국 입법부가 승인해야 한다. 파이낸셜타임스(FT)에 따르면 글로벌 플랫폼들의 '본진'인 미국이 참여하지 않을 가능성이 높아 합의가 무산될 수 있다. 이러한 미국의 비준 불확실성으로 인해 어려워질 수 있다는 위기감이 유럽 등에 감돌고 있다. 이에 따라 캐나다, 프랑스 등 주요 국가들은 OECD가 중개한 조약문 서명 시작 전에 자체 디지털세를 도입하고 있는 상황이다. 미국의 조약 비준 절차상 미 상원의원 3분의 2 이상의 찬성이 필요하지만 공화당 측에서 강력히 반대 중이다. 공화당 대선 후보인 도널드 트럼프 전 미국 대통령도 오는 11월 선거에서 승리 시 해당 조약을 지지하지 않을 것이라고 밝혀왔다. 조약이 발효되지 않을 경우 각국이 세수 확보를 위해 경쟁적으로 개별적 과세에 나서면서 '조세 전쟁'이 벌어질 수 있다는 우려가 나온다. 개별 국가가 세금을 줄임으로써 대기업들의 세수를 확보하려 할 수 있다. 캐나다는 지난달 이미 대기업들에 디지털세를 부과하는 법안을 통과시켰고, 뉴질랜드는 2024년부터 유사한 세금을 도입할 방침이다.

일각에서는 이 경우 구글·애플·메타·아마존 등 미국 빅테크(거대 기술 기업)들이 어려움을 겪을 수 있으며, 국가별로 다른 세법 때문에 씨름할 것이라는 관측도 내놓고 있다. 브뤼노 르메르 프랑스 재무장관은 지난주 "모든 당사자는 이 최종 협정이 발효되도록 노력을 아끼지 말아야 한다"면서도 "그렇지 않다면 유럽의 해결책이 있다"고 경고했다.

OECD와 G20은 2013년부터 다국적기업의 조세회피 행위에 따른 '세원잠식과 소득이전(BEPS: Base Erosion and Profit Shifting)' 문제를 해결하기 위해 139개 국가가 참여하는 OECD/G20 IF를 출범시키고, 이를 통해 디지털 경제의 특성을 고려한 새로운 국제조세체제의 원칙(이하 '디지털세'로 통칭)을 논의하기 시작했다. 구체적으로 OECD/G20 IF에서 2019년 이후로 논의된 디지털세 구상은 고정사업장이 없더라도 시장에서 발생하는 매출을 기준으로 과세권을 부여하는 Pillar 1과 글로벌 최저한세를 통해 국가간 조세 경쟁을 막는 Pillar 2를 골자로 하고 있다.

한편, 디지털세 논의와 별개로 2018년부터 유럽 내 EU 회원국을 중심으로 디지털 기업을 대상으로 한 디지털 서비스세 도입이 추진되기 시작하자, USTR(미국 무역대표부)은 무역법 301조에 근거한 보복관세 부과로 대응하였고, 이후 디지털세 논의는 교착상태에 빠졌다.

한편, 2021년 바이든 행정부 출범 이후 미국은 코로나19 팬데믹 상황에서 경제 재건 계획의 재원 마련을 위해 글로벌 최저한세 도입을 통한 세수 확보에 적극적으로 나섰으며, 그 결과 디지털세 논의가 빠른 진전을 보이게 되었다. <출처 : 대외경제정책연구원>

전반적으로 우리 정부는 신중한 입장이다. 당장 국내 글로벌 제조기업에서 거두던 세금 일부를 다른 나라와 나눠야 하는 상황이 발생한다면 세수가 덜 걷히게 된다. 대신 구글 등 글로벌 기업이 한국에서 올린 매출에 대해서는 우리 정부가 과세권을 갖게 된다. 세수 증감 여부는 따져봐야 하는 상황인 셈이다.

이에, 디지털세 도입의 현황과 직면한 문제점, 그리고 국가 차원의 대응방안을 본지에서는 논하기로 한다.

본론

		<배경>

1. 디지털세
도입의 배경
및 추진현황

1) 배경

<배경>

재정적자가 지속되고 있는 일부 유럽 국가와 OECD를 중심으로 자국 기업이 아닌 他국 기업 대상의 국제조세(디지털세, 탄소국경세 등) 도입 움직임이 본격화 되고 있다.

① 코로나 이후 재정지출 급증에 따른 세원 마련 필요성으로 다국적 기업 대상의 국제조세 도입 논의가 진행 중이며, 특히 EU 일부 국가들이 적극 참여하고 있다.

② 특히, 디지털세의 경우 정보통신기술 및 플랫폼 기업들의 영향력 확대에도 불구하고 고정사업장 등 물리적 실체에 기반한 전통적 법인세 적용으로 논쟁이 지속되고 있다. 디지털 경제의 특징은 사업장 없이 수익실현이 가능한데다 무형자산에 대한 의존도(S&P 500 총자산 중 90%)가 높고, 데이터 및 사용자 참여가 가치창출에 기여하고 있다.

<의의>

① 필라1 어마운트 에이(Amount A)는 거대 다국적 기업의 소득에 대하여 매출발생국에서 과세가 가능하도록 하는 원칙을 마련한 것으로 국제조세에 있어서 공정한 과세권의 배분이 가능하게 될 것으로 기대된다. 전통적인 방식의 국제조세 과세제도는 일정한 고정시설이 있는 경우에 과세가 가능하여 한계가 있었으나, 어마운트 에이(Amount A) 도입으로 새로운 디지털 경제에 맞는 과세기준을 도입할 수 있게 되었다는 점에서 큰 의미가 있다. 특히, 그간 충분히 과세하지 못했던 고정시설 없이 서비스를 제공하는 다국적 기업의 사업형태에 대하여 시장이 있는 국가가 자국에서 발생한 매출과 소득에 대하여 과세할 수 있는 제도를 대다수 국가가 승인한 형태로 마련된 점이 주목할 만한 성과이다.

② 필라1 어마운트 비(Amount B)를 통해 다국적 기업의 국제거래에 있어서 정당한 거래가격(정상가격) 산출 방식의 표준화·단순화가 가능하게 될 전망이다. 이를 통해 그간 빈번하게 발생하던 기업과 과세당국간 이전가격 과세 분쟁을 줄여나갈 수 있으며, 개도국의 정상가격 과세에 대한 예측가능성을 제고할 수 있게 됨으로써 국제거래 과세에 있어서 기업들의 납세협력비용을 경감하는 효과가 기대된다.

③ 필라2 원천지국과세규칙은 이자, 사용료 등 지급금이 수취국에서 9% 미만의 조정명목세율로 과세되는 경우 소득을 지급하는 국가(원천지국)가 추가세액을 징수할 수 있는 권리를 가지게 되는 것인데 이 권리는 일정 기준에 부합 하는 개발도상국에 한정(우리나라는 대상 아님)하여 부여될 예정이다. 원천지국과세규칙은 원천지국으로서 개발도상국인 포괄적 이행체계(IF) 회원국이 요청하는 경우 이를 양자 조세조약에 반영하거나, 기존의 양자조약을 한꺼번에 개정하는 효과를 가지는 다자협약(MLI, Multilateral Instrument)에 서명함으로써 이행 가능하다.

1) 배경	④ 필라2 글로벌 최저한세(GloBE)가 2021년 합의를 완료하여 2024년 이후에 다수 국가에서 시행을 앞두고 있다는 점을 감안할 때, 이번 성명서의 승인은 디지털세의 전체적인 체계가 완성되고 있다는 것을 의미한다.

1. 디지털세 도입의 배경 및 추진현황

2) 추진현황
<출처 : 자본시장연구원>

① OECD는 2013년부터 세원잠식 및 소득이전의 문제(Base Erosion and Profit Shifting)에 관한 프로젝트를 시작하여 글로벌 기업의 조세회피 대응 방안을 논의하였고, 2020년 1월 그 동안의 논의 내용을 바탕으로 두 가지 접근법(Two Pillar Approach)을 발표했다.

가. Pillar 1은 통합접근법(unified approach)으로 글로벌 기업의 초과이익 중 시장 소재지 국가에서 창출한 매출을 배분하고(Amount A), 시장 소재지 국가에서의 판매, 홍보 활동 등 에 대한 보상(Amount B) 및 특별기능에 대한 보상(Amount C)으로 구성한다.

나. Pillar 2는 글로벌 최저한세로 자국 기업의 글로벌 거래에서 발생한 소득에 대해 하한선을 정하여 과세하는 방안이다.

다. 한편, 기본 합의안에서는 디지털세 대상 범위를 일정 규모(매출액 7억5천만 유로) 이상의 소비자 대상 사업(consumer facing business)까지 확대할 것을 제안했다. 소비자 대상사업의 예시로 소프트웨어 휴대폰, 가전제품, 의류, 화장품, 명품, 브랜드 식품, 음료, 프렌차이즈 모델(식당, 호텔), 자동차 등을 제시했다. <출처 : 하나금융경영연구원>

[디지털세 Pillar 1, 2 주요내용]

구분	주요 내용
Pillar1	- 시장 소재지국의 과세권 강화를 통해 다국적 기업의 전 세계적인 과세소득을 재배분 → 시장 소재지국의 과세권을 인정하는 과세연계기준 제안 → 과세소득은 Amount A,B,C로 구성되는데 Amount A가 새로운 과세연계점 기준을 적용하여 과세권을 배분하는 항목, Amount B는 기본기능보상, Amount C는 국가 간 분쟁의 예방 및 해결을 위한 제도적 절차*
Pillar2	- 글로벌 최저한세 도입 방식 → 국가별로 유효세율 계산 후 최저한세율에 미달할 경우 차이분에 대해 추가 과세

주 : Amount B는 시장소재지국 자회사 등에서 수행하는 판매·홍보 활동에 대해 고정된 이익률로 보상하는 것이며, Amount C는 시장소재지국에서 수행된 특별한 기능이 있는 경우 추가 보상

<출처 : OECD, PWC, 하나금융경영연구원>

② 이러한 논의 방향에 따라 유럽 국가를 중심으로 여러 국가에서 디지털세를 도입하였으며, 일부 국가에서는 도입을 준비 중이다.

　가. EU는 상대적으로 디지털 기업에 대한 세금 부과 의지가 강하며, 법인세 개혁을 중심으로 적극적인 논의를 진행하고 있다. EU 차원의 논의는 2017년 10월 시작되었지만, 유럽 국가 간 합의가 이루어지지 않아 개별 국가별로 도입을 추진하게 되었고, 유럽 지역 외의 국가에서도 점차 도입되는 추세이다.

　나. 디지털세 도입에 적극적이었던 프랑스가 가장 먼저 2019년에 도입하였고, 이어서 다른 여러 유럽 국가에서도 시행되었으며, 벨기에, 체코 등에서도 도입을 준비 중이다.

　다. 유럽 국가 외에 말레이시아, 인도, 뉴질랜드, 브라질 등에서도 온라인 기반의 디지털 서비스 수익에 대한 디지털세를 부과하기 시작했다.

③ 일부 유럽 국가에서는 디지털세 도입 전 임시 조치로 디지털 서비스세(DST: digital services tax)를 추진하고 있으며, 대형 IT 기업들에게 3% 세율로 세금을 부과하고 있다.

　가. DST의 과세대상 기업은 총 연매출액이 7억5천만 유로를 초과하고, EU 역내에서 5천만 유로 이상의 수익을 창출한 대형 IT 기업으로서 美기업이 약 50%를 차지하고 있다.

　나. 프랑스는 2019년에 관련법을 제정하면서 회원국 중 가장 먼저 디지털 서비스세를 도입하였으나, 미국의 보복관세 부과 결정 등으로 2020년 1월부터 시행을 유예하고 있다. 미국도 프랑스의 디지털 서비스세 도입 연기로 징벌적 과세 부과 결정을 유예하고 있다.

　다. 영국은 연간 최소 매출액이 5억 파운드인 디지털 기업에 대해 2% 세율의 디지털 서비스세를 적용하고 있으며, 애플과 구글, 아마존 등이 과세 대상에 포함했다. 첫 번째 세금 납부기한은 2021년 4월이며, 디지털 서비스세로 인한 세수 증가 규모는 FY 2020~2021에 2억7,500만 파운드로 추정(HM Revenue & Customs)된다.

④ 한편, 아일랜드와 독일, 룩셈부르크, 네덜란드, 그리스 등은 자국 경제에 미칠 영향을 우려하여 디지털세 도입에 대한 반대 입장을 고수하고 있다.

　가. 아일랜드는 법인세가 낮아 해외 기업이 조세피난처(tax haven)로 활용하는 국가로 구글과 페이스북 등 미국 디지털 기업의 사업장이 위치해 있어 자국 내 디지털 기업 지사의 유출 가능성 때문에 디지털세 도입을 반대하는 입장이다.

　나. 독일은 디지털세 부과 추세가 향후 대상 기업의 확대로 자동차 산업에 부정적인 영향을 미칠 가능성을 우려하여 반대했다.

---

1. 디지털세 도입의 배경 및 추진현황

2) 추진현황
　<출처 : 자본시장연구원>

[EU국가별 디지털 서비스세 도입현황]

국가	세율	시행 시기	글로벌 매출	해당 국가 매출	과세대상 사업 활동
오스트리아	5%	2020.1	7억5천만 유로 ↑	2,500만 유로 ↑	- 온라인 광고 매출
벨기에	3%	제안	7억5천만 유로 ↑	5천만 유로 ↑	- 사용자의 데이터 판매
프랑스	3%	2019.7 (유예)*	7억5천만 유로 ↑	2,500만 유로 ↑	- 디지털 인터페이스 공급 - 디지털 인터페이스 광고 - 광고목적으로 개인 데이터의 재판매와 관리
이탈리아	3%	2020.1	7억5천만 유로 ↑	550만 유로 ↑	- 디지털 인터페이스 광고 - 이용자들이 재화와 서비스를 구매 및 판매하는 다면적 디지털 인터페이스 - 디지털 인터페이스 사용으로부터 발생하는 이용자 데이터의 전달
영국	2%	2020.4	5억 파운드 ↑	2,500만 파운드 ↑	- 소셜미디어 플랫폼, 인터넷 검색 엔진, 온라인 마켓 플레이스
체코	7%	2020.6	7억5천만 유로 ↑	약 400만 유로 ↑	- 디지털 인터페이스에 타깃 광고 - 다면적 디지털 인터페이스 사용 - 디지털 서비스 사용자에 관해 수집된 데이터 판매
스페인	3%	검토	7억5천만 유로 ↑	300만 유로 ↑	- 온라인 광고 - 온라인 광고 판매 - 사용자 데이터 판매

주 : 프랑스는 미국이 OECD 협의에 계속 참여하는 조건으로 디지털 서비스세 징수를 중단

<출처 : PWC, 하나금융경영연구원>

1. 디지털세 도입의 배경 및 추진현황

2) 추진현황
<출처 : 자본시장연구원>

⑤ 디지털세의 부과 대상은 주로 미국의 대형 디지털 기업이 대상이 될 것으로 예상됨에 따라 미국에서는 높은 세율의 관세를 부과하는 방법으로 대응하며 디지털세 도입 국가와 미국 간의 갈등이 지속되고 있다.

가. 디지털세 도입 논의의 시작은 미국에 본사를 둔 주요 글로벌 디지털 기업을 대상으로 매출이 발생하는 국가에 세금을 납부해야 한다는 것으로서 미국은 자국 기업의 보호를 위해 디지털세 부과에 대한 반대입장을 표명해왔다.

나. 미국은 디지털세 부과를 시작한 국가, 즉, 오스트리아, 인도, 이탈리아, 스페인, 터키, 영국에서 수입되는 상품에 대해 25%의 관세를 부과할 계획을 발표했다(다만, OECD와 G20에서 관련 협상이 진행 중인 상태를 고려하여 6개월 간 관세 부과를 유예하기로 함).

⑥ 2022년 G7 회담에서 최저 법인세율의 설정과 글로벌 기업의 사업 수행 국가에 대한 세금납부에 관한 합의가 이루어지면서 디지털세 도입에 긍정적인 논의가 예상되지만, 국가 간 합의 및 명확한 과세 기준의 정립 등 과제가 여전히 존재한다.

가. 미국은 여전히 디지털세 도입 국가를 대상으로 고율의 관세를 부과하겠다는 입장이지만, 대선 이후 정부의 기조 변화로 디지털세 도입에 관한 논의가 긍정적인 방향으로 진행될 것으로 예상된다.

나. G7 회담에서 법인세 최저한도(global minimum tax)를 정하고 글로벌 디지털 기업의 이익에서 일정 비율을 과세할 권리에 대해 논의 시작 8년 만에 합의가 이루어졌다.

**1. 디지털세
도입의 배경
및 추진현황**

2) 추진현황
<출처 : 자본
시장연구원>

⑦ 그러나 디지털세 도입에 관한 국제적 합의를 위해서는 적용 기업의 범위, 이중과세 가능성 문제, 소비자에게 세부담의 전가 문제 등 국가 간 합의를 통하여 해결해야 할 과제가 남아있다.

가. 디지털세의 적용에 있어서 적용 대상 기준 및 세율 등을 정해야 하고, 여전히 디지털세의 도입에 반대하는 국가의 합의를 이끌어내어야 한다.

나. 디지털세의 부과는 무형자산 비중이 커지고 있는 상황에서 사업활동 소재지 파악의 어려움으로 인해 발생하는 조세회피를 방지할 수 있으나, 기업의 세부담을 소비자가 떠안을 가능성이 있다.

다. '필라1'으로 개혁은 다국적 기업의 소득에 대해 매출 발생국에서 과세할 수 있도록 하는 원칙을 담고 있다. 이 조약이 발효되기 위해서는 영향을 받는 다국적 기업 약 100곳 가운데 60% 이상의 본사가 위치한 최소 30개국의 의회가 비준해야 한다. 미국의 참여가 필수적이지만, 공화당 측에서 강력히 반대하면서 비준에 어려움을 겪고 있다. 조약이 발효되지 않을 경우 각국이 세수 확보를 위해 경쟁적으로 개별적 과세에 나서면서 '조세 전쟁'이 벌어질 수 있다는 우려가 나온다. 개별 국가가 세금을 줄임으로써 대 기업들의 세수를 확보하려 할 수 있다고 CNN은 설명했다. 일각에서는 이 경우 구글·애플·메타·아마존 등 미국 빅테크(거대 기술 기업)들이 어려움을 겪을 수 있으며, 국가별로 다른 세법 때문에 씨름할 것이라는 관측도 나온다.

3) 문제점

디지털세 부과로 인한 소비자 부담 증가 가능성 및 디지털 기업 역차별 논란 등이 지속되는 가운데 자국 기업이 아닌 他국가 기업에 대한 과세로 국가 간의 갈등이 불가피하다.

① 美 IT기업들이 프랑스와 영국 등의 디지털 서비스세 도입 결정 이후 수수료 인상을 발표한 사례를 감안 시 세수 부담이 사실상 소비자에게 전가될 가능성이 크다. 실제 디지털세는 매출액에 부과되기 때문에 기업은 영업 손실의 경우에도 디지털세를 납부해야 한다. 디지털세는 소비세의 성격을 가지기 때문에 세부담이 소비자 및 중소기업에게 전가될 가능성이 있다.

가. 구글은 영국에서 구글 애드와 유튜브에서 발생한 모든 광고에 대해 수수료를 2% 인상

나. 아마존은 제3자 판매업체들에게 적용하는 수수료를 2% 인상

② 딜로이트의 프랑스 디지털세 분석 결과 글로벌 디지털 기업들은 부과된 디지털세의 4%만을 부담하는 대신, 소비자와 소매상들이 각각 57%와 39%의 세수를 부담한다. EU의 주장과는 달리 디지털 기업들의 실질적인 납부 세율이 낮다는 명확한 증거가 부재해 공정한 과세라는 명분이 부족한 점도 쟁점 중 하나로 작용하고 있다.

<출처 : 하나경영금융연구원>

1. 디지털세 도입의 배경 및 추진현황	**3) 문제점**	③ 디지털세 부과는 중복과세 및 이중과세 문제도 유발할 수 있다. 이중과세 방지 협정에 따라 해외에서 소득세나 법인세를 납부한 경우에는 국내에서 세액공제를 받을 수 있는데, 디지털세는 매출에 부과하는 간접세에 가까워 세액공제를 받기 어렵다. ④ 최근 미국 주도의 디지털세 논의가 재개되고 있으나, 여전히 자국의 이익이 우선시 되는 방향으로 추진될 가능성이 커 국제적인 합의 도출이 지연될 수 있다. 미국의 제안은 본격적인 증세에 따른 자국 기업의 해외 이탈 우려 등으로 그 동안 논의해 온 디지털세와 연계해 각 국가들도 증세에 참여시키기 위한 조치로 보인다. ⑤ 각국의 디지털 경제 발전도가 다르고 이해가 첨예한 만큼 디지털세가 설령 합의에 도달한다고 해도 현실적으로 집행이 되기까지는 4 ~ 5년 정도가 소요될 것으로 예측되고 있다. 상황이 이렇다 보니 IT기업들의 부담은 가중될 전망이다. 특히 부담이 콘텐츠 소비자에게 전가 → 전반적인 디지털 혁신을 늦출 수 있다는 지적이다.

**2. 한국경제에
미치는 영향**
	1) 논의
	<출처 : 자본
	시장연구원>
		① 국내에서는 2018년 구글과 아마존 등 해외 디지털 기업의 거래에 부가가치세를 부과하는 법안이 통과되어 2019년부터 시행함으로써 디지털세 논의의 기초를 마련했다.
		  가. 구체적으로는 해외 사업자가 공급하는 전자용역 중 '클라우드 컴퓨팅, 광고게재, 중개용역'을 과세 대상에 포함하는 것으로 구글, 애플, 아마존 등의 웹 서비스 이용료와 숙박 플랫폼인 에어비앤비의 중개수수료에 대하여 10%의 부가가치세를 부과하는 내용이다.
		  나. 이는 기업과 개인 간 거래(B2C)에만 해당되는 것으로서 법인세 개념의 디지털세 부과는 아니다.
		② 국내에서도 디지털세의 도입이 디지털 기업뿐 아니라 제조업에게까지 미칠 영향을 우려하고 있으며, 국내 산업 및 세수에 미칠 부정적인 영향을 최소화하기 위한 방안을 모색 중이다.
		③ OECD는 논의 과정에서 디지털 기업뿐 아니라 소비자 대상 사업(consumer facing business)으로의 과세 대상 확대를 제안함에 따라 국내 대형 제조업 기업이 포함될 가능성이 있다.
		④ 글로벌 디지털세 도입에 대응하기 위해 2021년 1월 기획재정부는 '신국제조세규범과'라는 한시적 전담조직을 신설하여 운영하고 있다.

	2) 한국경제 에 미치는 영향	① OECD의 국제공동 디지털세가 삼성, 현대차와 같은 글로벌 소비자 대면기업 등에 확대될 가능성에 있다. 최근 여러 나라에서 독자적으로 디지털세를 도입하는 것은 코로나 19로 지칠 대로 지친 우리 기업들에 또 다른 큰 난관으로 작용할 것(김봉만 전국경제인연합회 국제협력실장)이다.

② 현재 우리나라 기업 중 OECD digital tax 적용 매출액이 7억5천만 유로(약 1조 원)를 초과하는 기업은 약 300개이고, 1조 원에서 8천억 원 사이의 기업 숫자는 100개가 넘는다. 이들 기업은 앞으로 디지털세 가시권에 놓이게 된다. 우리나라 기업들이 해외에서 더 많은 세금을 내게 되면, 그 부족한 부분을 일반국민들이 더 부담해야 할 것이다.

③ 세수입 증대 요인과 감소 요인이 모두 존재한다.

가. 증대 요인은, 외국기업이 국내에서 공급하는 디지털 서비스와 소비재(명품, 레스토랑, 카페)에 대한 세수입을 배분 받을 수 있다는 점으로, 적용 대상 기업들이 기존에 우리나라에서 법인세를 거의 내지 않았다면 법인세수가 늘어나는 효과가 있을 전망이다.

나. 감소 요인은 디지털세 대상에 포함되는 우리 기업의 외국 납부 세액이 증가한다면 이에 따른 세액공제가 국내 세수입을 감소시킬 것으로 전망된다. OECD 논의 과정에서 과세 대상이 소비재기업까지 확대되면서 통합접근법 적용 시 해외 매출 비중이 높은 삼성, LG, 현대차 등의 해외 납부 세금 증가가 불가하다.

2. 한국경제에 미치는 영향

2) 한국경제에 미치는 영향

 결론

의견 제시 경제협력개발기구는 모의분석에서, 디지털세가 도입되면 국제투자 허브 국가를 제외한 대부분의 나라는 세수가 증가하는 것으로 나타났고, 세계적으로 1천억 유로 규모의 세수 증대가 발생할 것으로 추정했다. 다만, 아직 합의되지 않은 부분이 많아 한국 입장에서는 세수 증가 · 감소 중 어느 쪽이 더 클지 판단이 어려운 상황이다.

우리나라는 주요국에 비해 법인세 의존도가 높기 때문에, 디지털세 도입에 따른 충격도 상대적으로 클 수 있다. 국회 예산정책처에 따르면, 총 세수 대비 법인세 비중은 경제협력개발기구 국가 평균이 8.8%이지만, 우리는 15.7%에 이른다. 따라서 예산정책처는 디지털세 도입에 따른 환경변화는 우리나라에 우호적이지 않을 수 있을 것이라 언급했다.

디지털세 제도가 확정이 되면, 이 제도는 앞으로 수십 년 동안 각 국가의 과세주권에 엄청난 영향을 미치게 될 것이다. 중차대한 문제이다. 따라서 문제의 본질을 정확하게 분석 · 이해하고 협의 단계에서부터 이에 대비할 필요성이 있다. 하지만, 지금 정부의 디지털세 도입에 대한 준비태도는 다소 미온적이다. 소비재 기업과 정보통신기업 간 세율에 차등을 두는 등 구체적인 기준을 잘 정하면 한국이 불리하지 않다는 긍정적인 입장은 쉽게 납득 되지 않는다.

이에 우리 정부는

첫째, 정부는 국가별 보고서 자료를 활용해 디지털세 적용을 받게 될 매출액 7억5천만 유로(약 1조 원) 이상 국내 기업의 이익률을 분석하고, 다른 국가의 기업이 국내에서 디지털 서비스와 소비재를 공급하면서 신고한 자료도 분석해 어느 정도의 세금을 납부하는지 파악해야 할 것이다.

왜냐하면 업종별 · 지역별 통상적 이익률, 초과이익 중 소비지에 배분하는 이익의 비율과 배분방식은 추후 OECD에 의견 제시에 중요한 기초 자료가 될 것이기 때문이다.

　　둘째, 지금 OECD의 논의의 방향을 보면 상대적으로 소비자대상사업이 많은 한국, 중국, 인도, 일본, 베트남 등을 포함하는 아시아국가들에게 절대적으로 불리하다. OECD는 digital과 전혀 관련이 없는 소비자대상사업을 왜 디지털세 논의에 포함시켜야 하는지 논리적으로 설명할 수 있어야 한다. 논리적으로 설명하지 못하면 이번 IF 논의는 미국과의 야합(野合)에 불과하다. 더 문제가 되는 것은 채광, 농산물, 금융서비스, 국제운송은 모두 별도로 취급하겠다는 것이다. 즉, 미국과 일부 유럽국가에 유리한 사업 부문은 모두 대상에서 제외하겠다는 것이다. 따라서 우리 정부는 이러한 제도상 논리적이지 못한 부분들을 철저히 파악하여, 추후 디지털세 논의에서 불합리성에 대해 적극 피력해 나갈 필요가 있다. 그럼으로써, 전자 등 소비재 기업은 디지털세 대상에서 제외하도록 협상해야 한다 즉, 개별 국가에 대한 디지털세 대응과 더불어 OECD 디지털세의 과세대상을 디지털 기업으로 한정할 수 있도록 정부가 여러 다자기구와 채널을 통해 지속적으로 노력할 필요가 있다.

　　셋째, 아시아국가들과 공조체제를 유지해 대한민국의 과세주권이 위축되는 일이 없도록 우리정부는 외교적 노력도 기울여야 할 것이다. 지금 OECD가 추진하고 있는 디지털세 논의는 법치주의 원칙에도 부합하지 않고, 아시아 국가들에게 절대적으로 불리한 결과를 야기하게 될 것이기 때문이다. Google 등 몇 개 기업을 과세하겠다고 전세계에 있는 어마어마한 숫자의 다국적기업을 고통의 도가니에 몰아넣는 것은 매우 잘못된 정책임을 적극 어필해 나가야 할 것이다.

chapter 16

탄소중립세

01 논제 개요 잡기[핵심 요약]

서론	이슈언급	선진국은 기후 무역장벽을 쌓고 있다. 그것은 2023년 10월 1일부터 시행될 유럽발 '탄소국경조정제'(CBAM·탄소국경세)다. 탄소국경세는 기후규제가 느슨한 나라에서 만든 제품을 유럽연합(EU)으로 수출할 때 유럽연합 탄소배출권거래제(ETS) 가격으로 탄소 관세를 부과하는 제도다. 유럽연합과 우리나라의 탄소거래 가격 차이에 관세를 부과한다는 것이다. EU는 2023년 10월부터 2025년 말까지 배출량 의무보고를 실시한 뒤, 2026년부턴 탄소국경세를 전면시행할 방침이다. 이번 의무보고 조치는 철강, 시멘트, 비료, 알루미늄, 전기, 수소 등 6개 품목에 우선 시행된다. 우리나라의 작년 대EU 철강 수출액은 60억 달러로 튀르키예, 러시아, 인도, 우크라이나에 이은 5위다. 탄소국경세 부과 시 철강 수출이 감소할 여지가 있는 셈이다. 전 세계적으로 발전 에너지와 자동차 분야를 중심으로 탈탄소 정책 추진이 이미 본격적으로 시작된 셈임. 탈탄소 정책 추진의 다음 주자는 제조업, 건설업 등 산업 분야로 확대될 것으로 보임. 이러한 탈탄소 패러다임은 새로운 무역 장벽으로 대두될 것이며, 따라서 생산 체계 혁신과 개편이 불가피할 것임 EU와 미국 등을 중심으로 한 산업 분야에서의 탈탄소 압박은 일본, 한국, 중국, 인도 등 후발 주자들에 대한 무역 장벽이라는 비판이 거세지만, 갈수록 커지는 환경에 대한 우려 때문에 대세로 굳어지고 있기에, 기후변화 대응은 대기업을 중심으로 제조 에너지원의 탈탄소화, 제조 프로세스의 효율화와 환경 혁신, 친환경 성분의 개발, 친환경 산업으로의 사업 재편, 협력 업체에 대한 친환경 공급망 관리 등이 추진될 것으로 예상됨

본론	1. 탄소 중립	1) 의미와 현황	① 탄소중립이란 이산화탄소 배출량을 실질적으로 '0'으로 만든다는 개념 ② 국가별 목표 ③ 현황
		2) RE100 캠페인	① 의미 : RE100이란 2050년까지 필요한 전력을 100% 태양광, 풍력 등 재생에너지로 충당하겠다는 기업들의 자발적 약속 ② 국내 기업들도 2020년부터 본격적으로 RE100 참여를 선언하기 시작했으며, 산업통상자원부 에서는 한국형 RE100(K-RE100) 제도를 마련 ③ RE100 적용을 위해서는 재생에너지만 선택적으로 구매할 수 있는 제도적 기반이 마련되어야 하는데 국내에는 관련 제도가 미비한 상태. 이에 따라 산업통상자원부는 2021년부터 한국형 RE100 제도의 본격적인 도입을 선언하며 기업에 RE100 참여를 독려
		3) 탄소가격제/탄소국경세와 무역장벽	① 탄소가격제 현황 : 2020년 4월 기준 프랑스, 일본, 스웨덴 등 25개국에서 국가 단위의 탄소세, 캐나다 내 5개 지역단위의 탄소세가 도입되었고, 총 28건의 배출권거래제(국가 단위 7건, 국가간 지역 단위 1건, 국가 내 지역단위 20건)가 실시되고 있으며 이는 전 세계 온실가스 배출량의 약 58%에 해당 ② 본격적 도입 논의가 시작된 탄소국경세는 새로운 무역 장벽이 될 가능성이 높음. 탄소국경세란 탄소 배출 규제가 약한 국가가 규제가 강한 국가로 상품과 서비스를 수출할 때 적용을 받게 되는 무역 관세의 일종임 ③ 2019년 EU 집행위의 그린딜 정책에 주요 의제로 채택되었으며, 2023년 관련 법안 시행을 목표로 논의 중
결론	의견제시		첫째, 정부는 국내외 관련 정책 동향을 산업계 및 연관 부문과 공유하며 의견을 청취해야 하며, 이를 토대로 화석연료 의존도가 높고 탄소국경세 도입으로 인해 손해를 입기 쉬운 취약 산업에 대한 지원 방안을 수립해야 함. 특히, 취약 산업의 '저탄소 전환'을 유도하는 방향으로 진행될 필요가 있음 둘째, 기후변화 대응을 위해 탄소가격제 정책과 더불어 필요한 정부의 시장 개입은 저탄소 기술 혁신에 대한 제도적 지원일 것임 셋째, EU의 탄소국경조정제도 도입에 대해 대응 방안을 마련함에 있어 다양한 정책의 구상과 논의가 필요함 금융업계에서도 기후 환경 이슈에 대한 대응 요구가 더욱 거세질 전망임 첫째, 금융기관들은 추후 산업 현장에서도 탈탄소 추세가 이어지면서 신재생에너지 인프라 구축 흐름도 중장기적으로 지속될 전망이기 때문에, 관련 금융 투자 기회를 물색해야 할 것임

| 결론 | 의견제시 |

둘째, 기존 제조업체는 탈탄소 환경 규제에 적응하지 못하고 중장기적으로 쇠퇴가 예상되거나, 후발 주자의 도전에 직면할 수 있음. 중장기 관점에서 이에 대비한 체계적 리스크 관리가 필요함

셋째, 탄소 포집, 저감, 처리 시스템, 에너지 신기술, 스마트 팩토리, 스마트 그리드, 신소재 등의 분야에서 새로운 기술이 등장하면서 신규 금융 투자 기회가 창출될 전망이기 때문에 중장기적으로 ESG 관련 채권과 펀드 확대, 탄소배출권 거래 활성화, 신 재생 에너지 관련 직접 투자와 파생상품 출현 등 환경 관련 금융상품의 확대 또는 거래 활성화가 이루어질 것이기 때문에 이에 대한 선제적 대비를 해 나가야 할 것임

02 논제 풀이

서론

선진국은 기후 무역장벽을 쌓고 있다. 그것은 2023년 10월 1일부터 시행될 유럽발 '탄소국경조정제'(CBAM · 탄소국경세)다. 탄소국경세는 기후규제가 느슨한 나라에서 만든 제품을 유럽연합(EU)으로 수출할 때 유럽연합 탄소배출권거래제(ETS) 가격으로 탄소 관세를 부과하는 제도다. 유럽연합과 우리나라의 탄소거래 가격 차이에 관세를 부과한다는 것이다. EU는 2023년 10월부터 2025년 말까지 배출량 의무보고를 실시한 뒤, 2026년부턴 탄소국경세를 전면시행할 방침이다. 이번 의무보고 조치는 철강, 시멘트, 비료, 알루미늄, 전기, 수소 등 6개 품목에 우선 시행된다. 우리나라의 작년 대EU 철강 수출액은 60억 달러로 튀르키예, 러시아, 인도, 우크라이나에 이은 5위다. 탄소국경세 부과시 철강 수출이 감소할 여지가 있는 셈이다.

이미 2021년 7월 14일 EU 집행위는 '1990년 대비 2030년 유럽의 온실가스 55% 감축'을 위한 "Fit for 55" 입법 패키지를 발표했다. EU 집행위는 그 동안 탄소누출을 방지하고, EU 역내 생산업자들이 부담해야 하는 탄소가격과 그러한 탄소가격이 없는 제3국 사이의 경쟁관계를 공평하게 하기 위한 조치로서 CBAM 도입을 준비해 왔다. 그리고 탄소국경조정 메커니즘(Carbon Border Adjustment Mechanism, 이하 CBAM)의 도입을 위한 입법안이 그 외 12개 법안과 발표된 것이다. CBAM은 EU로 수입되는 상품에 적용되는, 현행 EU ETS(유럽 온실가스 배출권 거래제도)의 무상할당을 대체하기 위한 정책수단으로서 기존에는 EU ETS 내 무상할당만을 통해 탄소누출 문제를 다루었던 것에서, 점진적으로 수입상품에 CBAM을 부과 하는 방식으로 단계적으로 전환해나갈 예정인 것으로 보인다. <출처 : 산업경제연구원>

전 세계적으로 발전 에너지와 자동차 분야를 중심으로 탈탄소 정책 추진이 이미 본격적으로 시작된 셈이다. 탈탄소 정책 추진의 다음 주자는 제조업, 건설업 등 산업 분야로 확대될 것으로 보인다. 이러한 탈탄소 패러다임은 새로운 무역 장벽으로 대두될 것이며, 따라서 생산 체계 혁신과 개편이 불가피할 것이다.

EU와 미국 등을 중심으로 한 산업 분야에서의 탈탄소 압박은 일본, 한국, 중국, 인도 등 후발 주자들에 대한 무역 장벽이라는 비판이 거세지만, 갈수록 커지는 환경에 대한 우려 때문에 대세로 굳어지고 있기에, 기후변화 대응은 대기업을 중심으로 제조 에너지원의 탈탄소화, 제조 프로세스의 효율화와 환경 혁신, 친환경 성분의 개발, 친환경 산업으로의 사업 재편, 협력 업체에 대한 친환경 공급망 관리 등이 추진될 것으로 예상된다. <출처 : KB지식비타민>

탄소국경조정제도와 같은 일방적 탄소중립 추진정책이 도입된다면 전 세계 각국의 생산 및 교역 감소에 따라 경제적 후생 감소를 야기할 것으로 전망된다. 또한, 저탄소, 탈탄소 기술발전을 동반하지 않는다면 생산 및 교역 감소가 불가피하며, 한국 역시 높은 탄소집약산업 비중으로 인해 향후 후생 감소가 전망된다.

이에 본지에서는 탄소중립의 의미와 현황, 유럽의 탄소국경세에 대하여 알아본 후, 금융기관의 정책적 방향성에 대하여 논하기로 한다.

📈 **본론**

1. 탄소 중립
<출처 : KB지식비타민>

1) 의미와 현황

① 탄소중립이란 이산화탄소 배출량을 실질적으로 '0'으로 만든다는 개념이다.

② 국가별 목표

가. 스웨덴 (2017년), 영국(2019년), 프랑스(2019년), 뉴질랜드(2019년), 헝가리(2020년) 등은 2050년 내 탄소중립 달성을 이미 법제화했다.

나. EU(2019년), 미국(2020년), 한국 (2020년), 일본(2020년) 등 다수 국가들은 2050년, 중국(2020년)은 2060년을 탄소중립 목표 연도로 선언했다.

<주요국의 탄소중립정책>

구분	한국	유럽	일본	중국	미국
탄소중립 목표연도	2050년	2050년	2050년	2060년	2050년
대표정책	2050 탄소중립 추진계획	Green Deal	탈탄소 실현 계획	Zero Carbon China	Clean Energy Revolution
주요목표	탄소중립, 경제성장, 삶의 질 향상 동시 달성	경제의 구조적 변화를 통한 탄소중립 및 지구온난화 대응	탈탄소 사회 실현, 경제-환경의 선순환 기반 장기성장 실현	준탄소 중립 시스템 구축, 2060 탄소 중립 위한 저탄소 경제 전환	친환경 에너지 인프라 확대, 경기부양 및 일자리 창출
주요 육성 분야	•에너지효율 개선 •그린모빌리티 •신재생에너지 •그린산업 •건물에너지 •생태계회복	•신재생에너지 •그린산업/수송 •재활용/순환경제 •그린모빌리티 •건물에너지 •에너지 효율성 •생물다양성 보존	•신재생에너지 •그린산업 •그린모빌리티 •에너지 절약 •블루카본	•신재생에너지 •에너지효율 •최종소비 에너지 전기화 •제로탄소발전 •에너지 저장 •디지털화	•신재생에너지 •전기차 •건물에너지 •그린산업 •제로탄소발전

<출처 : KB지식비타민>

다. 새로운 EU 집행위는 6대 핵심 정책 중 기후변화 대응을 최우선 과제로 삼고 2019년 12월 청사진을 담은 '유럽 그린딜(European green Deal)' 정책을 마련했다. 이는 기후변화 대응 정책이자 경제 정책으로 무역, 투자, 산업 재편 등 다양한 분야에 큰 영향을 미칠 전망이다.

② 현황

가. 일부 반대와 경제 부담 우려에도 불구하고 발전 에너지와 자동차 분야에서 가장 먼저 탈탄소 패러다임 전환 정책을 적극 추진 중이다. 유럽을 중심으로 정부 규제와 지원을 통해 태양광, 풍력 등 신재생에너지와 전기차 비중이 크게 증가했다.

나. 유럽에서는 신재생에너지 비중이 지속적으로 증가하며 2020년 이미 화력발전을 추월했고, 발전 단가도 수년간 크게 하락해 독일, 미국 등에서는 화력발전보다 저렴한 수준에 도달했다.

다. 유럽에서는 전기차 비중이 이미 10%를 넘어섰으며, 주요 국가들은 2030년 ~ 2050년 내연기관 차량의 신규 판매를 금지하는 계획을 발표했다.

1. 탄소 중립
<출처 : KB지식비타민>

1) 의미와 현황

[유럽의 전기차 비중]

<출처 : KB지식비타민>

라. 탈탄소 정책 추진의 다음 주자는 제조업, 건설업 등 산업 분야로 예측된다. EU 주도로 산업 분야에도 본격적으로 추진될 전망이며 미국도 조 바이든 정권의 집권 이후 탈탄소 정책 추진이 본격화되며 산업 분야에 대한 패러다임 전환을 촉구할 전망이다.

A. 새로운 EU 집행위는 2020년 9월, 2030년까지 탄소 배출량을 40% 감축하겠다는 기존 계획을 55%로 상향하는 조정안을 발표했다.

1. 탄소 중립 <출처 : KB지식 비타민>	1) 의미와 현황	B. 세부적으로 탄소배출권 거래제 확대, 플라스틱 사용 규제, 에너지 전환 투자 펀드 조성을 비롯해 온실가스 배출량이 많은 국가의 수입품에 대해 관세를 부과하는 '탄소국경세' 도입을 주요 정책으로 추진할 계획이다. C. 최근에는 글로벌 대기업을 중심으로 2050년까지 필요한 전력을 100% 태양광, 풍력 등 재생에너지로 전환하겠다는 자발적 약속인 RE100(Renewable Energy 100) 캠페인이 유행이다. 애플, 구글, BMW 등은 2018년부터 RE100 캠페인에 참여하고 있으며, 협력 업체에도 동참을 요구하고 있어 새로운 무역 장벽으로 부상했다.
	2) RE100 캠페인	① 의미 : RE100이란 2050년까지 필요한 전력을 100% 태양광, 풍력 등 재생에너지로 충당하겠다는 기업들의 자발적 약속이다. ② 영국에서 2014년 시작했으며, 연간 전기 사용량이 100GWh 이상인 글로벌 대기업을 대상으로 참여를 독려했다. 가입 후 1년 안에 이행 계획을 제출하고 매년 이행 상황을 점검 받아야 한다. ③ 재생에너지 발전 설비를 직접 보유하거나 발전소에서 전기를 구매해 쓰는 방식을 채택했다. ④ RE100 가입 기업은 2017년 87개사에서 2021년 1월말 기준 284개사(미국 51개사, 유럽 77개사, 아시아 24개사)에 이르렀으며, 글로벌 여론의 영향으로 갈수록 늘어날 전망이다. A. 2018년 기준 애플, 구글 등 30개 기업이 이미 100% 목표를 달성했으며 95% 이상을 달성한 기업도 45개에 달한다. B. 자발적 캠페인이지만 애플, 구글, BMW 등 글로벌 기업들이 협력 업체에 동참을 요구하고 있어, 수출 의존도가 높은 국내 기업들은 RE100 도입 추세를 따라가지 못할 경우 새로운 무역 장벽에 부딪힐 수 있다. C. BMW는 2018년 LG화학에 부품 납품 조건으로 RE100 동참을 요구한 바 있으며, 삼성SDI는 국내 생산 물량을 신재생에너지를 활용할 수 있는 해외로 옮긴 것으로 알려졌다. 애플도 반도체 납품을 두고 2020년 SK하이닉스에 RE100 조건을 맞출 것을 요구했다. ⑤ 국내 기업들도 2020년부터 본격적으로 RE100 참여를 선언하기 시작했으며, 산업통상자원부 에서는 한국형 RE100(K-RE100) 제도를 마련했다. 2020년 말부터 SK, SK하이닉스, SK텔레콤(SK브로드밴드 포함), SKC, SK실트론, SK머티리얼즈, LG화학, 한화큐셀 등이 잇따라 참여를 선언했으며 참여 기업은 갈수록 늘어날 전망이다.

⑥ RE100 적용을 위해서는 재생에너지만 선택적으로 구매할 수 있는 제도적 기반이 마련되어야 하는데 국내에는 관련 제도가 미비한 상태이다. 이에 따라 산업통상자원부는 2021년부터 한국형 RE100 제도의 본격적인 도입을 선언하며 기업에 RE100 참여를 독려하고 있다.

[부문별 온실가스 감축대책]

자료: 국회예산정책처, <지속 성장을 위한 기후변화 대응전략>

1. 탄소 중립

<출처 : KB지식 비타민>

2) RE100 캠페인

3) 탄소가격제/ 탄소국경세 와 무역장벽

① 탄소가격제 현황 : 2020년 4월 기준 프랑스, 일본, 스웨덴 등 25개국에서 국가 단위의 탄소세, 캐나다 내 5개 지역단위의 탄소세가 도입되었고, 총 28건의 배출권거래제(국가 단위 7건, 국가간 지역 단위 1건, 국가 내 지역단위 20건)가 실시되고 있으며 이는 전 세계 온실가스 배출량의 약 58%에 해당한다.

가. EU는 2005년 세계 최초로 ETS를 도입하였으며 역내 배출량의 45% 가량이 ETS에 포함되는 가운데 발전, 제조, 항공(역내 운항편에 한함) 등의 부문을 대상으로 한다.

나. 중국은 2011년부터 7개 성시(선전, 상하이, 베이징, 광둥, 톈진, 후베이, 충칭)에서 ETS를 시범 운영하고 있으며, 전국 단위의 ETS를 시행할 계획이다.

다. 미국에서는 2009년 북동부 지역 온실가스감축협약인 RGGI를 기반으로 10개 주가 참여하는 미국 최초의 배출권 거래제도가 시작되었으며 캘리포니아 주는 2013년부터 주내 온실가스 배출량의 80%를 커버하는 ETS를 도입했다.

라. 2015년부터 ETS를 운영하고 있는 우리나라는 1차 계획기간(2015 ~ 2017년)은 제도의 안착, 2차 계획기간(2018 ~ 2020년)은 상당수준의 감축, 3차 계획기간(2021 ~ 2025년)은 보다 적극적인 감축을 유도하는 것을 목표로 한다.

1. 탄소 중립 <출처 : KB지식 비타민>	3) 탄소가격제/ 탄소국경세 와 무역장벽	② 본격적 도입 논의가 시작된 탄소국경세는 새로운 무역 장벽이 될 가 능성이 높다. 탄소국경세란 탄소 배출 규제가 약한 국가가 규제가 강 한 국가로 상품과 서비스를 수출할 때 적용을 받게 되는 무역 관세 의 일종이다. ③ EU, 탄소국경세 시행령 초안 공개(2023년 8월) 　가. EU는 본격적인 CBAM 시행에 앞서 적응기 기간 적용할 시행령 　　초안을 발표했다. 앞서 EU는 10월 1일부터 2025년 말까지를 적 　　응기로 정했다. 　나. CBAM 적응기 단계에서 거래자는 재정적인 지출 없이 메커니즘 　　에 따라 수입품에 포함된 배출량에 대해서만 보고하면 된다. "이 　　는 기업들에 준비 시간을 주고 2026년까지 CBAM을 최종적으로 　　미세 조정하는데 필요한 정보를 제공할 것이라고 밝혔다. 　다. 특히 제삼국 기업이 이용하던 탄소 배출 산정 방식을 한시적으로 　　인정해주기로 했다. 　라. 규정 시행 첫해 동안 기업은 EU의 새로운 방식이나 제삼국 국가 　　시스템에 기초한 방식, 참조 값에 기초한 방식 등 세 가지 중 하나 　　를 선택할 수 있다고 설명했다. 다만 2025년 1월부터는 EU 방식 　　만 허용된다고 덧붙였다. 　마. CBAM은 제품이나 국가를 차별하지 않으며 탈 탄소화를 향한 제 　　삼국 생산자의 계획을 전적으로 지원한다고 강조했다. 　바. CBAM은 EU가 수입품을 대상으로 세계 최초로 도입한 탄소국경 　　세다. 탄소 배출 규제가 상대적으로 약한 국가의 기업이 제품을 수 　　출할 때 품목별 탄소배출량 등을 EU에 신고하는 것을 원칙으로 　　한다. 이후 기준에 따라 제품엔 추가 관세가 매겨질 수 있다. 현재 　　대상 품목은 철강에 국한되지만, 향후 시멘트와 비료, 알루미늄, 　　전력, 수소 등 총 6개 품목으로 확대할 방침이다. 　사. 기업들은 2023년 10월부터 2025년 12월 말까지 탄소배출량을 의 　　무적으로 보고해야 한다. 보고가 완료되면 2026년부터 실제 관세 　　가 부과될 예정이다. 　아. 실질적으로 관세를 부과하기까지 다소 난항이 예상된다. 역내 관련 　　업계와 폴란드, 헝가리, 러시아, 중국 등 다른 국가들의 거센 반대 　　로 글로벌 무역 분쟁 발생이 우려되며, 기술적으로는 불명확한 탄 　　소세 부과 기준과 정확한 탄소 배출량 측정의 난관을 넘어야 한다.
2. EU 탄소국경 　조정 메커니 　즘(CBAM) <출처 : 산업경제 연구원>	1) 정책적 방향	① CBAM으로 인한 탄소비용을 EU 수입업자가 수출기업에 일부 전가할 수 있다는 점에서 EU ETS 무상할당의 점진적 축소에 따른 철강산업 의 수출경쟁력 약화가 우려된다. CBAM의 이행이 본격화되고 EU ETS 무상할당의 단계적 폐지가 시작되는 2026년을 기준으로 CBAM의 이 행 및 확대 적용에 대비한 기업과 정부의 단계별 대응전략이 필요하다.

② 정책당국은

가. CBAM에 대한 확정적인 입장을 취하기에 앞서, EU의 다른 교역 상대국들이 어떠한 공식 입장과 대응논리를 개진하는지 모니터링 할 필요가 있다.

나. CBAM이 추가적인 통상분쟁으로 확대되는 것을 방지하기 위해 CBAM의 영향권에 놓여 있는 이해당사국들과 EU 간 탄소국경조정의 법률적·제도적 측면에 관해 지속적인 논의가 필요하다.

다. CBAM 과도기간 동안 기업의 적응 지원 및 대응체계 구축 필요. 정부는 CBAM이 본격적으로 시행되는 2026년까지의 과도기간 동안 우리 기업들의 CBAM 적응을 지원하고, CBAM에 대응하기 위한 배출 데이터 관리체계를 구축해야 한다.

라. EU ETS와의 동등성 인정과 양자협의 대응을 준비해야 함. 장기적으로는 EU ETS와의 동등성을 인정받을 수 있도록 하는 구체적인 정책 방안이 필요하며, 한국의 탄소감축 노력이 EU의 탄소감축 정책과 유사한 수준의 효과가 있다는 점을 입증함으로써 기업들의 수출 활동으로 인한 탄소배출 비용의 부담을 최소화해야 한다.

마. CBAM의 확대에 대비한 범 산업 차원의 대응방안 마련이 필요하다. 향후 CBAM의 적용 범위가 확대될 가능성이 높으므로, 대상 품목 및 배출부문의 확대 가능성까지 고려하여 범 산업 차원에서 탄소국경조정에 대한 대응이 필요하다.

③ 수출기업은 CBAM에 대한 대응역량을 강화하고, 장기적으로는 생산공정의 탈탄소화, 저탄소 고부가가치 제품 개발 등 탄소중립 시대에 대응하기 위한 수출전략을 마련해야 한다.

2. EU 탄소국경 조정 메커니즘(CBAM)
<출처 : 산업경제 연구원>

1) 정책적 방향

 결론

의견 제시
최근 미국 바이든 행정부도 탄소국경세를 주요 통상 의제로 선정했다. 미국 무역대표부(USTR)는 지난 2021년 3월 2일 바이든 대통령 집권 이후 9대 통상 의제를 담은 첫 통상 정책 보고서를 의회에 제출했는데 9대 의제에 바이든 대통령의 대선 공약인 탄소 국경조정세(Carbon Border Adjustment Taxes)를 포함하면서 도입 의지를 공식화했다.

이처럼 전 세계 주요국들이 탄소국경세를 도입할 경우, 새로운 관세 장벽이 출현할 수 있으므로 중장기적 관점에서 면밀한 대비가 필요하다.

물론, 탄소국경세가 본격적으로 도입되기까지 국가 간의 이견과 탄소배출량에 대한 계산 방식 등 여러 가지 난관이 예상되지만, 탈탄소 자체의 방향성은 분명하다. 탄소국경세가 도입될 경우 다자간 수출 비중이 높은 한국은 점진적으로 관세 증가가 예상된다.

특히, 석유화학, 철강, 자동차, 이차전지 등 주력 산업이 큰 영향을 받을 전망이며, 이에 대비하지 않을 경우 장기적으로 수출이 어려울 수 있으므로 국가적 차원에서 면밀한 대처가 필요하다.

첫째, 정부는 이러한 규제 도입으로 인해 상당한 피해를 입을 것으로 예상되는 산업이 스스로 온실가스 배출량을 줄여나갈 수 있도록 지원하고, 충분한 사회적 논의를 거치는 과정이 필요하다. 국내외 관련 정책 동향을 산업계 및 연관 부문과 공유하며 의견을 청취해야 하며, 이를 토대로 화석연료 의존도가 높고 탄소국경세 도입으로 인해 손해를 입기 쉬운 취약 산업에 대한 지원 방안을 수립해야 한다. 특히, 취약 산업의 '저탄소 전환'을 유도하는 방향으로 진행될 필요가 있다. 뿐만 아니라, 유럽의 사례처럼 화석연료 연관 산업에 종사하고 있는 근로자를 대상으로 재교육·재취업을 지원하는 방안 또한 마련되어야 할 것이다.

둘째, 기후변화 대응을 위해 탄소가격제 정책과 더불어 필요한 정부의 시장 개입은 저탄소 기술 혁신에 대한 제도적 지원일 것이다. 새로운 재생에너지원 등의 저탄소 기술 개발은 10년에서 30년 정도로 긴 시간이 소요되며, 미래에 이용 가능한 저탄소 기술은 현재의 기술 혁신 투자에 의해 결정되기 때문이다. 기술 혁신에 대한 투자가 늦을수록 우리 경제의 저탄소 경제로의 전환은 더욱 늦어지며 미래에 더 큰 경제적 부담으로 다가올 수 있다. 따라서 정부는 민간 주도(private initiative)의 기술 혁신을 제도적으로 지원할 필요가 있으며, 실행 가능한 기술 혁신을 위한 제도적 지원으로 저탄소 기술 개발에 대한 보조금 지원, 기존의 온실가스 배출 기술 사용에 대한 수익세(profit tax) 부과 등을 고려해 볼 수 있다.

셋째, EU의 탄소국경조정제도 도입에 대해 대응 방안을 마련함에 있어 다양한 정책의 구상과 논의가 필요하다. EU의 탄소국경조정제도 논의는 탄소배출 감축과 기후변화 대응이라는 전 세계적인 공통 목표가 있기는 하나, 자국 기업의 경쟁력을 확보하고 유럽 경제회복을 위한 재원을 마련하는 것 또한 목표로 한다는 점에서 보호무역주의, 일방주의적인 정책으로 평가될 수도 있기 때문이다. 우리가 시행 중인 환경 관련 규범 및 제도의 유효성을 강조하여 면제를 받기 위한 노력을 하는 동시에 다소 공세적인 포지션도 구상해 볼 수 있다. 탄소국경조정을 기본적으로 자국과 수입국의 탄소비용을 국경에서 조정하는 조치라고 하면, 일국이 탄소국경조정을 하기로 공표한다면, 상대국도 탄소국경조정을 도입하고 같은 수준으로 탄소세를 상향하는 것이 우월전략일 수 있기 때문이다.

<출처 : 산업경제연구원>

한편,

금융업계에서도 기후 환경 이슈에 대한 대응 요구가 더욱 거세질 전망이다. 특히, 경영 활동과 투자 결정에 있어 비재무적 기후 환경 요소의 비중이 갈수록 확대될 것으로 예상된다. 석탄 발전 등 화석연료에 투자하지 않겠다는 '파슬 프리 캠페인(Fossil Free Campaign)'에 참여한 기관투자자는 지속적으로 증가해 2020년 말 현재 1,307개사에 달한다.

첫째, 금융기관들은 추후 산업 현장에서도 탈탄소 추세가 이어지면서 신재생에너지 인프라 구축 흐름도 중장기적으로 지속될 전망이기 때문에, 관련 금융 투자 기회를 물색해야 할 것이다. 다만 온실가스 감축을 위한 태양광, 풍력, 수력, 해양, 지열, 바이오, 수소 에너지 등 신 재생에너지 투자는 낮은 경제적 효율성으로 인해 상당 기간 정부 정책 지원에 의존한 성장이 불가피할 전망이므로 정부 정책 변동 가능성, 지원 조건, 수요, 공급 동향 변화 등을 면밀히 분석해 잠재 변동성을 감안한 투자가 필요하다.

둘째, 향후 산업계에서는 탄소 배출 관련 규제 확대와 동시에 이에 대응하는 신기술 개발도 증가할 전망이다. 따라서 투자나 여신 관련해 이전과는 다른 새로운 리스크와 기회가 창출될 것으로 예상된다. 기존 제조업체는 탈탄소 환경 규제에 적응하지 못하고 중장기적으로 쇠퇴가 예상되거나, 후발 주자의 도전에 직면할 수 있다. 중장기 관점에서 이에 대비한 체계적 리스크 관리가 필요하다.

셋째, 탄소 포집, 저감, 처리 시스템, 에너지 신기술, 스마트 팩토리, 스마트 그리드, 신소재 등의 분야에서 새로운 기술이 등장하면서 신규 금융 투자 기회가 창출될 전망이기 때문에 중장기적으로 ESG 관련 채권과 펀드 확대, 탄소배출권 거래 활성화, 신 재생 에너지 관련 직접 투자와 파생상품 출현 등 환경 관련 금융상품의 확대 또는 거래 활성화가 이루어질 것이기 때문에 이에 대한 선제적 대비를 해 나가야 할 것이다. <출처 : KB 지식비타민>

기업, 학계, 시민사회 등을 아우르는 민간 부문 역시 글로벌 네트워크를 활용하여 성공사례를 학습하고 국제사회의 관련 기술 및 정책 동향을 선제적으로 파악하여 대응하는 것이 중요하다. 글로벌 탄소중립을 이루기 위해서는 배출량이 많거나 감축 속도가 더딘 국가가 획기적으로 감축할 수 있도록 초국가적 협력이 필요한 시점이다.

in February; another failure
Aust
mage control | A look at carbon dioxide release
Australia's greenhouse-gas emissions,
in gigagrams' CO2 equivalent
800,000
600,000
400,000
200,000
0
1990
'95
2000
'05

PART

04

논술사례

거시편

chapter 01

디플레이션

01 논제 개요 잡기[핵심 요약]

서론	이슈언급		현재는 물가를 잡는 것이 최대 현안이지만 물가가 잡히고 난 후 불거질 수 있는 또 다른 변수가 디플레이션임 우리 나라의 경우, 좀 더 거시적으로 접근하면 가계부채의 증가와 급격한 고령화 현상도 이러한 디플레이션 우려를 더욱 부채질함. 디플레이션은 급격한 수요부 진과 경기침체를 가져오며 이를 벗어날 정책수단이 거의 없기 때문에 경제에 치명 적인 영향을 초래할 수 있음
본론	1. 디플레이션	1) 의미	① 경기침체로 수요가 모자라 물가가 하락하고, 이 때문에 다 시 경기가 침체하는 악순환. 일반적으로 소비와 생산, 투자 둔화로 연결되면서 장기 경기 침체를 불러옴
		2) 디플레이션 의 종류	① 공급 측면에서 발생하는 디플레이션
			② 수요 측면에서 발생하는 디플레이션
	2. 한국의 디플레이션 시그널과 해결책	1) 시그널	① 구조적 요인 ② 산업공동화 현상 ③ 가계부문 건전성 악화 ④ 사회 보장비 등 재정지출 규모 확대, 공기업 부채증가 ⑤ 고용시장 부진

본론	**2. 한국의 디플레이션 시그널과 해결책**	**2) 해결책**

① 경제 전반의 생산성 제고
② 정부재정의 건전성 유지
③ 기준금리 조정 시 파급경로에 대한 긍정적 영향력 증대 방안 마련
④ 경기 모니터링 강화

결론	**의견제시**	

고부가가치 서비스 부문의 집중 육성을 통해 일자리 창출과 생산성을 제고함으로써 가계소득의 증가를 유도하여 경제기반의 내실성 강화를 통한 경기부양을 지향하여야 함

02 논제 풀이

📈 서론

이슈 언급 전세계 경제가 지금의 인플레이션(물가상승)에서 디플레이션(물가하락) 상황으로 돌아설 것이라고 프랑스 투자은행 소시에테제네럴(SG)이 전망했다. SG는 반 년 안에 세계 경제가 디플레이션에 빠질 것이라고 예상했다.

공급망 붕괴와 원자재 가격 급상승으로 인플레이션 악몽에 시달리는 글로벌 경제에 미묘한 변화가 감지되기 시작했기 때문이다. 얼마 전까지만 해도 경기 침체 속에 물가가 오르는 'S(스태그플레이션)의 공포'가 화두였다. 그러나 최근에는 경기 후퇴를 의미하는 'R(리세션)의 공포'로 경제 현상에 대한 분석이 다소 달라지는 분위기다. 주식 · 부동산 등 자산의 위기가 제조업 등 실물경제의 위기로 전이되는 양상을 의미하기도 한다. 현재는 물가를 잡는 것이 최대 현안이지만 물가가 잡히고 난 후 불거질 수 있는 또 다른 변수다.

우리 나라의 경우, 좀 더 거시적으로 접근하면 가계부채의 증가와 급격한 고령화 현상도 이러한 디플레이션 우려를 더욱 부채질 한다. 디플레이션은 급격한 수요부진과 경기침체를 가져오며, 이를 벗어날 정책수단이 거의 없기 때문에 경제에 치명적인 영향을 초래할 수 있다. 이에 디플레이션과 문제점들에 대하여 검토하고, 은행의 방향성에 대하여 논하기로 한다.

📈 본론

1. 디플레이션	**1) 의미**

① 경기침체로 수요가 모자라 물가가 하락하고 이 때문에 다시 경기가 침체하는 악순환. 일반적으로 소비와 생산, 투자 둔화로 연결되면서 장기 경기 침체를 불러온다.

1. 디플레이션	1) 의미	② 부채 디플레이션 : 한 국가의 경제에서의 지속적인 물가하락을 의미한다. 즉, 경제주체가 과도한 채무(Over Indebtedness)를 조정하는 과정에서 소비가 줄어들고 이에 따라 경기침체와 물가하락이 장기간 반복되는 현상이다. 1933년 미국의 경제학자 어빙 피셔(Irving Fisher)가 대공황의 원인을 설명하는 과정에서 처음으로 제시된다. Cf. 디스인플레이션(Disinflation), 디프레션(Depression)

	2) 디플레이션의 종류	① 공급 측면에서 발생하는 디플레이션 : 공급증가 디플레이션
		  가. 의미 : 생산기술의 발전으로 공급이 늘어나면서 물가가 내리는 디플레이션을 의미한다. 가격이 떨어져도 늘어난 공급으로 더 많은 물건을 팔 수 있으니 기업입장에서는 이익이 확보되며, 상품 가격 하락으로 소비자는 더 많은 양의 상품과 서비스를 구매한다 → 물가는 내리고, 경제는 성장하는 구조의 긍정적 디플레이션이다.
		  나. 사례 : 1990년 대 후반부터 2000년 대 초반의 중국경제
		② 수요 측면에서 발생하는 디플레이션 : 수요감소 디플레이션
		  가. 의미 : 소비, 투자 등 수요가 감소하면서 물가가 하락한다 → 심각한 경제침체로 연결된다.
		  나. 사례 : 1990년 대 일본의 디플레이션

2. 한국의 디플레이션 시그널과 해결책	1) 시그널	① 구조적 요인
		  가. 인구고령화와 저성장 고착화로 수요 측면의 인플레 약화가 불가피하다.
		  나. 2018년 생산가능인구 마이너스 전환으로 노동의 성장기여도 하락이 예상된다.
		② 국내기업들의 해외투자 급증 : 자국 내 투자, 생산, 고용, 경상수지 등이 악화되는 산업공동화 현상
		  → 경제전반의 생산성이 하락한다.
		③ 가계부문 건전성 악화 : 가계부채 증가와 자산가치 악화로 인한 민간 소비부진
		④ 사회 보장비 등 재정지출 규모 확대, 공기업 부채증가: 재정건전성 위협과 물가하락 압력
		⑤ 최저임금이 5년 연속 상승했으나 고용시장 부진을 감안할 때 지속가능하지 않아 노동비용으로 인한 인플레 압력은 크지 않을 전망이다.

	2) 해결책	① 경제 전반의 생산성 제고
		  가. 주택시장 : 주택시장 내 거래 증가를 촉진할 제도의 개선
		  나. 실물시장 : 기업정책 등에 대한 정책 불확실성과 불안감 해소 → 기업들의 투자심리 개선

		다. 금융시장 : 금융중개지원대출개선 → 성장기여도가 높은 부문, 취약부문에 대한 금융기관의 탄력적 자금공급이 원활히 이루어지도록 시장체질개선과 당국의 유도
2. 한국의 디플레이션 시그널과 해결책	**2) 해결책**	② 디플레이션 대응력을 높이기 위하여 정부재정의 건전성 유지 ③ 기준금리 조정 시 파급경로에 대한 긍정적 영향력 증대 방안 마련 ④ 경기 모니터링 강화 : 가계 및 기업 금융부채 변화추이 상시 점검 → 과다차입 위험에 대한 사전적 규제

결론

의견 제시 이상으로 디플레이션과 이와 관련한 한국경제의 문제점과 해결책에 대하여 검토해 보았다. 경제 곳곳에서 디플레이션 조짐에 대한 유의할만한 시그널들이 포착되는 현재, 애초에 디플레이션에 빠지지 않는 것이 디플레이션을 해결하는 최선의 방법이라는 벤 버냉키 전 미 연준 의장의 발언을 상기해야 할 시점이다.

저성장 저물가 기조의 고착화는 저금리 현상의 장기화를 가져와 금융기관의 영업을 압박하는 요인으로 작용할 가능성에도 유의해야 한다.

한편 고부가가치 서비스 부문의 집중 육성을 통해 일자리 창출과 생산성을 제고함으로써 가계소득의 증가를 유도하여 경제기반의 내실성 강화를 통한 경기부양을 지향하여야 한다.

 용어해설

1) **디스인플레이션(Disinflation)** : 인플레이션에 의한 통화 팽창으로 물가가 상승했을 때, 그 시점의 통화량과 물가수준을 유지한 채 안정을 찾기 위한 경제조정정책을 말한다. 물가를 현재수준으로 유지시키려는 이유는, 물가인하로 인한 생산수준의 저하가 실업증가로 이어지는 것을 막기 위함이다. 상승한 물가를 기존의 물가수준으로 인하시키려는 디플레이션과는 차이가 있다.

2) **디프레션(Depression) = (불경기)** : 경기 순환에서 경기가 크게 하락하는 상황을 가리키는 경제용어이다. 물가와 임금이 내리고, 생산이 위축되며, 가계수입 감소에 따른 소비 하락이 다시 기업의 판매 부진으로 이어지고, 이는 다시 실업으로 이어진다.

   Cf. 경기(business cycle): 한 국가 경제의 전반적인 활동수준이 좋고 나쁨을 나타내는 것으로, 경기는 경기상승과 경기하강이 반복되는 일정한 패턴을 가지고 주기적으로 반복한다. 불황(Depression), 회복(Recovery), 호황(Prosperity), 후퇴(Recession)의 네 단계를 거치며 순환하는 것이 일반적이다.

3) **디레버리지(Deleverage)** : '빚을 상환한다'는 뜻이다. 경기불황에서 자산가치가 폭락하고 높아진 금리와 낮은 투자수익률을 보일 때에는, 경기가 호황일 때 빚을 지렛대 삼아 투자수익률을 높였던 레버리지에서 벗어나 이러한 부채 축소 과정을 거칠 필요가 있다.

4) **산업공동화 현상** : 생산성 향상을 위한 해외 직접투자 증가로 국내 생산여건이 저하되고 산업이 쇠퇴하는 현상을 말한다.

   Ex. 2000년 대부터 중국, 베트남, 인도네시아 등 상대적으로 인건비가 싸고 투자여건이 양호한 곳으로 한국기업들의 생산이전이 크게 증가했다.

1. 스크루플레이션(Screwflation)

스크루와 인플레이션의 합성어로, 일상 생활이 어려워진 가운데 체감물가는 상승하는 것을 의미한다. 식료품, 에너지 가격 등 생필품의 가격 상승으로 중산층과 서민층의 가계는 점점 어려워지는 현상이다. 스크루플레이션은 미시경제적인 차원으로 거시경제적인 차원에서 경기침체로 물가가 상승하는 현상인 스태그플레이션과는 다르다. 스크류플레이션이 개인적인 생활의 어려움 속에서 비롯된다면, 스태그플레이션은 사회적인 경제위기 속에서 일어난다고 볼 수 있다.

2. 디스인플레이션(Disinflation)

인플레이션을 극복하기 위해 통화증발 억제와 재정·금융 긴축을 주축으로 하는 경제조정정책이다. 인플레이션을 갑자기 수습할 경우 발생하는 여러 가지 폐단을 방지하기 위한 정책으로 인플레이션을 갑자기 수습하려고 하면 반대로 디플레이션이 되어 여러 가지 폐단을 낳게 되므로 통화량이나 물가수준을 유지하면서 안정을 꾀하고 디플레이션을 초래하지 않는 범위 내에서 인플레이션을 수습하는 것이 목적이다.

3. 바이플레이션(Biflation)

인플레이션과 디플레이션이 동시에 나타나는 것이다. 믹스플레이션이라고도 한다. 예를 들어, 수도권의 주택가격이 가격하락과 거래량 감소 등 디플레이션 현상이, 비수도권에선 가격 상승, 거래량 증가 등 인플레이션 현상이 진행된다면, 이는 바이플레이션이 발생하는 것이다. 또한 글로벌 경제에서는 신흥국의 인플레이션과 선진국의 디플레이션이 동시에 나타나는 현상을 일컫기도 한다

> **주제 1**
> 국내경제 또한 저금리 고착화를 넘어 제로금리 시대로의 진입, 저출산·고령화, 수출부진 및 내수침체, 가계부채 증가 등으로 인해 디플레이션이 우려되는 상황에서 농협은행의 영향과 대응방안을 서술하시오.

답안

서론

디플레이션

"디플레이션은 오거(사람을 잡아먹는 괴물)이다." 라가르드 유럽중앙은행 총재의 말이다. 경제학자들은, 물가 하락($P\downarrow$)과 경제의 하락($Y\downarrow$)을 동반하는 디플레이션을 흔히 '공포', '괴물'에 비유하곤 한다. 그만큼 디플레이션의 위험성을 경고하는 것이다. 현재 전 세계는 코로나로 인한 장기적인 경제침체로 디플레이션의 위험에 노출되어 있다. 한국 역시 **디플레이션을 무시할 수 없다.** 이에 본고는 국내 디플레이션의 발생원인 - 영향 – 농협은행 대응방안에 대하여 논의하고자 한다.

| 디플레이션에서 자유롭지 못하다.

본론

1. 국내 디플레이션의 발생원인

1) 대외적 요인

미, 중 무역 전쟁으로 인한 보호무역주의 확산, 코로나19 는

충격 | 공급 측면의 GVC(글로벌가치 사슬) 체계를 붕괴시켜 소규모 개방경제 국가로 국제 사회의 **문제**에 취약한 한국의 수출을 감소시킨다. 이는 무역의존도가 높은 한국에 장기적인 경제침체를 발생시킬 수 있다.

2) 대내적 요인

유발해 | 정부의 확장적 재정정책으로 인한 '정부 부채 증가', '기업 규제 강화정책'은 총수요(AD) 감소를 **악화시켜** 디플레이션 촉발과 동시에 이를 심화 시킬 수 있다. 정부 재정정책은'리카르도의 등가 정리 이론'에 대입해 본다면 국민은 국채를 향후의 조세로 인식하기 때문에 국채발행 → 재정지출(G) ↑ → 소비(C) 불변 →저축(S) ↑ → 경제(Y) 불변이다. 또한, 조세의 증가는 가계의 처분가능 소득의 감소로 이어져 소비 감소의 원인이 된다. 결론적으로 총수요(AD) 증가를 위한 정부지출(G) 확대는 결국 소비 감소만 발생시킨다. 또한, 반기업 정책은 기업의 투자를 감소시킨다. 이는 생산의 감소로 이어지며 결국 일자리 감소 및 소비 감소의 악순환을 반복시킨다. 이러한 정부의 정책은 장기적으로 소비 감소의 원인이 되어 디플레이션 발생을 초래할 수 있다. 동시에 국내의 가계대출 증가 및 인구 고령화 현상으로 인한 민간소비 부진 및 경제성장 저하 또한 디플레이션의 원인으로 볼 수 **있다.**

1)확장적재정정책
2)기업 규제강화
3)고령화 및 가계대출
이런식으로 항목별로 정리하시는 편이 좋습니다.

2. 디플레이션으로 인한 영향

미-중 무역갈등, 코로나19로 세계 경제의 불확실성 증대, 정부의 반기업 정책으로 국내 소비심리 및 기업투자와 고용이 모두 위축될 수 있다. 한국경제연구원이 매출액 기준 600대 기업을 대상으로 BSI 를 조사한 결과, 8월 전망치는 68을 기록했다. 이는 2009년 3월 기록 한 76.1 이후 가장 낮은 수치다. 기업 경기전망이 10년만에 최악을 기 록하면서 향후 기업의 투자와 고용이 위축될 것으로 전망된다. 기업 투자, 고용의 위축은 연쇄적으로 가계 소비위축을 불러와 우리 경제 에 악영향을 미칠 수 있다. 더불어 고령화로 인해 성장동력이 감소 되 고, 조세 증가 및 가계부채 증가로 인해 과도한 비용지출로 국민의 처 분가능소득이 줄어들게 되어 소비 측면을 빠르게 감소시켜 실물경제 를 붕괴시킬 수 있다. 또한, 현재 계속되는 저금리 상황에서 담보의 지속적인 가치 하락과 가계의 신용대출 증가는 디플레이션으로 인해 한계기업 및 가계의 파산이 증가하게 되면 은행의 대출 회수에 문제 가 생기고 이는, 금융기관의 재무악화로 이어져 금융의 불확실성으 로 이어질 수 있다.

📈 결론

농협은행의 대응방안

1) 거시위기상황분석 (macro stress test)

거시위기상황분석을 실시하여 금융기관의 비상대응계획 (contingency plan)을 완비해야 한다. 현재 은행을 비롯한 대부분 의 금융기관에서 시행 중인 위기상황분석은, 단순 충격이 미치 는 영향을 거시계량지표를 통해 분석하는 단순 민감도 분석이 다. 이에 금리인상, 가계부채 부실화, 부동산 시장 충격 등의 총 체적 충격이 금융시장과 금융기관에 미칠 수 있는 영향을 전반 적으로 분석하는 시나리오 분석을 통해, 금융기관의 대응계획을 완비해야 한다. 특히 가계부채 문제와 관련되어 차주별 취약성 정도에 따라 등급을 나누어, 비상대응계획을 상황별로 세분화할 필요가 있다.

2). Risk 관리 및 수익창출

> 이런 표현은 시기를 명시해 주시면 좋습니다.

코픽스 금리상승으로 시중은행의 대출 금리가 0.08% 일제히 상승했다. 이처럼 은행들은 예상치 못한 상황에 대비해 Risk 관리를 통해 자산의 건전성을 유지해야 한다. 스트레스 테스트, VAR(통계적 측면)을 통해 발생 가능성 및 발생 후 미치는 파급효과에 대한 대비가 필요하다. 또한, NSFR(1년짜리 유동성 지표로 2018년 바젤에서 통지 강화 요구), LCR (금융기관이 1개월마다 작성하여 금감원에 보고) 지표를 원화 유동성 Risk, 외화 유동성 Risk 관리지표로 활용하여 장, 단기 수시로 유동성 상태를 확인해 자기자본 조달과 운영의 불일치 기간을 관리해야 한다.

신용 Risk와 관련해서 대기업의 경우 신용 Risk 중요한 만큼 TOTAL EXPOSURE 강화를 통해 과거 여신금액에 국한한 관리에서 벗어나 여신+ 파생거래까지 폭넓은 관리가 필요하다. 중소기업의 경우 자문서비스의 전문, 고도화를 통해 중소기업의 경영을 지원하여 관계형 금융을 구축해야 한다. 이는 통해

> 의미가 이해가 되지 않습니다.

곧 금융기관의 자산 건전성에 도움이 된다. **현재 경제상황은 중소기업이 예측하고 대응하기가 불가능한 상태 이는 중기업의 파산으로 이어져 은행의 대출회수를 불가피하게 만들 수 있는 만큼 관계형 구축은 필수이다.**

3) 수익창출 구조 개선

수익성 확보는 지속가능한 경영 및 사회적 가치 창출을 위해서 반드시, 필요한 사항이다

이를 위해 먼저 예대마진에 의존한 수익 구조를 다변화해야 한다. 먼저 수수료 수익을 확대해야 한다. 수수료 수익은 미국 35%, 일본 50%, 한국 10% ~ 15%로 한국이 현저히 낮다. 좋은 품질의 서비스 제공을 위해서는 수수료 인상의 확대를 통한 수익 확보가 필요하다. 또한, WM 사업 부문을 강화해 관련 상품 판매를 통해 비이자 수익의 비중을 꾸준히 늘려야 한다. 더불어 현재 포화상태의 내수시장을 피해 적극적으로 해외로 진출해 새로운 기회를 찾아야 한다.

chapter

02 디플레이션형 부채위기와 정책방향

01 논제 개요 잡기[핵심 요약]

서론	이슈언급	버블 경제 시기에는 터무니 없는 기대심리와 무분별한 대출이 늘어나면서 부실대출을 양산함. 그리고 은행들과 중앙은행이 부실 대출의 위험을 인지한 순간 버블은 자신을 숨기며 꺼지기 시작하는 것처럼 보이지만, 실상은 부채를 부채로 돌려 막기 위해 대출금 규모를 늘리고, 그 과정에서 부채 수준이 전체적으로 올라가는 현상은 버블이 다가오고 있다는 전형적인 경고 신호임 돈과 신용 확대를 제한하거나 대출기준을 엄격하게 적용하면, 신용증가율과 소비는 둔화되고 부채상환문제가 점점 불거진다. 부채상환금액이 빌릴 수 있는 금액보다 커지면 상승 주기는 꺾이기 시작함. 신규대출이 줄어들고 채무자들에게는 상환압박이 가해진다. 이러한 상황이 명확해 질수록 신규대출의 문은 더욱 좁아짐. 결과적으로 소비와 투자가 둔화하면서 소득은 매우 더디게 증가하고 자산 가격도 내려감 채무자들이 대출기관에 부채를 상환하지 못하면, 기관들도 자신들의 채권자들에게 부채를 상환하지 못하게 됨. 주로 레버리지 비율과 악성 채무자 비율이 매우 높은 대출기관들이 가장 큰 압박에 시달림. 이 기관들은 연쇄 파급효과를 일으키며 신용등급이 높은 채무자들을 포함해 경제 전반에 막대한 위험을 떠 안김 이렇게 시작되는 부채위기를 해결할 열쇠는 정책 입안자가 적절한 정책 수단을 어떻게 활용하는 지 알고 있는가에서 시작됨

본론	**1. 부채부담을 줄이기 위한 정책**	1) 긴축
		2) 화폐 찍어 내기 (양적완화)
		3) 채무불이행과 채무재조정
		4) 가진 자에게서 없는 자에게로 부의 재분배
	2. 금융정책	1) 공포해소와 지급 보증
		2) 금융기관에 공적 자금 투입
		3) 국유화
	3. 통화정책	1) 통화정책1 (Monetary Policy1) (MP1)
		2) 통화정책2 (Monetary Policy2) (MP2)
		3) 통화정책3 (Monetary Policy3) (MP3)

2. 금융정책

1) 공포해소와 지급보증: 예금보험에 따른 보장금액을 확대하고 부채 인수범위도 확대할 수 있음. 시스템적으로 중요한 금융기관들에 중앙은행은 자금을 수혈 할 수 있음

2) 금융기관에 공적자금 투입: ① 시스템적으로 중요한 기관들의 지급능력 지원 ② 최종 대부자로서 금융지원 제공 또는 지급 보증

3) 국유화: 시스템적으로 중요한 금융기관의 자본재구성, 국유화, 손실보전

3. 통화정책

1) 통화정책1 (MP1): 금리조절을 통한 통화정책(MP1)은 경제에 광범위한 영향을 미친다는 점에서 가장 효과적임. 중앙은행은 금리 인하를 통해 경기를 부양함

2) 통화정책2 (MP2): 화폐 찍어내기 또는 금융자산 인수로 불리는 '양적완화(Quantitative Easing)가 통화정책 2(이하 MP2)임

3) 통화정책3 (MP3): 통화정책 3(MP3)은 투자자와 예금자 대신 소비자의 손에 돈을 직접 쥐여주며 소비를 장려함. 부자는 그렇지 않은 사람보다 늘어난 돈과 신용을 이용해 추가로 소비할 유인이 적음. 따라서 빈부격차가 크고 경제가 취약할 때는 부유하지 않은 사람들에게 소비할 기회를 제공하는 것이 훨씬 생산적임

결론	**의견제시**	양적 완화는 미국의 경제학자 밀턴 프리드먼이 제안했던 '헬리콥터 머니'에 이론적 기반을 두고 있음 양적 완화의 목적은 상품과 서비스의 가격 상승, 즉 인플레이션을 일으키는 데 있음. 하지만, 은행을 통한 양적 완화가 제대로 작동하지 않는 데는 기업과 서민의 돈줄을 쥐고 있는 상업은행이 위기일수록 위험해 보이는 대출을 꺼렸기 때문임. 돈이 필요한 곳에 가지 못한 것임. 또한 기업들은 미래의 전망이나 자사의 대차대조표의 위험 상태를 고려, 투자 대신 자사주를 사거나 낮아진 금리로 부채를 대환함. 2008년 글로벌 금융위기의 교훈임. 헬리콥터를 띄우는 것보다 어디에 띄우는지가 중요함. 이런 입장에서 새롭게 설득력을 얻고 있는 게 '모두를 위한 양적 완화'임. 물론 '모두를 위한 양적 완화"가 모두에게 환대 받는 건 아님. 여전히 많은 경제학자와 중앙은행가, 일반대중 가운데도 돈을 마구 뿌리면 하이퍼인플레이션을 일으킬 수 있다고 여김. 또한 사람들이 받은 돈을 지출하지 않을 것이기 때문에, 경제를 자극하지 못한다는 주장도 있음. 따라서 경기부양이 목적이라면 운영의 묘가 필요하다는 것임

02 논제 풀이

📈 서론

**이슈
언급** 역사적으로 잘 훈련된 소수의 국가만이 부채위기를 피해갈 수 있었다. 대출자체가 완벽하지 않을 뿐만 아니라 부실화되는 경우가 잦기 때문이다. 대출의 부실화는 부채사이클이 사람들의 심리에 영향을 주어 버블을 만들어내고, 이 버블이 폭발하는 양상으로 나타난다. 이를 잡으려는 정책 입안자의 노력이 없었던 것은 아니지만, 2008 글로벌 금융위기에서 보다시피, 지나치다 싶을 정도로 여신을 매우 느슨하게 관리하는 경우가 많았다. 왜냐하면 높은 성장이라는 당근이 이런 느슨한 관행에 정당성을 부여해 주었기 때문이다.

버블 경제 시기에는 터무니 없는 기대심리와 무분별한 대출이 늘어나면서 부실대출을 양산한다. 그리고 은행들과 중앙은행이 부실 대출의 위험을 인지한 순간 버블은 자신을 숨기며 꺼지기 시작하는 것처럼 보이지만, 실상은 부채를 부채로 돌려 막기 위해 대출금 규모를 늘리고, 그 과정에서 부채 수준이 전체적으로 올라가는 현상은 버블이 다가오고 있다는 전형적인 경고 신호이다.

돈과 신용 확대를 제한하거나 대출기준을 엄격하게 적용하면, 신용증가율과 소비는 둔화되고 부채상환문제가 점점 불거진다. 부채상환금액이 빌릴 수 있는 금액보다 커지면 상승 주기는 꺾이기 시작한다. 신규대출이 줄어들고 채무자들에게는 상환압박이 가해진다. 이러한 상황이 명확해 질수록 신규대출의 문은 더욱 좁아진다. 결과적으로 소비와 투자가 둔화하면서 소득은 매우 더디게 증가하고 자산 가격도 내려간다.

채무자들이 대출기관에 부채를 상환하지 못하면, 기관들도 자신들의 채권자들에게 부채를 상환하지 못하게 된다. 주로 레버리지 비율과 악성 채무자 비율이 매우 높은 대출기관들이 가장 큰 압박에 시달린다. 이 기관들은 연쇄 파급효과를 일으키며 신용등급이 높은 채무자들을 포함해 경제 전반에 막대한 위험을 떠 안긴다.

이렇게 시작되는 부채위기를 해결할 열쇠는 정책 입안자가 적절한 정책 수단을 어떻게 활용하는지 알고 있는가에서 시작된다.

정책입안자들은 경기 침체 초기에 금리를 인하하는 방식으로 대응한다. 하지만 금리가 0% 수준에 도달하면 더는 금리를 내릴 수 없어 경제 부양 효과를 기대할 수 없게 된다. 화폐 찍어내기나 통화가치 하락 같은 적절한 경기 부양책을 동반하지 않은 채, 채무 재조정과 긴축재정 정책이 주를 이룬다.

하지만 문제는 이러한 디플레이션형 부채 위기 진입의 시기와 탈출의 기간 동안 정책 입안자들은 적극적인 거시 정책을 적시에 어떤 방식으로 시행했느냐에 따라 위기 탈출의 기간과 결과는 많이 달라진다는 점이다. 부채위기에 대응할 가장 큰 장애물은 크게 두 가지이다. 정책 입안자가 대응할 방법을 잘 알지 못하거나 필요한 정책을 수행할 권한이 부족해 정치적·법적 한계에 부딪히기 때문이다.

그러나, 위기일수록 거시정책은 적극적이어야 한다.

2010년대 이후 전세계 경제는 꾸준히 디플레이션형 부채 위기에 직면해 왔으며, 가계부채와 기업부채의 부실 가능성이 위기로 꾸준히 지목되는 우리나라도 예외적 상황은 아니다.

이에 본지에서는 디플레이션형 부채위기 대응을 위한 정책들에 대해 알아보고 각 정책의 균형점에 대해 논하기로 한다.

<참조 : 금융위기 템플릿(레이 달리오)>

📈 본론

1. 부채부담을 줄이기 위한 정책	1) 긴축(Austerity)	① 정의 : 일반적으로는 경제활동을 억제하여 경기의 과열을 방지하려는 정책을 말한다. 즉, 긴축재정정책을 뜻한다. 구체적으로는 정부나 지방자치단체의 예산을 편성·실행함에 있어서, 지출을 삭감·억제함과 동시에 세금인상, 지준율인상, 공개시장 매각, 금리인상, 재할인율 인상 등의 정책을 실시하게 된다. 일반적으로 불황국면에서 정책입안자들은 긴축부터 시도한다. 위기를 자초하고 타인에게 손해를 입힌 주체가 비용을 부담하는 것이 당연하다고 여기기 때문이다. ② 문제점 　가. 강도 높은 긴축정책을 시행한다고 해서 부채와 소득이 균형을 이루지는 않는다는 점이다. 즉 지출을 줄이면 소득도 줄어든다. 따라서 매우 고통스러울 정도의 허리띠를 졸라매며 소비를 대폭 줄여야 소득대비 부채비율을 의미 있는 수준으로 줄일 수 있다.

	1) 긴축(Austerity)	나. 일반적으로 경기가 위축되면 정부세입이 줄어들지만, 정부지출은 오히려 늘어난다. 그 결과 재정적자는 확대된다. 이 때 정부는 재정건전성을 높일 목적으로 세금을 인상한다. → 긴축과 세금인상은 모두 큰 실책이 된다.
1. 부채부담을 줄이기 위한 정책	2) 화폐 찍어 내기 (양적 완화)	① 불황국면에서는 정부의 보호를 받지 않는 대출기관들을 중심으로 뱅크런이 일어나게 된다. 이때 중앙은행과 정부는 어떤 예금자와 채권자를 보호하고 구제할지, 어떤 금융기관이 시스템적으로 중요한지 결정해야 한다. 동시에 정부와 납세자가 감당해야 할 비용을 최소화하는 방향으로 경제주체들을 구제할 방법도 고민해야 한다. ② 이 시기에는 온갖 형태의 정부보증이 시스템적으로 중요한 금융기관들에게 제공되고 일부 기관은 국유화되기도 한다. 이러한 정책이 얼마나 빠르고 순조롭게 진행될지는 많은 정치적·법적 요소에 달려있다. 필요한 자금은 정부예산과 중앙은행이 찍어낸 돈으로 충당된다. 물론 정부는 세금과 국채발행을 통해 자금을 조달할 수도 있지만, 불황국면이라 용이하지 않다. 결국 중앙은행은 돈을 추가로 찍어내어 국채를 사들이는 방안을 택할 가능성이 높다. ③ 다음으로는 신용경색(금융기관이 미래불확실성을 대비하기 위해 돈을 제대로 공급하지 않아 기업들이 자금난을 겪는 현상)을 완화하고 경기를 부양하는 단계를 거친다.
	3) 채무불이행 (Debt default) 과 채무재조정(Debt Restructuring)	궁극적으로 미래의 현금과 신용 흐름을 확보하고 경제적 번영을 되찾으려면 기존의 악성부채를 정리하는 과정이 무엇보다 중요하다. ① 특히 부실금융기관들을 처리하는 각종 규제 개혁이 잇따라 추진된다. 규제개혁을 통해 은행영업과 노동시장 형태를 바꿀 수 있다. 미국에서는 1930년 대 예금자보호제도와 2010년 도드 - 프랭크 법과 볼커룰을 도입한 바 있다. 그 밖에도 은행의 신용 기준을 개선하고, 외국은행의 국내시장 진입을 허용하여 산업경쟁력을 끌어 올리고, 자기자본 요건을 높이고, 채권자 보호 기능을 없애는 등의 규제개혁이 이루어지기도 한다. ② 구체적으로 부실채권을 처분하는 방법은, 가. 상환기간 연장 등을 통한 부채 재조정 나. 출자전환(부채를 주식과 맞바꾸는 행위. 이를 통해 채권자는 주주가 되고 경영정상화를 거쳐 기업을 매각하고 투자금을 회수할 수 있다)과 자산 동결

다. 제3자에 자산 매각

라. 증권화(유동성이 낮은 대출채권을 시장에서 거래할 수 있는 증권 형태로 전환)

③ 부실 금융기관의 자산과 일반 금융기관의 부실자산을 관리하는 방법은 두 가지가 있다.

가. 독립된 자산관리 회사에 자산을 매각 : 재조정을 거치거나 처분한다.

자산관리회사를 이용하면 부채문제를 빠르게 해결할 수 있다. 여러 부실채권이 한곳으로 통합되어 매각과 재조정을 거치고, 기존은행들은 부실채권을 털어낸 후 영업을 재개할 수 있기 때문이다. 자산관리 회사는 종종 시장가를 웃도는 가격으로 자산을 매입하여 은행에 유동성을 공급하기도 한다. 주로 공기업인 자산관리회사는 납세자가 부담할 비용과 자산시장의 혼란을 최소화하는 동시에, 일정 기간(10년) 내에 자산을 매각하도록 법으로 규정되어 있다.

이를 위해 부실기관의 수익자산은 신속하게 마각하고, 무수익 자산은 시간을 들여 관리한 후 매각하다. 보통은 직간접적인 정부의 부채 인수 형태로 자금을 지원받는 데, 법률상 제약, 정치적 제약, 자금 조성상 제약 등으로 부실채권을 제대로 인지하고 재조종하는 데 어려움을 겪을 수 있다.

나. 최초 대출기관의 재무상태표에 부채를 그대로 남겨 관리하는 방법

최초 대출기관이 정부 보증을 받는 경우, 종종 부실채권을 직접 관리하는 게 허용된다. 이 때, 최초 대출기관은 공공 자산관리회사에 가깝다. 그 밖에 손실 금액이 너무 크지 않거나 중앙집중형 자산관리회사를 설립할 만한 전문적인 기술이 없고, 다른 효과적인 해결 방법을 이미 찾은 경우, 부실채권은 채권자의 재무상태표에 그대로 남게 된다.

보통은 채무 재조정을 통해 남은 부채 상환 금액을 관리할 수 있다. 채무재조정은 출자 전환, 부채탕감, 금리인하의 형태로 이루어지거나, 단기 대출을 장기대출로 전환하는 방식으로 진행된다.

① 버블 시기에 벌어진 빈부격차는 불황기에 힘들어하는 소외계층의 분노를 일으키기 쉽다. 부자와 빈자가 정부 예산을 공유해야 하는 상황에서 불경기를 맞게 되면 경제적, 정치적으로 갈등이 빚어진다.

---

1. 부채부담을 줄이기 위한 정책

3) 채무불이행 (Debt default) 과 채무재조정(Debt Restructuring)

4) 가진 자에게서 없는 자에게로 부의 재분배

1. 부채부담을 줄이기 위한 정책	4) 가진 자에게서 없는 자에게로 부의 재분배	② 이러한 시기에는 포퓰리즘이 득세하는 경향이 있다. 호황기에 부자들은 돈을 더 많이 번다. 특히, 금융산업에 몸담은 부자들의 탐욕이 위기의 원인으로 지목되는 상황에서 부자증세는 정치적으로 매력적인 수단이 된다. ③ 정치적으로 재분배를 요구하는 목소리가 커진다. 부자들은 자산을 지킬 방법과 장소를 물색하면서 자산시장과 통화시장이 흔들리기 시작한다. ④ 이렇게 고소득 납세자가 떠난 지역에는 '경제공동화' 현상이 일어날 수 있다. 정부세수가 줄어들면서 지역의 부동산 가치가 급락하고 복지가 줄어들기 때문이다. ⑤ 일반적으로 소득세, 부동산세, 소비세 등 세수를 늘리는 데 가장 효과적인 형태로 증세가 이루어진다. 재산 대부분이 비유동자산이면 사실상 세금징수가 쉽지 않기 때문에 부유세와 상속세의 증세효과가 미미한데도 역시 인상되곤 한다. 하지만 세금을 내기 위해 납세자가 자산을 억지로 매각하면 오히려 투자심리를 해칠 수 있다.
2. 금융정책	1) 공포해소와 지급보증	예금보험에 따른 보장금액을 확대하고 부채 인수범위도 확대할 수 있다. 시스템적으로 중요한 금융기관들에 중앙은행은 자금을 수혈할 수 있다. 뿐만 아니라 정부는 예금을 동결하여 은행들의 유동성을 유지할 수 있다. 그러나 이러한 방법들은 공포를 조장하기 때문에 바람직하지 않지만 유동성을 공급할 수 없을 때에는 꼭 필요한 조치이다.
	2) 금융기관에 공적자금 투입	① 시스템적으로 중요한 기관들의 지급능력 지원 우선 정부는 민간부문이 문제를 해결할 수 있도록 이끌어야 한다. 부실한 은행과 건실한 은행의 합병을 지원하고 민간부문에 더 많은 자본이 투입되도록 관련 정책을 추진할 수 있다. 회계규정을 조정하여 즉각적인 자본 수요를 줄여 지급능력을 유지하고 기관들이 문제를 스스로 해결할 시간을 벌어줄 수도 있다. ② 최종 대부자로서 금융지원 제공 또는 지급 보증
	3) 국유화	시스템적으로 중요한 금융기관의 자본재구성, 국유화, 손실보전 : 공적자금 투입 방법이 역부족이라면 정부가 나서서 부실은행의 자본구성을 재편해야 한다. 위기가 악화되지 않게 하려면 무엇보다 채권자들을 안정시키고 신용공급을 유지하는 것이 중요하다.

3. 통화정책

1) 통화정책 (Monetary Policy1) (MP1)

① 금리조절을 통한 통화정책(MP1)은 경제에 광범위한 영향을 미친다는 점에서 가장 효과적이다. 중앙은행은 금리인하를 통해 경기를 부양한다.

② 이를테면 낮아진 금리덕분에 투자자산의 현재가치가 오르면 양(+)의 자산효과를 얻는다. 월 결제금액이 줄어들면서 내구재와 주택 등 금리에 민감한 상품군에 대한 수요를 증가시켜 신용구매를 촉진하고, 부채상환을 줄여 현금흐름과 소비를 개선할 수 있다.

③ 보통 MP1은 부채위기가 발생할 때 가장 처음 시도하는 정책이지만, 단기금리가 0%대를 찍으면 더 이상 효과적으로 작동하지 않는 다는 문제점이 있다. 또한 아무리 금리가 낮아져도 은행들이 신용문제로 기업이나 개인의 부도가능성이 높아져 자금을 융통하지 않으면 금리인하정책은 더 이상 효과적이지 않게 된다. → 중앙은행이 직접 자금을 공급하는 통화정책 2(MP2)의 필요성이 대두되고 있다.

2) 통화정책 (Monetary Policy2) (MP2)

① 화폐 찍어내기 또는 금융자산 인수로 불리는 '양적완화(Quantitative Easing)가 통화정책 2(이하 MP2)이다.

② 중앙은행은 채권 같은 금융자산을 인수하고 그 대가로 투자자와 예금자에게 현금을 건넨다. 투자자와 예금자는 이 현금으로 다른 매력적인 금융자산을 사들인다. 돈과 신용으로 무엇을 하는가에 따라 모든 게 결정된다. 그들이 투자한 자산이 소비를 촉진하면 경기를 부양할 수 있다. 반대로 금융자산처럼 소비와 관련 없는 자산에 투자하면 시장에서 매우 높은 수익을 낸 후에야 돈이 소비로 흘러가게 된다. 그런 사람들은 투자수익을 얻은 후에야 소비를 늘릴 수 있기 때문이다. 즉, 양적 완화 정책은 금융자산을 보유한 투자자와 예금자에게 그렇지 않은 사람들보다 더 많은 혜택을 안겨 주므로 빈부격차는 벌어지게 된다.

③ 일반적으로 MP2는 MP1보다 효과가 덜하지만 위험프리미엄(투자자가 추가로 위험을 부담한 댓가로 받는 보상)과 유동성프리미엄(현금 대신 유동성이 부족한 자산을 매입한 대가로 받는 보상)이 큰 상황에서는 이러한 프리미엄을 낮추기 때문에 가장 효과적이다. 위험프리미엄이 높을 때 시중에 돈이 유입되면, 실제 위험은 줄어드는 동시에 기대수익이 높은 위험자산을 매입하려는 움직임이 늘어나 자산가격이 오르면 양의 자산효과로 이어진다.

	2)통화정책 (Monetary Policy2) (MP2)	④ 하지만 시간이 지나면서 위험프리미엄이 감소하고 자산가격 상승이 한계에 다다르면 경기부양을 위한 양적 완화 정책은 효과가 떨어지고 자산효과도 사라진다. 즉, 가격이 높고 기대수익률이 낮으면 위험을 감수하는 대가가 너무 적어져 투자자들이 호가를 하지 않게 되고 이는 또다시 기대수익을 낮춘다. 수많은 자산을 보유한 투자자일지라도 수익률이 매우 낮은 현금을 더 매력적인 수단으로 여길 수 있다. 그 결과 양적 완화 효과는 점점 줄어든다. ⑤ 저금리와 위험자산에 대한 낮은 프리미엄으로 통화정책은 구조적 문제에 봉착한다. 저금리는 MP1의 효과를, 낮은 프리미엄은 MP2의 효과를 떨어뜨리기 때문이다. 이런 한계상황에 이르면 중앙은행은 두 정책 수단으로는 경기를 부양할 수 없게 된다.
3. 통화정책	3) 통화정책 (Monetary Policy) 3 (MP3)	① 통화정책3(MP3)은 투자자와 예금자 대신 소비자의 손에 돈을 직접 쥐여주며 소비를 장려한다. 부자는 그렇지 않은 사람보다 늘어난 돈과 신용을 이용해 추가로 소비할 유인이 적다. 따라서 빈부격차가 크고 경제가 취약할 때는 부유하지 않은 사람들에게 소비할 기회를 제공하는 것이 훨씬 생산적이다. ② 화폐 발행과 가계에 현금을 직접 전달 : 소비자의 손에 직접 돈을 쥐여주는 방식을 '헬리콥터 머니'라고 일컫는다. 예를 들면 대공황 시절 미국에서는 퇴역군인들에게 참전수당을 지급했다. ③ 돈을 투입하는 방식은 다양하다. 모든 사람에게 동일한 금액을 지급하거나 특정계층을 중심으로 지원하는 방법이 있다. 예를 들면, 부유층보다는 빈곤층에 돈을 주는 것이다. 돈은 일회성 지원금으로 지급하거나, 기본소득처럼 지속적으로 지원할 수도 있다. 이처럼 다양한 지급방식으로 소비로 이끌 유인책을 함께 제공할 수도 있다. 예를 들면, 1년 안에 받은 돈을 소비하지 않으면 혜택이 사라지도록 설정하는 것이다. 그 밖에 은퇴, 교육, 중소기업 투자 등 사회적으로 바람직한 부문에 소비와 투자가 이루어지도록 돈을 특정 투자자금으로 돌릴 수 있다. 또 다른 방법은 양적 완화를 통해 인수한 자산을 정부 대신 가계에 분배할 수도 있다.

결론

**의견
제시** 　아름다운 디레버리징은 세 가지 정책 수단을 균형 있게 조합할 때 발생한다. 균형 있게 조합되어야 견디기 힘든 충격이 완화되고 인플레이션이 유발되어 긍정적인 경제성장을 이루고 이를 통해 부채 부담이 감소되기 때문이다.

　특히 재정정책과 통화정책은 조화롭게 시행되어야 한다.

　아름다운 디레버리징이 진행되는 동안 경제활동과 자본형성의 회복 속도가 더디긴 하지만, 결국 금융체계는 정상화 된다.

　일반적으로 실물경제가 위기 이전의 정점 수준으로 회복하려면 5 ~ 10년이 걸린다. 이 때문에 잃어버린 10년이라는 용어까지 등장했다. 주가가 과거의 고점을 찍으려면 이보다 더 오랜 기간이 소요된다.

　양적 완화는 미국의 경제학자 밀턴 프리드먼이 제안했던 '헬리콥터 머니'에 이론적 기반을 두고 있다. 대공황시기 미국의 통화량(현금과 예금)은 4년 간 3분의1이나 줄었다. 돈의 감소는 수요의 위축을 불러오고 생산된 상품은 판로를 잃었다. 상품은 남아돌지만 돈이 없어 상품을 사지 못하는 '풍요 속의 빈곤'이 현실화한 것이다.

　프리드먼은 이런 경우 돈을 헬리콥터로 살포해야 한다고 제안한다. 디플레이션 경제에 충격을 줘 경제침체를 타개하는 긴급단기처방이다. 추가적인 돈은 구매력을 높여 기업은 더 많은 것을 생산하며, 임금은 올라가게 된다는 논리다. 글로벌 금융위기에서 미연준의 양적 완화는 바로 '헬리콥터 머니' 이론을 따른 것이다. 그러나 결과는 절반의 성공이었다.양적 완화의 목적은 상품과 서비스의 가격 상승, 즉 인플레이션을 일으키는 데 있다. 미 연준의 양적 완화 역시 가격상승을 불러왔지만 문제는 자산가들의 배만 채워줬다. 주식, 채권, 예술품, 와인까지 자산가들이 좋아하는 자산이 중앙은행 화폐에 의해 가격이 올라 최고가를 기록했다. 미연준의 양적기간인 2010 ~ 2014년에는 원유 및 원자재가 급등했는데, 양적 완화로 만들어낸 돈의 혜택을 받지 못한 서민들은 더 힘들어졌다. 에너지와 식품의 비용상승을 감당하지 못해 비필수품목의 지출을 줄여나갔다. 결국 비필수품목의 가격 하락이 필수품목의 가격 상승을 상쇄하면서 인플레이션은 불발됐다. 더욱이 자산가들의 돈은 신흥시장의 더 높은 금리를 좇는 핫머니로 개도국을 또 한번 위기에 빠트리게 된다.

　일본의 양적 완화를 통한 인플레이션의 무기력은 정부와 중앙은행의 손발이 맞지 않은 데 있다. 공격적인 통화 및 재정부양책을 통해 잃어버린 20년을 끝내려 했지만 2014년 일본 정부는 소비세를 5%에서 8%로 올리는 조치를 취했다. 국가부채를 우려한 IMF의 권고에 따른 것으로, 세금인상으로 오히려 돈을 사람들로부터 빼앗는 결과를 낳았다.

　은행을 통한 양적 완화가 제대로 작동하지 않는 데는 기업과 서민의 돈줄을 쥐고 있는 상업은행이 위기일수록 위험해 보이는 대출을 꺼렸기 때문이다. 돈이 필요한 곳에 가지 못한 것이다. 또한 기업들은 미래의 전망이나 자사의 대차대조표의 위험 상태를 고려, 투자 대신 자사주를 사거나 낮아진 금리로 부채를 대환했다. 2008년 글로벌 금융위기의 교훈이다. 헬리콥터를 띄우는 것 보다 어디에 띄우는지가 중요하다.

　이런 입장에서 새롭게 설득력을 얻고 있는 게 '모두를 위한 양적 완화'다. 2012년 경제학자 존 뮤엘바우어는 동명의 논문에서 모든 유럽연합 시민들에게 500유로를 나눠줄 것을 제안했다. 당시 주목 받지 못했지만 현실화하는 모양새다.

모두를 위한 양적 완화의 방안으로 두 가지 유형이 존재한다.

하나는 돈을 직접 사람들에게 나눠 줘 단기적으로 지출을 늘리는 것이고, 또 다른 하나는 장기 투자를 통해서 경제를 재균형화하는 방안이다.

흔히 '헬리콥터 머니'로 부르는 게 바로 모두에게 직접 돈을 주는 방안이다. 이 경우 경제가 충격을 받은 직후 경제의 공급 측면이 심각한 손상을 입기 전에 작동하는 게 좋다. 프리드먼에 따르면, 헬리콥터는 단지 한 번만 날아야 한다. 중앙은행이 직접 돈을 지급하는 방식부터 채무경감, 세금감면, 공공프로젝트 추진, 민간 기업에 직접 투자 등 다양한 방식의 양적 완화는 존재한다.

물론 '모두를 위한 양적 완화'가 모두에게 환대 받는 건 아니다. 여전히 많은 경제학자와 중앙은행가, 일반대중가운데도 돈을 마구 뿌리면 하이퍼인플레이션을 일으킬 수 있다고 여긴다. 또한 사람들이 받은 돈을 지출하지 않을 것이기 때문에, 경제를 자극하지 못한다는 주장도 있다. 따라서 경기부양이 목적이라면 운영의 묘가 필요하다는 것이다. 가령 저축을 억제하는 형식, 여섯 달 후에 만료되고 현금과 교환되지 않는 선불 현금 카드 방식이 한 예가 될 수 있다.

chapter 03 | 그림자금융 (Shadow Banking)

01 논제 개요 잡기 [핵심 요약]

서론	이슈언급		시스템리스크란 개별 금융회사 손실이 다른 금융회사 손실로 전이될 가능성이 높고, 금융시장 변동성 확대와 실물 경제 충격으로 사회적 혼란을 초래할 수 있는 위험을 말함. 2008년 금융위기의 경우 시스템리스크 관리 실패가 주된 원인으로 지목됨. 파생상품, RP, 유동화증권 등 그림자금융은 레버리지를 일으킬 수 있고, 구조화를 통해 신용위험과 만기를 변환시키는 것이 가능해 평상시엔 손실 위험이 적지만 위기 상황에선 손실 규모가 확대됨. 한국의 경우 그림자금융이 중국 다음으로 빠른 속도로 증가했으며 국내총생산(GDP) 대비 비중도 주요국 평균 증가율을 웃돌고 있음. 그 이유는 고위험·고수익 상품에 대한 투자수요 증가와 금융투자회사를 중심으로 그림자금융 공급을 늘렸던 것이 주된 원인으로 작용함
본론	1. 그림자 금융의 개념과 기능	1) 개념	① 그림자금융 시장 : 고수익을 목적으로 구조적 채권매매를 통해 새로운 유동성을 창출하는 금융시스템을 갖고, 중앙은행의 규제나 감독을 받지 않는 금융기관에 의해 주도되는 금융유형 ② 그림자금융 회사. ③ 그림자 금융 상품 : 머니마켓펀드(MMF), 환매조건부채권(RP), 자산유동화증권(ABS), 부외거래투자 같이 고수익을 목표로 하는 금융상품 → 대표적인 상품사례는 신용부도스왑(CDS. Credit Default Swap)

chapter 03 그림자금융(Shadow Banking) ▪ 307

본론	**1. 그림자 금융의 개념과 기능**	2) 기능	① 순기능 : 호황기 → 금융자본의 효율적 운용에 기여, 은행의 자금중개 기능 보완 ② 역기능 : 불황기 → 대규모 자금인출과 환매로 경기 침체 가속화, 그림자금융이 보통 갖는 과도한 레버리지는 부실규모를 확대, 엄격한 규제체계와 명확한 공적 보호 장치가 적용되지 않아 불황기에 리스크 규모의 예측도 불가능
		3) 현황	
	2. 과거 미국내 그림자 금융의 폐해	1) 서브프라임 자산유동화증권 (ABS)	
		2) 신용부도스왑 (CDS: Credit Default Swap) & 부실부채담보부 증권(CDO)	
		3) 사례를 통해 본 그림자금융의 문제점	① 규제의 사각지대 : 중앙은행의 규제와 감시를 벗어남 ② 무담보 자금 조달 : 차입이나 기업어음(CP)를 발행해 담보 없이도 자금조달 ③ 복잡한 구조로 인한 이해 접근성 : 자산유동화증권, 파생상품과 같은 투자상품에 대한 위험성 인지 부족 및 은폐거래 ④ 분식회계의 텃밭(리먼프라더스 500억 달러 은폐)
	3. 한국의 그림자금융	1) 현황 <출처 : 자본시장 연구원>	① FSB(2020) 발표에 따르면 한국은 해외 주요 국가대비 그림자금융 규모가 빠르게 증가함 ② 한국 증권회사는 고수익 금융투자상품 수요 증가에 부합하기 위해 ELS·DLS, RP 매도, 부동산PF 채무보증 등 그림자금융 취급을 빠르게 늘려옴 ③ 한국 그림자금융의 구조 : 은행, 증권사, 보험 등 금융기관이 자산유동화증권의 약 64%를 보유하고 있는 구조 → 위기발생 시 금융시스템 전반으로 위험이 확산될 가능성↑ ④ 한국 그림자금융의 급성장 원인 : 글로벌금융위기 이후, 관리당국은 은행에 대한 규제강화에 주력하였으나 비은행부문은 상대적으로 규제가 느슨해짐 → 규제차익과 저금리기조에서 수익성 제고를 위한 금융사들의 위험추구성향으로 금융위기 이후 성장세가 급등

	1) 현황 <출처 : 자본시장 연구원>	⑤ 부동산 그림자금융 : 부동산 프로젝트파이낸싱(PF) 비중이 상당히 큼. 부동산 그림자금융은 은행과 유사한 기능을 수행하지만, 은행처럼 엄격한 건전성 규제를 받지 않는 자금 중개기구나 상품을 말함
본론	**3. 한국의 그림자금융**	① 잠재리스크가 큰 그림자 금융에 대한 규제를 강화해야 함
	2) 해결방안	② 최근 증권업의 시스템리스크 잠재위험이 증가하고 있고, ELS · DLS, RP 매도, 부동산PF 채무보증 등 시스템리스크에 취약한 그림자금융 운용 규모가 빠르게 증가하고 있어 위기상황에서 증권업이 시스템리스크를 촉발시키지 않도록 위험관리를 강화할 필요가 있음
		③ 무엇보다 ELS·DLS, RP 매도, 부동산PF 채무보증 등 그림자금융의 건전한 발전을 유도할 필요가 있음
		④ 개별 증권회사의 손실이 타 금융회사의 손실로 전이될 수 있는 경로를 면밀하게 모니터링하고 손실 전이 위험을 최소화 해야 함
결론	**의견제시**	① 금융기관에 대한 엄중한 감시 ② 그림자 금융 현황에 대한 파악과 제도적 정비 마련 ③ 파생상품 등 구조화 금융 전문가 양성 ④ 증권업의 시스템리스크 잠재위험은 우려할 수준은 아니지만 최근 5년 간 꾸준히 증가하고 있고, 증권업 내 손실 전이 위험은 타금융업권에 비해 비교적 큰 점은 주의가 필요함

02 논제 풀이

 서론

**이슈
언급** 코로나19 여파로 증권사 시스템리스크 우려가 부각된 가운데 그림자금융이 이 리스크를 더욱 키울 수 있다는 경고가 나왔다. 다만 증권사들의 시스템리스크가 증가하긴 했지만 여전히 은행업보다는 낮으며 잠재 위험이 당장 우려할 수준은 아닌 것으로 평가됐다.

시스템리스크란 개별 금융회사 손실이 다른 금융회사 손실로 전이될 가능성이 높고, 금융시장 변동성 확대와 실물 경제 충격으로 사회적 혼란을 초래할 수 있는 위험을 말한다. 2008년 금융위기의 경우 시스템리스크 관리 실패가 주된 원인으로 지목됐다.

코로나19 여파로 증권사 시스템리스크 우려가 부각된 가운데 그림자금융이 이 리스크를 더욱 키울 수 있다는 경고가 나왔다. 다만 증권사들의 시스템리스크가 증가하긴 했지만 여전히 은행업보다는 낮으며 잠재 위험이 당장 우려할 수준은 아닌 것으로 평가됐다.

시스템리스크란 개별 금융회사 손실이 다른 금융회사 손실로 전이될 가능성이 높고, 금융시장 변동성 확대와 실물 경제 충격으로 사회적 혼란을 초래할 수 있는 위험을 말한다. 2008년 금융위기의 경우 시스템리스크 관리 실패가 주된 원인으로 지목됐다.

그 동안 증권사들은 주가연계증권(ELS) 등 파생결합증권의 헤지 운용, 환매조건부채권(RP) 매도, ABCP 발행, 채무보증 등을 늘리면서 차입 부채가 늘어나는 등 유동성 위험이 꾸준히 증가했다. 실제 최근 코로나 여파로 글로벌 증시가 급락하면서 증권사들의 ELS 자체 헤지와 관련한 대규모 마진콜이 발생, 시장을 교란시키면서 시스템리스크가 부각된 바 있다.

증권사들의 건전성 지표도 악화됐다. 최근 10년 간 국내 은행의 국제결제은행(BIS) 비율은 15%에서 17%로 개선된 반면 증권사들의 구 영업용순자본비율(NCR)은 577%에서 381%로 하락하고 레버리지비율도 증가했다. 특히 파생상품과 RP, 유동화증권 등 그림자금융이 늘어난 것에도 주목했다. 그림자금융은 신용창출 기능을 수행하지만 은행업 규제를 받지 않는 금융상품 또는 금융기관을 뜻한다. 파생상품, RP, 유동화증권 등 그림자금융은 레버리지를 일으킬 수 있고, 구조화를 통해 신용위험과 만기를 변환시키는 것이 가능해 평상시엔 손실 위험이 적지만 위기 상황에선 손실 규모가 확대된다. 한국의 경우 그림자금융이 중국 다음으로 빠른 속도로 증가했으며 국내총생산(GDP) 대비 비중도 주요국 평균 증가율을 웃돌고 있다. 그 이유는 고위험 · 고수익 상품에 대한 투자수요 증가와 금융투자회사를 중심으로 그림자금융 공급을 늘렸던 것이 주된 원인으로 작용했다.

2008년 글로벌금융위기의 주요 원인으로 지목되면서 수면위로 들어난 일명 '그림자 금융 시스템'은 투자대상의 구조가 복잡해 손익이 투명하게 드러나지 않는 특징을 바탕으로 금융기관 간 위험의 상호 전이 가능성을 부추기며 세계 금융시스템 전체를 위기로 몰아넣었다. 이러한 그림자 금융의 존재가 현재 세계 금융시장에 지속적인 위협요인이 되고 있는 바, 이에 그림자 금융에 대하여 알아보고, 최근 이슈화되고 있는 우리의 '그림자금융' 위기와 대처방안에 대하여 논하여 본다.

📈 본론

1. 그림자 금융의 개념과 기능	1) 개념	① 그림자금융 시장 : 고수익을 목적으로 구조적 채권매매를 통해 새로운 유동성을 창출하는 금융시스템을 갖고, 중앙은행의 규제나 감독을 받지 않는 금융기관에 의해 주도되는 금융유형(금융의 본래 기능 제조회사를 지원하여 이익을 공유(이자수입)). → 금융지주사들이 계열사를 앞세워 고수익 추구을 추구하며 고위험 투자를 일삼는 형태로 변질됐다. ② 그림자금융 회사 : 증권사나 여신전문회사(아메리칸인터내셔날그룹, AIG등), 리먼브러더스, 베어스턴트 등 대형회사로부터 작게는 전당포에 이르기까지 투자은행, 헤지펀드, 구조화투자회사(SIV) 등 비은행권 금융상품을 다루는 기관에 대한 총칭이다.

1. 그림자 금융의 개념과 기능	1) 개념	③ 그림자 금융 상품 : 머니마켓펀드(MMF), 환매조건부채권(RP), 자산유동화증권(ABS), 부외거래투자 같이 고수익을 목표로 하는 금융상품 → 대표적인 상품사례는 신용부도스왑(CDS. Credit Default Swap). Cf. IMF에서 정의한 그림자금융 1. 만기 이전 : 단기 자금으로 장기 자산을 매입 2. 유동성 이전 : 대출과 같은 팔기 어려운 자산을 유동화 3. 레버리지 : 돈을 빌려서 수익이나 손실을 확대 4. 신용리스크 이전 : 대출자의 디폴트 등과 같은 리스크를 다른 쪽으로 이전
	2) 기능	① 특징 : 부채(레버리지)를 이용한 거래가 대부분 → 시장에 민감하게 반응한다. ② 기능 　가. 순기능 : 호황기 → 금융자본의 효율적 운용에 기여, 은행의 자금중개 기능을 보완한다. 　나. 역기능 : 불황기 → 대규모 자금인출과 환매로 경기 침체 가속화, 그림자금융이 보통 갖는 과도한 레버리지는 부실규모를 확대, 엄격한 규제체계와 명확한 공적 보호장치가 적용되지 않아 불황기에 리스크 규모의 예측도 불가능하다.
2. 과거 미국 내 그림자 금융의 폐해	3) 현황	① 전 세계 그림자 금융 규모가 45조 달러를 돌파했다(2014년 36조 달러 → 2016년 45조 달러). 　가. FSB가 발표한 2017 보고서에 따르면 전 세계 그림자 금융 규모는 2016년 기준 45조 2천억 달러로 집계됐다(전 세계 금융자산의 13%를 차지하는 것으로 전년보다 8% 가까이 늘어남). 　나. 이번 지표에는 전 세계 국내총생산(GDP)의 80%를 차지하는 29개 국가의 자료가 포함됐다. 중국의 그림자 금융은 7조 달러로 전체의 15.5%를 차지했다. 룩셈부르크의 그림자 금융은 3조2천억 달러로 전체의 7.2%를 차지했다. ② 하지만 그림자 금융을 추정하는 것은 사실상 매우 어려운 것으로 FSB가 발표하는 수치도 매우 보수적으로 추정한 것이라고 Financial Times는 보도했다.
	1) 서브프라임 자산유동화 증권(ABS)	① 정의 : 특정 자산으로부터 나오는 일련의 현금흐름을 증권 구매자에게로 인도하는 것을 약정한 증권을 말한다. ② 위험 전개 과정 　가. 위험 배경 : 신용도나 자산력이 낮은 서민들을 대상으로 한 주택담보 대출 서브프라임 모기지론은 110%의 주택담보비율(LTV)를 적용하였고, 대출수요가 증가됨에 따라 금융기관들은 부족한 자금을 ABS의 하나인 주택저당증권(MBS)을 발행하여 충당하였으며, 주택가격 하락에 대비하여 이를 파생상품으로 hedge한 구조로 판매된다.

2. 과거 미국 내 그림자 금융의 폐해	1) 서브프라임 자산유동화 증권(ABS)	나. 위험 전개 : 주택가격 급등에 따라 미국정부에서 집값 안정을 위하여 금리를 인상하자, 서브프라임 계층의 이자부담이 가중되자 주택시장에 매물이 급증하며, 이에 주택가격이 급속도로 하락하게 되어 서브프라임 계층도 파산하기에 이른다. 다. 결론 : 이 같은 일련의 과정은 대형은행들의 부실로 이어지며 서브프라임 모기지에 투자했던 투자회사들과 은행들도 부도로 이어지게 된다. → 그 중 대형금융회사인 리먼브라더스가 결국 부도 처리되며 2008년 미국발 금융위기가 시작됐다.
	2) 신용부도 스왑(CDS: Credit Default Swap) & 부실부채담보부증권(CDO)	① 정의 : 기업이 발행한 채권을 매입한 은행이 채권발행기업의 부도를 우려해 원금(채권금액)을 보상받기 위하여 든 보험을 말한다. ② 위험 전개 과정 가. 위험 배경 : 대형 보험회사 AIG는 CDS, CDO를 판매하며 미국시장 호경기에 막대한 수수료(보험료)수입을 올리고 있었다. 나. 위험 전개 : 2008년 금융위기로 많은 기업들이 도산한다. → AIG는 엄청난 보험금을 부담하게 되며 파산 직전에 몰린다. 다. 결론 : 이후 업계로의 파장을 우려한 미국 정부의 공적 자금 지원으로 겨우 해결하고, AIG는 파산은 면한다. 그러나 아직도 정신 못 차린 AIG는 보너스잔치, 정부공격(소송 및 취하) 중이다.
	3) 사례를 통해 본 그림자금융의 문제점	① 규제의 사각지대 : 중앙은행의 규제와 감시를 벗어났다. ② 무담보 자금 조달 : 차입이나 기업어음(CP)를 발행해 담보 없이도 자금 조달을 말한다. ③ 복잡한 구조로 인한 이해 접근성 : 자산유동화증권, 파생상품과 같은 투자상품에 대한 위험성 인지 부족 및 은폐거래 ④ 분식회계의 텃밭(리먼프라더스 500억 달러 은폐)
3. 한국의 그림자 금융	1) 현황 <출처 : 자본시장 연구원>	① FSB(2020년) 발표에 따르면 한국은 해외 주요 국가대비 그림자금융 규모가 빠르게 증가했다. 가. 2018년 말 한국의 그림자금융 규모는 8,400억 달러로 2006년 대비 192% 증가했다. 동기간 한국의 그림자금융 규모는 중국 다음으로 빠른 속도로 증가했으며, GDP 대비 그림자금융 비중도 20%p 증가하는 등 주요국 평균 증가율(-0.8%p) 대비 다소 높다. 한국의 그림자금융 규모가 상대적으로 빠르게 증가한 데에는 고위험·고수익 상품에 대한 투자수요 증가와 금융투자회사를 중심으로 그림자금융 공급을 늘렸던 것이 주된 원인인 것으로 판단한다.

＜국가별 협의의 그림자금융 규모＞

(단위: 10억달러)

	2006년 규모(A)	2018년 규모(B)	규모 증감 ((B-A)/A)	2006년 GDP 대비 비중(C)	2018년 GDP 대비 비중(D)	GDP 대비 비중 증감 (D-C)
한국	287	840	192%	33.2%	53.0%	19.8%p
미국	16,633	15,201	-9%	120.1%	74.0%	-46.1%p
독일	846	1,992	135%	30.9%	51.0%	20.1%p
프랑스	1,028	1,542	50%	57.1%	57.0%	-0.1%p
일본	2,673	2,951	10%	55.8%	59.0%	3.2%p
중국	5	7,845	174,222%	0.1%	61.0%	60.9%p
평균 (중국외)			76%	59.4%	58.8%	-0.6%p

자료: FSB(2020)

3. 한국의 그림자 금융

1) 현황
<출처 : 자본 시장 연구원>

나. 한국 증권회사는 고수익 금융투자상품 수요 증가에 부합하기 위해 ELS·DLS, RP 매도, 부동산PF 채무보증 등 그림자금융 취급을 빠르게 늘려왔다. 2019년말 ELS·DLS 발행잔액은 106조 원으로 2009년 21조 원 대비 5배 증가했으며 증권업 자기자본 대비 ELS·DLS 발행잔액 비중은 68%에서 178%로 약 3배 가까이 증가했다. 채무보증 규모의 증가세는 더욱 가파르다. 2019년 말 증권업 채무보증 규모는 46조 원으로 2009년 2조 원에서 23배 증가했으며, 동기간 자기자본 대비 채무보증 규모는 7%에서 78%로 71%p 증가했다. ELS·DLS 및 채무보증 모두 운용과정이 복잡하고 투명성이 낮으며, 고객에게 판매하는 상품과 증권회사 운용자산 사이에 신용 및 만기 변환이 이루어질 수 있다.

② 한국 그림자금융의 구조 : 은행, 증권사, 보험 등 금융기관이 자산유동화증권의 약 64%를 보유하고 있는 구조 → 위기발생 시 금융시스템 전반으로 위험이 확산될 가능성↑

③ 한국 그림자금융의 급성장 원인 : 글로벌금융위기 이후, 관리당국은 은행에 대한 규제강화에 주력하였으나 비 은행부문은 상대적으로 규제가 느슨해졌다. → 규제차익과 저금리기조에서 수익성 제고를 위한 금융사들의 위험추구성향으로 금융위기 이후 성장세가 급등하고 있다.

④ 부동산 그림자금융

가. 헝다그룹에서 촉발된 중국 부동산 개발 부실이 계약자와 협력업체의 대규모 대출상환 거부로 이어지면서 금융시스템까지 위협하고 있다. 국내에서도 부동산 개발 부실이 현실화 된다면 돈을 빌려준 금융권이 그 짐을 떠안으며 함께 쓰러질 가능성이 크다.

나. 금융감독원과 금융투자업계에 따르면 자기자본 규모 상위 10대 증권사 채무보증 규모는 2021년 말 기준 32조8364억 원으로 2016년 말(18조 3461억 원)보다 79%, 14조 4903억 원 증가했다. 이 기간 이들 10개사의 자기자본은 33조 3401억 원에서 58조 736억 원으로 76% 늘어났다.

3. 한국의 그림자 금융	1) 현황 <출처 : 자본 시장 연구원>	다. 채무보증 중에는 부동산 프로젝트파이낸싱(PF) 비중이 상당히 크다. 증권사들은 부동산 사업 시행사 대출채권을 기초자산으로 발행된 유동화증권에 유동성이나 신용공여를 제공하는 방식으로 부동산 PF 사업장을 상대로 채무보증을 해왔다. 부동산금융 사업은 최근 5년간 부동산시장 상승기를 맞아 급속도로 성장하면서 증권사들의 수익구조 다변화에 큰 기여를 했다. 라. 다만 10대 증권사의 작년 말 채무보증 규모는 2019년 말 38조 원과 비교하면 15% 감소한 수준이다. 2019년 말 금융위원회가 증권사에 대한 '부동산 그림자금융' 규제를 강화하면서다. 마. 부동산 그림자금융은 은행과 유사한 기능을 수행하지만, 은행처럼 엄격한 건전성 규제를 받지 않는 자금 중개기구나 상품을 말한다. 2008년 글로벌 금융위기도 비우량 주택담보대출(서브프라임 모기지론)을 담보로 한 그림자금융 부실에서 시작됐다. 바. 그런데 증권사들이 관련 사업을 줄이는 사이 저축은행들이 숟가락을 얹었다. 저축은행이 취급하는 PF 대출 규모는 2019년 말 6조 3000억 원이었던 PF대출 규모는 2021년 말 9조 5000억 원을 찍더니 2022년 3월 말에는 10조 4000억 원까지 늘었다. 주요 자금 운용처였던 가계대출이 당국의 규제 강화로 위축되자 '돈 벌이'가 되는 부동산 쪽으로 눈을 돌린 결과다. 사. 부동산 경기가 하락하는 데다 원자재 가격과 인건비가 상승하면서 PF 사업장의 사업 지연·중단 우려가 커지고 있다. 금융감독원은 최근 저축은행의 PF대출 사업장 1,174곳에 대한 사업성 평가를 점검했다. 공사가 중단된 사업장은 24곳에 불과했지만 공정률과 분양률 등이 저조한 '요주의 사업장'에 대한 대출 규모가 2조 2000억 원에 달했다. 저축은행들은 이 가운데 57.8%인 1조 3000억 원을 '정상'으로 건전성 분류를 했다. 금감원은 각자 자의적·낙관적으로 사업성 평가를 할 우려가 있다고 판단, 기준을 더욱 구체화·객관화하는 방안을 마련할 예정이다. 저축은행들은 2011년 부동산 PF대출을 무분별하게 늘리다 부동산 시장 침체로 잇달아 파산한 '아픈 기억'이 있다. 금융당국은 이후 부동산 PF 대출을 신용 공여 한도의 20% 이내로 제한했다.
	2) 해결방안 <출처 : 자본 시장 연구원>	① 잠재리스크가 큰 그림자 금융에 대한 규제를 강화해야 한다. 가. 은행의 그림자금융 지원 내용이 재무제표에 반영되도록 연결기준을 강화했다. 나. 자산유동화 시 자산보유의무를 부과했다. 다. 환매조건부채권(RP) 거래의 중앙청산소(CCP) 청산 방식을 도입했다. 라. 머니마켓펀드(MMF)에 유입되는 자본 성격 규제

② 최근 증권업의 시스템리스크 잠재위험이 증가하고 있고, ELS · DLS, RP 매도, 부동산PF 채무보증 등 시스템리스크에 취약한 그림자금융 운용 규모가 빠르게 증가하고 있어 위기상황에서 증권업이 시스템리스크를 촉발시키지 않도록 위험관리를 강화할 필요가 있다.

③ 무엇보다 ELS · DLS, RP 매도, 부동산 PF 채무보증 등 그림자금융의 건전한 발전을 유도할 필요가 있다. 그림자금융은 금융위기 상황에서 시스템리스크를 확대시킬 수 있는 위험을 가지고 있다. 반면 그림자금융은 은행 예금보다 높은 수익과 위험을 제공하고, 시장참여자간 경쟁을 촉진시키는 등 경제 자원을 효율적으로 배분시켜주는 순기능을 가진다. 따라서 그림자금융이 시스템리스크 위험을 확대시킬 수 있는 위험 요인들은 최소화하고, 그림자금융의 순기능은 훼손시키지 않도록 합리적인 규제 방향을 도출해야 한다. 그림자금융의 총량을 규제하는 것보다는 개별 금융투자회사 스스로 그림자금융 관련 손실 위험을 줄이고, 해당 손실이 타 금융회사로 전이되는 경로를 차단하는 방향으로 규제를 수립하는 것이 보다 바람직하다.

가. 개별 증권회사 또는 증권업 전체적으로 대규모 손실을 기록하지 않도록 위험관리 역량을 강화할 필요가 있다. 금융업의 시스템리스크는 개별 금융회사의 예상치 못한 대규모 손실 사건으로부터 발생하였기 때문이다. 과거 위기상황이 발생한 시점들을 기초로 주식시장, 채권시장, 외환시장, 단기자금시장, 그리고 파생상품시장의 충격에 따른 스트레스 테스트를 정례화하고 해당 결과를 감독당국과 공유할 필요가 있다.

나. 특히 금융회사의 유동성 위험이 시스템리스크를 증폭시킬 수 있기 때문에 증권업에 대한 유동성 스트레스 테스트를 강화할 필요가 있다. 위기상황 시나리오를 체계적으로 설정하고, 개별 시나리오마다 예상되는 손실 규모 및 차환 수요를 파악하고 이에 대응할 수 있는 순유동성 자산을 보유해야 한다.

④ 개별 증권회사의 손실이 타 금융회사의 손실로 전이될 수 있는 경로를 면밀하게 모니터링하고 손실 전이 위험을 최소화해야 한다.

가. 구체적으로 ELS 기초지수의 녹인 배리어 접근도에 따라 예상되는 원화 및 외화 마진콜 규모, 주가지수 선물 매도 규모, 여전채 매도 규모 등을 분석하고 임계수준 초과에 따른 대응 절차를 마련할 필요가 있다.

나. 단기자금시장이 시스템리스크 확대의 주된 경로가 되는 것을 막기 위해 단기자금시장의 조달금리 변화, 거래 규모 등을 분석하고 위기 상황별로 유동성 지원 정책을 시행할 필요가 있다.

다. 부동산PF로 인한 위험을 줄이기 위해서는 관련 부동산 자산의 가격 변화, 거래량 변화 등을 분석하고 부동산PF 신용위험 증가에 따른 충당금 적립 현황을 주기적으로 모니터링할 필요가 있다.

3. 한국의 그림자금융

2) 해결방안
<출처 : 자본시장 연구원>

결론

**의견
제시**
이상으로 그림자금융의 내용과 사례 및 한국의 그림자금융의 문제점에 대하여 알아보았다. 그림자금융으로 인한 금융시장 전반의 부정적 파급력이 전세계적으로 지목되는 주요 금융리스크 요인인 만큼, 한국 또한 현재 빠른 속도로 성장하고 있는 위협요소인 그림자금융이 야기하는 문제점들에 대하여 선제적인 대응책을 마련할 필요가 있다.

<정부>

① 금융기관에 대한 엄중한 감시: 그림자금융의 발단인 은행 고수익 지향정책뿐 아니라, 신용위험 이전에 따른 사후관리소홀 등 전반적인 금융기관의 도덕적 해이(모럴 해저드)에 대하여 정책당국은 엄중히 경고하고 감시하여야 한다. 특히 금융기관 자체의 준법(컴플라이언스)에 대하여 재정비하며 임직원 교육을 철저히 시켜야 한다.

② 그림자 금융 현황에 대한 파악과 제도적 정비 마련 : 현재 한국의 그림자금융의 현황을 파악함과 동시에 기초자산과 신용파생 상품의 리스크 정도에 대한 총체적인 검토와 정비가 필요하고, 더이상 그림자 금융의 규모가 확대되지 않도록 제도적 정비가 필요하다. 세계적 기구인 금융안정위원회(FSB: Financial Stability Board)와 유사한 기능을 가진 한국형 FSB 설립 또는 연계해야 한다.

③ 파생상품 등 구조화 금융 전문가 양성 : 급성장한 그림자금융과 금융혁신으로 인한 복잡한 계약구조와 파생구조를 이해하고 문제점을 파악할 수 있는 전문가의 양성이 시급하다.

④ 증권업의 시스템리스크 잠재위험은 우려할 수준은 아니지만 최근 5년 간 꾸준히 증가하고 있고, 증권업 내 손실 전이 위험은 타금융업권에 비해 비교적 큰 점은 주의가 필요하다. 아울러 증권업의 취급 비중이 상대적으로 높은 그림자금융은 투명성이 낮고 복잡성이 높으며, 높은 레버리지를 촉발시킬 수 있어 시스템리스크에 취약하므로 이에 대한 감독을 강화하는 정책이 필요하다.

용어해설

1) **머니마켓펀드(MMF)** : 양도성예금증서(CD), 기업어음(CP) 등 수익률이 높은 단기금융상품에 집중투자하여 단기 실세금리의 등락이 펀드 수익률에 바로 반영될 수 있도록 한 실적배당형 금융상품을 말한다. 고객은 MMF에 가 입한 날의 펀드 기준가와 출금한 날의 펀드 기준가 차액에 따라 이익을 보게 된다.

2) **환매조건부채권(RP)** : 금융기관이 일정기간 후 다시 매입하는 조건으로 채권을 고객에게 팔고 경과기간에 따라 소정의 이자를 붙여 되사는 채권이다. 주로 콜자금과 같은 단기적 자금수요를 충족하기 위해 생긴다. 우리나라 의 RP 거래 형태는 한국은행RP, 금융기관의 대고객RP, 기관간RP 3가지가 있는데 이중 한국은행RP는 통화조절 용 수단으로 사용된다.

3) **자산유동화증권(ABS, Asset-backed securities)** : 기업의 부동산을 비롯한 여러 가지 형태의 자산을 담보로 발행 된 채권. 원리금 지급이 높은 선순위채권과 그렇지 않은 후순위채권으로 분리발행된다.

4) **신용부도스왑(CDS)** : 금융기관이 채권이나 대출을 해준 기업의 채무불이행 등의 신용위험에 대해 일정한 수수 료(프리미엄)를 지급하는 대가로, 보장매도자가 신용사건 발생 시 손실을 보장받는 일종의 파생보험상품. 기업의 부도에 따른 금융기관의 손실위험을 줄여 거래의 안정성을 높여준다.

5) **서브프라임 모기지론(Sub-prime mortgage loan)** : 미국에서 신용도가 가장 낮은 저소득층을 상대로, 상대적으로 높은 금리에 대출해주는 비우량주택담보대출을 말한다.

6) **주택담보대출비율(LTV, Loan to value ratio)** : 금융기관에서 주택을 담보로 대출해 줄 때 적용하는 담보가치(주택 가격) 대비 최대 대출 가능한도를 말한다.

7) **주택저당증권(MBS)** : 자산유동화증권 중 금융기관이 집을 담보로 대출해주고 그 채권을 근거로 발행하는 것이다.

8) **기업어음(CP)** : 신용상태가 양호한 기업이 단기자금을 조달하기 위해 자기 신용을 바탕으로 발행하는 만기 1년 이내의 융통어음을 말한다. 기업과 어음상품 투자자 사이의 자금 수습관계에서 금리가 자율적으로 결정되며, 기 업의 신용(기업 신용도 최소 B등급 이상 발행가능)에만 의지해 자금을 조달하는 만큼 기업의 입장에서는 담보나 보증 을 제공할 필요가 없다는 장점이 있다. 그러나 발행절차가 간편한 만큼 기업의 재무상태와 위험 정도에 대한 정보 를 알기 어려워 정작 투자자들이 회사의 부실을 파악하기 어려운 경우가 많아 부실 발생시 투자자 손실이 크다.

8) **규제차익** : 지역 간에 발생하는 규제의 차이를 이용해 차익을 실현하고자 하는 거래를 말한다. 다국적 기업의 경 우 가격통제, 노조의 압력, 외환통제 등 규제가 높은 나라에서 적은 나라로 자금을 이전하게 되면 엄격한 규제로 발생할 수 있는 손실위험을 줄일 수 있게 된다.

10) **중앙청산소(CCP)** : 본래 거래소 장내시장에서 거래된 상품에 제공되는 중앙청산결제서비스를 장외파생상품까 지 확대한 시스템 또는 기관으로, 가장 중요한 기능은 결제이행 보장과 다자 간 결제금액 차감을 말한다. CCP를 통한 청산을 의무화하면 거래상대발에 대해 부담하는 신용위험을 줄일 수 있게 된다.

03 논술사례

주제 1

최근 자본시장 내 부동산 그림자 금융 규모는 자본시장의 안정성
에 영향을 줄 정도로 커지고 있다. 이러한 그림자 금융의 현황과
리스크를 점검하고, 향후 관리방안을 모색해 보시오.

답안

📈 서론

최근 부동산 시장의 열기가 뜨겁다. 코로나19로 인한 유동성 확보

정책으로 광의의 통화(M2)가 늘어나고, 저금리 기조에 투자처를 잃은

자금이 실물자산인 부동산으로 흘러 들어가고 있다. 부동산과 관련

따라서 한 부동산 그림자 금융의 규모 역시 확대되고 있다. 부동산 그림자 금

융이란, 주택담보대출 등 은행을 통한 전통적 형태의 부동산 금융을

제외한 증권사, 펀드, 신탁 등 자본시장에서의 비은행 중개기능을 통

해 이루어지는 부동산 금융을 통칭하는 개념이다. 최근 금융감독원

이 발간한 '자본시장위험 분석 보고서'에 따르면, 이러한 부동산 그림

자 금융의 규모가 자본시장의 안정성에 영향을 줄 정도로 커지고 있

다고 한다. 이에 본 지에서는 부동산 그림자 금융의 현황과 리스크를

좋습니다. 다만, 조금 긴 느낌도
있습니다.
오히려 정의를 본론의 시작으
로 하시는 것도 방법입니다. 점검하고 향후 관리방안에 대해서 논하고자 **한다.**

1. 부동산 그림자 금융시장의 현황

2019년 9월 말 기준 국내 부동산 그림자 금융의 규모는 281.2조 원으로 2017년 말부터 지속적으로 증가하고 있다. 그 유형에는 △ 유동화증권(55%), △ 부동산펀드(33%), △ 증권사 부동산 채무보증(9%), △ 증권사 PF대출(2%), △ 부동산 신탁(1%) 등이 있다. 그 중에서도 부동산펀드와 증권사 채무보증 규모가 2017년 말 대비 각각 53.8%, 48.8% 증가하며 빠른 속도로 확대되고 있다.

| 특히,

2. 리스크 점검

국내 부동산 그림자 금융의 리스크 요인으로는 두 가지를 들 수 있다.

첫째, 증권회사의 부동산 금융 **익스포져가 확대되고 있다.** 현재 증권회사의 부동산 관련 익스포져는 자기자본 대비 90%에 이른다. 그 중 채무보증이 50%를 차지하는데, 채무보증의 85%가 신용공여형으로 이루어져 있다. 신용공여형은 유동성공여형과 비교하여 기초자산의 부실위험까지 부담하기 때문에 그 위험성이 크다.

| 익스포져의 확대 문제이다.

그리고 증권회사가 직접 투자하는 부동산 펀드 **중** 40%는 일반투자자에게 판매할 목적으로 보유하고 있다. 이를 고객에게 재판매 함으로써 익스포져가 확대·재생산 될 우려가 있다.

| 중,(쉼표)

둘째, 부동산 펀드가 급증하고 있다. 부동산 펀드의 경우 국내·해외 모두 사업용 부동산이 대부분이기 때문에 상업용 부동산 경기에 영향을 받는다. 펀드의 유형별로 직접 노출된 세부 위험이 상이한데,

임대형 펀드는 임대계약의 안정성, 임차인의 임차료 지급능력 등 임대사업 관련 위험에 직접적으로 노출 되어 있다. 대출형 펀드는 펀

드 기간 중 이자수익을 수취하**고** 만기 시 원금 상환을 받는 구조로 차
주의 원리금 상환능력과 변제순위가 중요하다.

고,(쉼표)

이와 같이 부동산 펀드는 부동산 실물 경기의 위험이 전이 될 위험
에 노출되어 있다.

금융부문과 개인으로까지

📈 결론

향후 관리 방안

앞서 살펴 본 부동산 그림자 금융시장 리스크의 향후 관리방안을
금융회사, 금융 당국 측면에서 살펴보고자 한다.

은행이 바젤Ⅲ, 볼커룰 등의 규제를 통해 재무건전성을 확보하고
있는데 반해, 비은행 금융회사는 이러한 규제의 **바깥에** 위치해 있다.
그러므로 금융회사는 자산건전성 관리 차원에서 개별 자산에 대한

사각지대에

위험관리 점검 체계 및 부동산 자산 전반에 대한 내부통제와 위험관
리 절차를 수립 또는 개선할 필요가 있다. 특히, 증권사는 부동산 익
스포져 증가에 따른 신용위험 및 유동성 위험 관리를 보다 철저히 하
여 재무건전성을 개선해야 **한다.**

다소 거대담론적 느낌이 강합니다.
구체적으로
- 스트레스 테스트 실시
- ABS나 ABCP에 대한 기초자산 재검토
- Unnaked CP의 경우, 사업 및 수익성에 대한 재검토
이런 구체적인 내용들이 나오면 좋겠습니다.

금융당국은 부동산 그림자금융 모니터링 시스템을 구축하는 등 사
전적 감독체계를 강화하여 선제적으로 위기를 관리해야 한다. "부동
산 그림자 금융시장 DB 구축 → 위험평가 → 관리감독"의 순서로 거
시적인 안목에서 단계적인 시스템 구축이 필요하다. 이러한 상시적
인 모니터링 시스템을 통해 금융 회사 간 시스템리스크로의 확산을
방지해야 한다.

주제 2

그림자 금융을 설명하고 한국의 방향성에 대해 논하라.

답안

📈 서론

그림자 금융이란 감독기관의 규제가 비교적 느슨한 금융기관과 그들 사이에서 이루어지는 금융거래를 뜻한다. 이러한 거래들에 사용되는 대표적 금융상품으로 자산유동화증권(ABS), 환매조건부채권(R.P) 등이 있는데 **거래구조를 쉽게 파악할 수 없어** 그림자 금융으로 불린다. 2008년 이후 미국과 중국에서 촉발된 금융위기는 직, 간접적으로 그들 자국 및 타국에 연쇄 위기를 야기하였다. 이는 한국의 그림자 금융도 예외가 아닐 수 있음을 보여준다. 따라서 미국과 중국의 그림자 금융으로 인한 금융위기 분석을 통해 한국의 위기방지 대응책을 논의해 보고자 한다.

| 거래구조가 복잡하고 통계에도 잘 잡히지 않아

| 그림자금융으로 인하여

📈 본론

2008년, 미국의 서브프라임 모기지 사태는 주택담보대출의 자산유동화로부터 시작되었다. 대출 개시선상의 금융기관이 개인에게 대출을 해주며 설정한 담보를 이용하여 그 뒷 단계의 금융기관으로부터 자금을 조달하였다. 이 거래가 몇 단계만 반복되어도 담보를 통한 신용창출 **규모파악이 힘들어졌다.** 이러한 거래의 이면에 보험사의 지급보증보험판매가 이루어지고 나서야 미국은 금리를 인상시켰다. 그 결과는 이자를 감당하지 못하는 개인들의 부동산 **매각을 초래했고** 부동산

| 규모의 파악이 힘들어질 뿐만 아니라 유동화의 기초자산이 무엇인지도 파악하기 어렵게 된다.

| 매각과 급속한 디레버리징은

가격하락으로 이어졌다. 또한, **대출 상환 대신 담보회수를 포기하는 채무자가 증가하면서** 금융기관간 채권부도 역시 연쇄적으로 발생하였다. 그림자 금융으로부터 발생한 미국발 금융위기는 곧 관계국들의 외화보유고 부족사태를 야기하였다.

중국도 상기 언급한 미국의 경우와 유사하다. 고수익을 보장하는 자산관리상품(WMP)을 유동화하여 담보에서 발생하는 신용창출규모 파악이 힘들어졌고 미국의 그것과 같은 위기가 발생하였다. 그러나 중국과 미국의 차이점이 여기서 나타난다. 중국은 미국과 달리 유동화가 진행되던 도중 이러한 금융거래에 대한 규제를 강화하였다. 그 결과로 자금조달이 어려워진 금융기관들의 자금 수요에 따라 중국 단기금리가 상승하게 되었다.

앞서 살펴보았던 미국과 중국의 그림자 금융으로 인한 금융위기는 한국의 외화 보유고 부족이라는 직접적인 영향을 끼쳤다. 하지만 한국의 경우, 그림자 금융으로 인한 금융기관 연쇄 부실화는 미국과 중국의 사례를 통해 사전 대응이 가능하다. 그 대응은 크게 세가지로 나눌 수 있다.

첫째, 최대노출익스포져에 대한 통합 공시 강화이다. 최대노출익스포져란 금융기관이 신용공여 시 손실이 발생할 수 있는 최대 금액을 의미한다. 예를 들어 한 금융기관이 100원의 부동산에 대한 담보 설정과 함께 100의 대출을 하고 그 담보를 이용하여 다른 금융기관으로부터 100원을 차입해 자금조달 하는 경우를 보자. 개별 금융기관별로 보면 익스포져가 0이지만 전체를 놓고 보면 대출 200에 담보가 100이 된다. 즉, 익스포져가 100인 금융상품이 된다. 따라서 그림자 금융상품에 대한 금융기관간 통합공시는 정보이용자들에게 보다 정확한 위험정보를 제공할 수 있을 것이다.

우리나라에서도 논의가 되었던 유한책임대출도 공부하시면 좋습니다.

둘째, 금융상품별 속성공시 강화이다. 그림자 금융은 기본적인 신용거래에 옵션적 성격이 결합되기 때문에 파악이 용이하지 않다. 예를 들어 부동산담보대출의 경우 누구나 일반 대출에 부동산 가치를 행사가로 하는 풋옵션 거래가 수반되었음을 알 수 있다. 그러나 여러 조건의 옵션이 신용공여와 결합될 경우 그 대출의 위험 속성은 거래 당사자조차도 정확히 파악할 수 없다. 따라서 그림자 금융에 사용되는 여러 파생상품적 속성에 대한 공시를 보다 강화한다면 거래 당사자는 물론 기타 정보이용자도 위험에 대한 인지를 효과적으로 할 수 있을 것이다.

마지막으로 정확한 분석을 통한 미세조정이 필요하다. 미국의 경우 그림자 금융을 통한 신용창출 발생 당시 규제나 조정 등을 수행하지 않아 연쇄 부도를 초래하였다. 반대로 중국은 규제를 강화함으로써 중국내 단기 금리 인상과 함께 신용경색이라는 결과를 초래하였다. 한국은 먼저 위기를 겪은 두 국가를 통해 자유와 규제 모두 금융시장에 부정적 영향을 끼친다는 점을 타산지석 삼아야 한다. 상기 언급한 두 가지의 공시 강화가 모니터링 성격의 자유보장이라면 모니터링을 통해 인지된 위기에 대해 미세 조정도 필요하다. 보다 위험한 대출 등에 대해서는 대출 조건을 조정하거나 헤지를 필수로 수반할 수 있도록 유도하는 등의 방법이 바로 그것이다. 이렇게 자유와 규제의 중간에서 미세조정이 효과적으로 이루어진다면 위기를 사전에 방지할 수 있을 것이다.

📈 결론

출렁이는 채찍을 멈추기 위해 채찍의 앞 부분을 잡는다면 큰 힘을 들이지 않는 것은 물론이고 손도 다치지 않고 흔들림을 멈출 수 있다.

그러나 한창 출렁임이 진행된 채찍의 끝부분을 잡으려고 한다면 그 속도 때문에 잡기 힘들뿐만 아니라 잡는다 하여도 손에 상처가 생긴다. 많은 리스크가 내재된 금융 이슈들도 초기 단계부터 현황을 정확히 파악하고 통제할 수 있다면 국가내 손실을 최소화하는 금융발전을 이룰 수 있을 것이다.

chapter 04 | 신 환율전쟁 (Currency War)

01 논제 개요 잡기 [핵심 요약]

서론	이슈언급	글로벌 국가들은 시기와 환경에 따라 통화정책 변경의 유연한 환율정책을 진행 중임. 세계 각국들의 이러한 이유는 저성장, 저물가 기조에서 자국의 수출경쟁력 강화와 디플레이션 회피를 위한 것이며 이러한 경향은 장기적 전략보다는 상황에 맞춘 방법으로, 추후 환율정책들의 급변동이 예상됨 한편, 2015년 이후 미국은, 미국을 상대로 200억 달러 이상의 무역흑자를 내고 있고, 국내총생산(GDP) 대비 경상수지 흑자 비율이 3% 이상인 나라 중 한 방향으로 외환시장 개입이 보이는 경우, 환율조작국으로 분류해 미국 정부가 제재를 가할 수 있도록 한 BHC(베넷 – 해치 - 카퍼) 수정법안이 상하의원 합의를 통해 통과함. 환율 분야의 슈퍼 301조 불리는 이 법은 환율 저평가, 지나친 무역흑자를 시정해 미국의 무역적자 문제를 해결한다는 취지로 마련된 법이지만, 만약 심층대상국으로 지정되기만 해도 해당국가는 그 즉시 수출에 악영향을 받을 수 있음
본론	1. 환율전쟁	환율전쟁의 개념 — 자국의 통화가치를 낮추어 자국 수출기업의 대외 수출 경쟁력을 높이려는 경제정책에 대한 우회적인 표현임. 타국의 희생 위에 자국의 번영이나 경기회복을 도모함으로써 근린궁핍화의 일면으로 볼 수 있음

본론	**2. 환율전쟁의 역사**	1) 1차 환율전쟁 : 1971년 8월 닉슨 쇼크	금태환 정지 선언 → 브레튼우즈 체제(금본위제)는 무너지게 되었으며 국제통화체제는 변동환율제로 전환하게 됨
		2) 2차 환율전쟁 : 1985년 9월 플라자 합의	뉴욕의 플라자호텔에서 G5(미국, 영국, 독일, 프랑스, 일본)의 재무장관과 중앙은행총재들은 달러의 약세, 엔화와 마르크화의 강세 유도를 결정함 → 미국 경제의 회복, 일본 경제의 장기불황 시작
	3. 신 환율전쟁의 시작	1) 2010년 : 각국 평가 절하 경쟁	
		2) 2011년 : 각국 평가 절상 주력	
		3) 2012년 : 한국원화 강세 기조	
		4) 2013년 : 한국원화 강세 유지	
		5) 2014년 이후의 환율 전쟁	
	4. 원화 평가절상(= 환율 하락)이 한국 경제에 미칠 영향	1) 부정적인 면	① 경상수지 악화 : 수출부진과 수입증대로 경상수지 악화 → 국내생산 감소 → 고용 감소 ② 자산가격 거품 발생 ③ 중앙은행의 금리정책의 제약 가능성 ④ 급격한 미래 금리상승 위험
		2) 긍정적인 면	① 수출여건 호신호 ② 지나친 물가상승 억제: 환율하락으로 수입품가격이 하락 → 원유 및 원자재 등 생산가격 하락 → 국내물가 안정 → 인플레이션 억제 효과 ③ 국내 투자여건 개선

		<정부>
결론	의견제시	① 환율문제에 대한 세계적 공조화 노력 ② 스무딩 오퍼레이션(Smoothing operation) ③ 급격한 자본 유출에 대비한 외환 방패를 든든히 쌓아야 함 ④ 신성장산업 육성과 구조조정 같은 체질 개선에도 힘써야 함 <은행> ① 중소기업에 대한 외환 지도와 서비스 제공 ② 정부의 외환 리스크 관리 서비스에 대한 안내역

02 논제 풀이

서론

변동환율제에서의 환율은 근본적으로 외환의 수요와 공급에 의하여 결정된다. 하지만 글로벌 금융위기 이후 각국은 경기회복을 목적으로 인위적인 양적 완화 정책을 펼침으로써 경제전반에 적극적으로 개입하고 있으며, 부수적으로 환율 또한 시장의 기능에 맡기지 않고 자국의 통화가치를 인위적으로 하락시켜 수출증대, 실업률감소, 투자증대 그리고 소비촉진 등을 꾀하고 있다. 특히, 2015년 이후의 환율전쟁의 양상은 각국 중앙은행 통화가치 하락을 방관하며 상황에 따라 환율전쟁은 심화와 완화가 반복중인 상태이다. 즉, 시기와 환경에 따라 통화정책 변경의 유연한 환율정책을 진행 중이다. 세계 각국들의 이러한 이유는 저성장, 저물가 기조에서 자국의 수출경쟁력 강화와 디플레이션 회피를 위한 것이며 이러한 경향은 장기적 전략보다는 상황에 맞춘 방법으로, 추후 환율정책들의 급변동이 예상된다.

한편, 2015년 이후 미국은, 미국을 상대로 200억 달러 이상의 무역흑자를 내고 있고, 국내총생산(GDP) 대비 경상수지 흑자 비율이 3% 이상인 나라 중 한 방향으로 외환시장 개입이 보이는 경우, 환율조작국으로 분류해 미국 정부가 제재를 가할 수 있도록 한 BHC(베넷 – 해치 - 카퍼) 수정법안이 상하의원 합의를 통해 통과했다. 환율 분야의 슈퍼 301조 불리는 이 법은 환율 저평가, 지나친 무역흑자를 시정해 미국의 무역적자 문제를 해결한다는 취지로 마련된 법이지만, 만약 심층대상국으로 지정되기만 해도 해당국가는 그 즉시 수출에 악영향을 받을 수 있다.

이렇듯 최근의 신 환율전쟁은 여러 요인을 감안한 복잡한 함수풀이와 같다.

이미 선진들의 인위적인 환율정책은 근린궁핍화의 우려와 더불어 우리나라의 경제에도 많은 영향을 끼치고 있다. 이에 선진들의 이러한 비전통적 통화정책의 수단 중 하나인 환율의 인위적인 조정 사례 및 결과와 이러한 정책들이 한국경제와 국내 은행에 미치는 영향, 그리고 방향성에 대하여 논하기로 한다.

📈 본론

1. 환율전쟁	환율전쟁의 개념	① 환율전쟁 : 자국의 통화가치를 낮추어 자국 수출기업의 대외수출 경쟁력을 높이려는 경제정책에 대한 우회적인 표현이다. 타국의 희생 위에 자국의 번영이나 경기회복을 도모함으로써 근린궁핍화의 일면으로 볼 수 있다. ② 근래 환율전쟁의 양상 : 최근 코로나 19 위기 이후의 환율전쟁은 양적 완화 정책의 과정에서 발생할 수 밖에 없는 부산물로써, 예전의 환율 전쟁이 각국 정부가 무역시장에 직접 개입해서 발생하던 것과는 다른 양상을 띄고 있다.
2. 환율전쟁의 역사	1) 1차 환율전쟁 : 1971년 8월 닉슨 쇼크	1960년 대 베트남전쟁 등을 겪으며 천문학적인 재정적자와 국제수지 적자를 보게 된 미국정부는 달러화의 발행을 급격하게 늘릴 수밖에 없었다. 이에 달러화의 가치가 하락하고 안전자산인 금에 대한 수요가 급증하자 미국의 닉슨대통령은 각국의 공적 기관이 보유한 달러와 금에 대한 교환을 정지시켰다(금태환 정지 선언). → 브레튼우즈 체제(금본위제)는 무너지게 되었으며 국제통화체제는 변동환율제로 전환하게 된다.
	2) 2차 환율전쟁 : 1985년 9월 플라자 합의	뉴욕의 플라자호텔에서 G5(미국, 영국, 독일, 프랑스, 일본)의 재무장관과 중앙은행총재들은 달러의 약세, 엔화와 마르크화의 강세 유도를 결정한다. → 미국 경제의 회복, 일본 경제의 장기불황이 시작됐다.
3. 신환율 전쟁의 시작	1) 2010년 : 각국 평가절하 경쟁	① 상황 : 2008년 미국 발 글로벌 금융위기 수습을 위해 세계각국은 자국 통화를 찍어내기에 바빴다. → 이는 자국의 통화가치를 절하시켜 해외시장에서의 자국제품 수출 가격경쟁력을 높이기 위함이다. 미국과 중국의 환율전쟁 2005년 이후 지속되어 온 미국의 위안화 절상요구에 중국은 맞서는 구도이다. 미국 : 중국산 수입품에 보복관세 부과, 오바마는 티벳의 달라이라마와 만나는 등 중국을 압박하고 있다. 중국 : 미국의 보복관세와 위안화 절상압력에 맞서 미국산 닭고기에 반덤핑관세(43 ~ 100%)를 부과하고, 보유하고 있는 미 채권을 유럽 시장에 매각하겠다고 으름장을 놓았다. 결과 : 세계 각국의 신 보호주의 회귀 우려 → 2010 서울 G20 회의에서 상호 양보조치 한국 : 경제 살리기를 위한 감세정책과 인위적인 고환율정책으로 일관했다(고환율 유지를 위하여 시중 달러 매입, 막대한 원화를 시장에 뿌림).

2) 2011년 : 각국 평가절상 주력	① 상황 : 2010년의 환율인상 경쟁도 잠시, 2011년에는 2010년과 반대로 전세계가 스스로 자국통화가치를 끌어올리기에 주력했다. ② 이유 : 2009년에 풀려난 돈이 물가상승이라는 부메랑으로 돌아왔다. 물가급등에 대한 기준금리인상 정책이 소용없어 환율을 낮췄다 (자국통화 평가절상). → 환율이 낮으면 수입물가를 낮출 수 있다.
3) 2012년 : 한국 원화 강세 기조	① 상황 : 원/달러 환율의 변동성이 약해지면서 안정적 추이를 보이나 연말의 원화강세기조. ② 이유 미국, 일본, 유럽의 공격적 양적 완화 정책 실시 → 2012년 10월 이후로 원화강세기조 출현 국제신임도 상승 → 원화가치 상승
4) 2013년 : 한국 원화 강세 유지	① 상황 : 2013년 말 원/달러, 원/엔 환율은 전년 대비 하락한 원화강세. ② 이유 : 미국과 일본의 양적 완화 정책 유지 연초 : 북한핵실험 관련 지정학적 리스크의 부각, 엔화약세의 부정적 영향에 대한 우려 등으로 원화가치가 하락하는 추세였다. 연말 : 경상수지 흑자 지속 등 양호한 기초 경제여건에 따른 우리나라에 대한 차별화 인식, 주요국 경제지표 호조에 따른 수출수혜 기대 → 외국인 투자자금 유입, 미 연준의 자산매입규모유지 결정으로 원화가치 반등 후 상승세가 지속됐다.
5) 2014년 이후의 환율전쟁	① 상황 : 각국 중앙은행 통화가치 하락을 방관, 상황에 따라 환율전쟁은 심화와 완화가 반복 중이다. 유럽 : 지속적인 양적완화 정책과 마이너스 금리로 자국 통화 가치 하락에 주력 영국 : 브렉시트로 파운화 가치 하락 미국 : 2015.12월 1차례 금리인상 후 점진적으로 금리 인상 중 달러 : 유로 : 파운드 = 1 : 1 : 1의 패리티(Parity) 시대 가능성 일본 : 안전자산 선호현상으로 나타난 엔고에 대응하기 위해 대규모 재정정책으로 엔화 가치 하락에 하락에 안간힘 중국 : 2016.6월 이후로 중국 외환당국이 위안화 매수를 자제 → 굳이 위안화 약세를 막지 않겠다는 뜻 → 시기와 환경에 따라 통화정책 변경 ② 이유 : 저성장, 저물가 기조에서 자국의 수출경쟁력 강화와 디플레이션 회피를 위함이다. ③ 장기적 전략보다는 상황에 맞춘 방법으로 환율정책들의 급변동이 예상된다.

3. 신환율 전쟁의 시작

4. 원화 평가 절상 (= 환율 하락)이 한국경제에 미칠 영향	1) 부정적인 면	① 경상수지 악화 : 환율 하락으로 인한 수출부진과 수입증대로 경상수지 악화 → 국내생산 감소 → 고용 감소 ② 자산가격 거품 발생 : 환차익을 노린 핫머니(Hot Money)가 국내시장에 유입 → 주식시장에 자산가격 거품현상, 물가 상승, 금과 원자재 투기 붐이 우려된다. ③ 중앙은행의 금리정책의 제약 가능성 : 채권금리하락, 외국인 국채 보유비율증대 핫머니 유출에 따른 급격한 미래 금리상승 위험 : 채권시장에서 이후 핫머니가 유출될 경우 금리의 급격한 상승 위험
	2) 긍정적인 면	① 수출여건 호신호 : 미국/일본/유럽의 경기회복은 수출지향적인 한국경제의 회복과 정(+) 상관관계 ② 지나친 물가상승 억제 : 환율하락으로 수입품가격이 하락 → 원유 및 원자재 등 생산가격 하락 → 국내물가 안정 → 인플레이션 억제 효과 ③ 국내 투자여건 개선 : 국제금융시장에서 한국경제가 상대적으로 양호한 평가를 받고 있다 → 향후 해외자본의 국내투자 가능성이 증대된다.

결론

의견 제시   이상으로 각국의 환율전쟁 정책과 결과 그리고 이러한 정책들이 한국경제에 미치는 효과에 대하여 검토해보았다. 특히 한국의 산업은 환율변동에 민감한 무역의존형 구조인 만큼, 대(對) 일 무역의존도 역시 높은데다 대부분의 주요산업이 글로벌시장에서 일본기업과 상호경쟁하고 있기에 최근 일본의 엔저정책에 민감할 수밖에 없다. 한 조사에 따르면 엔화가 10% 하락하면 한국의 경쟁업체 실적은 3 ~ 4% 감소하는 것으로 추산된다 한다. 이처럼 일본의 통화가치 하락정책은 장단기적으로 한국경제에 미치는 영향이 부정적이라 생각되는 바, 이를 극복하기 위한 노력이 정부와 은행 기업 모두에게 요구되는 시점이다.

\<정부\>
① 환율문제에 대한 세계적 공조화 노력 : 국제기구에 이러한 문제를 이슈화시키는 등 지속적인 언급을 통해 환율전쟁에 따른 폐해 예방에 노력해야 한다.
② 스무딩 오퍼레이션(Smoothing operation): 스무딩 오퍼레이션을 통해 환율 변동폭을 최소화하여 적절한 환율을 유지시키도록 노력해야 한다.
③ 급격한 자본 유출에 대비한 외환 방패를 든든히 쌓아야 한다. 미국, 일본 등 주요국과의 통화 스와프 추진을 검토할 필요가 있고, 환율전쟁에 대비해 환율의 변동성을 줄여야 한다.
④ 중장기적으로는 대외 충격에 취약한 수출 비중을 줄이고 내수산업을 키우는 노력과 함께 신성장산업 육성과 구조조정 같은 체질 개선에도 힘써야 한다.

<은행>

① 중소기업에 대한 외환 지도와 서비스 제공 : 대부분의 중소수출기업들이 환리스크에 대한 별도의 전략이나 대책이 없다. → 외환리스크 최소화를 위한 전문적인 금융지도, 외화유동성에 대하여 관리서비스 제공이 필요하다.

② 정부의 외환 리스크 관리 서비스에 대한 안내역 : 무역보험공사의 환 변동보험 등 상품에 대한 설명과 권유를 함으로써 중소기업들이 환율에 의한 피해를 최소화할 수 있도록 하고, 기업과 은행이 서로 윈 – 윈 할 수 있도록 조치해야 한다.

 용어해설

1) **근린궁핍화 정책** : 환율 인상, 임금 인하, 수출보조금 지급, 관세율 인상 등 수단을 통해 수입을 줄이고 수출량을 늘림으로써 다른 국가의 경제를 궁핍하게 만들고 자국의 경기회복을 꾀하고자 하는 정책이다.
   → 문제점
   가. 부메랑 효과 : 무역상대국의 수출이 감소하면 그 국가의 소득도 자연히 감소하게 되어 결국 근린궁핍화 정책을 시행한 국가의 수출감소로 이어진다.
   나. 보복무역의 가능성이 있다.

2) **금태환 정지 선언** : 1971년 8월, 베트남 전쟁 이후 막대한 달러 발행으로 인해 추락한 달러가치로 인한 손실을 벗어나려 세계 각국이 각자가 보유한 달러를 미국에서 금으로 바꿈에 따라 미국 내 금이 계속적으로 누출되자 이를 방지 하기 위해 미국의 닉슨 행정부가 취한 조치이다. 그 결과 브레튼우즈 체제가 붕괴하게 됐다.

3) **브레튼우즈 체제(금본위제)** : 1944년 7월 미국 뉴 햄프셔 주의 브레튼우즈에서 44개 연합국 대표들이 참석한 가운데 미 달러화를 축으로 한 고정환율제도를 도입하여 전후의 국제통화질서를 규정하기 위해 체결한 협정하의 질서를 일컫는 말이다. 그 결과 국제통화제도를 관장하는 기구로 IMF와 세계은행이 설립됐다. 그러나 1971년 미국 닉슨 대통령의 금태환 정지 선언으로 주요 선진국의 통화제도가 변동 환율제도로 이행하며 브레튼우즈 체제는 사실상 무너지게 됐다.

4) **핫머니(Hot money)** : 국제금융시장을 이동하는 단기적인 거대자금으로, 자금 이동이 일시에 대량으로 이뤄진다는 점과 자금이 유동적 성격을 띤다는 특징을 가진다. 사회적 이슈, 금리 차, 환율 변동 등에 따라 금리 차익을 노리고 단기간에 크게 움직이거나 국내 통화불안을 피하기 위한 자본 도피 의도로 움직이기도 한다. 대표적으로는 헤지펀드가 있다.
   → 문제점 : 특정국가에 정치 경제적 불안이 발생하면 상대적으로 안정된 국가로 이동하는 속성이 있어 한 나라의 경제균형을 파괴하는 결과를 야기하는데, 자본이 이탈된 국가뿐만 아니라 자본이 옮겨간 국가 역시 유동성이 증가되고 인플레이션이 유발되어 양국 모두에 악영향을 미친다.

5) **스무딩 오퍼레이션(Smoothing operation)** : 미세조정(Fine turning). 정부가 외환시장에 인위적으로 개입하여 환율이 안정적으로 움직이도록 하는 조치이다. 자유변동환율제도에서는 환율의 공급/수요차에 따라 결정되는 것이 정상이나, 다은 외부적 요인으로 인해 환율기조가 불안정하게 유지되는 경우 시행된다.
   구두개입 : 정부나 중앙은행이 외환시장 개입의사를 밝히는 것이다.
   직접개입 : 정부나 중앙은행이 직접 외환시장 거래를 하는 것이다.

chapter

05

외환위기와 외환보유액
(Currency crisis and FOREX)

01 논제 개요 잡기[핵심 요약]

서론	이슈언급	국가부도의 위험성과 외환보유액 관리의 중요성	
본론	**1. 국가채무와 외환위기**	1) 국가채무와 국가부도	① 국가채무 : 국가가 재정적자 등의 이유로 중앙은행이나 민간, 또는 해외로부터 돈을 빌려 사용하여 차후에 갚아야 할 국가의 채무 ② 국가부도 가. 모라토리엄(Moratorium) 나. 디폴트(Default)
		2) 국가부도와 외환위기	① 환위기 : 대외 경상수지의 적자 확대와 단기 유동성 외환 부족으로 대외거래에 필요한 외환을 확보하지 못해 국가 경제에 치명적인 타격을 입게 되는 현상 ② 진행과정 ③ 해결방법 가. 국제통화기금(IMF)의 구제금융 나. 금융, 기업, 노동 등 국가 경제주체의 개혁
	2. 외환보유액	1) 외환보유액 (FOREX, FOReign Exchange reserves)	① 외환보유액 : 한 나라가 비상사태에 대비해 비축하고 있는 순외환자산. 달러화, 엔화 등의 외환과 금을 모두 포함

본론	2. 외환보유액	1) 외환보유액 (FOREX, FOReign Exchange reserves)	→ 유동성(언제든지 대외지급에 사용할 수 있음), 수용성 (어느 채권자에게나 영수될 수 있음), 안정성(가치변동 이 심하지 않음) ② 역할 ③ 적정 외환보유액
		2) 외환 보유액 구성내역	① 정부 및 한국은행이 보유하고 있는 외환(외국통화, 해외예 치금, 외화증권) & 금 + SDR + IMF 포지션 ② SDR(Special Drawing Rights)
		3) 외환 확보를 위한 움직임	① 정부 : 외평채 발행, 통화스왑 체결 ② 금융기관 : 외화예금 유도, Committed Line(외화를 우선적 으로 공급받을 수 있는 권리) 확대 Cf1. 외평채(외국환평형기금채권 Cf2. 국가신용등급(Sovereign Credit Rating) Cf3. 통화스왑
		4. 한국의 외환 보유고현황 <2024년 8월 기준>	
		5. 외환관리	① 외환관리 ② 스무스 오퍼레이팅(Smooth Operating) Cf. 불태화정책(Sterilization policy)
결론	의견제시		**<정부>** ① 현재 높은 수준의 단기외채에 대한 당국의 상시적 모니터링 ② 지나친 환율절상에 대한 경계와 국제 투기자금에 대한 주의 및 감시 ③ 외환보유고에 대한 모니터링 기능의 확충과 강화. **<금융기관>** ① 철저한 신용 리스크 관리를 통한 은행의 재무건전성 강화 ② 내부 준법관리시스템에 의한 전사적 차원의 철저한 관리 감독: 부정대출 지양

02 논제 풀이

📈 서론

이슈
연급

1997년 한국 외환위기는 한보철강의 부도로 시작된 기업과 금융기관의 줄도산으로 악화되었다가 결국 IMF에 자금지원 양해각서 체결로 수습된 바 있다. 동남아시아의 연쇄적 외환위기라는 대외환경과 기업과 금융기관의 부실이라는 대내환경에 한국 정부의 외환관리정책의 미숙과 실패로 외환지급불능사태의 위기가 초래된 본 사건은, 전 사회에 깊은 상처를 남김과 동시에 국가부도의 위험성과 외환보유액 관리의 중요성을 한국에 다시 한번 각인시켜 주었다.

이에 본문에서는 국가채무와 외환위기, 그리고 외환보유액을 살펴보고 외환위기에 대한 한국의 방향성에 대하여 논해보고자 한다.

📈 본론

<table>
<tr><td rowspan="2">1. 국가채무와
외환위기</td><td>1) 국가채무와
국가부도</td><td>① 국가채무 : 국가가 재정적자 등의 이유로 중앙은행이나 민간, 또는 해외로부터 돈을 빌려 사용하여 차후에 갚아야 할 국가의 채무를 말한다. 중앙정부 채무(차입금, 국채, 국고채무 부담행위)와 지방정부 채무(지방채, 지방교육채)를 합한 것으로, 국제통화기금(IMF) 기준으로는 정부가 직접적인 원리금 상환의무를 지고 있는 채무이다.
② 국가부도
　가. 모라토리엄(Moratorium) : 국가부도. 채무지불유예. 한 국가나 지자체가 차관의 만기상환을 일방적으로 미루는 행위를 말한다.
　나. 디폴트(Default) : 국가파산. 채무불이행. 한 국가가 외국으로부터 차관(빚)을 빌렸다가 경제정책 실패로 돈을 갚을 수 없는 경우를 말한다.
　　Cf. 컨트리 리스크 : 국가와 관련된 디폴트 리스크(공, 사채나 은행 융자 등에 대해서 디폴트가 발생하는 위험)
③ 사례
<table><tr><td>모라토리엄(국가부도)</td><td>디폴트(국가파산)</td></tr><tr><td>1931 미국(2013년 셧다운 부도위기)
1933 독일
1997 한국
2009 중동의 두바이
2010 그리스</td><td>1998 러시아, 우크라이나
2001 우루과이, 아르헨티나</td></tr></table></td></tr>
<tr><td>2) 국가부도와
외환위기</td><td>① 외환위기 : 대외 경상수지의 적자 확대와 단기 유동성 외환 부족으로 대외거래에 필요한 외환을 확보하지 못해 국가 경제에 치명적인 타격을 입게 되는 현상을 말한다.</td></tr>
</table>

1. 국가채무와 외환위기	2) 국가부도와 외환위기	② 진행과정 　가. 기업경영과 금융 부실이 드러나 대외 경상수지 적자가 발생한다. → 　　　외환보유고가 크게 떨어져 결제 외환 확보에 허덕이게 된다. → 대 　　　외신뢰도가 떨어져 해외로부터 외환 차입이 어려워진다. → 외환시 　　　장의 불안으로 환율이 상승한다. 　나. 시장 불안에 외국 자본이 일시에 빠져나간다. → 화폐가치와 주가가 　　　폭락한다. → 금융기관의 파산과 뱅크런이 발생한다. → 기업 줄도 　　　산과 실업률이 폭등한다. → 사회불안이 가중된다. ③ 해결방법 　가. 국제통화기금(IMF)의 구제금융 : 그러나 엄격한 재정긴축, 가혹한 　　　구조개혁 요구 → 금리상승, 경기악화, 실업률 상승 등의 악순환이 　　　야기될 수 있다. 　나. 금융, 기업, 노동 등 국가 경제주체의 개혁
2. 외환보유액	1) 외환보유액 (FOREX, FOReign Exchange reserves)	① 외환보유액 : 한 나라가 비상사태에 대비해 비축하고 있는 순외환자산 을 말한다. 달러화, 엔화 등의 외환과 금을 모두 포함한다. → 유동성(언제든지 대외지급에 사용할 수 있음), 수용성(어느 채권자에게나 영 수될 수 있음), 안정성(가치변동이 심하지 않음) ② 역할 　가. 국가의 지급불능사태에 대비 : 긴급사태발생으로 금융회사 등 금융 　　　주체가 해외에서 외화를 빌리지 못해 대외결제가 어려워질 경우에 　　　대비하는 최후의 보루기능을 한다. 　나. 외환시장에 교란발생 시 환율을 안정시키고 국가신인도를 높이는 　　　데 기여한다. ③ 적정 외환보유액 　가. IMF는 연간 수출액 5%, 시중통화량(M2) 5%, 단기외채 30%. 기타 　　　부채(외국인 투자금 등) 15% 등을 합한 액수의 100 ~ 150%를 적정 　　　외환보유액으로 판단한다. 　나. 이 기준을 적용한 한국의 적정 외환보유액 비중은 2020년 98.97% 　　　로 내려간 이후, 2021년에도 98.94%를 기록했다. 2000년 이후 가 　　　장 낮다. 이 기준에 따르면 2021년 한국의 적정외환보유액은 4,680 　　　억 ~ 7,021억 달러 수준이다. 　다. 다만, IMF기준으로는 세계 1위 외환보유액 국가인 중국도 69%로 　　　기준에 한참 못 미친다. 반면, 체코(370%), 페루(289%)등은 기준의 　　　2~3배 넘는 외환을 쌓아두고 있다.
	2) 외환 보유액 구성내역	정부 및 한국은행이 보유하고 있는 외환(외국통화, 해외예치금, 외 화증권) & 금 + SDR + IMF 포지션 ① SDR(Special Drawing Rights) : 국제통화기금 특별인출권으로, '무담 보'로 외화를 인출할 수 있는 권리. 금이나 달러의 뒤를 잇는 제 3의 통 화로 일종의 국제준비통화(한국은 18위, 1.42%).

2) 외환 보유액 구성내역	② IMF 포지션 : IMF에 의무적으로 납입한 출자금의 일정부분으로, 출자한 국가가 필요하면 언제든 인출 할 수 있는 수시 인출권(대개는 출자액의 25% 수준). Cf. SDR은 IMF가 달러의 유동성 부족에 대비하기 위해 만든 국제준비통화로 실제 거래에서 결제통화로 사용되지 않는 반면, IMF 포지션은 실제 거래에 사용되는 통화로 인출할 수 있는 권리이다.	

2. 외환보유액

3) 외환 확보를 위한 움직임
① 정부 : 외평채 발행, 통화스왑 체결
② 금융기관 : 외화예금 유도, Committed Line(외화를 우선적으로 공급받을 수 있는 권리) 확대
Cf1. 외평채(외국환평형기금채권) : 정부가 해외에서 외환을 조달하기 위하여 발행하는 채권. 외평채 금리는 곧 그 나라의 대외신인도(국가신용등급)로 나타난다.
Cf2. 국가신용등급(Sovereign Credit Rating) : 한 나라가 채무를 이행할 능력이 얼마나 있는지를 등급으로 표시한 것으로, 국제금융시장에서의 차입금리와 투자여건을 판단하는 기준이 된다. 세계적인 신용평가사로는 미국의 무디스, 스탠다드앤푸어스(S&P)와 영국의 피치(IBCA)가 있다. → 우리나라 국가 신용등급은 2012년에 향상되어 이제 IMF이전 수준으로 회복 특히, 한국이 외국에서 받아야 할 채권에서 갚을 채무를 뺀 순대외채권이 사상 최대를 기록했다.
Cf3. 통화스왑 : 두 나라가 자국통화를 상대국 통화와 맞교환하는 방식으로, 외환위기의 발생 시 자국통화를 상대국에 맡기고 외국통화를 단기 차입하는 중앙은행 간 신용계약이다.

4) 한국의 외환 보유고현황
<2023년 6월 기준>

구분	금액	만기	비고
외환보유액	4,215	-	전 세계 8위
통화스왑 현황			
중국	590	2025.10.10	4,000억 위안
UAE	54	2025.04.12	200억 다르함
인도네시아	100	2026.03.05	115조 루피아
말레이시아	47	2026.02.02	150억 링깃
호주	81	2026.02.05	120억 호주달러
캐나다	무제한	무기한	무제한(2017.11.16 체결)
스위스	106	2026.3.1	100억 스위스프랑
터키	20	2024.08	175억 리라
일본	100	2026.6.29	100억 미국달러
CMIM	384	없음	384억 미국달러
합계	1,382(캐나다 통화스왑 제외)		

(단위:억 달러)

| | | 4) 한국의 외환
보유고현황
<2022년 6월
기준> | Cf. CMIM(Chiang Mai Initiative Multilateralization) : 치앙마이 다자화 기금. 아세안 + 한 · 중 · 일 3국이 외환위기 및 금융위기 발생을 방지하기 위해 마련한 2,400억 달러 규모의 통화교환 협정. → 한국 16% 부담(384억 달러), 중국 · 일본 각 32%(각 768억 달러)부담, 아세안 10개국 480억 달러. |

Cf. 외환보유액 국가별 순위(2024년 7월 순위)

(억달러)

순위	국 가	외환보유액		순위	국 가	외환보유액	
1	중 국	32,564	(+340)	6	대 만	5,717	(-16)
2	일 본	12,191	(-124)	7	사우디 아라비아	4,526	(-151)
3	스 위 스	8,976	(+138)	8	홍 콩	4,191	(+28)
4	인 도	6,706	(+186)	9	한 국	4,135	(+13)
5	러 시 아	6,020	(+86)	10	싱가포르	3,786	(+69)

2. 외환보유액

5) 외환관리

① 외환관리 : 자본의 유 · 출입을 규제하기 위해 외국환의 거래를 국가의 관리하에 두는 것으로, 그 방법으로는 간접통제와 직접통제가 있다.

　가. 간접통제 : 외환거래 자체는 민간 자유에 맡기나, 정부가 중앙은행 등의 특정기관을 통해 시장에서 매입하거나 직접 매매조작을 함으로써 환율 안정을 도모하는 방법이다.

　나. 직접통제 : 외환거래를 원칙적으로 금지하고 그 해제를 당국의 재량에 맡기는 등 정부가 직접적인 통제를 하는 것이다.

② 스무스 오퍼레이팅(Smooth Operating) : 미세조정, 파인튜닝(Fine Tuning)이라고도 한다. 경제활동수준의 급격한 변동을 막기 위해 외환당국이 환율, 금융, 재정부문 등의 정책수단을 상황에 따라 수시로 적용하는 행위이다. 특히 환율의 단시간 급등락 등 변동성 완화를 위하여 외환당국이 시장에서 외환을 사거나 파는 형식으로 개입하는 것을 일컫는 말이다.

Cf. 불태화정책(Sterilization policy) : 해외부문으로부터 외자유입이 늘어 국내통화량이 증가하고 물가가 상승할 경우, 이를 상쇄시키기 위해 취해지는 정책이다. 구체적으로는 중앙은행이 각종 통화채를 발행해 시중의 자금을 환수한다든지 재할인금리를 인상하거나 지급준비율을 올리는 등의 정책을 말한다. → 불태화정책의 수단은 일반 통화정책과 일치하나 통화정책의 목적이 해외부문에서 비롯된 통화증발을 억제하기 위한 것일 때 불태화정책이라 한다.

📈 결론

의견 제시　지금까지 국가채무와 국가부도, 외환위기와 외환보유 및 관리에 대하여 살펴보았다. 현재 한국은 경제성장률과 단기 외채 비중을 제외한 나머지 부분에서 과거 외환위기 경험국에 비해 매우 양호하다. 이번 미국의 양적 완화 축소 정책이 국내에 위기를 초래할 가능성은 낮아 보인다. 그럼에도 세계 금융시장의 변동성 확대가 국내경제에 미치는 영향이 클 수 있다는 우려가 제기되는 만큼, 위기에 대한 대비와 대응책에 대한 선제적인 점검이 필요하다.

이를 위해,

ㅣ정부ㅣ

① 단기외채에 대한 당국의 상시적 모니터링 : 현재 단기 외채의 대부분이 막대한 경상수지 흑자를 보이는 수출 기업의 선물환 매도에 대해 금융기관이 단기 차입으로 현물환을 매도하는 등 환위험을 헤지하는 과정에서 불가피하게 나타난 것이기에 우려할 수준은 아니다. 그러나 변동성 확대 시 국내 금융시장에 충격을 줄 수 있는 만큼, 이에 대한 지도와 모니터링이 필요하다.

② 지나친 환율절상에 대한 경계와 국제 투기자금에 대한 주의 및 감시가 필요하다.

③ 외환보유고에 대한 모니터링 기능의 확충과 강화가 필요하다.

ㅣ금융기관ㅣ

① 철저한 신용 리스크 관리를 통한 은행의 재무건전성 강화 : 관치금융 하 부실경영이 원인이었던 IMF 외환위기를 교과서 삼아, 대기업들의 분식회계와 과도한 차입 부실 경영 등을 경계하고 신중하고 안전한 여신 영업을 지향해야 한다.

② 내부 준법관리시스템에 의한 전사적 차원의 철저한 관리 감독 : 부정대출 지양

용어해설

1) **IMF(국제통화기금)** : 가맹국들의 고용 증대, 소득 증가, 생산자원 개발에 기여하는 것을 궁극적인 목적으로 하는 국제금융기구. 1944년 체결된 브레턴 우즈 협정에 따라 1945년에 설립되었다.

2) **국가신용등급(Sovereign Credit Rating)** : 한 나라가 채무를 이행할 능력이 얼마나 있는지를 등급으로 표시한 것으로, 국제 금융 시장에서의 차입금리와 투자 여건을 판단하는 기준이 됨. 세계적인 신용평가사로는 미국의 무디스, 스탠다드앤푸어스(S&P)와 영국의 피치(IBCA)가 있다.

03 논술사례

주제1

1997년 IMF와 현재 글로벌 경제위기의 차이점은 무엇이며, 캠코의 역할은 무엇인지에 대하여 논하라.

답안

I. 서론

II. 본론
1. IMF의 경우 국내 금융 건전성, 외화보유고 등 내적 요인이 주 요인이었으나, 글로벌 경제위기는 미국 등 선진국의 경제위기가 전 세계로 퍼져 불안감이 전이되는 현상이었음
2. 이에 따라 IMF 당시에는 긴축 재정, 통화 정책으로 외화보유고를 확보하였고, 글로벌 경제위기 당시에는 불안감 해소를 위해 확대 재정, 통화 정책을 실시하였음
3. IMF 당시에 비하여 2008 글로벌 금융위기 당시에는 외환보유고의 확대, 불안감에 대한 적극적 대응, 선제적 대비 조치 등을 통해 금융위기에 의한 피해를 최소화하였음

III. 결론 : 캠코의 역할
   – 부실채권 관리를 통한 금융회사의 건전성 제고 실시
   – 구조조정 지원을 통한 금융위기 선제적 대응, 선박펀드
   – 개인 신용회복 지원으로 서민경제 활성화
   – 국가 재정건전성 회복을 위한 국유재산의 효율적 개발

  2008년 미국 발 서브프라임 모기지에서 시작된 경제위기는 현재

까지도 세계경제에 큰 영향을 미치고 있다. 이는 97년도 우리나라에

IMF 국제금융을 야기한
(앞 문장에 위기라는 말이 있어
반복되는 느낌이 있습니다)

이에

복합적이지만

1990년대 초반부터

외환위기는 전이되는 그 특성
으로 인하여,

97년 당시 외환위기는
1. 종합금융회사, 리스사들이
선진국으로부터 단기자금
을 조달하여 동남아 국가들
에게 장기로 운용함으로 금
리 차익을 추구한 데서 비롯
됩니다. 동남아 국가들의 모
라토리움이 결국은 한국에
도 전이되었고, 선진국들은
단기 자금을 회수함으로써
종합금융회사, 리스사들의
Default가 발생하였습니다.
2. 한보철강, 대우전자 등 국내
굴지 대기업들의 무리한 투
자와 분식회계 등 모럴 해저
드에 기인한 부실이 5대 시
중은행의 부실을 야기했고,
은행업이 무너졌습니다. 제
일, 한일, 상업, 서울, 조흥은
행 등 당시 5대 시중은행은
현재 은행의 역사로만 남아
있습니다.

2008년 금융위기와 관련해서
는 영화 '마진콜', 그리고 이 책
의 '그림자 금융' 부분을 참고
하세요.

큰 위기를 가져온 IMF 외환위기와 자주 비교되곤 한다. 두 번의 경제 위기를 비교해 보고, **이때** 자산관리공사는 어떤 역할을 해야 하는지를 알아보고자 한다.

📈 본론

1. 경제위기의 발생 요인

97년 IMF 외환위기의 발생 요인은 **여러가지가 있지만** 가장 큰 원인으로는 국내 기업들의 무분별한 대출과 금융권들의 리스크 평가 미흡을 들 수 있다. **당시** 우리나라는 선제적 조치 없이 세계 시장의 요구를 받아들여 금융 시장을 개방하였다가 위기를 맞이하였다. 동남아시아에서 시작된 유동성 위기는 아시아 경제 전체에 대한 의문을 형성하였고 우리나라에서도 대규모 자본들이 빠져나갔다. 당시 우리나라는 급격한 외화 유출을 감당할 수 없었고 결국 IMF에 구제금융을 요청하게 **되었다.**

이에 비해 2008년 글로벌 금융위기는 미국 발 서브프라임 모기지에서 시작되었다. 2000년대 초 미국 부동산 경제가 활성화되어 신용등급이 낮은 계층에게까지 무분별한 대출을 해주었고, 2005년부터 부동산 버블이 꺼지면서 이를 감당할 수 없는 기업 및 개인들이 파산하였다. 대출을 실시한 은행은 물론, 그와 연계된 다양한 파생상품들이 큰 손실을 입으면서 경제 불안감이 **세계로 전이되었다.**

2. 경제위기 정책 대응

이러한 경제위기의 발생 요인에 의해 정책적 대응도 서로 상이하였다. 정책적 차이점을 살펴보면 다음과 같다.

IMF 외환위기는 **국내 외환보유고의 부족에서 시작되었기** 때문에 외화 확보를 위한 정책을 실시하였다. 즉, 긴축 재정 및 통화 정책을 실시하였는데, 이는 총 수요를 줄이고 경상수지를 흑자로 전환하여 외화보유고를 확충하는 정책이었다. 이러한 정책과 당시 IT 산업의 급성장 등을 통해 1년만에 IMF를 졸업하는 성과를 거두었다.

국내 외환보유고의 부족이라는 결과에서 기인하였기

반면, 글로벌 금융위기 극복을 위해서는 해외 선진국에서 시작된 경제위기의 불안감 전이를 막기 위한 정책이 시행되었다. 즉, 확대 재정 및 통화 정책을 실시하여 외화 유동성을 지원하고, 민간 신용경색의 위축을 방어하는 정책을 시행하였다.

3. 정책의 시사점

기업에 대한 금융기관의

이처럼 두 경제위기는 세부 요소에 다소 차이가 있지만, **기업의** 무모한 대출과 투자, 금융사의 모럴 해저드, 과잉 유동성 발발로 인해 버블이 형성되었고, 붕괴되는 과정을 거쳤다는 점은 본질적으로 동일하다. 다만, IMF를 겪으면서 우리나라는 금융시스템의 정비와 선진 금융 정책 등의 경험을 축적하였고, 이를 통해 08년 발생한 글로벌 금융위기의 직접적 피해를 최소화할 수 있게 되었다.

📈 결론

이상으로 두 번의 경제위기의 과정과 정책 대응에 대하여 살펴보았다. 이러한 과정 중 자산관리공사가 해야 하는 역할을 다음과 같이 제시할 수 있다.

첫째, 부실채권 관리를 통한 금융회사의 건전성 제고를 실시하여야 한다. 실제로 캠코는 97년 '부실채권정리기금'을 설치하여 111조

부실채권 관리를 더 효율적으로 운용할 필요가 있습니다. NPL의 인수를 다각화하고 유동화하여 안정적으로 운용하는 것도 방법입니다.

에 이르는 부실채권을 인수하였고, 투자 금액 대비 123%의 초과 수익률을 내는 성과를 거두었다. 해외의 부실채권 전문기관들이 40~50%의 수익률을 내는 것에 비하여 큰 성과를 이룬 것이다.

둘째, 구조조정 지원을 통한 선제적 대응에 나서야 한다. IMF 당시에는 부실채권 인수에 주력하였다면, 글로벌 금융위기 전후로 캠코는 기업구조조정을 지원하기 위해 기금을 조성하여 금융위기에 선제적으로 대응하였다. 대표적 사례로 '선박펀드'를 들 수 있는데 이는 당시 유동성 위기를 겪고 있던 해운업체들의 선박을 사들이고 다시 빌려주는(Sale&Lease back) 방식으로 해운사들의 유동성을 신속히 지원하여 도산을 막고 실물경제로의 파급을 사전에 차단하는 역할을 수행하였다.

셋째, 개인의 신용 회복을 지원하는 역할을 수행하여야 한다. 두 번의 경제위기를 지나면서 실업 또는 파산으로 인한 금융 소외자에 대한 지원이 필수적이다. 캠코는 이를 위해 한마음금융, 신용회복기금, 국민행복기금 등을 설립, 운영함으로써 이들을 지원하고 서민경제의 활성화에 나서고 있다. 이러한 기금들이 성공적으로 운용되어 경제성장의 뒷받침이 되어야 할 것이다.

한편, 자산관리공사의 업무 중 국유부동산 개발 분야를 좀 더 적극적으로 확대하는 것도 고려할만 한다. 국유부동산 개발을 통해 국유지의 효율적인 활용에 나선다면, 2008년부터 계속되고 있는 정부의 재정적자를 개선하는 데 도움이 될 것이다.

자산관리공사는 그동안 여러 번의 경제위기를 극복하며 다양한 경험을 가지고 있다. 이러한 경험을 통해 시장과 개인의 효율성 증진을 통해 국가 발전에 이바지하여야 할 것이다.

국제거시 편

이것이
금융논술
이다 9.0

국제거시 편

이것이 금융논술 이다 9.0